中国与"一带一路"沿线国家贸易投资报告（2019）

孙立行　沈玉良　等／著

上海社会科学院出版社

编　撰　说　明

第一章由上海社会科学院世界经济研究所副研究员彭羽撰写

第二章由上海对外经贸大学国际经贸研究所徐美娜副研究员撰写

第三章由上海社会科学院世界经济研究所助理研究员张鹏飞撰写

第四章由上海立信会计金融学院国际经贸学院讲师高磊、上海社会科学院世界经济研究所研究员沈玉良撰写

第五章由上海社会科学院世界经济研究所副研究员彭羽、上海社会科学院世界经济研究所研究员沈玉良撰写

第六章由上海社会科学院世界经济研究所研究员孙立行、助理研究员刘芳撰写

第七章、第八章由上海社会科学院世界经济研究所助理研究员吕文洁撰写

第九章、第十章由上海社会科学院世界经济研究所助理研究员张广婷撰写

第十一章、第十二章由上海社会科学院世界经济研究所助理研究员周大鹏撰写

全书框架和统稿由孙立行、沈玉良完成。

目　　录

第一章 "一带一路"沿线国家
贸易发展指数(2019)

本章以贸易发展水平、贸易开放与制度、贸易发展潜力三大领域为分析视角,构建了"一带一路"沿线国家贸易发展指数的指标框架,通过采集WTO、UNCTATD、世界银行、万国邮政联盟(UPU)等国际组织发布的数据,对"一带一路"沿线国家贸易发展指数和分项指数进行统计分析,并对"一带一路"沿线国家的贸易发展水平和发展阶段进行评价。

第一节 "一带一路"沿线国家贸易
发展指数的总体框架设计

"一带一路"沿线国家的总体经济发展水平参差不齐,贸易领域的发展也呈现较大差异。因此,需要一套客观、全面的贸易发展指标框架体系以反映"一带一路"沿线国家的贸易综合发展水平。本研究构建的"一带一路"沿线国家贸易发展指数主要从三大领域进行评价,包括贸易发展水平、贸易开放与制度以及贸易发展潜力。

一是贸易发展水平领域,主要反映当前"一带一路"沿线国家的贸易整体发展现状,包括"贸易规模与增长"以及"贸易结构"两个一级指标,前者侧重反映"一带一路"沿线国家的贸易规模和贸易增长趋势;后者侧重反映"一带一路"沿线国家的贸易结构情况。尽管,目前"一带一路"沿线国家主要以发展中国家为主,在服务贸易领域的发展相对落后,但考虑到服务贸易在国际贸易中的作用日益重要[1],因而也将服务贸易纳入指标评价体系,并赋予与货

---

① 根据 WTO 发布的《World Trade Report 2019: The future of services trade》,过去三年的全球服务贸易增速超过货物贸易增速;同时,基于增加值贸易的统计数据显示,当前全球服务增加值占国际货物贸易和服务贸易总值的近一半。

物贸易同等重要的权重。

二是贸易开放与制度领域,主要从贸易领域的政府治理和跨境贸易的营商环境角度进行评价。该领域包括"贸易自由化"和"贸易制度成本与效率"两个一级指标,前者反映了"一带一路"沿线国家在货物贸易和服务贸易领域的贸易开放度情况;后者则从贸易监管治理的角度进行评价,政府在跨境贸易制度领域的表现将直接影响货物跨境通关的时间和成本,从而也反映了跨境贸易领域的总体营商环境状况。

三是贸易发展潜力领域,主要通过新兴贸易业态的发展来评价"一带一路"沿线国家的贸易发展潜力。随着 ICT 技术和数字技术的发展,货物交易的平台化趋势日益明显,跨境 B2B 和跨境 B2C 成为全球货物贸易的重要手段和方式。新兴贸易业态的发展,将对"一带一路"沿线国家的贸易发展的潜力和长期竞争力产生重要作用,因此纳入该指标可以从未来可持续发展的角度,形成"一带一路"沿线国家贸易发展更全面的评价分析体系。

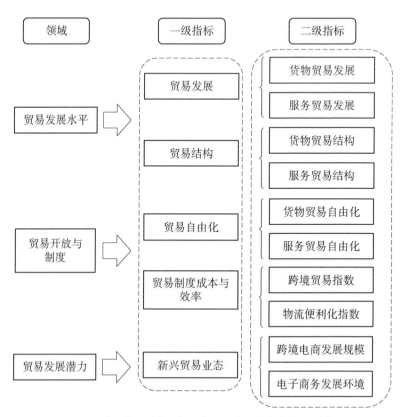

图 1 - 1 "一带一路"沿线国家贸易发展指数指标设计框架

第二节 "一带一路"沿线国家贸易
发展指数的子指标和权重

上述贸易发展、贸易结构、贸易自由化、贸易制度成本与效率、新兴贸易业态等五个子指数(即一级指标)都依次由一些促进贸易的支柱(即二级指标)组成,一共有十个,分别是:支柱1.1货物贸易发展;支柱1.2服务贸易发展;支柱2.1货物贸易结构;支柱2.2服务贸易结构;支柱3.1货物贸易自由化;支柱3.2服务贸易自由化;支柱4.1跨境贸易指数;支柱4.2物流便利化指数;支柱5.1跨境电子商务规模;支柱5.2电子商务发展环境。

一、"贸易发展"一级指标下的子指标设计

"贸易发展"一级指标下设两个支柱,分别是"支柱1.1:货物贸易发展"和"支柱1.2:服务贸易发展"。两个支柱被赋予同等重要的权重,即各为0.5的权重。"货物贸易发展"支柱下设五个三级指标,分别是货物贸易进口、货物贸易进口增长率、货物贸易出口、货物贸易出口增长率和人均货物贸易额,通过这些指标反映"一带一路"沿线国家的货物贸易规模、增长趋势和货物贸易发展深度。类似的,"服务贸易发展"支柱下设五个三级指标,分别是服务贸易进口、服务贸易进口增长率、服务贸易出口、服务贸易出口增长率和人均服务贸易额,通过这些指标反映"一带一路"沿线国家的服务贸易规模、增长趋势和服务贸易发展深度。为了避免主观判断的偏差,本书参考世界经济论坛发布的《全球贸易促进指数》(*Global Enabling Trade Report*)[①]的做法,对各三级指标采用平均权重赋权法,即分别赋予0.2的权重。

表1-1 子指数1:"贸易发展"指标构成及权重

支柱	指标	指标内涵	权重
支柱1.1	货物贸易发展	货物贸易规模与增长态势	0.5
1.1.1	进口	反映货物进口贸易的规模	0.2

---

① 世界经济论坛(WEF)每两年发布一次全球贸易促进指数报告,http://www3.weforum.org/docs/WEF_GETR_2016_report.pdf。

续表

支柱	指标	指标内涵	权重
1.1.2	进口增长率(五年复合增长)	反映货物进口贸易的增长率	0.2
1.1.3	出口	反映货物出口贸易的规模	0.2
1.1.4	出口增长率(五年复合增长)	反映货物出口贸易的增长率	0.2
1.1.5	人均货物贸易额	反映货物贸易发展的深度	0.2
支柱1.2	服务贸易发展	服务贸易规模与增长态势	0.5
1.2.1	进口	反映服务进口贸易的规模	0.2
1.2.2	进口增长率(五年复合增长)	反映服务进口贸易的增长率	0.2
1.2.3	出口	反映服务出口贸易的规模	0.2
1.2.4	出口增长率(五年复合增长)	反映服务出口贸易的增长率	0.2
1.2.5	人均服务贸易额	反映服务贸易发展的深度	0.2

二、"贸易结构"一级指标下的子指标设计

"贸易结构"一级指标下设两个支柱,分别是"支柱2.1:货物贸易结构"和"支柱2.2:服务贸易结构"。两个支柱被赋予同等重要的权重,即各为0.5的权重。货物贸易结构主要通过"中高技术产品出口占比"①这个三级指标体现。纳入该指标的好处在于,有些"一带一路"沿线国家虽然进出口贸易规模相对较大(例如俄罗斯和沙特等国家),但是主要以石油、天然气等出口初级产品为主,货物贸易结构指标可以比较客观地反映对象国的贸易和产业结构现状,从而不只是体现一国货物总体贸易规模的大小。服务贸易结构主要通过"新兴服务贸易占比"这个三级指标体现。传统的服务贸易以旅游服务贸易和运输服务贸易为主,但随着数字技术的快速发展,以跨境交付为主要模式的新兴服务贸易层出不穷,"新兴服务贸易占比"可以反映一国在数字化服务贸易领域的发展现状。

---

① 中高技术产品分类参考 Lall(2000)的分类方法;S. Lall,"The Technological Structure and Performance of Developing Country Manufactured Exports, 1985 - 98", *Oxford Development Studies*, 2000, Vol. 28, pp. 337 - 369.

表1-2 子指数2:"贸易结构"指标构成及权重

支柱	指标	指标内涵	权重
支柱2.1	货物贸易结构	反映货物贸易结构优化情况	0.5
2.1.1	中高技术产品出口占比	中高技术产品出口占比越高,表示货物贸易结构越优化	1
支柱2.2	服务贸易结构	反映服务贸易结构优化情况	0.5
2.2.1	新兴服务贸易占比	新兴服务贸易占比越高,表示服务贸易结构越优化	1

三、"贸易自由化"一级指标下的子指标设计

"贸易自由化"一级指标下设两个支柱,分别是"支柱3.1:货物贸易自由化"和"支柱3.2:服务贸易自由化"。两个支柱被赋予同等重要的权重,即各为0.5的权重。货物贸易自由化指标主要反映"一带一路"沿线国家在货物贸易领域的开放度,主要以进口关税水平作为三级指标,反映"一带一路"沿线国家在货物领域实施市场准入限制的程度和水平。进口关税水平越高,表示货物贸易领域自由化程度越低[①]。货物贸易自由化指标主要反映"一带一路"沿线国家在服务贸易领域的开放程度,通过"服务贸易占全部贸易比重"指标反映。该指标是一个事后指标,一国的服务贸易占比越高,表示该国的服务贸易自由化程度越高。当然,需要指出的是,更理想的衡量指标是各国在GATS下的服务贸易开放承诺水平,但本研究没有采用该指标的原因在于,GATS下是分行业、分部门的服务贸易开放承诺,当前尚没有能够客观测算一国在GATS下的总体服务贸易开放承诺的方法[②]。

表1-3 子指数3:"贸易自由化"指标构成及权重

支柱	指标	指标内涵	权重
支柱3.1	货物贸易自由化	反映货物贸易领域的开放度	0.5

---

① 此处更理想的指标设计还应包括"非关税壁垒"指标。不过,从数据可获得性上看,UNCTAD和世界银行的非关税贸易壁垒数据库中所涵盖的样本国家较少,特别是对于"一带一路"沿线国家的覆盖面更少。

② OECD构建了服务贸易限制指数数据库(Series Trade Restrictiveness Index, STRI),但是该数据库主要以OECD等发达国家为主,涉及"一带一路"沿线国家的样本较少,因而不适用于本研究的分析。

支柱	指标	指标内涵	权重
3.1.1	进口关税水平	通过进口关税水平反映限制货物市场准入的情况	1
支柱 3.2	服务贸易自由化	反映服务贸易领域的开放度	0.5
3.2.1	服务贸易占全部贸易比重	服务贸易占比越高,表示服务贸易自由化程度越高	1

四、"贸易制度成本与效率"一级指标下的子指标设计

"贸易制度成本与效率"一级指标下设两个支柱,分别是"支柱 4.1:跨境贸易指数"和"支柱 4.2:物流便利化指数"。两个支柱被赋予同等重要的权重,即各为 0.5 的权重。跨境贸易指数支柱下设 4 个三级指标,包括进口通关时间、出口通关时间、进口通关费用和出口通关费用,主要采用世界银行《营商环境》中的"跨境贸易"指标进行评价。其中的通关时间和通关费用分别指单证合规、边境合规所需时间和费用的总和。4 个三级指标被赋予同样的权重(0.25)。物流便利化指数支柱下设 3 个三级指标,包括物流基础设施得分、物流质量和竞争力得分、物流时间得分等,分别从物流基础设施的基础水平、物流服务的质量和物流服务的准时性等三个角度进行评价。3 个三级指标被赋予同样的权重(0.33)。

表 1-4　子指数 4:"贸易制度成本与效率"指标构成及权重

支柱	指标	指标内涵	权重
支柱 4.1	跨境贸易指数	反映跨境贸易的便利化水平	0.5
4.1.1	进口通关时间	反映货物进口通关环节的耗时	0.25
4.1.2	出口通关时间	反映货物出口通关环节的耗时	0.25
4.1.3	进口通关费用	反映货物进口通关环节的费用	0.25
4.1.4	出口通关费用	反映货物出口通关环节的费用	0.25
支柱 4.2	物流便利化指数	反映物流环节的便利化水平	0.5
4.2.1	物流基础设施得分	反映物流基础设施水平	0.33
4.2.2	物流质量和竞争力得分	反映物流的效率和质量	0.33
4.2.3	物流时间得分	反映物流服务的准时性	0.33

五、"新兴贸易业态"一级指标下的子指标设计

"新兴贸易业态"一级指标下设两个支柱,分别是"支柱 5.1:跨境电子商务规模"和"支柱 5.2:电子商务发展环境"。两个支柱被赋予同等重要的权重,即各为 0.5 的权重。跨境电子商务规模支柱下设两个三级指标,分别是 EMS 包裹发送数量和 EMS 包裹接收数量(万国邮政联盟数据库)①,分别反映跨境电子商务出口规模和进口规模。电子商务发展环境支柱下设 3 个三级指标,分别是 ICT 基础设施、电子支付环境和电子商务技术应用,分别从电子商务发展的信息基础设施环境、电子金融支付和企业应用电子商务技术的水平和能力等三个角度进行评价。

表 1-5　子指数 5:"新兴贸易业态"指标构成及权重

支柱	指标	指标内涵	权重
支柱 5.1	跨境电子商务规模	反映跨境电子商务进出口情况	0.5
5.1.1	EMS 包裹发送数量	反映跨境电子商务出口规模	0.5
5.1.2	EMS 包裹接收数量	反映跨境电子商务进口规模	0.5
支柱 5.2	电子商务发展环境	反映影响电子商务发展的因素	0.5
5.2.1	ICT 基础设施	影响电子商务发展的信息技术因素	0.33
5.2.2	电子支付环境	影响电子商务发展的金融支付因素	0.33
5.2.3	电子商务技术应用	企业应用电子商务技术的水平和能力	0.33

第三节　"一带一路"沿线国家贸易发展指数排名和分析

在"一带一路"沿线国家贸易发展指数指标分析框架的基础上,结合国际组织发布的权威数据,采用标准统计分析方法,对"一带一路"沿线国家贸易

---

① 在全球范围内,跨境电子商务的统计是一个难题,目前尚没有普遍接受的关于跨境电子商务规模的统计方法。不过,万国邮政联盟作为权威的国际组织,其提供的 EMS 包裹发送数量和 EMS 包裹接收数量对衡量跨境电子商务的规模有一定的参考价值。该指标的缺点是只有包裹接收和发送数量,无法获得这些包裹物品或商品的价值。

发展总指数和分项指数的得分和排名进行分析。由于"一带一路"沿线国家贸易发展指数中涉及的评价领域较广、指标众多,而"一带一路"沿线国家以发展中国家为主,有相当部分国家(20个国家/地区)因缺乏1个或1个以上的指标而被剔除,为保持样本指标数据的完整性,本研究最终保留了45个"一带一路"沿线国家的数据①。45个进入样本的"一带一路"沿线国家进出口贸易额占65国的贸易总额的比重超过85%,因而采用这些样本进行分析总体上具有较强的代表性,可以比较客观地反映"一带一路"沿线国家的贸易发展水平。

一、"一带一路"沿线国家贸易发展总指数排名

从"一带一路"沿线国家贸易发展总指数排名来看,新加坡、以色列和匈牙利位于45个"一带一路"沿线国家中的前三位,得分分别为0.86分、0.82分和0.77分,波兰、斯洛伐克、爱沙尼亚、斯洛文尼亚、阿拉伯联合酋长国、克罗地亚、拉脱维亚分别位列第4—10位。前10位国家中有7个国家属于中东欧国家,这表明"一带一路"沿线国家中,中东欧国家的总体贸易发展水平相对较高。

东盟10国中,除新加坡夺魁外,马来西亚、菲律宾和越南也表现较好,分别位于第12位、第16位和第22位;缅甸、柬埔寨和老挝的表现相对较差,位于第40位、42位和第44位。西亚国家中,除以色列位于第2位外,巴林、沙特的表现较好,分别位于第14和第15位。南亚国家中,只有印度的贸易发展指数较高,位于第18位;其他南亚国家,如斯里兰卡、巴基斯坦和不丹则表现逊色,分别位于第35位、38位和41位。

中亚国家的总体贸易发展水平不高,哈萨克斯坦位于第30位,而吉尔吉斯斯坦和塔吉克斯坦则位于最末三位。独联体国家中,俄罗斯和格鲁吉亚的表现较好,位于第19位和第23位,摩尔多瓦、亚美尼亚和阿塞拜疆分别列第32位、第34位和第37位。

---

① 45个样本国家包括:不丹、亚美尼亚、以色列、俄罗斯、保加利亚、克罗地亚、匈牙利、印度、印度尼西亚、吉尔吉斯斯坦、哈萨克斯坦、土耳其、埃及、塔吉克斯坦、塞尔维亚、巴基斯坦、巴林、拉脱维亚、摩尔多瓦、斯洛伐克、斯洛文尼亚、斯里兰卡、新加坡、柬埔寨、格鲁吉亚、沙特阿拉伯、波兰、波斯尼亚和黑塞哥维那(波黑)、泰国、爱沙尼亚、立陶宛、约旦、缅甸、罗马尼亚、老挝、菲律宾、蒙古、越南、阿塞拜疆、阿尔巴尼亚、阿拉伯联合酋长国、北马其顿、马来西亚、黎巴嫩、黑山。

表1-6 "一带一路"沿线国家贸易总指数得分及排名

排序	国家	得分	排序	国家	得分	排序	国家	得分
1	新加坡	0.86	16	菲律宾	0.58	31	北马其顿	0.41
2	以色列	0.82	17	保加利亚	0.57	32	摩尔多瓦	0.40
3	匈牙利	0.77	18	印度	0.52	33	蒙古	0.39
4	波兰	0.73	19	俄罗斯	0.51	34	亚美尼亚	0.39
5	斯洛伐克	0.72	20	土耳其	0.51	35	斯里兰卡	0.38
6	爱沙尼亚	0.69	21	塞尔维亚	0.49	36	埃及	0.37
7	斯洛文尼亚	0.69	22	越南	0.49	37	阿塞拜疆	0.36
8	阿拉伯联合酋长国	0.67	23	格鲁吉亚	0.47	38	巴基斯坦	0.36
9	克罗地亚	0.67	24	阿尔巴尼亚	0.46	39	波黑	0.36
10	拉脱维亚	0.66	25	约旦	0.45	40	缅甸	0.33
11	立陶宛	0.66	26	黎巴嫩	0.44	41	不丹	0.30
12	马来西亚	0.64	27	泰国	0.43	42	柬埔寨	0.25
13	罗马尼亚	0.63	28	黑山	0.42	43	吉尔吉斯斯坦	0.20
14	巴林	0.61	29	印度尼西亚	0.42	44	老挝	0.20
15	沙特阿拉伯	0.59	30	哈萨克斯坦	0.41	45	塔吉克斯坦	0.11

注：其中的得分分值是根据各项子指标分级加权计算后的得分，首先选取三级指标的值最高的国家为1分，其他国家的得分相应调整，然后再先后加权得到二级指标和一级指标的得分。

二、"一带一路"沿线国家贸易发展指数的分项指数排名

本部分基于贸易发展、贸易结构、贸易自由化、贸易制度成本与效率、新兴贸易业态等五个子指数，对"一带一路"沿线45个样本国家进行排名和分析。

（一）贸易发展子指数得分与排名

从体现贸易规模和增长的贸易发展分指数来看，阿拉伯联合酋长国、波兰和罗马尼亚位列前三位，得分分别为0.8分、0.78分和0.76分。越南、新加坡、以色列、匈牙利、菲律宾、斯洛伐克、立陶宛等国家分别列第4—10位。越南的贸易发展分项指数表现抢眼，其主要原因是近年来越南的经济贸易保

图 1-2 "一带一路"沿线国家贸易发展总指数得分(从高到低)

持了高速增长。

东盟国家中,除了越南、新加坡和菲律宾在贸易规模和增长方面表现较好之外,泰国、马来西亚、柬埔寨、缅甸、老挝的表现也不俗,分别列第12位、第14位、第20位、第22位和第25位。从中可以看出,东盟新四国(越南、柬埔寨、老挝和缅甸)作为后起的发展国家,已经在贸易增长方面保持相对强劲的势头。

中东欧国家中,罗马尼亚、匈牙利、斯洛伐克和立陶宛进入前十位外,斯洛文尼亚、克罗地亚、塞尔维亚、保加利亚、拉脱维亚的表现也相对较好,分列第11位、第13位、第16位、第17位和第23位。而波黑、阿尔巴尼亚和黑山等国则相对靠后,位于第34—36位。

西亚国家中,除以色列位于前10位外,土耳其、沙特的得分也较高,分列第18位和19位,其他西亚国家则处于中游或靠后位置。独联体国家中,在贸易规模和增长方面看,只有俄罗斯的表现尚可,位于第24位;摩尔多瓦和阿塞拜疆的表现较差,位于第42位和43位。南亚国家中的印度和斯里兰卡表现不俗,分列第15位和第21位,巴基斯坦表现一般,位列第29位,不丹则相对靠后。中亚国家在该领域的整体表现不佳,哈萨克斯坦位于第38位,而吉尔吉斯斯坦和塔吉克斯坦则位于最末两位(见图1-3)。

(二) 贸易结构子指数得分与排名

从贸易结构子指数来看,匈牙利、以色列和斯洛伐克位列前三位,得分分别为0.97分、0.93分和0.92分,这表明这三个国家的贸易结构相对最优。新加坡、波兰、菲律宾、印度、斯洛文尼亚、马来西亚和爱沙尼亚分列第4—10位。

东盟10国中,除新加坡、菲律宾和马来西亚排名靠前外,越南、印度尼西亚的贸易结构指数也较为优化,分别位列第11位和18位。老挝和柬埔寨的贸易结构欠佳,位于最末两位,表明其贸易结构有很大的提升空间。中东欧国家的贸易结构总体比较优化,除了匈牙利、斯洛伐克、斯洛文尼亚和爱沙尼亚金融前10外,克罗地亚、拉脱维亚、保加利亚和立陶宛也进入了前20位,分别位于第13位、第15位、第16位和第19位。

南亚国家的总体表现呈现显著差异,印度贸易结构相对优化,位列第7位;巴基斯坦表现次之,位于第17位;不丹和斯里兰卡的表现较差,排名靠后,分别位于第31位和第38位。中亚国家的贸易结构总体欠佳,吉尔吉斯斯坦、哈萨克斯坦和塔吉克斯坦的排名均位于第30位之后,分列第36位、第37位

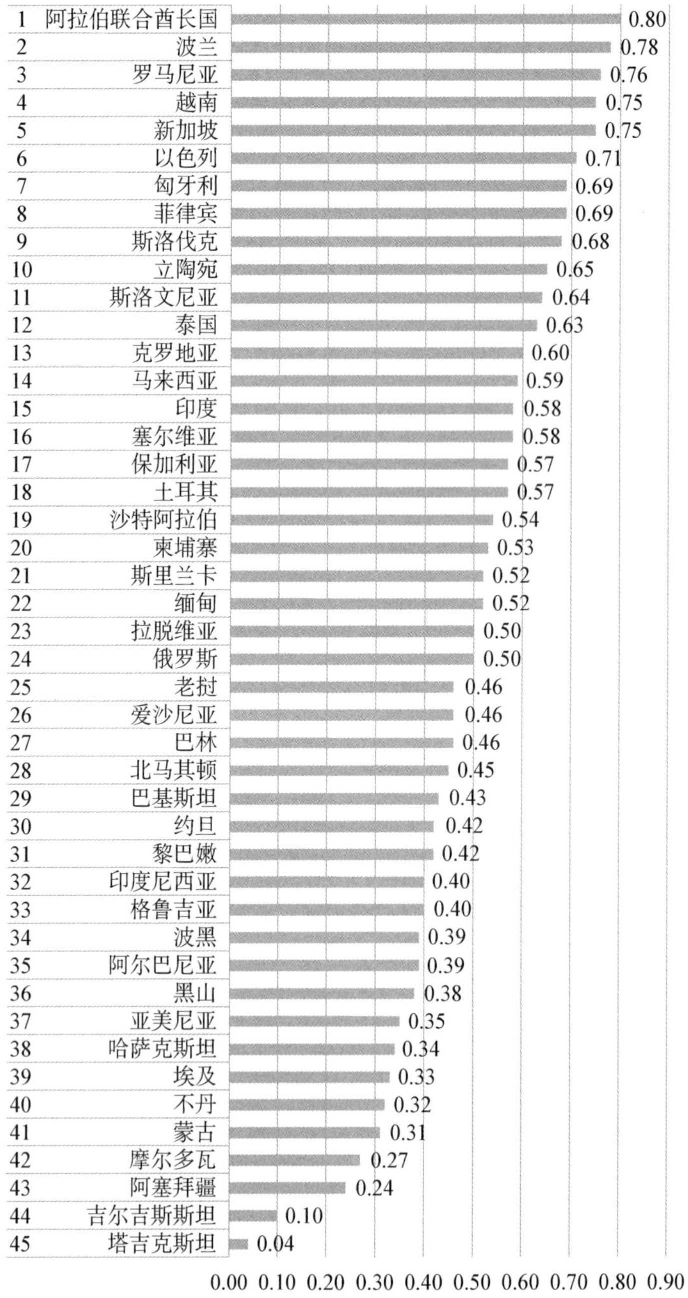

排名	国家	得分
1	阿拉伯联合酋长国	0.80
2	波兰	0.78
3	罗马尼亚	0.76
4	越南	0.75
5	新加坡	0.75
6	以色列	0.71
7	匈牙利	0.69
8	菲律宾	0.69
9	斯洛伐克	0.68
10	立陶宛	0.65
11	斯洛文尼亚	0.64
12	泰国	0.63
13	克罗地亚	0.60
14	马来西亚	0.59
15	印度	0.58
16	塞尔维亚	0.58
17	保加利亚	0.57
18	土耳其	0.57
19	沙特阿拉伯	0.54
20	柬埔寨	0.53
21	斯里兰卡	0.52
22	缅甸	0.52
23	拉脱维亚	0.50
24	俄罗斯	0.50
25	老挝	0.46
26	爱沙尼亚	0.46
27	巴林	0.46
28	北马其顿	0.45
29	巴基斯坦	0.43
30	约旦	0.42
31	黎巴嫩	0.42
32	印度尼西亚	0.40
33	格鲁吉亚	0.40
34	波黑	0.39
35	阿尔巴尼亚	0.39
36	黑山	0.38
37	亚美尼亚	0.35
38	哈萨克斯坦	0.34
39	埃及	0.33
40	不丹	0.32
41	蒙古	0.31
42	摩尔多瓦	0.27
43	阿塞拜疆	0.24
44	吉尔吉斯斯坦	0.10
45	塔吉克斯坦	0.04

0.00 0.10 0.20 0.30 0.40 0.50 0.60 0.70 0.80 0.90

图1-3 贸易发展子指数得分(规模与增长)

1	匈牙利	0.97
2	以色列	0.93
3	斯洛伐克	0.92
4	新加坡	0.90
5	波兰	0.88
6	菲律宾	0.80
7	印度	0.75
8	斯洛文尼亚	0.74
9	马来西亚	0.69
10	爱沙尼亚	0.64
11	越南	0.64
12	俄罗斯	0.63
13	克罗地亚	0.61
14	沙特阿拉伯	0.61
15	拉脱维亚	0.60
16	保加利亚	0.57
17	巴基斯坦	0.56
18	印度尼西亚	0.55
19	立陶宛	0.52
20	土耳其	0.52
21	缅甸	0.51
22	巴林	0.50
23	约旦	0.50
24	罗马尼亚	0.48
25	阿联酋	0.47
26	黎巴嫩	0.47
27	北马其顿	0.40
28	塞尔维亚	0.39
29	格鲁吉亚	0.36
30	埃及	0.34
31	不丹	0.34
32	蒙古	0.34
33	亚美尼亚	0.33
34	波黑	0.31
35	阿塞拜疆	0.30
36	吉尔吉斯斯坦	0.28
37	哈萨克斯坦	0.26
38	斯里兰卡	0.25
39	阿尔巴尼亚	0.23
40	摩尔多瓦	0.22
41	塔吉克斯坦	0.11
42	黑山	0.10
43	泰国	0.08
44	老挝	0.05
45	柬埔寨	0.00

图 1-4 贸易结构子指数得分

和第 41 位。独联体国家中,俄罗斯的表现较好,位于第 12 位,格鲁吉亚、亚美尼亚和阿塞拜疆的排名靠后,分别位于第 29 位、第 33 位和第 35 位。西亚国家中,除了以色列进入前十外,沙特的表现也较好,进入前 20 位;巴林、约旦、阿联酋和黎巴嫩的表现中等,位于第 20—30 位。

(三) 贸易自由化子指数得分与排名

从贸易自由化子指数的得分和排名看,新加坡、以色列和黑山位列前三位,得分分别为 0.95 分、0.94 分和 0.93 分。阿尔巴尼亚、巴林、格鲁吉亚、黎巴嫩、克罗地亚、爱沙尼亚和拉脱维亚分列第 4—10 位。

东盟 10 国中,除新加坡的贸易自由化程度最高外,其他东盟成员国的贸易自由化水平总体不高,菲律宾、马来西亚分列第 20 位和第 25 位,缅甸、柬埔寨、印度尼西亚、泰国、越南等国均位于第 30 位以后。中东欧国家的贸易自由化水平整体较高,阿尔巴尼亚、克罗地亚、爱沙尼亚和拉脱维亚进入前 10 位,匈牙利、保加利亚、立陶宛、波兰、塞尔维亚也进入了前 25 位。

西亚国家的贸易自由化程度也相对较高,以色列、巴林、黎巴嫩进入前 10 位,沙特阿拉伯、阿拉伯联合酋长国进入前 20 位。独联体国家中,格鲁吉亚进入前 10 位,摩尔多瓦、亚美尼亚、阿塞拜疆和俄罗斯分列第 11 位、第 13 位、第 22 位和第 24 位。

南亚国家的贸易自由化程度相对较低,排名最高的是斯里兰卡,位于第 28 位;其次为印度、不丹和巴基斯坦,分列第 33 位、第 37 位和 42 位。中亚国家的贸易自由化排名也相对靠后,哈萨克斯坦、吉尔吉斯斯坦和塔吉克斯坦分列第 26 位、第 30 位和第 40 位。

(四) 贸易制度成本与效率子指数得分与排名

在贸易制度成本与效率领域,匈牙利、波兰、立陶宛、斯洛伐克、爱沙尼亚、斯洛文尼亚、克罗地亚、罗马尼亚、拉脱维亚和新加坡排名位于前 10 位。前九位都属于中东欧国家,这表明中东欧国家的跨境贸易营商环境水平较高,主要原因在于这些国家都属于欧盟成员国,欧盟的贸易一体化程度非常高,这些国家的贸易制度成本优势明显。

东盟 10 国中,除了新加坡、马来西亚和泰国表现较好之外,其他国家都位于第 25 位之后,其中,越南、印度尼西亚、柬埔寨、菲律宾、老挝和缅甸分别列第 28 位、第 32 位、第 36 位、第 37 位、第 41 位和第 43 位。

西亚国家的贸易制度效率相对较高,以色列、土耳其、阿联酋、巴林等国家进入了前二十位。中亚和独联体国家的表现相对不佳,其中俄罗斯位于第

39位,吉尔吉斯斯坦和塔吉克斯坦则位于最末两位。非洲的埃及位于中等偏后的位置,排名第29位。东亚的蒙古则排名更为靠后,位于第38位。

图1-5 贸易自由化子指数得分

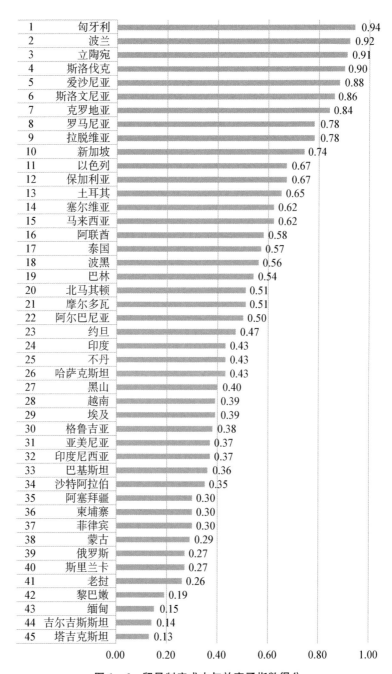

1	匈牙利	0.94
2	波兰	0.92
3	立陶宛	0.91
4	斯洛伐克	0.90
5	爱沙尼亚	0.88
6	斯洛文尼亚	0.86
7	克罗地亚	0.84
8	罗马尼亚	0.78
9	拉脱维亚	0.78
10	新加坡	0.74
11	以色列	0.67
12	保加利亚	0.67
13	土耳其	0.65
14	塞尔维亚	0.62
15	马来西亚	0.62
16	阿联酋	0.58
17	泰国	0.57
18	波黑	0.56
19	巴林	0.54
20	北马其顿	0.51
21	摩尔多瓦	0.51
22	阿尔巴尼亚	0.50
23	约旦	0.47
24	印度	0.43
25	不丹	0.43
26	哈萨克斯坦	0.43
27	黑山	0.40
28	越南	0.39
29	埃及	0.39
30	格鲁吉亚	0.38
31	亚美尼亚	0.37
32	印度尼西亚	0.37
33	巴基斯坦	0.36
34	沙特阿拉伯	0.35
35	阿塞拜疆	0.30
36	柬埔寨	0.30
37	菲律宾	0.30
38	蒙古	0.29
39	俄罗斯	0.27
40	斯里兰卡	0.27
41	老挝	0.26
42	黎巴嫩	0.19
43	缅甸	0.15
44	吉尔吉斯斯坦	0.14
45	塔吉克斯坦	0.13

图 1-6 贸易制度成本与效率子指数得分

(五)新兴贸易业态子指数得分与排名

新兴贸易业态子指数方面,新加坡、阿联酋和以色列位于前三位,得分分

图1-7 新兴贸易业态子指数得分

别是 0.96 分、0.90 分和 0.85 分。马来西亚、斯洛文尼亚、沙特阿拉伯、斯洛伐克、拉脱维亚、爱沙尼亚和俄罗斯位于第 4—10 位。

东盟 10 国中,除新加坡和马来西亚进入前 10 位外,泰国、菲律宾、越南和印度尼西亚的表现也较好,分列第 14 位、第 18 位、第 19 位和第 20 位。柬埔寨、缅甸和老挝的表现欠佳,分别位于第 34 位、第 41 位和第 44 位。

中东欧国家的整体表现较好,斯洛文尼亚、斯洛伐克、拉脱维亚、爱沙尼亚进入前 10,匈牙利、立陶宛、波兰、克罗地亚和保加利亚位于前 25 位。西亚国家中,以色列和巴林表现较好,分别位于第 3 位和第 12 位。其他西亚国家表现一般。

独联体国家中,俄罗斯表现最好,进入前 10 位。主要原因是俄罗斯近年来跨境电子商务发展(主要是跨境电商进口)迅速,而且市场规模较大,在该领域发展上有一定的优势。中亚国家中,哈萨克斯坦的表现抢眼,位于第 16 位,但吉尔吉斯斯坦和塔吉克斯坦的表现欠佳,位于最末三位。

三、贸易发展总指数和分项指数的相关统计分析

为进一步分析"一带一路"沿线国家贸易发展总指数与人均 GDP 之间的关系,以及分项子指数相互之间的关系,本研究进行了相关统计分析。

(一)"一带一路"沿线国家人均 GDP 与贸易发展总指数的关系

为考察经济发展水平是否与贸易发展总指数相关,图 1-8 绘制了"一带一路"沿线国家人均 GDP 与贸易发展总指数的散点图,从描述性统计的角度

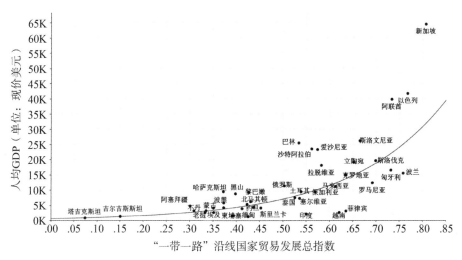

图 1-8 "一带一路"沿线国家人均 GDP 与贸易发展总指数的散点

看,两者间呈现趋势相关性。大多数散点位于指数趋势线上或线条附近。

部分国家位于趋势线下方,意味着相对于这些国家的经济发展水平而言,其贸易发展总体水平已经超过其经济发展阶段的平均水平。这些国家包括越南、印度、菲律宾、罗马尼亚、匈牙利和波兰等。

部分国家位于趋势线上方,表明相对于这些国家的经济发展水平而言,其总体贸易发展水平还有进一步提升的空间。这些国家包括新加坡、以色列、阿联酋、斯洛文尼亚、巴林、沙特阿拉伯、爱沙尼亚等。

（二）贸易发展分项指数相互之间的关系

图 1-9 和图 1-10 对贸易发展分项指数相互之间的关系进行了散点展示,描述性统计初步发现部分子指数之间存在相关性。例如,贸易发展与贸易结构之间、贸易发展与贸易制度成本与效率之间、贸易发展与新兴贸易业态

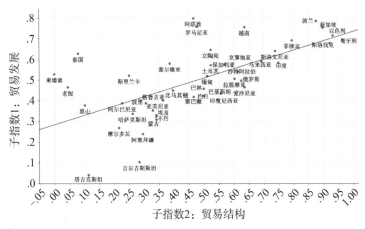

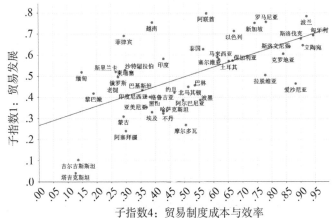

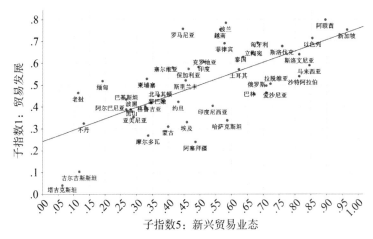

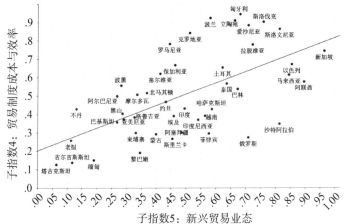

图 1-9　贸易发展子指数相互之间相关性散点(存在描述性统计相关性)

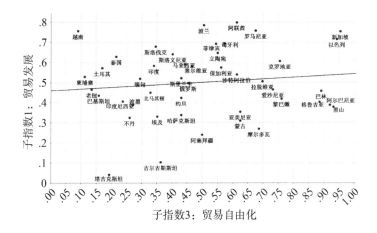

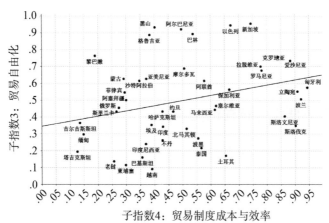

子指数4:贸易制度成本与效率

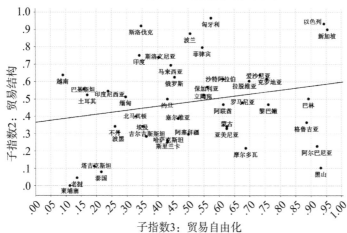

子指数3:贸易自由化

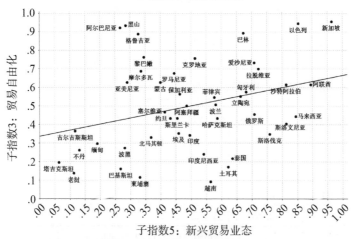

子指数5:新兴贸易业态

图 1 - 10 贸易发展子指数相互之间相关性散点(不存在描述性统计相关性)

之间,以及贸易制度成本与效率与新兴贸易业态之间存在描述性统计上的相关性。不过,也有部分子指标相互之间的相关性不明显,例如贸易发展与贸易自由化之间、贸易自由化与贸易制度成本与效率之间、贸易结构与贸易自由化之间、贸易自由化与新兴贸易业态之间。

四、基于聚类分析法的国家分类

在以上分析的基础上,我们进一步采用基于高斯混合模型方法进行聚类分析。高斯模型是用高斯概率密度函数(正态分布曲线)精确地量化事物,将一个事物分解为若干的基于高斯概率密度函数(正态分布曲线)形成的模型。基于"一带一路"沿线国家贸易发展的五大分项指数的结果进行聚类分析后,可以将 45 个国家分为三类,如图 1 - 11 所示,分别是 0、1、2 共三个分类,分别对应 3 个正态分布的聚类类别。

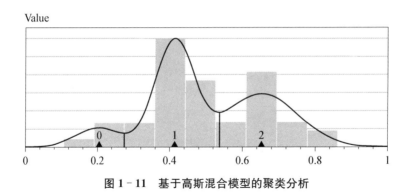

图 1 - 11   基于高斯混合模型的聚类分析

同样的,表 1 - 7 中,将三大类对应的不同子指数的聚类结果进行了汇报。

表 1 - 7   基于高斯混合模型的聚类分析结果

聚类	1：贸易发展	2：贸易结构	3：贸易自由化	4：贸易制度成本与效率	5：新兴贸易业态	累计
0	0.28	0.11	0.20	0.20	0.16	0.19
1	0.44	0.39	0.45	0.41	0.41	0.42
2	0.64	0.70	0.64	0.72	0.70	0.68
累计	0.50	0.48	0.50	0.51	0.50	0.50

注：基于不同指标的原始数据,采用高斯混合模型进行聚类分析,分为 0/1/2 共三大类,依次表示贸易发展指数从低到高。

类别2的累计指数值达到了0.68,代表了贸易发展总指数最高的聚类;类别1的累计指数值为0.42,代表了贸易发展总指数中等的聚类;类别0的累计指数值为0.19,代表贸易发展总指数最低的聚类。

表1-8根据聚类分析结果,对45个经济体对应的三个聚类类别进行了整理。第2类国家聚类,意味着这些国家进入了贸易发展的领先阶段。共包括17个国家,其中10个为中东欧国家,4个西亚国家(以色列、阿联酋、巴林和沙特)和3个东盟国家(新加坡、马来西亚和菲律宾)。

表1-8 基于高斯混合模型的聚类分析的国别分类

2类	1类	0类
领先阶段 （17个）	发展阶段 （24个）	起步阶段 （4个）
以色列、保加利亚、克罗地亚、匈牙利、巴林、拉脱维亚、斯洛伐克、斯洛文尼亚、新加坡、沙特阿拉伯、波兰、爱沙尼亚、立陶宛、罗马尼亚、菲律宾、阿拉伯联合酋长国、马来西亚	不丹、亚美尼亚、俄罗斯、印度、印度尼西亚、哈萨克斯坦、土耳其、埃及、塞尔维亚、巴基斯坦、摩尔多瓦、斯里兰卡、格鲁吉亚、波黑、泰国、约旦、缅甸、蒙古、越南、阿塞拜疆、阿尔巴尼亚、北马其顿、黎巴嫩、黑山	吉尔吉斯斯坦、塔吉克斯坦、柬埔寨、老挝

注:根据聚类分析法的结果自动分类。

进入第1类国家聚类的国家最多,共包含24个国家,这表明大部分"一带一路"沿线国家处于贸易发展的中期阶段。其中包括6个中东欧国家、4个南亚国家、5个独联体国家、3个西亚国家、4个东盟国家、1个非洲国家(埃及)和1个东亚国家(蒙古)。

此外,有4个国家尚处于贸易发展的起步阶段,包括东盟新四国中的柬埔寨和老挝,以及中亚的吉尔吉斯斯坦和塔吉克斯坦。这些国家在贸易发展方面与其他"一带一路"沿线国家的差距明显,尚处于起步阶段。

第二章 "一带一路"沿线国家货物贸易分析

本章重点分析"一带一路"沿线国家货物贸易总量和结构特征,同时分析了"一带一路"沿线国家的贸易自由化水平、贸易效率和成本,并对"一带一路"沿线重点国家俄罗斯、印度和越南作国别分析。

第一节 "一带一路"沿线国家货物贸易总量和结构特征

"一带一路"沿线国家由于存在着规模、经济发展阶段、制度质量和要素禀赋等不同,因而无论货物贸易总量还是结构都存在着很大的差异性。

一、货物贸易总量特征

从贸易规模看,"一带一路"沿线国家货物贸易总额占世界贸易总额的比重较高。2017 年,"一带一路"沿线 64 国货物贸易总额达到 84 696.27 亿美元。其中,出口金额为 42 289.70 亿美元,进口金额为 42 406.57 亿美元。"一带一路"沿线国家出口总额占全球出口总额的 23.85%(2017 年全球出口总额177 310.84 亿美元),进口总额占全球的 25.59%(2017 年全球进口总额179 792.78 亿美元)。与其他以发展中国家为主的地区相比,"一带一路"沿线地区的贸易规模也十分可观。2017 年,BRICS 的出口金额占全球出口总额的 18.17%,进口占 15.52%。ASEAN 的出口金额占全球出口总额的7.42%,进口占 7.00%。ASEAN(加中日韩)的出口金额占全球出口总额的27.36%,进口占 23.65%。

从次地区贸易发展水平看,由第一种次地区分类(Panel A)可知,亚洲和太平洋地区是"一带一路"沿线贸易最为活跃的次地区。该地区进出口总额相对最大,且进出口增长最快。根据第二种次地区分类也得到了类似结果,即东南亚国家的贸易表现较其他次地区更好。此外,中东欧地区的出口增速相对较快且人均贸易额较高,仅次于东南亚地区。相对而言,东欧国家的贸易发展水平较低,无论是进出口总额、人均贸易额还是进出口增长速度,都落后于其他"一带一路"沿线地区。

表 2‑1 "一带一路"沿线次地区货物贸易规模及增速(2017 年)

Panel A

"一带一路"沿线国家地区分类 1	出口金额(百万美元)	进口金额(百万美元)	出口增长率(%)	进口增长率(%)	人均贸易额(美元)
亚洲和太平洋地区	1 693 259.60	1 865 841.70	3.19	3.65	9 946.37
中东欧和中亚	1 026 351.60	1 045 318.30	−0.02	−0.87	10 091.63
中东和北非	1 123 586.60	1 036 267.50	−6.8	−1.52	12 291.87
东欧	353 104.00	238 384.00	−7.78	−6.6	4 064.37

Panel B

"一带一路"沿线国家地区分类 2	出口金额(百万美元)	进口金额(百万美元)	出口增长率(%)	进口增长率(%)	人均贸易额(美元)
东南亚	1 316 468.30	1 258 703.20	3.41	4.59	17 439.29
西亚北非	1 123 586.60	1 036 267.50	−6.8	−1.52	12 291.87
中东欧	861 851.47	882 584.68	2.91	1.91	15 376.85
南亚	370 590.66	602 801.23	2.41	4	1 400.49
中亚	69 113.68	53 143.72	−6.22	−6.52	1 707.96
独联体	95 386.48	109 589.87	−2.66	−3.58	2 984.11
其他	359 304.60	242 721.30	−0.3	−7.52	3 724.32

资料来源:根据联合国贸发会议整理。

从国别贸易发展水平看,"一带一路"沿线各国的贸易表现分化。进出口规模方面,新加坡、俄罗斯、阿联酋、印度和泰国的出口金额居"一带一路"沿线国家的前 5 位。同时,新加坡、俄罗斯、阿联酋、印度的进口金额也居前 5 位。出口增速方面,老挝、越南、阿富汗、亚美尼亚、缅甸等出口增速居前 5。老挝、越南、缅甸等中国邻国凭借近年来国际产业转移的契机实现出口快速增长。同时,老挝、越南、缅甸的进口增速也居前5位。相反,也门、文莱、叙利亚、土库曼斯坦和科威特的出口增速位居末5位。同时,土库曼斯坦、也门等进口增速也居末位。开放度低、战乱、经济发展水平低等方面是其进出口发展滞后的主要原因。

表 2-2 "一带一路"沿线国家货物贸易规模及增速(Top/Bottom 5)(2017 年)

Top 5							
国家名称	出口金额(百万美元)	国家名称	出口增速(%)	国家名称	进口金额(百万美元)	国家名称	进口增速(%)
新加坡	373 445.9	老挝	16.50	印度	449 924.9	缅甸	15.91
俄罗斯	353 104.0	越南	13.35	新加坡	327 923.4	越南	13.20
阿联酋	313 546.6	阿富汗	12.70	阿联酋	273 710.0	老挝	13.15
印度	299 241.4	亚美尼亚	10.22	俄罗斯	238 384.0	尼泊尔	11.26
泰国	236 634.7	缅甸	9.34	波兰	233 811.8	菲律宾	9.29
Bottom 5							
国家名称	出口金额(百万美元)	国家名称	出口增速(%)	国家名称	进口金额(百万美元)	国家名称	进口增速(%)
东帝汶	23.4	也门	−28.04	东帝汶	554.2	土库曼斯坦	−14.32
马尔代夫	318.3	文莱	−15.59	不丹	1 028.8	也门	−10.87
黑山	420.9	叙利亚	−14.76	马尔代夫	2 360.4	乌克兰	−10.13
不丹	572.7	土库曼斯坦	−14.68	黑山	2 613.2	哈萨克斯坦	−8.78
尼泊尔	742.2	科威特	−14.28	塔吉克斯坦	2 774.9	蒙古	−8.43

资料来源:根据联合国贸发会议整理。

二、货物贸易自由化程度

总体上,"一带一路"沿线国家的货物贸易自由化水平呈上升趋势。从1988—2017 年,"一带一路"沿线各国平均进口关税率在波动中逐步下降,并且该变化趋势普遍存在于"一带一路"各个次地区。其中,东南亚地区各国的下降幅度最大,这与该地区东盟共同体的建成与发展密不可分。1995 年 12 月,第 5 届东盟首脑会议通过的《曼谷宣言》强调,东盟国家要在政治、经济等领域加强合作,努力加快东南亚一体化进程。东盟与中国的贸易合作是推动东南亚各国贸易自由化的主要动力。2002 年在文莱的 10+1 外长对话会上提出了全面启动自由贸易区谈判等建议。2002 年 11 月,在第六次中国-东盟领导人会议上,中国与东盟签署了《中国与东盟全面经济合作框架协议》,确定了 2010 年建成中国-东盟自由贸易区的目标。随着互利合作的不断深化和中国-东盟自由贸易区建设稳步推进,2005 年 7 月,中国-东盟自由贸易区《货物贸易协议》开始实施,双方 7 000 余种商品开始全面降税,贸易额持续增长。

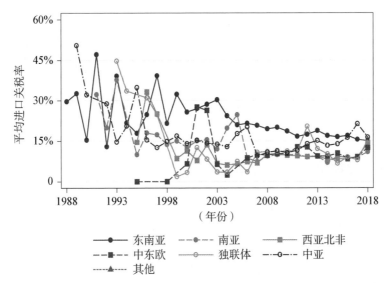

图 2-1 "一带一路"沿线各地区的货物平均进口关税率变化(1988—2017 年)

资料来源:根据联合国贸发会议整理。

但是,从国别表现看,"一带一路"沿线国家的货物贸易自由化水平相差迥异。表 2-3 左侧列举了"一带一路"沿线十大货物贸易自由化水平最高的国家(平均进口关税率最低),分别是文莱、新加坡、格鲁吉亚等。与此相反,右侧列举了"一带一路"沿线货物贸易自由化最低的十个国家,其中尼泊尔、孟加拉国、埃及等进口关税水平最高。

表 2-3 "一带一路"沿线国家货物贸易自由化水平比较(Top/Bottom 10)(2017 年)

货物贸易自由化程度最高的 10 国		货物贸易自由化程度最低的 10 国	
国家	进口关税率	国家	进口关税率
文莱	0.12	尼泊尔	13.07
新加坡	0.21	孟加拉国	12.32
格鲁吉亚	1.88	埃及	11.92
阿尔巴尼亚	2.66	马尔代夫	11.86
乌克兰	2.73	巴基斯坦	11.32
阿拉伯联合酋长国	3.18	柬埔寨	9.77
以色列	3.49	约旦	9.39
亚美尼亚	3.64	斯里兰卡	9.16
白俄罗斯	4.01	老挝	8.10
马来西亚	4.02	波斯尼亚和黑塞哥维那(波黑)	8.08

资料来源:根据联合国贸发会议整理。

三、货物贸易制度成本与效率

基于世界银行的跨境贸易指数和物流指数,我们分析了"一带一路"沿线国家的贸易制度成本和效率水平以及其国别差异。总体上,"一带一路"沿线国家跨境贸易指数均值较高,但是国家之间离差较大。出口和进口合规平均时间分别为 97.27 小时和 122.40 小时。出口和进口合规平均费用分别为 403.58 和 465.01 美元,标准差为 446.69 和 430.54。物流设施平均分数为 2.72,质量和竞争力均值为 2.76,物流时间分数为 3.26。

表 2-4 "一带一路"沿线国家跨境贸易指数和物流指数的统计性描述(2017 年)

变量	观察值	平均值	标准差	最小值	最大值
出口合规时间(小时)	64	97.27	109.79	1	589
进口合规时间(小时)	64	122.4	125.68	1	505
出口合规费用(美元)	64	403.58	446.69	0	2 918

续表

变量	观察值	平均值	标准差	最小值	最大值
进口合规费用(美元)	64	465.01	430.54	0	1 650
物流基础设施分数	64	2.72	0.59	1.24	4.20
物流质量和竞争力分数	64	2.76	0.54	1.39	4.09
物流时间分数	64	3.26	0.51	2.04	4.40

资料来源:世界银行。

根据"一带一路"各国跨国贸易指数的核密度分布可知:其一,出口效率高于进口效率。如图2-2所示,不仅出口合规时间短于进口合规时间,而且出口费用略低于进口费用。其二,国别间的出口表现差异小于进口表现差异。如图2-2所示,出口合规时间和出口费用的峰值都高于进口表现。其三,出口费用的国别间差异显著大于出口合规时间。尽管进口、出口合规时间和进口、出口费用的核密度分布呈右偏形态,但是进口、出口费用图形表明,进出口费用更高的国家数量更多,并且国别贸易费用差异更大。

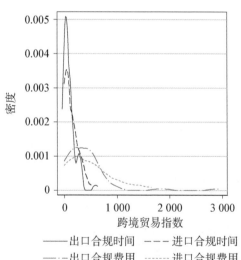

kernel = epanechnikov, bandwidth = 35.9466

(a)"一带一路"沿线国家跨境贸易指数分布

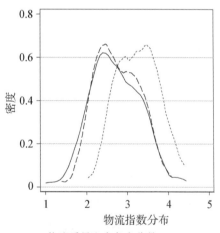

kernel = epanechnikov, bandwidth = 0.2324

(b)"一带一路"沿线国家物流指数分布

图2-2 "一带一路"沿线国家跨境贸易指数和物流指数的核密度分布(2017年)

资料来源:世界银行。

　　根据"一带一路"各国物流指数的核密度分布可知,总体上,各国的物流表现比较相近(分布较集中),但是物流时间的分数高于物流质量竞争力和物流基础设施分数。

　　进一步地,"一带一路"沿线各个次地区的贸易效率和成本表现也不一致。根据第一类地区分类计算发现,总体上,贸易效率和成本表现从高到低依次为:中东欧和中亚地区、亚洲和太平洋地区、东欧到中东和北非地区。根据第二类地区分类进一步发现,中东欧、独联体和东南亚地区的贸易效率更高且贸易成本更低,而西亚北非地区的贸易效率最低且贸易成本最高。与此相比,"一带一路"各个地区的物流发展水平比较接近,从物流分数看,在物流基础设施、物流质量和物流速度方面表现没有显著差异。

表 2-5　"一带一路"各个次地区的跨境贸易指数水平(2017 年)

Panel A

地区分类 1	进口合规时间(小时)	出口合规时间(小时)	进口合规费用(美元)	出口合规费用(美元)	物流基础设施分数	物流质量和竞争力分数	物流时间分数
中东欧和中亚	82.42	74.42	289.19	279.31	2.67	2.72	3.22
亚洲和太平洋	143.05	118.95	534.63	416.16	2.61	2.71	3.23
东欧	144	129	525	450	2.43	2.76	3.15
中东和北非	183.93	119.71	753	642.21	2.91	2.90	3.35

Panel B

地区分类 2	进口合规时间(小时)	出口合规时间(小时)	进口合规费用(美元)	出口合规费用(美元)	物流基础设施分数	物流质量和竞争力分数	物流时间分数
中东欧	50.94	58.38	192.38	227.88	2.79	2.88	3.39
独联体	127.17	92.17	406.17	363.33	2.34	2.29	2.95
东南亚	141	120.8	595	503.9	2.33	2.22	2.65
中亚	141.25	112	501	359	2.45	2.54	3.00
南亚	162.13	130.13	501	340	2.91	2.90	3.35
西亚北非	183.93	119.71	753	642.21	2.92	3.05	3.52
其他	77.5	70	362.5	299	2.24	2.53	3.28

资料来源:世界银行。

三、货物贸易结构特征

总体而言,"一带一路"沿线国家的中高技术产品出口和进口均值不高。其中,中高技术产品出口占各国出口总额的比例约为 16.23%,中高技术产品进口约占 24.43%。

表 2 - 6 "一带一路"沿线国家货物贸易结构统计描述(2017 年)

变量	观察值	平均值	标准差	最小值	最大值
中高技术出口占比(%)	64	16.23	19.35	0.00	63.81
中高技术进口占比(%)	64	24.43	20.58	0.00	55.83

资料来源:根据联合国贸发会议整理。

从"一带一路"沿线各个次地区差异看,出口方面,中东欧和中亚中高技术出口占比最高(18.91%),其次是亚洲和太平洋地区(14.41%)、中东和北非地区(14.30%)以及东欧地区(11.14%)。在进口方面,东欧地区(55.83%)中高技术进口占比最高,其次是亚洲和太平洋地区(26.19%)、中东欧和中亚地区(23.49%),以及中东和北非地区(21.85%)。第二种地区分类的统计结果相似,即中东欧(24.60%)、东南亚(20.17%)、独联体(17.22%)、西亚北非(14.30%)的中高技术出口占比相对较高,独联体(30.17%)、东南亚(28.41%)、中东欧(26.10%)、西亚北非(21.85%)的中高技术进口比例相对较高。

因此,总体上,中东欧、东南亚等地区中高技术的国际参与度相对较高,中高技术贸易呈现"大出大进"特征,但中高技术进口占比高于出口占比,反映出"一带一路"沿线各地区所处的全球价值链地位较低。

表 2 - 7 "一带一路"沿线次地区货物贸易结构(2017 年)

Panel A		
地区分类 1	中高技术出口占比(%)	中高技术进口占比(%)
中东欧和中亚	18.91	23.49
亚洲和太平洋地区	14.41	26.19
中东和北非	14.30	21.85
东欧	11.14	55.83

续表

	Panel B	
地区分类2	中高技术出口占比(%)	中高技术进口占比(%)
中东欧	24.60	26.10
东南亚	20.17	28.41
独联体	17.22	30.17
西亚北非	14.30	21.85
南亚	8.23	21.31
中亚	2.73	7.13
其他	5.85	48.35

资料来源:根据联合国贸发会议整理。

从国别看,"一带一路"沿线国家间货物贸易结构差异大。图2-3中的双峰分布意味着:一类国家中高技术产品出口和进口几乎为零,或者说几乎没有参与中高技术产品的国际分工,它们以出口和进口低技术和原材料产品为主。另一类国家的国际分工参与程度相对较高,但是它们以出口低技术产品为主(中高技术产品出口约占30%),进口中高技术产品为主(约占40%)。

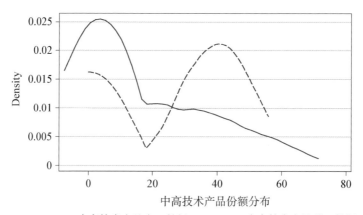

kernel = epanechnikov, bandwidth = 7.5802

图2-3 "一带一路"沿线各国中高技术出口/进口份额的核密度分布

资料来源:根据联合国贸发会议整理。

根据国别分析进一步可知,"一带一路"沿线国家中,中高技术产品的国际分工参与度较低的国家包括东帝汶、土库曼斯坦、北马其顿、巴林、也门、波斯尼亚和黑塞哥维那、黑山、塞尔维亚、摩尔多瓦、罗马尼亚、哈萨克斯坦、巴勒斯坦、乌兹别克斯坦、孟加拉国、柬埔寨、不丹、老挝、塔吉克斯坦等国家。它们的货物贸易结构几乎完全由初级产品、原材料和低技术产品构成,中高技术产品的份额接近零。

中高技术产品的国际分工参与度较高的国家(见表2-8)包括俄罗斯、匈牙利、斯洛伐克、斯洛文尼亚、新加坡、菲律宾、以色列、越南、波兰、约旦、爱沙尼亚、越南等。这些国家的中高技术贸易占比相对较高,且中高技术产品出口与进口占比相近,出口占比略高,反映出"大进大出"(加工贸易)的贸易特征。

表 2-8 "一带一路"沿线国家中高技术出口/进口份额 Top 10(2017 年)

中高技术产品出口份额 Top 10		中高技术产品进口份额 Top 10	
国家	出口份额(%)	国家	进口份额(%)
匈牙利	63.81	俄罗斯	55.83
斯洛伐克	59.12	斯洛伐克	54.04
菲律宾	57.84	匈牙利	51.83
斯洛文尼亚	55.72	菲律宾	51.21
新加坡	51.88	越南	51.12
以色列	51.16	科威特	50.57
越南	46.38	斯洛文尼亚	46.35
波兰	43.94	波兰	45.22
约旦	43.78	沙特阿拉伯	43.96
爱沙尼亚	38.82	新加坡	43.76

资料来源:根据联合国贸发会议整理。

第二节 "一带一路"沿线国家重点国家货物贸易发展分析

本节我们分析俄罗斯、印度和越南三国的货物贸易总量和结构变化。

一、俄罗斯货物贸易发展特征

从贸易规模上来看,1995—2017 年,俄罗斯的出口和进口均出现"倒 U

形"变化趋势。1995 年至 2000 年,俄罗斯的对外贸易发展缓慢。而在 2000 年至 2008 年(金融危机爆发之前)期间,俄罗斯进口和出口金额均实现了快速增长。金融危机期间,俄罗斯对外贸易规模跌入阶段性谷底,进出口规模下降至 2006 年的水平。金融危机过后,俄罗斯的进口和出口一度呈现恢复态势,但是在 2014 年到达贸易规模的峰值。2014 年石油价格暴跌,此后俄罗斯贸易金额出现断崖式下降。此间,俄罗斯石油出口受到重创,出口金额的降幅大于进口金额。该局面在 2017 年开始得到改善。中俄双边贸易增长是俄罗斯贸易转降为升的主要原因之一。随着中俄战略协作伙伴关系升温,两国除了政治军事关系融洽,在经济领域也越来越密切。2017 年全年中俄两国贸易额达到 840.71 亿美元,同比增长 20.8%。其中,中国对俄罗斯出口总额为 428 亿美元,同比增长 14.8%;中国从俄罗斯进口总额为 411 亿美元,同比增长 27.7%。中国出口轻工业产品到俄罗斯,而俄罗斯向中国大量出口油气和能源等大宗产品。

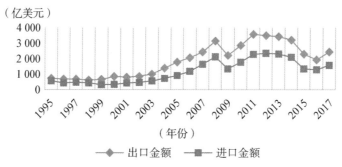

图 2‐4　俄罗斯出口和进口金额变化(1995—2017 年)

资料来源:根据联合国商品贸易统计数据库中相应数据计算得出。

　　俄罗斯出口产品的技术结构具有鲜明的"资源导向型"。如图 2‐5 所示,从 1995 年到 2017 年,俄罗斯出口总额中,以初级产品(PP)和资源类产品(RB)为主。2017 年,俄罗斯出口结构仍然主要由以上两类构成,中高技术产品的出口占比较低,并且从 1995 年到 2017 年,未见显著上升趋势。与此相反,俄罗斯的进口结构呈现出向中高技术产品偏向,且呈现快速上升的趋势。1995 年,中高等技术产品进口占比为 35.73%,而 2017 年该比例提高至 55%。然而,低技术产品和资源类产品的进口占比不断下降。

　　从贸易网络成员构成看,俄罗斯的贸易伙伴分为三个层次:其一,欧盟国家是俄罗斯贸易网络的核心,其中东欧国家的重要性有增强趋势;其二,中国成为俄罗斯贸易网络的核心成员,且重要性不断上升;其三,美国的贸易网络地位在下降。具体来说,进口方面,俄罗斯最主要的进口来源国为德国、中国和乌克兰,位居第二梯队的成员包括土耳其、意大利、法国、白俄罗斯等国家。因此,俄罗斯的进口网络由白俄罗斯等东欧邻国,德国、法国等西欧发达国家以及中国构成。出口方面,俄罗斯的出口对象高度集中于中东欧国家和中亚国家,其中尤以白俄罗斯、哈萨克斯坦和乌克兰的出口占比最高。

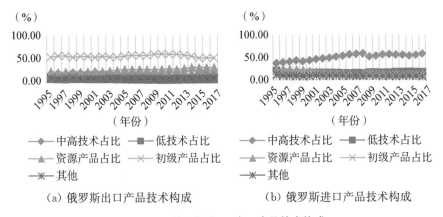

（a）俄罗斯出口产品技术构成　　（b）俄罗斯进口产品技术构成

图 2－5　俄罗斯进口、出口产品技术构成

资料来源:根据联合国商品贸易统计数据库中相应数据计算得出。

从贸易环境看,俄罗斯的表现欠佳。通过与"一带一路"沿线国家贸易环境相关指数对比可知,无论是进出口时间、费用还是物流水平,俄罗斯几乎都低于"一带一路"平均水平。其中,相对于物流表现,俄罗斯与"一带一路"沿线其他国家在贸易效率和成本方面的差距更大。

表 2－9　俄罗斯贸易环境指数（2017 年）

	进口合规时间（小时）	出口合规时间（小时）	进口合规费用（美元）	出口合规费用（美元）	物流基础设施分数	物流质量和竞争力分数	物流时间分数
"一带一路"沿线所有国家均值	122.40	97.27	465.02	403.58	2.72	2.76	3.26
俄罗斯均值	144.00	129.00	525.00	450.00	2.43	2.76	3.15

资料来源:世界银行。

二、印度货物贸易发展特征

最近 20 余年来,印度对外贸易规模迅速扩大。自 2003 年以来,印度对外贸易增长驶入"快车道"。2017 年,印度出口金额约是 1995 年的 9 倍,2017 年的进口金额约是 1995 年的 6 倍(见图 2 - 6)。然而,尽管印度经历了对外贸易规模迅速增长,其仍然处于贸易逆差,并且在 2012 年后,受世界经济形势、卢比贬值等因素影响,贸易逆差进一步扩大。

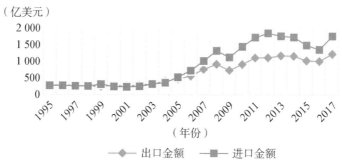

图 2 - 6　印度进口、出口金额变化(1995—2017 年)

资料来源:根据联合国商品贸易统计数据库中相应数据计算得出。

从印度货物贸易结构看,1995 到 2017 年间,印度的货物贸易出口发生了结构性变化(见图 2 - 7)。在出口方面,低技术产品出口所占比例持续下降(从 1995 年占印度出口总额的 45% 下降为 2017 年的 20%)。与此同时,资源类产品(1995 年的 15% 上升到 2017 年的 32%)和中高技术产品(1995 年的 18% 上升到 2017 年的 29%)所占比例不断上升。印度出口结构偏向于资源类产品,与其资源禀赋休戚相关。印度有矿藏近 100 种。云母产量为世界第一,煤和重晶石产量居世界第三。主要资源包括煤、铁矿石、铝土、铬铁矿、锰矿石、锌、铜、铅、石灰石、磷酸盐、黄金、石油、天然气、钻石等。不仅如此,印度中高技术产品出口份额的持续提高,意味着印度在逐步深入参与中高技术产品的全球价值链分工。

从贸易伙伴国结构看,印度前三大出口贸易伙伴为美国、阿联酋和中国香港。2017 年,印度对美国、阿联酋和中国香港出口金额分别占印度出口总额的 15.5%、10.1% 和 5.1%。同期,印度前三大进口贸易伙伴为中国、美国和阿联酋,占印度进口总额的 16.1%、5.5% 和 5.2%。印度前三大贸易逆差来源国为中国、瑞士和沙特阿拉伯。印度贸易顺差主要来自美国、孟加拉国和阿联酋。

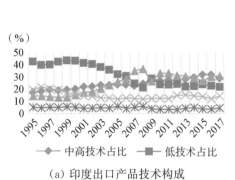

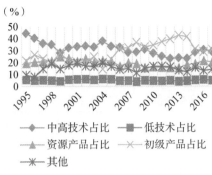

（a）印度出口产品技术构成　　　　（b）印度进口产品技术构成

图 2-7　印度出口、进口产品技术构成变化（1995—2017 年）

资料来源：根据联合国商品贸易统计数据库中相应数据计算得出。

从贸易环境看，印度的表现欠佳。通过与"一带一路"沿线国家贸易环境相关指数对比可知，无论是进出口时间、费用还是物流水平和物流表现，印度远低于"一带一路"沿线国家平均水平。从合规性时间看，印度的进口（出口）合规时间是"一带一路"沿线各国均值的 3 倍（出口是 1.5 倍），是亚太地区均值的 2.4（出口是 1.2 倍），南亚地区均值的 2.1 倍（出口是 1.4 倍）；从贸易费用看，印度的进口（出口）费用是"一带一路"沿线各国均值的 1.5 倍（出口是 1.2 倍），是亚太地区均值的 1.3（出口是 1.2 倍），南亚地区均值的 1.4 倍（出口是 1.5 倍）；从物流表现看，印度的物流基础设施、物流质量和物流时间指出，约为"一带一路"沿线各国均值的 1.5 倍，亚太地区的 1.3 倍以及南亚地区的 1.4 倍。因此，印度贸易环境水平或将抑制其货物贸易增长潜力和持续性，阻碍其出口的国际竞争力提升。

表 2-10　印度贸易环境指数（2017 年）

	进口合规时间（小时）	出口合规时间（小时）	进口合规费用（美元）	出口合规费用（美元）	物流基础设施分数	物流质量和竞争力分数	物流时间分数
"一带一路"沿线所有国家均值	122.40	97.27	465.02	403.58	2.72	2.76	3.26
亚洲和太平洋地区均值	143.05	118.95	534.63	416.16	2.61	2.71	3.23

续表

	进口合规时间（小时）	出口合规时间（小时）	进口合规费用（美元）	出口合规费用（美元）	物流基础设施分数	物流质量和竞争力分数	物流时间分数
南亚地区均值	162.13	130.13	501.00	340.00	2.45	2.54	3.00
印度均值	344.00	144.00	709.00	505.00	3.34	3.39	3.74

资料来源：根据联合国商品贸易统计数据库中相应数据计算得出。

三、越南货物贸易发展特征

最近 10 余年里，越南的对外贸易持续向好。如图 2-8 所示，越南出口和进口金额稳步提高，并且出现加速上升态势。在当前国际贸易增长乏力的大背景下，越南逆势增长，在东南亚地区乃至全球的出色表现归因于几个方面：其一，与中国贸易往来越发密切。过去 10 年里，中国对越南货物贸易增长迅速，贸易总额的年均增速高于 20%，高于越南年均贸易增长率（13.6%），也大幅超过中国同期年均 6% 的对外贸易增速。2017 年，中越双边贸易金额达 1 213 亿美元，较 2016 年增长了 23.4%。中国超过美国成为越南第一大出口国，越南成为中国在东盟的最大贸易伙伴，是中国在全球的第八大贸易伙伴。其二，越南成为继新加坡之后第二个与欧盟达成自贸协定的东南亚国家。2019 年 6 月 30 日，欧盟和越南签署自由贸易协定和投资保护协定，双方承诺在 10 年内逐步取消 99% 的关税。2020 年，双方正式通过欧盟-越南自由贸易协定。其三，承接国际产业转移。中美贸易摩擦促成国际产业和国际贸易流向从中国向越南转移。贸易争端无疑正在说服一些制造商将生产线转移到

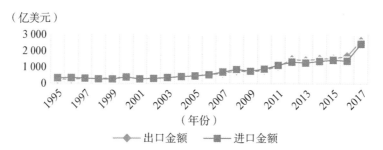

图 2-8 越南出口、进口金额变化（1995—2017 年）

资料来源：根据联合国商品贸易统计数据库中相应数据计算得出。

那些不太会受到高额关税打击的国家。2018年,美国从中国的海运进口总额同比约下降了3%,而从越南的进口总额上升了28%。越南在过去10年建立了一个强大的制造业基地,尤其是在服装行业,如今它正在吸引那些依赖当地工厂生产高科技产品的科技公司。三星电子、LG、奥林巴斯,以及其他公司已经在越南建立了生产基地。中国不断上升的关税和工资激起了更多公司在越南投资建厂。因此,国际产业专业、FDI大量流入、嵌入GVC推动越南贸易持续增长。

从贸易结构看,在出口方面,1995—2017年,越南发生了结构性变化:中高技术产品的出口占比稳步上升,且在2009年之后加速提高,并于2016年之后超过低技术产品成为越南首要的出口技术类别。相反,初级产品的出口占比持续下降,从1995年的58%下降到2017年的5%。在进口方面,近十余年来,越南始终以中高技术产品进口为主,约占越南进口总额的45%。低技术产品、资源类产品、初级产品等各占10%左右。越南的进口以机电产品为主,例如锅炉、机器、机械器具等产品。越南的进口结构与近年来越南制造业建设和机械化改造密不可分。越南大量进口机械设备,也暗示着越南经济发展良好,正在逐步布局制造业发展。

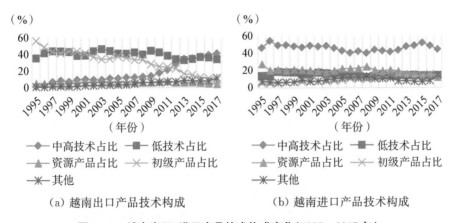

（a）越南出口产品技术构成　　　　（b）越南进口产品技术构成

图 2‑9　越南出口、进口产品技术构成变化(1995—2017年)

资料来源:根据联合国商品贸易统计数据库中相应数据计算得出。

从贸易环境指数看,在进出口合规时间、贸易成本和物流表现等方面,越南略优于同属于"一带一路"亚太地区和东南亚地区其他国家的表现。其中,进出口合规时间和贸易成本低于同地区均值,而进出口物流基础设施和物流质量指标略高于同地区均值。类似的,另一些证据也表明,越南在东南亚地区具有良好的贸易环境。2019 年,在由渣打银行评选的东南亚经济增长最快的国家排行榜上,越南位居榜首。在对全球最具有贸易增长潜力的前 20 个国家的"贸易 20 指数"(Trade 20)测算中,越南凭借基础设施得到改善,贸易多样性和政治稳定,得分位列东南亚地区榜首,超越印度尼西亚和泰国。

表 2-11 越南贸易环境指数(2017 年)

	进口合规时间(小时)	出口合规时间(小时)	进口合规费用(美元)	出口合规费用(美元)	物流基础设施分数	物流质量和竞争力分数	物流时间分数
"一带一路"沿线所有国家均值	122.40	97.27	465.02	403.58	2.72	2.76	3.26
亚洲和太平洋地区均值	143.05	118.95	534.63	416.16	2.61	2.71	3.23
东南亚地区均值	141.00	120.80	595.00	503.90	2.79	2.88	3.39
越南均值	138.00	108.00	575.00	448.00	2.70	2.88	3.50

资料来源:世界银行。

第三节 发 展 趋 势

从贸易发展水平看,"一带一路"沿线国家货物贸易占世界贸易总额的比重高。2017 年,"一带一路"沿线 64 国货物出口总占全球出口总额的 23.85%,货物进口占全球的 25.59%。"一带一路"沿线各个地区中,亚洲和太平洋地区(东南亚国家为主)是"一带一路"沿线货物贸易最为活跃的地区。

从贸易自由化水平看,"一带一路"沿线国家的货物贸易自由化水平呈上升趋势,其中,东南亚地区各国的下降幅度最大。这与该地区东盟共同体的建成与发展密不可分,东盟与中国的贸易合作更是推动东南亚各国贸易自由化进程的主要动力。但从国别表现看,"一带一路"沿线国家的货物自由化水平相差迥异。

从贸易成本和效率看,根据世界银行的跨境贸易指数和物流指数,"一带一路"沿线各国家的表现存在国别差异。总体上,"一带一路"沿线国家物流表现较高且各国表现比较一致,但是各国跨境贸易表现的离差较大:出口效率高于进口效率(出口合规时间短于进口合规时间且出口费用低于进口费用);出口费用表现劣于出口时间;国别间跨境时间和费用差异大,且贸易费用相比贸易效率表现的国别分化更大。

从货物贸易结构看,总体上,"一带一路"沿线国家的中高技术产品出口和进口均值不高。各次地区差异看,中东欧、东南亚等地区中高技术的国际参与度相对较高,中高技术贸易呈现"大出大进"特征,但中高技术进口占比高于出口占比,反映出"一带一路"沿线各地区的价值链地位较低。

根据对俄罗斯贸易发展情况分析可知,1995—2017年,俄罗斯的出口和进口均出现"倒U形"变化趋势。金融危机过后,俄罗斯的进口和出口双双呈现恢复态势。2014年石油价格暴跌后,俄罗斯贸易金额又出现断崖式下降。此间,俄罗斯石油出口受到重创,进出口金额双双下降,且出口金额的降幅大于进口金额。国际石油价格下跌重创了俄罗斯货物出口。俄罗斯出口总额中,以初级产品(PP)和资源类产品(RB)为主,中高技术产品的出口占比较低。从贸易环境看,俄罗斯的表现欠佳。通过与"一带一路"沿线国家贸易环境相关指数对比可知,无论是进出口时间、费用还是物流水平,俄罗斯几乎都低于"一带一路"沿线国家平均水平。

根据对印度贸易发展情况分析可知,1995—2017年,印度对外贸易规模迅速扩大,但是长期处于贸易逆差。从货物贸易结构看,1995—2017年,印度的货物贸易出口发生了结构性变化:低技术产品出口所占比例持续下降,而资源类产品和中高技术产品所占比例不断上升。然而,印度的进出口时间、成本和物流质量等贸易环境不佳,其表现远低于"一带一路"亚太地区和南亚地区的平均水平,因此,抑制其货物贸易增长潜力和持续性,阻碍其出口的国际竞争力提升。

根据对越南贸易发展情况分析可知,最近10余年里,越南的对外贸易持续向好。越南的对外开放(例如与欧盟签署自贸区协定)、中越贸易欣欣向荣以及承接国际产业和国际投资转移,这些有利因素为越南进出口持续增长提供支撑。从贸易结构看,在出口方面,越南发生了结构性变化:中高技术产品的出口占比稳步上升,且于2016年之后,超过低技术产品成为越南首要的出口技术类别。在进口方面,近十余年来,越南始终以中高技术产品进口为主。越南大量进口机械设备,也暗示着越南经济发展良好,正在逐步布局制造业发展。从贸易环境看,越南的表现优于同属于"一带一路"亚太地区和东南亚地区其他国家。不断改进的基础设施水平、贸易多样性和政治稳定或将有力支持越南进一步承接国际产业转移和促进贸易增长。

第三章 中国与"一带一路"沿线
国家货物贸易研究

"一带一路"倡议自提出以来已经 6 年有余,"五通"建设使得沿线基础设施和政策环境等不断得到优化,其经济效应已经显现,货物贸易规模持续快速增长,与中国的贸易关联度更加紧密。本章主要在对中国及中国与"一带一路"沿线国家的货物贸易规模和结构特征进行研究,并深入分析中国与"一带一路"沿线国家的贸易类型、贸易国际竞争力和贸易关联度。

第一节 中国货物贸易的总量和结构特征

受到劳动力成本上升、中美经贸摩擦以及中间品分拆有限等产品、要素和制度因素的影响,中国货物贸易增长放缓,但贸易结构进一步优化。

一、2019 中国货物贸易的规模特征

2019 年,中国货物贸易总规模 4.5 万亿美元。其中出口 2.5 万亿美元,进口 2.1 万亿美元,由于受到中美贸易摩擦等事件的影响,相比 2018 年,中国 2019 年货物贸易总规模下降 1.15%,其中进口下降 2.72%,而出口只增加 0.19%。从中国货物贸易规模的变化趋势来看,2009—2018 年,中国货物贸易无论是进口、出口还是进出口,所占世界比重,都处于一种稳定持续的增长状态,占世界贸易规模的十分之一左右。

表 3 - 1　中国货物贸易总量及占世界比重

年度	2009	2010	2011	2012	2013	2014	2015	2016	2017	2018	2019
出口 (万亿美元)	1.202	1.578	1.898	2.049	2.209	2.342	2.273	2.098	2.263	2.494	2.499

续表

年度	2009	2010	2011	2012	2013	2014	2015	2016	2017	2018	2019
进口（万亿美元）	1.006	1.396	1.743	1.818	1.950	1.959	1.680	1.588	1.844	2.135	2.077
进出口（万亿美元）	2.207	2.974	3.642	3.867	4.159	4.302	3.953	3.686	4.107	4.629	4.576
出口占比（%）	9.73	10.45	10.49	11.14	11.70	12.41	13.86	13.21	12.90	12.93	—
进口占比（%）	7.97	9.11	9.51	9.83	10.32	10.37	10.16	9.90	10.36	10.86	—
进出口占比（%）	8.84	9.78	9.99	10.48	11.01	11.39	12.01	11.55	11.62	11.89	—

资料来源：根据中国海关总署数据整理。

二、2019 年中国货物贸易的结构特征

从总体上来看，中国对外出口主要集聚在机电设备及零部件、纺织原料及制品、贱金属及其制品等，所占中国出口总规模比重分别为 43.5%、10.4% 和 7.3%。从进口方面来看，中国对外进口主要集聚在机电产品、矿产品和化工产品等，占比分别为 33.1%、25.0% 和 7.5%。从进口产品种类和出口产品种类来看，中国在机电产品方面是产业内贸易，而在其他方面如纺织品、矿产品等则主要是产品间贸易。

表 3-2 2019 年中国主要产品进出口占比

海关编码一维码	对应的海关名称	出口所占比重（%）	进口所占比重（%）
1	活动物、动物产品	0.67	2.02
2	植物产品	1.09	2.96
3	植物油、脂及其分解产品；精制的食用油脂	0.05	0.48
4	食品；饮料、酒及醋；烟草、烟草及烟草代用品的制品	1.27	1.29
5	矿产品	2.09	25.00
6	化学工业及其相关工业的产品	5.21	7.46

续表

海关编码 一维码	对应的海关名称	出口所占 比重(%)	进口所占 比重(%)
7	塑料及其制品;橡胶及其制品	4.25	4.19
8	生皮及制品	1.41	0.42
9	木及木制品	0.60	1.06
10	纸及纸制品	1.04	1.29
11	纺织原料及纺织制品	10.41	1.55
12	鞋、帽、伞、杖、鞭及其零件	2.55	0.29
13	石料、陶瓷产品、玻璃及其制品	2.18	0.51
14	珍珠及贵金属	0.82	2.90
15	贱金属及其制品	7.31	4.64
16	机电设备及零部件	43.50	33.11
17	车、船等运载设备	4.48	4.69
18	光学仪器、精密医疗仪器及零件	3.19	4.98
19	武器	0.01	0.00
20	杂项制品	7.18	0.40
21	艺术	0.03	0.04
22	特殊交易品及未分类商品	0.46	0.49

资料来源:中国海关总署数据整理。

第二节 中国与"一带一路"沿线国家的
货物贸易规模及结构特征

相对其他区域,随着"一带一路"国际合作倡议的推进和重大项目的落实,中国与"一带一路"沿线国家货物贸易的增长速度更快,贸易结构也表现为互补的贸易特征。

一、中国与"一带一路"沿线国家货物贸易的总体情况

2009—2018年,中国与"一带一路"沿线国家进出口规模从5 017亿美元

增长到 12 774 亿美元,十年时间里翻了一倍多,在中国对外贸易中的占比也从 22.7% 增长到 27.6%,增长了 5 个百分点(见图 3-1)。其中,中国对"一带一路"沿线国家的出口总额从 2 825 亿美元增加到 7 135 亿美元,占比从 23.5% 增长到 28.6%;进口总额从 2 129 亿美元增长到 5 638 亿美元,占比从 21.8% 增长到 26.4%。这表明"一带一路"沿线国家在中国进出口贸易中的地位越来越重要。与进口占比相比,"一带一路"沿线国家在中国出口贸易中的占比增长更快。另外,进口占比自 2011 年以来,一直处于换面的下降状态,但是 2016 年以后有所回升,目前增长势头良好,和出口占比差距逐渐缩小,主要是由于国际能源价格回升("一带一路"沿线国家大多为资源出口型国家)以及中国采取一系列积极的、鼓励进口的政策举措如举办国际进口博览会等的促进作用相关。

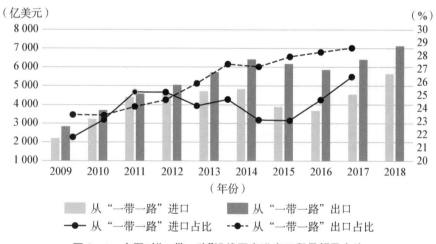

图 3-1　中国对"一带一路"沿线国家进出口贸易额及占比

资料来源:根据 WTO 数据库整理。

从进出口贸易平衡看,自 2009 年以来,中国对"一带一路"沿线国家一直保持顺差状态,且顺差值从 2009 年的 633 亿美元,增加到 2017 年的 1 855 亿美元,2018 年由于进口的增加,小幅度回落到 1 497 亿美元。2018 年,中国与 51 个"一带一路"沿线国家贸易顺差,其中与印度是最大的顺差国家,达 580.3 亿美元,主要来源于印度在推进工业化进程中,对中国劳动密集型工业制成品需求增多,并逐步开始向技术密集型产品转变。与此同时,中国与 14 个国家为贸易逆差,其中与沙特阿拉伯的逆差额最大,达 283 亿美元,主要与国际原油价格回升有关。

从中国与"一带一路"沿线国家的双边进出口规模来看(见图3-2),进出口规模在700亿美元以上的国家有7个,集中在东南亚、印度和俄罗斯,这说明中国与东南亚国家的经济联系更加紧密、经济一体化程度更高,目前已经形成了以装配供应链为主体的区域供应链贸易体系,同时中国和俄罗斯这样的资源型国家联系也很紧密。进出口规模在300亿—600亿美元之间的国家有5个,主要是沙特、菲律宾和阿联酋这样的资源型国家,主要是由于中国需要从这些国家大量进口能源,从而使得中国和这些国家之间经济联系紧密。从与其他"一带一路"沿线国家贸易往来看,进出口规模大于100亿美元的有13个国家,小于100亿美元的国家有40个,其中小于10亿美元的国家有13个。

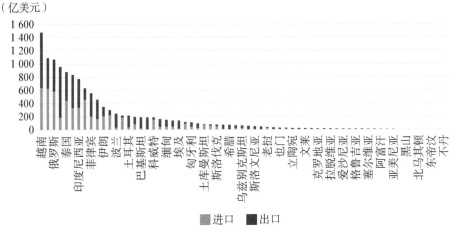

图3-2 2018年中国与"一带一路"沿线国家进出口规模分布

资料来源:根据WTO数据库整理。

从中国与"一带一路"沿线国家双边贸易重要程度来看,中国是"一带一路"沿线国家的重要贸易伙伴国。在"一带一路"沿线国家中,中国已经成为26个国家的第一大贸易国,成为21个国家的第二或第三大进口贸易伙伴国,这意味着中国已经和"一带一路"沿线三分之二的国家之间保持着紧密的贸易关系。从中国来看,2018年中国前十大进出口贸易伙伴中,"一带一路"沿线国家占了三席(越南、马来西亚和俄罗斯);在进口中,"一带一路"沿线国家占了三席(越南、马来西亚、俄罗斯);在出口中,"一带一路"沿线国家占了四席(越南、印度、新加坡和俄罗斯)。

二、中国与"一带一路"沿线国家货物贸易的结构特征

在具体产品进出口方面,中国与"一带一路"沿线国家货物贸易规模在进口和出口层面差别明显。在进口产品层面,中国从"一带一路"沿线国家进口的燃料和矿石比较多,占比为 41%;其次是办公和电信设备,占比为 22.2%。在出口产品层面,除该九类商品外的其他商品占比较高,为 44.7%,其次是办公和电信设备,占比为 16.5%。

表 3-3　中国与"一带一路"沿线国家货物按产品分类

	进口		出口		进出口合计	
	规模	占比(%)	规模	占比(%)	规模	占比(%)
办公和电信设备	1 252	22.20	1 177	16.50	2 337	18.30
纺织品	89	1.57	611	8.57	766	6.00
服装	51	0.90	450	6.30	549	4.30
钢铁	38	0.68	372	5.21	465	3.64
化工产品	620	11.00	535	7.50	1 060	8.30
农产品	564	10.00	293	4.10	754	5.90
汽车	96	1.70	207	2.90	294	2.30
燃料和矿产品	2 312	41.00	250	3.50	2 299	18.00
医药品	6	0.11	50	0.70	54	0.42
除该九类外的其他产品	611	10.84	3 191	44.72	4 195	32.84
合计	5 638	1	7 135	1	12 773	1

资料来源:WTO 数据库。

在技术含量层面,中国与"一带一路"沿线国家进口产品主要是能源类初级产品,占比为 35.77%,主要由于中国是消费大国,对能源需要巨大,而"一带一路"沿线国家多为资源型国家,比如中东地区、中亚及俄罗斯等。其次为高技术制造业(电子和电气),占比为 23.89%,主要是由于中国需要从东南亚、中东欧等地进口高技术中间品进行国内组装。

在出口层面,中国主要对"一带一路"沿线出口低等技术产品为 31.99%(纺织、服装和鞋帽为 16.07%、其他为 15.92%),中等技术产品为 28.87%

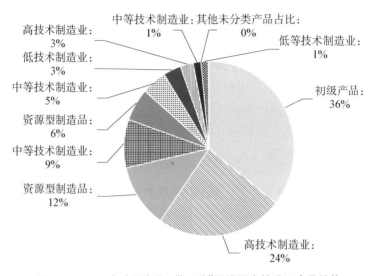

图 3 - 3　2018 年中国与"一带一路"沿线国家的进口产品结构

资料来源：WTO 数据库；分类法参考：S. Lall，"The Technological Structure and Performance of Developing Country. Manufactured Exports, 1985 - 98"，*Oxford Development Studies*，2000，Vol. 28，No. 3，pp. 337 - 369。

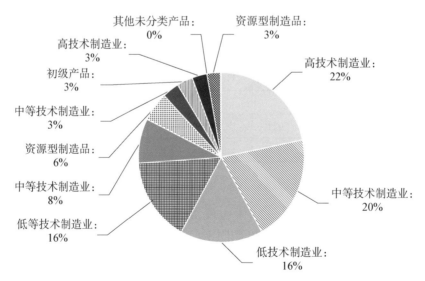

图 3 - 4　2018 年中国与"一带一路"沿线国家出口产品结构

资料来源：WTO 数据库；分类法参考：S. Lall，"The Technological Structure and Performance of Developing Country. Manufactured Exports，1985 - 98"，*Oxford Development Studies*，2000，Vol. 28，No. 3，pp. 337 - 369。

(其中机械工程类为 20.23%、加工类为 5.52%、自动化产品为 3.1%),主要是因为"一带一路"沿线国家大多数为发展中国家,工业发展平均水平相对较低,对中低技术产品需求较大;也有一大部分高技术产品,其中电子和电气类占比为 21.72%,主要是由于区域供应链下带来的中国和整个东盟之间的产品内贸易。

第三节 中国与"一带一路"沿线国家的贸易类型特征

由于"一带一路"沿线国家的经济规模和要素禀赋等方面存在着巨大的差异,因而,中国与"一带一路"沿线国家也呈现出不同的贸易特征。

一、中国与"一带一路"沿线国家的贸易类型

从国别来看,卡塔尔、巴林、科威特等 9 国与中国的货物贸易表现为顺差,主要来源于中国对这些国家的资源产品和初级产品的进口,而中国出口较多的是低技术产品。马尔代夫、也门和约旦等 13 国和中国的货物贸易也表现为顺差,主要来自中国对高技术产品和中等技术产品的进口。阿尔巴尼亚、阿联酋和蒙古等 10 国与中国的货物贸易关系表现为顺差,也是由于中国从这些国家进口能源型产品,同时向这些国家出口中低技术产品。对于拉脱维亚、柬埔寨和斯里兰卡等 13 国与中国的货物贸易则表现为逆差,由于中国向这些国家出口能源型产品和初级产品。印度、孟加拉国和埃及等 6 国与中国的货物贸易表现为逆差,主要由于中国对向这些地区出口资源型产品和低技术产品。因此,上述关系表明中国和"一带一路"沿线国家贸易依然是以资源型和中低技术产品为主,其中大多数"一带一路"沿线国家在资源上具有相对比较优势,而中国在中低技术产品上具有相对比较优势。

表 3-4 中国与"一带一路"沿线国家各种类型贸易的规模(2018 年)

		贸易总额(百万美元)	高技术(百万美元)	中等技术(百万美元)	低技术(百万美元)	资源型产品(百万美元)	初级产品(百万美元)
4	卡塔尔、巴林、科威特、伊拉克、俄罗斯、阿塞拜疆、阿曼、阿富汗、沙特阿拉伯	6 496	−1 485	−257	−1 993	6 738	3 408

续表

		贸易总额 (百万美元)	高技术 (百万美元)	中等技术 (百万美元)	低技术 (百万美元)	资源型产品 (百万美元)	初级产品 (百万美元)
3	马尔代夫、也门、约旦、印度尼西亚、新加坡、越南、马来西亚、土库曼斯坦、亚美尼亚、泰国、乌克兰、吉尔吉斯斯坦、乌兹别克斯坦	3 858	1 364	863	588	−53	325
0	阿尔巴尼亚、阿拉伯联合酋长国、蒙古、匈牙利、斯洛文尼亚、文莱、塔吉克斯坦、不丹、爱沙尼亚、立陶宛	742	241	294	−692	726	60
2	拉脱维亚、柬埔寨、斯里兰卡、尼泊尔、波兰、格鲁吉亚、白俄罗斯、缅甸、斯洛伐克、克罗地亚、菲律宾、保加利亚、以色列	−4 782	−151	−632	−412	−1 874	−1 316
1	印度、孟加拉国、埃及、土耳其、黎巴嫩、巴基斯坦	−8 978	−801	−607	3 762	−7 143	−3 066

注：大于 0 表示中国为逆差国,小于 0 表示中国为顺差国。

二、中国与"一带一路"沿线国家贸易的国际竞争力

国际竞争力指数(Trade Competitiveness，TC)被用来分析一国对外贸易的国际竞争力,具体表示为一国进出口贸易的差额占进出口贸易总额的比重,即 TC 指数＝(出口额－进口额)/(出口额＋进口额)。该指标一般在

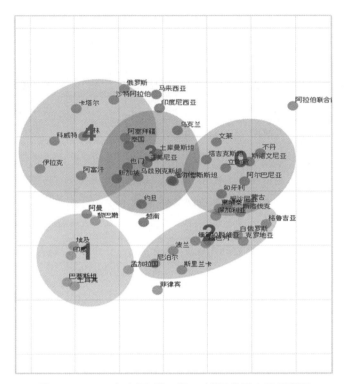

图 3‑5　2018 年中国对"一带一路"沿线国家贸易类型

资料来源：WTO 数据库；分类法参考：S. Lall, "The Technological Structure and Performance of Developing Country. Manufactured Exports, 1985‑98", *Oxford Development Studies*, 2000, Vol. 28, No. 3, pp. 337—369。

—1—1 之间, TC 值越接近于 0 表示竞争力越接近于平均水平, 越接近于—1 表示该国只进口不出口, 则国际竞争力越薄弱；接近于 1 时表示该国只出口不进口, 则国际竞争力越大。

从表 3‑5 可以看到, 整体来看, "一带一路"沿线国家的国际竞争力差异明显。其中国际竞争力指数大于 1 的国家有 21 个, 主要为中亚及中东地区的能源型经济体, 比如排名前五的国家为土库曼斯坦、卡塔尔、伊朗、沙特阿拉伯和科威特。国际竞争力指数小于 1 的国家有 44 个, 主要为一些工业水平较弱、内陆国和政局不稳定国家, 如排名后五的国家为巴勒斯坦、阿富汗、叙利亚、尼泊尔和马尔代夫。而中国排名第 14 位, 且国际竞争力指数大于 1, 主要由于中国在中低技术产方面如电子和电气设备、家具制造等方面具有相对比较优势。

表3-5　中国与"一带一路"沿线国家贸易的国际竞争力指数

国家	TC	国家	TC	国家	TC	国家	TC
土库曼斯坦	0.576	捷克	0.045	罗马尼亚	−0.103	摩尔多瓦	−0.361
卡塔尔	0.453	匈牙利	0.027	以色列	−0.106	巴基斯坦	−0.436
伊朗	0.402	越南	0.013	拉脱维亚	−0.106	约旦	−0.448
沙特阿拉伯	0.371	斯洛文尼亚	0.003	孟加拉国	−0.117	不丹	−0.461
科威特	0.335	斯洛伐克	0.001	北马其顿	−0.134	格鲁吉亚	−0.462
俄罗斯	0.307	泰国	−0.002	土耳其	−0.141	埃及	−0.468
哈萨克斯坦	0.304	波兰	−0.011	柬埔寨	−0.143	吉尔吉斯斯坦	−0.485
伊拉克	0.291	印度尼西亚	−0.023	塞尔维亚	−0.147	塔吉克斯坦	−0.491
阿塞拜疆	0.259	爱沙尼亚	−0.038	印度	−0.222	也门	−0.683
文莱	0.226	立陶宛	−0.045	乌兹别克斯坦	−0.227	黎巴嫩	−0.718
阿曼	0.115	白俄罗斯	−0.065	波黑	−0.236	东帝汶	−0.727
阿联酋	0.096	保加利亚	−0.065	克罗地亚	−0.241	黑山	−0.731
蒙古	0.088	老挝	−0.069	斯里兰卡	−0.243	巴勒斯坦	−0.765
中国	0.078	巴林	−0.071	希腊	−0.245	阿富汗	−0.787
马来西亚	0.064	缅甸	−0.074	菲律宾	−0.261	叙利亚	−0.807
新加坡	0.053	乌克兰	−0.094	亚美尼亚	−0.341	尼泊尔	−0.859
—	—	—	—	阿尔巴尼亚	−0.348	马尔代夫	−0.884

资料来源：WTO 数据库。

第四节　中国与"一带一路"沿线国家的贸易关联

下面我们通过贸易密集度指数、出口相似度指数和贸易互补指数等指数分析中国与"一带一路"沿线国家的贸易关联性。

一、贸易密集度指数

贸易密集度指数(Trade Intensity Index，TII)是由 Brown 在 1947 年提

出的,后由小岛清等对其进行改进,通常被用来衡量双边贸易关系的紧密程度。该指数的具体计算公式为:

$$TII_{ij} = \frac{X_{ij}/X_i}{M_j/(M_w - M_i)}$$

其中 TII_{ij} 表示 i 国与 j 国之间的贸易密集程度, X_{ij} 为 i 国向 j 国的出口, X_i、 M_j 分别表示 i 国的总出口与 j 国的总进口, M_w 为世界的总进口。如果 $TII_{ij} > 1$,则表明 i 国向 j 国的出口大于依据该国在世界贸易中的份额所预期的出口,两国贸易关系就密切;若 $TII_{ij} < 1$,则表示两国之间的贸易关系不密切。

在出口方面(见表 3 - 6),中国与"一带一路"沿线国家之间贸易密度指数大于 1 的国家有 29 个,主要分布在东南亚、南亚和中亚等中国周边地区,其中排在前五的国家为吉尔吉斯斯坦、缅甸、塔吉克斯坦、文莱和越南。中国是吉尔吉斯斯坦、缅甸、文莱和越南第一大进口国。2018 年中国和吉尔吉斯斯坦贸易额为 20.03 亿美元,同比增长 25%,主要集中在鞋子、机器和电子设备等方面。与缅甸的贸易主要集中在机器设备、人造纤维和电子设备等方面。与文莱的贸易主要集中在钢铁制品、机械和电子设备等方面。与塔吉克斯坦的贸易主要集中在机械和电子设备、汽车等方面。与越南的贸易主要集中在机械和电子设备、钢铁等方面。可以明显看到,中国制造业尤其是机械和电子设备、钢铁等方面是中国与"一带一路"沿线国家贸易的主要方面。而贸易密集度小于 1 的国家有 36 个,主要是集中在中东欧地区,比如排名后五的国家为斯洛伐克、摩尔多瓦、不丹、北马其顿和波黑。

表 3 - 6　2018 年中国与"一带一路"沿线国家的出口贸易密度指数

国家	TII	国家	TII	国家	TII	国家	TII
吉尔吉斯斯坦	8.264	斯里兰卡	1.667	格鲁吉亚	0.953	匈牙利	0.439
缅甸	4.307	老挝	1.663	阿联酋	0.902	爱沙尼亚	0.438
塔吉克斯坦	3.575	马来西亚	1.662	土库曼斯坦	0.885	巴林	0.436
文莱	3.069	俄罗斯	1.589	尼泊尔	0.832	立陶宛	0.381
越南	2.797	叙利亚	1.494	希腊	0.792	克罗地亚	0.373
哈萨克斯坦	2.745	泰国	1.350	黎巴嫩	0.782	罗马尼亚	0.363

续表

国家	TII	国家	TII	国家	TII	国家	TII
伊朗	2.679	印度	1.194	科威特	0.730	阿富汗	0.355
孟加拉国	2.454	埃及	1.170	阿尔巴尼亚	0.719	阿塞拜疆	0.355
菲律宾	2.406	伊拉克	1.169	阿曼	0.666	亚美尼亚	0.346
巴基斯坦	2.224	约旦	1.154	土耳其	0.631	保加利亚	0.300
蒙古	2.210	新加坡	1.060	卡塔尔	0.619	白俄罗斯	0.235
东帝汶	2.186	马尔代夫	1.056	波兰	0.617	塞尔维亚	0.222
也门	1.823	沙特阿拉伯	1.024	巴勒斯坦	0.608	斯洛伐克	0.214
印度尼西亚	1.807	乌克兰	0.969	捷克	0.508	摩尔多瓦	0.149
乌兹别克斯坦	1.795	斯洛文尼亚	0.964	拉脱维亚	0.496	不丹	0.124
柬埔寨	1.707	以色列	0.959	黑山	0.468	北马其顿	0.094
—	—	—	—	—	—	波黑	0.074

资料来源：WTO 数据库。

在进口方面,中国同"一带一路"沿线国家货物贸易密度指数大于 1 的国家有 19 个,主要分布为中亚、东南亚、中东地区及俄罗斯等能源资源型经济体。排名前五的国家为蒙古、土库曼斯坦、也门、阿曼、老挝。中国是蒙古和俄罗斯的第一大出口国,其中蒙古出口主要集中在矿产资源、矿石和羊毛等方面,而俄罗斯出口主要集中在矿产资源、木制品和机械设备等方面。其他三国中土库曼斯坦出口主要集中在矿产资源上,也门和阿曼出口则主要是农产品。贸易密度指数小于 1 的国家有 46 个,主要是一些比较小或者政治稳定性较差的国家如不丹、叙利亚、巴勒斯坦、北马其顿和巴林。

表 3-7 2018 年中国与"一带一路"沿线国家的进口贸易密度指数

国家	TII	国家	TII	国家	TII	国家	TII
蒙古	8.169	哈萨克斯坦	1.264	文莱	0.344	格鲁吉亚	0.145
土库曼斯坦	6.992	亚美尼亚	1.190	阿尔巴尼亚	0.339	黎巴嫩	0.135
也门	4.241	俄罗斯	1.184	马尔代夫	0.331	希腊	0.129
阿曼	3.967	卡塔尔	0.974	匈牙利	0.316	爱沙尼亚	0.129
老挝	3.048	巴基斯坦	0.833	保加利亚	0.312	摩尔多瓦	0.128

续表

国家	TII	国家	TII	国家	TII	国家	TII
菲律宾	2.757	黑山	0.818	吉尔吉斯斯坦	0.268	拉脱维亚	0.128
缅甸	2.557	新加坡	0.738	尼泊尔	0.257	波兰	0.126
越南	2.383	以色列	0.676	斯里兰卡	0.251	阿富汗	0.123
马来西亚	2.313	塔吉克斯坦	0.646	约旦	0.250	克罗地亚	0.111
伊拉克	2.087	柬埔寨	0.597	罗马尼亚	0.246	塞尔维亚	0.105
伊朗	1.973	埃及	0.564	土耳其	0.202	波黑	0.097
科威特	1.928	印度	0.527	孟加拉国	0.197	立陶宛	0.090
乌兹别克斯坦	1.923	乌克兰	0.503	捷克	0.197	巴林	0.076
印度尼西亚	1.712	斯洛伐克	0.502	阿塞拜疆	0.177	北马其顿	0.063
泰国	1.624	阿联酋	0.464	白俄罗斯	0.153	巴勒斯坦	0.031
沙特阿拉伯	1.408	东帝汶	0.359	斯洛文尼亚	0.146	叙利亚	0.011
—	—	—	—	—	—	不丹	0.000

资料来源：WTO 数据库。

二、出口相似度指数

出口相似度指数(Export Similarity Index，ESI)主要用来衡量两国之间出口结构特点或商品竞争关系。其计算公式为：

$$ESI_{ij} = \left\{ \sum \text{Min}[(X_i^k/X_i)，(X_j^k/X_j)] \right\}$$

其中 ESI_{ij} 为 i 国与 j 国之间的出口相似度，X_i^k 为 i 国 k 产品的出口额，X_i 为 i 国的总出口，X_j^k 为 j 国 k 产品的出口额，X_j 为 j 国的总出口。该指数在 0 到 1 之间，指数趋近于 0 时，表示两国在世界市场上的商品出口趋于不同；指数趋于 1 时，表示两国在世界市场的商品出口结构趋于相同，即指数越大，两国出口商品结构越相似，贸易竞争性越高，反之则两国贸易竞争性越低。

表 3-8 展示了中国与"一带一路"沿线国家的出口相似度指数。与中国相似度最高、贸易竞争性最强的国家主要分布在中东欧国家，其中竞争性前五的国家为埃及、捷克、匈牙利、越南和罗马尼亚。埃及与中国竞争性最强的行业为电子和机械设备、家具产品等，捷克与中国竞争性最强的行业为电

子和机械设备、塑料制品等,匈牙利与中国竞争性最强的行业为电子和机械设备、塑料制品等,越南与中国竞争性最强的行业为电子和机械设备、家具制造等,罗马尼亚与中国竞争性最强的行业为电子和机械设备、家具产品等。因此,中国在电子和机械设备、家具等中低技术、劳动密集型产品上与中东欧国家竞争性较大。竞争性较低、排名后五的国家为土库曼斯坦、蒙古、阿富汗、马尔代夫和伊拉克等经济发展程度比较低且以初级产品出口为主的国家。

表 3 - 8　2018 年中国与"一带一路"沿线国家的出口相似度

国家	ESI	国家	ESI	国家	ESI	国家	ESI
埃及	0.843	土耳其	0.552	老挝	0.290	沙特阿拉伯	0.160
捷克	0.703	北马其顿	0.549	斯里兰卡	0.282	孟加拉国	0.143
匈牙利	0.700	立陶宛	0.519	尼泊尔	0.267	巴勒斯坦	0.133
越南	0.673	拉脱维亚	0.510	格鲁吉亚	0.262	卡塔尔	0.126
罗马尼亚	0.661	印度	0.482	吉尔吉斯斯坦	0.255	塔吉克斯坦	0.112
波兰	0.650	波黑	0.475	巴基斯坦	0.248	哈萨克斯坦	0.111
菲律宾	0.626	摩尔多瓦	0.457	柬埔寨	0.238	不丹	0.105
马来西亚	0.625	以色列	0.441	黑山	0.228	东帝汶	0.103
泰国	0.623	印度尼西亚	0.397	缅甸	0.227	科威特	0.102
斯洛伐克	0.617	约旦	0.397	亚美尼亚	0.227	也门	0.094
新加坡	0.612	白俄罗斯	0.390	巴林	0.211	文莱	0.093
爱沙尼亚	0.595	黎巴嫩	0.367	俄罗斯	0.202	阿塞拜疆	0.075
塞尔维亚	0.577	希腊	0.343	乌兹别克斯坦	0.193	土库曼斯坦	0.061
保加利亚	0.572	阿联酋	0.337	伊朗	0.185	蒙古	0.060
斯洛文尼亚	0.571	乌克兰	0.320	阿曼	0.180	阿富汗	0.054
克罗地亚	0.562	阿尔巴尼亚	0.314	叙利亚	0.180	马尔代夫	0.046
—	—	—	—	—	—	伊拉克	0.031

资料来源:WTO 数据库。

三、贸易互补指数

贸易互补指数是用来衡量一国进口与另一国出口的兼容性。该指数在 0 和 1 之间,具体计算公式如下:

$$CI_{ih} = 1 - \left[\sum \left| \frac{M_h^k}{M_h} - \frac{X_h^k}{X_h} \right| \right] / 2$$

其中,M 和 X 分别代表进口额和出口额,k 代表商品类别。当 $CI_{ih} = 1$ 时,表示双方在没有发生贸易结构扭曲的情况下,两国的互补性最高。

表 3-9 的结果进一步印证了前面的分析。在中国与"一带一路"沿线 53 个国家之间,有 41 个国家的贸易互补性指数大于 0.5,整体互补性程度较高。排名前五的国家为文莱、蒙古、卡塔尔、柬埔寨、印度尼西亚。中国是文莱的第一大进口国,主要进口钢材制品、机械和电子设备等;中国也是蒙古第一大进口国,主要进口机械和电子设备、钢铁制品等;中国是卡塔尔的第二大进口国,主要进口电子和机械设备、钢铁制品等;中国是柬埔寨的第一大进口国,主要进口农产品等初级产品;中国是印度尼西亚的第一大进口国,主要进口电子和机械设备、钢铁等。这表明中国相对"一带一路"沿线国家,在电子和机械设备、钢铁等方面具有相对比较优势。而互补性较低的国家主要分布中东欧国家,如排名后四位的国家为格鲁吉亚、马尔代夫、科威特、阿尔巴尼亚。

表 3-9　中国与"一带一路"沿线国家之间的贸易互补性指数

国家	CI	国家	CI	国家	CI	国家	CI
文莱	0.965	新加坡	0.877	印度	0.778	约旦	0.491
蒙古	0.958	斯洛伐克	0.875	塔吉克斯坦	0.777	缅甸	0.467
卡塔尔	0.957	匈牙利	0.873	阿塞拜疆	0.777	摩尔多瓦	0.361
柬埔寨	0.954	巴基斯坦	0.867	越南	0.763	巴林	0.344
印度尼西亚	0.938	土耳其	0.836	罗马尼亚	0.756	沙特阿拉伯	0.310
俄罗斯	0.931	捷克	0.832	立陶宛	0.732	黎巴嫩	0.189
白俄罗斯	0.918	保加利亚	0.830	克罗地亚	0.684	阿联酋	0.178
乌兹别克斯坦	0.913	爱沙尼亚	0.822	吉尔吉斯斯坦	0.606	格鲁吉亚	0.146
黑山	0.892	菲律宾	0.815	阿富汗	0.559	马尔代夫	0.143

续表

国家	CI	国家	CI	国家	CI	国家	CI
埃及	0.891	波兰	0.809	伊朗	0.541	科威特	0.133
哈萨克斯坦	0.889	斯洛文尼亚	0.801	塞尔维亚	0.535	阿尔巴尼亚	0.010
亚美尼亚	0.887	泰国	0.798	波黑	0.525	—	—
乌克兰	0.882	以色列	0.788	希腊	0.504	—	—
拉脱维亚	0.880	马来西亚	0.780	北马其顿	0.497	—	—

注：因为数据的可获得性,本研究只测量了"一带一路"沿线53个国家,没有测量的国家为孟加拉国、不丹、伊拉克、老挝、尼泊尔、阿曼、巴勒斯坦、斯里兰卡、叙利亚、东帝汶、土库曼斯坦和也门。

资料来源：WTO数据库。

第四章 服务贸易发展趋势与"一带一路"沿线国家服务贸易类型分析

本章在分析全球服务贸易发展现状和趋势的基础上，分析中国服务贸易的发展特点、问题和发展导向，重点分析"一带一路"沿线国家服务贸易的总量、结构和类型，为中国与"一带一路"沿线国家在服务贸易领域的合作提供依据。

第一节 全球服务贸易的发展趋势

由于全球货物贸易的增长和人员国际间流动的增加，特别是数字技术的发展，全球服务贸易不仅迎来了比较快速的增长，而且出现了服务贸易的数字化发展趋势。

一、全球服务贸易的总量增长及其影响因素

从 2008 年到 2018 年，全球服务贸易总额从 77 698 亿美元增加到112 549 亿美元。其中，服务贸易出口从 2008 年的 39 559 亿美元增加到2018 年的 57 697 亿美元，服务贸易总体呈现较大的增长趋势。服务贸易占全球贸易的比重于 18%—24% 之间变动，总体比重在上升（见图 4 - 1）。

国际贸易始终是经济全球化的主要手段，全球贸易占 GDP 的比重 60% 左右，而国际贸易中，货物贸易还是占较大的比重，在 42%—52% 之间波动，而服务贸易则占 12% 左右（见图 4 - 2）。

全球服务贸易的总量增长的主要因素包括三个因素：第一个因素是货物贸易增长带来的运输服务贸易的增长，运输服务贸易的增长主要基于海运服务的需求。二是空运成本的下降带来了居民跨境间出行成本的下降，带动了

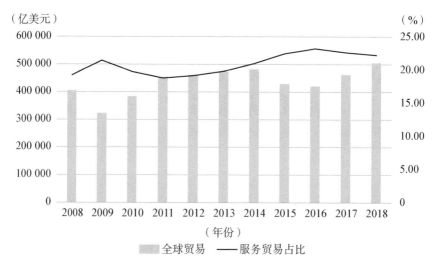

图 4-1 全球贸易及服务贸易所占比重(2008—2018 年)

资料来源：WTO 贸易统计 2019。

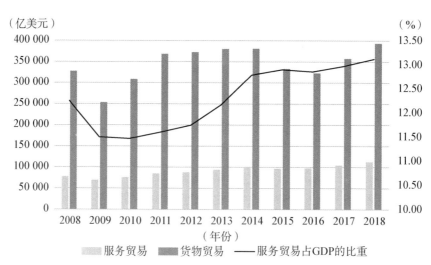

图 4-2 全球货物、服务贸易及服务贸易占 GDP 的比重(2008—2018 年)

资料来源：WTO 贸易统计 2019。

旅行服务贸易的增加。旅行服务贸易还包括国际游学和出国留学人数的增加,主要集中在美国、英国等教育资源丰富的国家以及澳大利亚、加拿大等英语语言国家。三是信息与通信技术的发展使许多原来不可贸易的服务变成了可贸易的。专业服务、金融保险服务、试听服务、教育服务和健康服务等成为可服务贸易的重要领域。

二、全球服务贸易的结构变动

从不同经济体的服务贸易结构看,发达经济体尽管服务贸易出口比重有所下降,但依然在服务贸易中占主导地位,占全球服务贸易 70% 左右的比重,而进口比重增加相对缓慢。相反,尽管发展中经济体出口比重有所上升,但进口比重上升更快(见图 4-3 和图 4-4)。总体而言,发达国家控制着服务贸易,并决定了服务贸易在各国的利益分配。

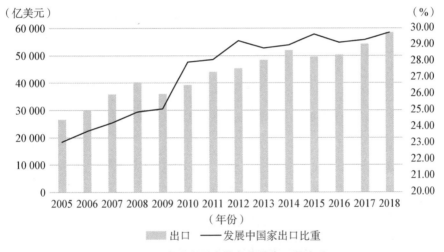

图 4-3　发展中国家服务贸易出口及比重

资料来源:联合国贸易与发展会议,http://unctadstat. unctad. org/wds/TableViewer/tableView. aspx。

从服务贸易内部结构看,服务贸易自由化的推进以及数字技术的发展,使全球服务贸易内部结构从原来以运输服务贸易和旅行服务贸易为主的服务贸易转变为传统服务贸易和新兴服务贸易并重的服务贸易格局。2005 到 2010 年间,全球服务贸易年均增长 8%,而运输和旅行均为 7%,低于全球服务贸易年均增长率,其他商业服务则增长 9%,2018 年持平。

图 4-4 发展中国家服务贸易进口及比重

资料来源：联合国贸易与发展会议，http://unctadstat. unctad. org/wds/TableViewer/ tableView. aspx。

表 4-1 按部门和区域全球服务贸易增长率(2005—2018 年)

	全球	北美	中美洲	欧洲	独联体	非洲	中东	亚洲
服务贸易								
2005—2010 年	8	8	9	6	12	9	…	13
2017 年	8	5	6	8	13	15	8	8
2018 年	8	4	1	8	12	10	5	10
与货物相关的服务								
2005—2010 年	9	12	—10	7	11	16	19	14
2017 年	8	5	—3	11	13	7	27	4
2018 年	12	14	2	13	4	17	7	9
运输								
2005—2010 年	7	6	9	6	12	10	9	9
2017 年	9	5	6	11	13	7	12	8
2018 年	7	4	2	9	11	8	2	6

续表

	全球	北美	中美洲	欧洲	独联体	非洲	中东	亚洲
旅行								
2005—2010 年	7	5	6	3	9	8	15	12
2017 年	8	3	6	11	16	27	7	7
2018 年	7	3	3	9	16	13	1	9
其他商业服务								
2005—2010 年	9	10	16	7	15	11	…	15
2017 年	7	7	5	13	9	5	5	10
2018 年	8	4	—2	7	12	7	12	12

资料来源：WTO 贸易统计 2019。

进一步从全球各国和地区服务贸易的发展看，由于经济规模、经济发展阶段、要素禀赋等不同，因而各国和地区服务贸易之间存在着绝对的不平衡（见图 4-5 和图 4-6）。

（亿美元）

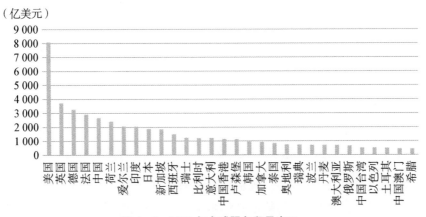

图 4-5　2018 年全球服务贸易出口

资料来源：根据 WTO 统计 2019 整理。

无论是从经济规模，还是经济发展阶段看，美国始终处于全球价值链的高端。一方面，美国高端服务出口方面具有明显的优势，特别是在专业服务、教育服务、金融保险服务和专利服务出口领域；另一方面，中低端服务通过在劳动密集型国家配置(离岸或者离岸外包)实现对美国服务的进口。这样,无论是服务出口,还是服务进口,美国长期以来在服务贸易领域具有任何国家不可替代的优势。一些制造业发达的国家的优势是跨国公司除了在货物领域具有优势外,特别是在与货物相关的服务贸易中具有优势。例如德国、日本和法国等发达国家,这些国家形成了制造和服务一体的网络体系。发展中国家中承担离岸服务外包业务的集聚地,以印度、爱尔兰和菲律宾为最大。本地市场规模特别大则以中国最为典型,因而中国在服务贸易进口方面,名列全球第二位。当然,中国除了本地市场规模外,也与承接离岸服务外包有关。

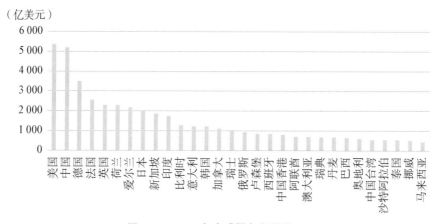

图4-6 2018年全球服务贸易进口

资料来源:根据WTO统计2019整理。

三、全球服务贸易发展趋势

信息与通信技术的发展,特别是互联网全球范围内的普及,使全球服务贸易出现了新的增长点,其基本趋势是货物产品中含有服务中间品,以及服务贸易的数字化发展。

全球货物贸易内部结构从以农产品贸易为主的第一代货物贸易,到以中间品贸易为主第二代货物贸易,目前正在向含有服务的货物贸易转变。在现有的服务贸易统计中,服务贸易占国际贸易的四分之一左右,但根据世界贸易组织 TISMOS 的测算,2017 年全球服务贸易额为 13.3 万亿美元,占全球贸易额的 45.92%。同时,大量中间服务投入内嵌在货物贸易中,无论国内还是国外,服务投入约占所涉国家(主要是经合组织经济体)样本中制造业出口值的37%左右。通过在制造型企业内增加的服务活动,这一份额提高到53%,服务业对总出口的贡献已接近三分之二。各国制造型企业的就业人员中,25%至60%从事研发、工程、运输、物流、配送、营销、销售、售后服务、信息技术、管理及后台支持等服务类工种。[①]

服务贸易变化的另外一个趋势是服务贸易的数字化趋势。服务业是信息与通信技术革命的中心,技术进步使越来越多的服务能够以数字形式跨境供应。反过来,跨境交付的发展推动了各国数字基础设施建设,使服务能够以电子方式提供,并通过互联网购买服务。根据世界贸易组织的统计,2017年,全球跨境交付为3.7万亿美元,占全球服务贸易的27.7%,主要分布在交通运输、专业和商业服务、分销服务、通信服务以及计算机服务等子行业中。[②] 最近几年,数字技术的发展使有些服务更加容易跨国界交付,而不是通过商业存在或者自然人流动。例如,远程教育服务、远程医疗服务等。全球可远程提供的服务从2005年的25 000亿美元增至2016年的近50 000亿美元,数字化服务的份额从2005年的45%上升到2016年的52%左右。[③]

在这些服务部门中,电信、计算机服务和信息服务、金融服务以及其他商业服务是在数字支持服务中所占比例相对最高的(见表4-2)。

表4-2　电信、计算机和信息服务进出口

国家(区域)	进出口额(亿美元)	所占百分比(%)	年增长率(%)			
			2010—2017年	2016年	2017年	2018年
出口						
欧盟(28)	3 285	60.89	6	3	11	15
印度	582	10.80	4	−2	1	7
中国	471	8.72	15	3	5	69
美国	440	8.15	8	5	10	4

---

① Sébastien Miroudot Charles Cadestin, 2016Services In Global Value Chains:Form inputs to value-creating activities, https://www. oecd-ilibrary. org/docserver/465f0d8b-en. pdf? expires＝1581332388&id=id&accname=guest&checksum=036FC116855DD15EE02982C3B8F07629。

② 世界贸易组织:《世界贸易组织报告2019》,上海人民出版社2019年版,第14页。

③ 世界贸易组织:《世界贸易组织报告2018》,上海人民出版社2018年版,第66页。

续表

国家(区域)	进出口额(亿美元)	所占百分比(%)	年增长率(%)			
			2010—2017年	2016年	2017年	2018年
瑞士	124	2.31	7	2	−5	−7
新加坡	132	2.45	20	32	9	4
以色列	144	2.67	16	9	18	18
加拿大	90	1.67	0	4	7	11
阿联酋	67	1.25	…	7	6	4
菲律宾	59	1.10	14	59	3	5
总计	5 395	100.0	—	—	—	—
进口						
欧盟(28)	1 730	56.61	3	−15	9	11
美国	404	13.23	5	2	7	1
中国	238	7.78	25	12	52	24
瑞士	159	5.22	7	11	6	−6
新加坡	150	4.92	24	19	14	3
日本	155	5.07	17	7	−1	9
印度	71	2.32	8	25	28	17
俄罗斯	55	1.80	5	−2	−2	2
加拿大	48	1.58	0	−11	5	0
巴西	45	1.48	0	−3	19	17
总计	3 056	100.00	—	—	—	—

资料来源:WTO统计2019。

第二节　中国服务贸易特征及与"一带一路"沿线国家的合作点

中国服务贸易发展很快,主要是基于货物贸易的发展带动了服务贸易的发展,因此,中国与"一带一路"沿线国家的服务贸易合作可以从货物贸易特别是跨境电子商务为切入点,推动电子支付、专业服务和教育医疗服务的发展。

一、服务贸易总量增长和结构变动

1982—2018 年,中国服务贸易经历了缓慢到快速的增长期,且从贸易基本平衡到以严重逆差为特征的严重不平衡演变。总体上,在 1982—1991 年比较缓慢的服务贸易增长以后,货物贸易快速增长(特别是加工贸易)以及国际旅行(包括留学)等快速增长推动了服务贸易的快速增长(见图 4 - 7)。

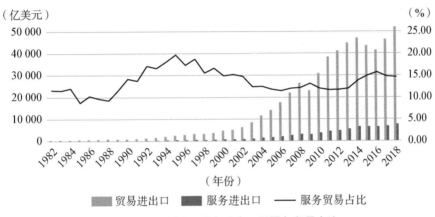

图 4 - 7　中国货物、服务进出口及服务贸易占比

资料来源:国家外汇管理局。

从中国服务贸易的变动特点看,1982—1991 年,中国服务贸易增长速度缓慢,但服务贸易结构基本平衡,并以运输服务、旅行服务为主。1992 年到 2008 年间,中国服务贸易出现了快速的增长,主要原因:一是货物贸易带动了服务贸易的增长,以运输服务为主;二是加工贸易带动了加工服务的快速增长。2009 年以后,中国服务贸易继续快速增长,同时服务贸易结构出现了重大的变化。旅行服务贸易进口快速增长,是目前造成中国服务贸易逆差的主要原因,使服务贸易逆差率从正转向负,而且比率不断扩大(见图 4 - 8)。

到 2019 年,中国服务贸易总额达到 7 434 亿美元,其中出口额 2 420 亿美元,进口额 5 014 亿美元,逆差为 2 594 亿美元,逆差最大的还是旅行服务,为 2 165 亿美元,其次是知识产权使用费,为 277 亿美元。①

---

① 国家外汇管理局网站,http://www.safe.gov.cn/safe/2018/0427/8886.html。

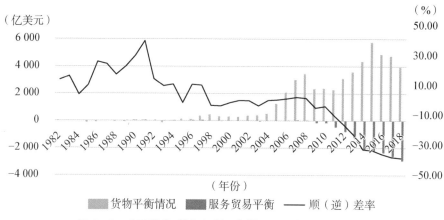

图 4-8　中国货物、服务贸易平衡情况及服务贸易逆差率

二、中国服务贸易发展的基本特征

从服务贸易总体进出口结构看,中国传统服务贸易(主要是指运输服务和旅行服务)仍然占较高比重,1980—1990 年和 2014 年以来两大服务部门所占比重都超过 60%,而其他时间段也都超过 50%。相对而言,运输服务除了在 1982—1990 年超过 43%外,2010 年前在 25%左右,随后逐步下降。新兴服务贸易中,上升比较快的服务类别是知识产权使用费以及电信、计算机和信息服务,这两个部门从 1982—1990 年的 0.70%上升到 2018 年的 12.50%。与此同时,保险和养老金服务、金融服务反而出现了比重的下降,这两个部门所占比重在 1982—1990 年平均为 5.39%,除了 2013 年达到 6.13%外,2015年以后都在 4%以下。

加工服务主要得益于中国加工贸易的发展,主要表现在 1991—2000 年以及 2001 年中国加入世界贸易组织以后到 2008 年度的金融危机时间段,其中,1991—2000 年加工服务所在比重高达 12.04%,2001—2009 年为 7.59%。2010 年以后开始出现了比重下降的趋势。另外,2014 年前基本没有维护和维修服务业务,2015 年开始有相关统计数据,并且发展比较快,到 2018 年达到 97 亿美元,占全国服务贸易的 1.28%。

从服务贸易出口结构看,传统服务部门的出口比重持续下降,1982—1990 年运输和旅行服务所占比重高达 62.45%,以后逐年下降,到 2010 年下降到 33.84%。出口结构中,比例增加最快的部门是电信、计算机和信息服务

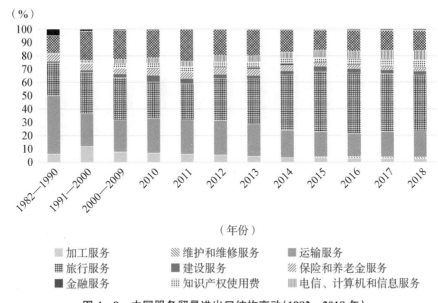

图 4-9　中国服务贸易进出口结构变动(1982—2018 年)

资料来源：根据国家外汇管理局统计数据整理，http://www.safe.gov.cn/safe/zghyhfwmy/index.html.

以及其他商业服务，对中国服务贸易出口的贡献率从 1982—1990 年间的 13.51％上升到 2018 年的 41.18％。这两个部门恰恰是服务贸易数字化程度最高的部门，特别是电信、计算机和信息服务部门，都是通过数字跨境传输的方式。但中国与印度相比，还是存在着差距。2017 年印度电信、计算机和信息服务部门出口为 544 亿美元，所占比重超过美国，列世界第二位，占全球出口前十国出口额的 11.6％，而中国只占 5.9％。2018 年，中国电信、计算机和信息服务出口大幅增长，出口额达 471 亿美元（同比增长 69％），与印度（582亿美元）的差距大幅缩小。

对中国服务贸易出口贡献比较大的还有两个部门：第一个服务部门是加工服务，最高时对服务贸易出口的贡献达到 21.44％，到目前还占 8％左右；第二个部门是建设服务，主要以工程承包为主，对中国服务贸易出口的贡献在6％左右。

对中国服务贸易出口贡献比较小的部门是个人、文化和娱乐服务和金融服务等两个部门。个人、文化和娱乐服务出口只占服务贸易出口的 0.41％，金融、风险和养老金服务出口加起来只占服务贸易出口的 3.54％。

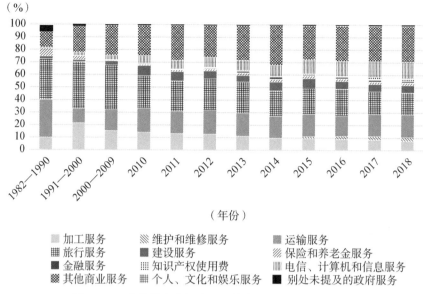

图 4-10 中国服务贸易出口结构变动(1982—2018 年)

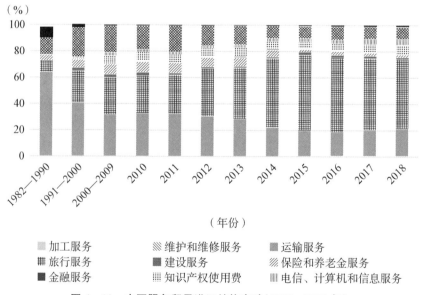

图 4-11 中国服务贸易进口结构变动(1982—2018 年)

从服务贸易进口结构看,旅行服务进口在中国服务贸易进口中的比重是最高的。在1991年以前,中国旅行服务进口还相对比较小,但到2000年以后开始扩大。2014年以后,旅行服务进口所占比重扩大到50%以上,旅行服务贸易额也扩大到500亿美元左右。服务贸易进口最大的第二大部门是运输服务部门,但进口比重在下降,1982—1999年高达64.11%,到1991—2000年下降到40.90%,2014年以后已经降至20%左右。

三、中国与"一带一路"沿线国家服务贸易的合作空间

从中国服务贸易的特征以及中国与"一带一路"合作倡议的视角看,中国与"一带一路"沿线国家在服务贸易领域的合作思路是通过货物贸易带动加工贸易、运输服务以及专业服务的发展,通过人文交流带动文化、旅游服务,通过科技合作带动知识产权服务合作。

中国货物贸易发展主要基于完整的产业链和完善的基础设施,最近几年,跨境电子商务也得到了充分的发展,在发展中国家相对处于领先地位,因而与"一带一路"沿线国家具有广阔的空间。中国与"一带一路"沿线国家通过货物贸易推动服务贸易合作主要通过两种路径,一是通过对外投资在"一带一路"沿线国家发展加工贸易,二是通过跨境电子商务发展相关服务产业链。

随着中国对外投资增加以及国内劳动力成本和环境成本上升等因素,国内低端产业链转移到劳动力更丰裕的国家是趋势。尽管产业的制造链转移,但是相关的服务链特别是分销权要牢牢掌握,否则产业空心化对产业发展不利。在"一带一路"沿线相关国家发展加工贸易不仅会带来加工服务的提升,而且会带来与加工服务相关的其他服务,特别是分销服务、运输服务的发展。

通过跨境电子商务带动相关服务贸易的发展,顺应了国际货物贸易发展的趋势。第一,推动中国与"一带一路"沿线国家的贸易发展和转型升级,形成优势互补。中国完善的产业链为"一带一路"沿线国家提供齐全的货物,而"一带一路"沿线国家优质的农产品和工业品也可以通过跨境电子商务平台进入中国市场。第二,推动与丝路电商相关的基础设施建设,例如通信基础设施、物流和供应链基础设施、以电子支付为主的金融基础设施等,以形成"丝路"电商产业发展与基础设施建设的良性互动。第三,以跨境电子商务为基础合作点,推动服务电子商务的发展,例如旅游服务、文化服务和各种专业服务,推动中国基于数字技术的服务贸易发展。跨境电子商务是全球电子商

务发展的基本趋势。与"一带一路"沿线国家相比,中国在跨境电子商务平台方面处于领先地位,同时中国具体完整产业链的优势和国内消费市场的巨大优势;"一带一路"沿线国家需要中国价廉物美的消费品,同时有具有特色的农副产品出口到中国的优势,因此丝路电商具有很大的市场潜力。进一步推动跨境电子商务的发展以带动相关服务贸易的发展,需要在五个方面做好工作:第一,形成与"一带一路"沿线国家之间跨境电子商务的货物监管制度和贸易便利化措施。根据世界海关组织发布跨境电子商务领域内的标准框架,即《世界海关组织跨境电商标准框架》,加快以电子商务为基础的货物监管制度和贸易便利化措施的建立。结合中国与"一带一路"沿线国家优势产品的特点,提出具有操作性的跨境电子商务货物监管体系和贸易便利化措施,通过不断的合作实践,形成中国参与的跨境电子商务标准体系。第二,形成与"一带一路"沿线国家商会组织、企业之间的合作,通过行业协会和电子商务平台,建立跨境电子商务的商业合作。通过亚太电子网络运营中心覆盖全球主要口岸的国际贸易通关信息网络的优势,先期以"一带一路"沿线主要口岸(签署电子商务合作备忘录的国家)为重点,成为服务"一带一路"沿线地区供应链互联互通和贸易便利化的重要信息交换枢纽,通过引入国际贸易适用的数据标准,将国际贸易数据简化和标准化,实现"一带一路"沿线相关经济体间数据互联、互通、互用,特别是实现供应链数据、原产地证书在内的贸易数据互联互通。第三,提升跨境电子商务公共服务平台的技术和政府协同能力。建立海关、国税、外管等政府管理部门数据交换和互联互通的信息平台,为跨境贸易电子商务企业、支付机构、物流企业等市场主体提供"一点接入"政府监管部门的综合服务。第四,地方政府应该积极参与双边电子商务合作谅解备忘录。根据各个地方的产品特色,以某个省市为重点,形成中央和地方双边电子商务合作谅解备忘录推进机制。第五,推动与重点国家跨境电子商务有关的基础设施合作。

除此之外,"一带一路"国际合作的一个重要方面是人心相通,这需要通过教育服务、旅游服务和文化服务等推进与"一带一路"沿线国家的人文交流,以此带动文化、旅游服务。同时,中国科学技术最近几年发展很快,特别是在数字通信、人工智能等领域,也需要通过与"一带一路"沿线国家的科技合作,带动知识产权服务贸易的发展。

第三节 "一带一路"沿线国家服务贸易特征和类型

中国国家主席习近平分别于 2013 年 9 月和 10 月提出了建设"新丝绸之路经济带"和"21 世纪海上丝绸之路"的合作倡议,从此拉开了中国"一带一路"建设的序幕。为了加强与相关国家的服务贸易往来,本部分利用世界贸易组织网站服务贸易统计数据,从整体上考察"一带一路"沿线国家服务贸易发展趋势及贸易结构,并通过聚类分析,考察不同类型"一带一路"沿线国家在服务贸易模式及服务贸易行业结构方面的差异。

一、"一带一路"沿线国家服务贸易发展特征

总体而言,"一带一路"沿线国家服务贸易增长速度快于货物贸易,由于"一带一路"沿线国家的经济规模、经济发展阶段不同,因而表现出不同的服务贸易发展特征。

(一)"一带一路"沿线国家服务贸易结构构成

除 2009 年和 2015 年出现明显下降外,2005—2017 年"一带一路"沿线国家服务贸易进出口整体上呈上涨趋势,在贸易收支上始终处于逆差状态。

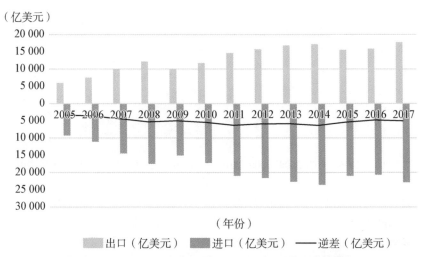

图 4-12 "一带一路"沿线国家服务贸易整体发展趋势

资料来源:根据 WTO 服务贸易数据整理计算。

具体而言,服务贸易出口从 2005 年的 5 999.7 亿美元增加到 2017 年的 17 814.8 亿美元,年均增长 9.5%;服务贸易进口从 2005 年的 9 259.9 亿美元增加到 2017 年的 22 827.7 亿美元,年均增长 7.8%;服务贸易逆差由 2005 年的 3 260.2 亿美元增加到 2014 年的 6 345.6 亿美元,之后三年逆差缩减至 5 000 亿美元左右。

(二)"一带一路"沿线国家服务贸易出口构成

从服务贸易出口行业上看,在"一带一路"沿线国家各年度的服务贸易出口中,95%的服务贸易出口集中在运输服务、与贸易有关的服务(分销)、电信计算机信息和视听服务、其他商业服务、旅游和商务旅行服务以及保险和金融服务六个行业。其中,运输服务、与贸易有关的服务(分销)及电信计算机信息和视听服务占服务贸易出口的 55%左右。2010 年之前,旅游和商务旅行服务出口额大于电信计算机信息和视听服务以及其他商业服务;2011 年之后,"一带一路"沿线国家电信计算机信息和视听服务以及其他商业服务出口

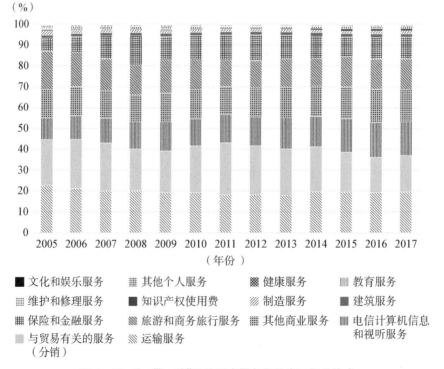

图 4-13 "一带一路"沿线国家服务贸易出口行业构成

资料来源:根据 WTO 服务贸易数据整理计算。

额反超了旅游和商务旅行服务,并分别成为服务出口第三、第四大行业。

从服务贸易出口模式上看,在考察期内,"一带一路"沿线国家服务贸易出口六大行业中,除了旅游和商务旅行服务主要采用模式二(境外消费模式)外,模式一(跨境交付模式)和模式三(商业存在模式)是其他五大行业服务出口的主要模式,而模式四(自然人流动模式)仅在第四、第五大出口行业中有所采用。最终的结果是,"一带一路"沿线国家服务贸易出口各模式的贸易额占比从大到小依次为模式一、模式三、模式二和模式四。

表4-3 主要服务出口行业的服务贸易模式构成

行业	模式一	模式二	模式三	模式四	行业出口占比
与贸易有关的服务(分销)	53.38%	0.00%	46.62%	0.00%	21.08%
运输服务	66.15%	20.21%	13.63%	0.00%	19.30%
旅游和商务旅行服务	0.00%	98.10%	1.90%	0.00%	14.35%
其他商业服务	63.47%	0.75%	20.27%	15.51%	14.33%
电信计算机信息和视听服务	42.49%	0.12%	48.88%	8.51%	14.28%
保险和金融服务	30.89%	0.00%	69.11%	0.00%	10.89%

2005至2017年间,"一带一路"沿线国家各年度的服务贸易出口,最多采用的是模式一,占41%—50%;其次是通过模式三,占19%—36%;再次是模式二,占19%—28%;出口占比最小的是模式四,占4%左右。

(三)"一带一路"沿线国家服务贸易进口构成

从服务贸易进口行业构成方面看,在"一带一路"沿线国家各年度的服务贸易出口中,除了在2014—2016年间的保险和金融服务进口超过运输服务以外,前六大出口行业依次为:与贸易有关的服务(分销)、运输服务、保险和金融服务、电信计算机信息和视听服务、旅游和商务旅行服务,这六大类服务始终占服务贸易进口的90%以上。其中,前三大出口行业占服务贸易进口的60%左右。

在服务贸易进口模式上,在考察期内,"一带一路"沿线国家服务贸易进口六大行业中,同样只有旅游和商务旅行服务主要采用模式二。多半的分销服务、保险和金融服务和电信计算机信息和视听服务都采用了模式三,模式一为仅次于模式三的贸易模式;近2/3的运输服务进口采用模式一,近15%

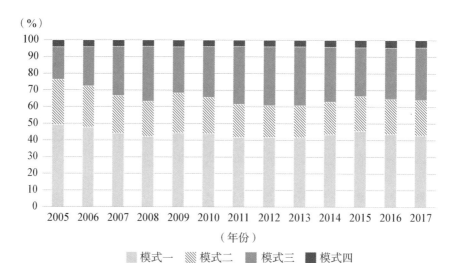

图4-14 "一带一路"沿线国家服务贸易出口模式构成

资料来源：根据 WTO 服务贸易数据整理计算。

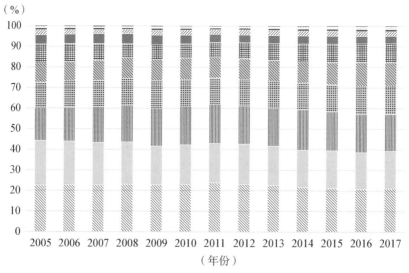

图4-15 "一带一路"沿线国家服务贸易进口行业构成

资料来源：根据 WTO 服务贸易数据整理计算。

的运输服务进口采用模式三。因而,与服务出口模式构成相比,进口模式构成最明显的不同是,商业存在模式占比超过跨境交付模式占比,商业存在模式成为"一带一路"沿线国家服务贸易进口最重要的贸易模式。

表 4 - 4　主要服务进口行业的服务贸易模式构成

行业	模式一	模式二	模式三	模式四	行业出口占比
与贸易有关的服务(分销)	36.49%	0.00%	63.51%	0.00%	22.41%
运输服务	66.59%	18.50%	14.91%	0.00%	19.14%
保险和金融服务	20.96%	0.00%	79.04%	0.00%	18.30%
其他商业服务	44.60%	1.24%	39.74%	14.41%	13.12%
电信计算机信息和视听服务	19.65%	0.19%	76.72%	3.44%	10.34%
旅游和商务旅行服务	0.00%	92.22%	7.78%	0.00%	8.22%

具体而言,"一带一路"沿线国家每年有一半左右的服务进口是通过商业存在模式完成的,35%左右的服务进口通过跨境交付模式实现,11%—14%的服务进口采用了境外消费模式,通过自然人流动模式实现的服务进口占比仅为3%左右。

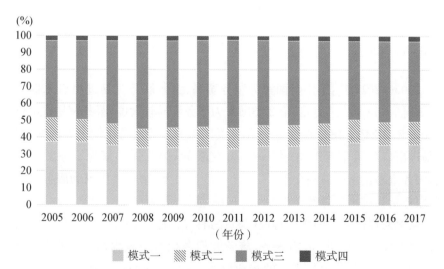

图 4 - 16　"一带一路"沿线国家服务贸易进口模式构成

资料来源:根据 WTO 服务贸易数据整理计算。

二、"一带一路"沿线国家服务贸易类型分析

本部分我们通过聚类分析法对"一带一路"沿线国家服务贸易类型进行分析,通过这种分类可以寻找到中国与"一带一路"沿线国家在服务贸易领域的合作空间。

(一) 基于服务贸易总额的聚类分析

根据 2005—2017 年间各国服务贸易进出口总额,将"一带一路"沿线国家分为五类(见表 4 - 5)。

表 4 - 5　基于服务贸易总额对"一带一路"沿线国家的聚类

1类	2类	3类	4类	5类
新加坡、印度、俄罗斯	波兰、阿联酋、沙特阿拉伯、泰国、以色列、土耳其、马来西亚、捷克、匈牙利、希腊、印度尼西亚、罗马尼亚、卡塔尔、科威特、伊朗、菲律宾、埃及、乌克兰	越南、斯洛伐克、哈萨克斯坦、黎巴嫩、克罗地亚、伊拉克、塞浦路斯、保加利亚、巴林、巴基斯坦、阿曼、斯洛文尼亚、立陶宛、爱沙尼亚、白俄罗斯、拉脱维亚、塞尔维亚、孟加拉国、阿塞拜疆、约旦、斯里兰卡、土库曼斯坦	叙利亚、乌兹别克斯坦、缅甸、阿尔巴尼亚、也门、格鲁吉亚、柬埔寨、文莱、波黑、北马其顿、亚美尼亚、蒙古、阿富汗、摩尔多瓦、马尔代夫、尼泊尔、黑山、吉尔吉斯斯坦	老挝、塔吉克斯坦、不丹

注:根据服务贸易总额通过聚类分析法进行的分类。

2005—2017 年,第 1 类国家为服务贸易大国,服务贸易进出口总额介于 35 530 亿—59 362 亿美元;第 2 类国家为服务贸易较大国,服务贸易进出口总额介于 5 416 亿—18 836 亿美元;第 3 类国家为服务贸易规模中等国家,服务贸易进出口总额介于 1 433 亿—4 643 亿美元;第 4 类国家为服务贸易较小国,服务贸易进出口总额介于 272 亿—996 亿美元;第 5 类国家为服务贸易小国,服务贸易进出口总额介于 59 亿—182 亿美元。

从贸易规模最大的六个行业(与贸易有关的服务、其他商业服务、电信计算机信息和视听服务、运输服务、旅游和商务旅行以及保险和金融服务)上看,各类国家的服务贸易进口的行业分布方面差异性较小,而在服务贸易出口的行业分布方面差异比较明显。总体而言,随着服务贸易出口规模的增

加,传统服务贸易(运输服务与旅游和商务旅行服务)所占比例不断降低。这主要是因为各国服务贸易出口通常是从传统服务贸易起步的,因而传统服务在服务贸易小国的服务出口中会占较大比重。服务出口规模的扩大与新兴服务出口占比的增长,通常是同步进行的。

表4-6 各类国家的服务贸易行业分布

聚类	出口行业						进口行业					
	与贸易有关的服务	其他商业服务	电信计算机信息和视听服务	运输服务	旅游和商务旅行服务	保险和金融服务	与贸易有关的服务	运输服务	其他商业服务	保险和金融服务	电信计算机信息和视听服务	旅游和商务旅行服务
1	25%	20%	17%	17%	5%	11%	23%	22%	15%	12%	10%	8%
2	18%	12%	12%	21%	19%	10%	21%	19%	11%	20%	11%	9%
3	22%	10%	8%	25%	19%	10%	21%	21%	13%	19%	10%	8%
4	15%	8%	9%	20%	34%	5%	19%	22%	11%	15%	16%	9%
5	16%	2%	6%	31%	34%	6%	18%	18%	3%	13%	20%	10%

资料来源:根据WTO服务贸易数据整理计算。

在服务贸易出口模式构成方面,随着服务贸易出口总额的下降,模式二占比总体上呈上升趋势,而模式三占比则不断降低。在服务贸易进口模式构成方面,服务贸易模式与贸易规模之间并未表现出明显的相关性。模式二占比随服务贸易出口总额的下降而增加的原因在于,服务贸易出口规模越小,传统服务贸易(运输服务与旅游和商务旅行服务)占比越高,而模式二是传统服务贸易(特别是旅游和商务旅行服务)的重要出口方式。

表4-7 各类国家的服务贸易模式构成

聚类	出口模式				进口模式			
	模式一	模式二	模式三	模式四	模式一	模式二	模式三	模式四
1	47%	11%	37%	5%	46%	13%	37%	4%
2	44%	28%	24%	4%	31%	15%	52%	2%

续表

聚类	出口模式				进口模式			
	模式一	模式二	模式三	模式四	模式一	模式二	模式三	模式四
3	51%	28%	18%	3%	36%	10%	50%	3%
4	42%	46%	9%	3%	37%	13%	47%	2%
5	52%	44%	4%	0%	32%	14%	49%	5%

资料来源：根据 WTO 服务贸易数据整理计算。

（二）结合服务贸易行业大类的聚类分析

在按照服务贸易规模分为五大类的基础上，再结合服务贸易行业聚类进一步对每一大类分为三个子类（少数国家可能被聚类在不同子类中）。其中，第2—4大类中各个子类所包含的国家如表4-8所示。

表4-8　各子类国家组所含的国家

大类	子类	国　　家
2	Ⅰ类	沙特阿拉伯、卡塔尔、阿联酋、科威特
	Ⅱ类	匈牙利、罗马尼亚、伊朗、菲律宾、沙特阿拉伯、马来西亚、乌克兰、印度尼西亚、波兰、捷克、以色列
	Ⅲ类	希腊、泰国、伊朗、阿联酋、埃及、土耳其、马来西亚、乌克兰、印度尼西亚
3	Ⅰ类	阿塞拜疆、克罗地亚、伊拉克、塞浦路斯、斯里兰卡、约旦、斯洛伐克、斯洛文尼亚、黎巴嫩、保加利亚、越南
	Ⅱ类	巴林、塞浦路斯
	Ⅲ类	阿塞拜疆、土库曼斯坦、伊拉克、爱沙尼亚、孟加拉国、哈萨克斯坦、巴基斯坦、阿曼、斯里兰卡、立陶宛、拉脱维亚、塞尔维亚、白俄罗斯、越南
4	Ⅰ类	蒙古、缅甸、尼泊尔、黑山、也门、阿尔巴尼亚、格鲁吉亚、柬埔寨、叙利亚、马尔代夫、吉尔吉斯斯坦、亚美尼亚
	Ⅱ类	乌兹别克斯坦、文莱、蒙古、缅甸、尼泊尔、也门共和国、格鲁吉亚、波黑、北马其顿、亚美尼亚、阿富汗、吉尔吉斯斯坦、摩尔多瓦
	Ⅲ类	叙利亚

注：根据服务贸易总额通过聚类分析法的自动分类。

在服务贸易出口行业分布方面，在第2大类（服务贸易规模较大）国家中，第Ⅰ子类国家的服务贸易出口行业分布特征是，保险和金融服务出口占比远远高于其他子类国家,旅游和商务旅行服务出口则相反;第Ⅱ子类国家其他商业服务出口占比远高于其他子类国家;第Ⅲ子类国家传统服务出口占比较大,而电信计算机信息和视听服务出口占比则较小。在第 3 大类(服务贸易规模中等)国家中,第Ⅰ子类国家旅游和商务旅行出口占比较高,电信计算机信息和视听服务出口占比较低;第Ⅱ子类国家保险和金融服务出口占比远高于其他国家,分销服务和其他商业服务出口占比则较低;第Ⅲ子类国家运输服务和分销服务出口占总出口的半数以上。在第 4 大类(服务贸易规模较小)国家中,第Ⅰ子类国家的服务出口主要依靠旅游和商务旅行,第Ⅱ子类国家的服务出口则更加多元化。

表 4-9　各类国家的服务贸易出口行业分布

大类	子类	与贸易有关的服务(分销)	其他商业服务	电信计算机信息和视听服务	运输服务	旅游和商务旅行服务	保险和金融服务
1	新加坡	30%	14%	9%	23%	3%	15%
	印度	9%	34%	33%	10%	8%	5%
	俄罗斯	37%	13%	10%	18%	4%	11%
2	Ⅰ类	17%	3%	19%	17%	7%	36%
	Ⅱ类	18%	20%	14%	17%	14%	5%
	Ⅲ类	19%	6%	6%	28%	29%	5%
3	Ⅰ类	18%	11%	6%	19%	33%	5%
	Ⅱ类	7%	5%	15%	14%	10%	48%
	Ⅲ类	27%	10%	9%	30%	10%	7%
4	Ⅰ类	9%	4%	8%	14%	56%	3%
	Ⅱ类	19%	11%	11%	22%	18%	7%
	Ⅲ类	35%	0%	0%	65%	0%	0%
5	老挝	16%	0%	6%	13%	62%	4%
	塔吉克斯坦	10%	5%	10%	54%	1%	4%
	不丹	22%	0%	2%	25%	40%	11%

资料来源:根据 WTO 服务贸易数据整理计算。

在服务贸易进口行业分布方面,在第 2 大类国家中,第Ⅰ子类国家保险和金融服务进口占比明显高于其他子类国家,分销服务、其他商业服务以及电信计算机信息和视听服务进口占比则较低;第Ⅱ子类国家服务进口在六大行业的分布相对比较均匀;第Ⅲ子类国家分销服务和运输服务进口占总进口半壁江山。在第3大类国家中,第Ⅰ子类国家服务进口在六大行业的分布相对平均;第Ⅱ子类国家保险和金融服务进口占比远高于其他国家,分销服务和其他商业服务进口占比则明显低于其他国家;第Ⅲ子类国家运输服务和分销服务进口占总进口的近一半。在第4大类国家中,第Ⅰ子类国家的旅游和商务旅行进口占比高于其他国家,分销服务进口则低于其他国家;第Ⅱ子类国家的传统服务进口占比较小。

表4-10 各类国家的服务贸易进口行业分布

大类	子类	与贸易有关的服务（分销）	运输服务	其他商业服务	保险和金融服务	电信计算机信息和视听服务	旅游和商务旅行服务
1	新加坡	32%	18%	13%	18%	5%	6%
	印度	12%	37%	17%	7%	16%	5%
	俄罗斯	26%	11%	16%	12%	10%	12%
2	Ⅰ类	14%	19%	7%	33%	8%	12%
	Ⅱ类	21%	14%	14%	19%	12%	10%
	Ⅲ类	25%	25%	10%	16%	10%	8%
3	Ⅰ类	20%	19%	14%	19%	10%	10%
	Ⅱ类	12%	16%	6%	43%	9%	5%
	Ⅲ类	23%	23%	13%	16%	11%	6%
4	Ⅰ类	17%	23%	10%	14%	14%	12%
	Ⅱ类	21%	19%	12%	16%	18%	7%
	Ⅲ类	24%	73%	0%	0%	0%	3%
5	老挝	19%	6%	2%	14%	23%	25%
	塔吉克斯坦	19%	36%	3%	9%	18%	0%
	不丹	15%	14%	6%	18%	20%	4%

资料来源:根据WTO服务贸易数据整理计算。

(三) 结合服务贸易模式的聚类分析

在按照服务贸易规模分为五大类的基础上,再结合服务贸易模式聚类进一步对每一大类分为三个子类。其中,第2—4大类中各子类所包含的国家如表4-11所示。

表4-11　各子类国家组所含的国家

大类	子类	国　　家
2	Ⅰ类	波兰、菲律宾、捷克、罗马尼亚、伊朗、匈牙利
	Ⅱ类	沙特阿拉伯、以色列、科威特、伊朗、卡塔尔
	Ⅲ类	沙特阿拉伯、埃及、菲律宾、泰国、印度尼西亚、土耳其、希腊、伊朗、马来西亚、卡塔尔、阿联酋、乌克兰
3	Ⅰ类	克罗地亚、保加利亚、约旦、斯洛伐克、阿塞拜疆
	Ⅱ类	塞浦路斯、斯洛文尼亚、斯洛伐克、土库曼斯坦、阿曼、阿塞拜疆、塞尔维亚、爱沙尼亚、哈萨克斯坦、立陶宛、拉脱维亚、巴林、白俄罗斯
	Ⅲ类	伊拉克、土库曼斯坦、约旦、孟加拉国、黎巴嫩、阿曼、阿塞拜疆、巴基斯坦、越南、哈萨克斯坦、斯里兰卡、白俄罗斯
4	Ⅰ类	阿尔巴尼亚、也门、尼泊尔、吉尔吉斯斯坦、缅甸、叙利亚、马尔代夫、格鲁吉亚、亚美尼亚、柬埔寨、蒙古、黑山、波黑
	Ⅱ类	阿富汗、也门、摩尔多瓦、文莱、尼泊尔、吉尔吉斯斯坦、缅甸、格鲁吉亚、北马其顿、亚美尼亚、蒙古、乌兹别克斯坦、波黑
	Ⅲ类	叙利亚

在服务贸易模式构成方面,在第2大类国家中,第Ⅰ子类服务出口主要通过模式一进行,服务进口则大都采用模式三;第Ⅱ子类国家服务进出口最主要的贸易方式均为模式三;第Ⅲ子类国家在服务出口中主要采取模式一和模式二,服务进口则主要通过模式一和模式三。在第3大类国家中,第Ⅰ子类国家半数的服务出口通过模式二,服务进口则主要通过模式三;第Ⅱ子类国家近半数的服务出口通过模式一,服务进口则主要通过模式三;第Ⅲ子类国家多数的服务出口通过模式一进行,服务进口则主要通过模式一和模式三进行。在第4大类国家中,第Ⅰ子类国家的服务多数出口通过模式二实现,而第Ⅱ子类国家半数的服务出口采用模式一。

表 4-12 各类国家的服务贸易模式构成

大类	子类	出口模式				进口模式			
		模式一	模式二	模式三	模式四	模式一	模式二	模式三	模式四
1	新加坡	41%	10%	45%	3%	41%	11%	45%	3%
	印度	66%	12%	15%	8%	67%	11%	17%	5%
	俄罗斯	34%	12%	50%	4%	29%	16%	49%	5%
2	Ⅰ类	54%	29%	9%	8%	18%	7%	73%	2%
	Ⅱ类	31%	9%	58%	2%	27%	16%	54%	3%
	Ⅲ类	45%	36%	16%	3%	38%	18%	42%	2%
3	Ⅰ类	35%	51%	11%	3%	23%	9%	64%	4%
	Ⅱ类	49%	21%	26%	4%	31%	10%	57%	3%
	Ⅲ类	58%	29%	10%	3%	47%	12%	37%	3%
4	Ⅰ类	26%	64%	8%	2%	35%	16%	47%	2%
	Ⅱ类	54%	31%	11%	4%	37%	12%	49%	3%
	Ⅲ类	86%	14%	0%	0%	95%	3%	3%	0%
5	老挝	27%	71%	2%	0%	21%	26%	49%	3%
	塔吉克斯坦	75%	21%	3%	1%	51%	5%	39%	5%
	不丹	54%	40%	6%	0%	23%	11%	59%	7%

资料来源：根据 WTO 服务贸易数据整理计算。

当然,各类国家服务贸易所采用模式的差异,主要是由其不同的服务贸易行业分布所决定的。以第一大类的三个国家为例,相对而言,在印度服务贸易中,贸易模式一在出口与进口中均占三分之二左右,明显高于新加坡和俄罗斯;而在俄罗斯中,半数左右的服务出口与服务进口均通过模式三完成,明显高于印度。印度服务贸易主要采取跨境交付方式的原因是:在印度的服务贸易中,电信计算机信息和视听服务和其他商业服务占比比较高,而这两种服务最主要的贸易方式就是跨境交付;俄罗斯服务贸易有半数采取模式三的原因在于:与贸易有关的服务(分销)、保险和金融服务和电信计算机信息和视听服务占比比较高,而模式三是这三类服务(特别是保险和金融服务)的主要交易方式。

第五章 "一带一路"沿线国家
电子商务研究

　　本章从"一带一路"沿线国家全球价值链参与度与地位为基础,并使用万国邮政联盟的数据和联合国贸易与发展会议(UNCTAD)发布的 B2C 电子商务指数分析"一带一路"沿线国家电子商务的发展现状和问题,研究中国与"一带一路"沿线国家电子商务合作现状和未来发展思路,提出进一步推动中国与"一带一路"沿线国家电子商务合作的政策建议。

第一节　关于"电子商务"的界定

　　随着数字技术的发展,"电子商务"(E-Commerce)已经涉及货物和服务领域,但在理论界和政策制定者中,对电子商务还存在着不同的理解。有些学者或者政府机构将电子商务等同于"在线购买商品"。也有学者或者政府机构理解为它包含了更广泛的交易活动,包括在线购买实物产品、数码产品(例如音乐、视频、应用和游戏)和服务(例如宾馆和机票的订购、在线教育服务和数字金融服务等);它也可以包括传统术语中不可观察到的交易,如在 YouTube 视频正式播放之前在屏幕上展示的营销文案和广告。

　　从"电子商务"相关统计和正式出版物来看,UNCTAD、WTO、OECD、ITC 等国际组织对"电子商务"做出了比较一致的界定;其中,OECD 于 2013 年在关于"电子商务统计"的说明中的定义应用十分广泛。本书亦沿用 OECD 中的定义,即电子商务是指:通过在计算机网络上为接收或下订单而设计的方法所进行的货物或服务的销售或购买。货物或服务通过这些方法订购,但货物或服务的付款和最终交付不必一定通过在线进行。电子商务交易可以在企业、家庭、个人、政府和其他公共或私人组织之间进行。电子商务包括通过网络、外联网或电子数据交换进行的订单，但不包括通过电话、传真或手动输入的电子邮件发出的订单①。

在 OECD 2013 年定义的基础上，ITC 于 2016 年针对所涉交易内容、地域范围等不同维度，就电子商务与传统商务的差异进行了清晰的阐释（见表 5-1）。从交易内容上看，电子商务区分为货物和服务两大领域；从交易的地域范围和国别属性上看，电子商务可以区分为国内电子商务（Domestic E-Commerce）和跨境电子商务（International/Cross-border E-Commerce）；从交易双方主体的看，跨境电子商务包括 B2B、B2C、C2C 和 B2G② 等，最常见的是前两种。

表 5-1　ITC 关于电子商务的分类和界定

类型/范围	国内电子商务		国际/跨境电子商务	
	货物	服务	货物	服务
传统商务	消费者从国内零售店购买货物	消费者从国内供应商接收线下服务，如在当地美发店理发	国际贸易公司大批量进出口	GATS定义的四种供应模式，不涉及在线交易，例如国际航运、国际旅游、为当地客户提供服务的外资企业，以及服务供应商暂时转移到另一国提供服务
电子商务	消费者从国内在线商店购买货物	国内服务商通过因特网提供服务，如国内银行提供的电子银行服务	消费者从网上商店订购产品，该产品从另一国生产商/零售商直接发货给该消费者	主要是GATS的模式1和2，涉及跨境提供服务，其中可能包括：数字产品（音乐、视频、应用程序和游戏等）的在线下载和支付，以及位于不同国家的消费者和供应商之间在线完成的服务交易

资料来源：International Trade Centre："Bringing SMEs onto the e-Commerce Highway"，ITC，Geneva，2016，p. 2.

---

① OECD 的统计术语汇表（Glossary of Statistical Terms）关于电子商务的解释，见 https://stats. oecd. org/glossary/detail. asp？ID=4721。

② 根据 UNCTAD（2015）的界定，企业对政府（B2G）交易类似于 B2B，其中的买方是政府实体，例如通过公共电子采购进行投标。UNCTAD，"Information Economy Report 2015-Unlocking the Potential of E-Commerce for Developing Countries"，http://unctad. org/en/pages/PublicationWebflyer. aspx？ publicationid=1146。

本书的研究对象以货物的跨境 B2C 电子商务为主,即消费者从网上商店订购产品(以实体货物为主),该产品从另一国生产商/零售商直接发货给该消费者,并适当分析与服务相关的电子商务。选择这些作为研究对象的原因在于:第一,"一带一路"沿线国家大都是发展中国家,服务贸易本身不是特别发达,这些国家首先比较关注的是货物形态的电子商务,即我们所说的"跨境电子商务";第二,B2B 和 B2C、C2C 跨境电子商务在本质上有所不同,在大多数情况下,B2B 仍然是由互联网连接的进出口公司之间传统的国际贸易,跨境C2C 和 B2C 电子商务则通过其全新的流程链条将卖家与买家直接联系起来,从而重新定义国际贸易。因而,本研究将重心放在跨境 B2C 电子商务而非跨境 B2B 电子商务上;第三,我们研究的跨境电子商务主要基于 B2C 和 C2C,这会涉及与传统货物贸易不同的方面,包括个人信息保护、个人信息传输以及与订购商品相关的服务。

第二节 "一带一路"沿线国家电子商务发展分析

本部分在对"一带一路"沿线 65 个国家电子商务的发展现状和总体发展水平进行分析的基础上,进一步从 ICT 基础设施及服务、电子支付、物流设施及通关便利化、电子商务技术采用、网络安全指数等五个方面研究了"一带一路"沿线 65 个国家的电子商务发展环境。最后,对"一带一路"沿线国家在跨境电子商务政策合作和规则合作前景进行分析。

一、"一带一路"沿线国家的跨境电商交易量——来自万国邮政联盟的统计

由于跨境 B2C 电子商务项下的货物需要交付,且很大部分通过邮政系统进行运输,因而两者之间有着非常紧密的联系。邮政快递和包裹数据被UNCTAD 认为是度量实物交付项下跨境电子商务的有效指标,从统计角度看具有明显的优势。第一,万国邮政联盟(Universal Postal Union,UPU)的数据属于官方统计数据,具有权威性。自 1875 年以来,UPU 通过年度官方统计调查数据,编制了关于国内和国际处理的邮件和包裹数量的官方统计数据,在线订购的商品可通过国际包裹以及特快专递进行交付。第二,UPU 数据不仅能够对全球快运和包裹运输量进行高频监测,且提供了实时条件下各

国双边流量的衡量,使其可以与全球流量网络的匹配(包括国际贸易或者与之有关的跨境数据流)①。第三,万国邮政联盟的官方跟踪数据覆盖面广,涉及 201 个国家和地区,而这些数据又代表了 23 000 多条国家间的邮政网络连接,以及数百万条国内的邮政线路,其数据具有完整性。

与跨境电子商务有关的国际邮政数据统计主要反映在 UPU 数据库中的"10.2 Number of express items, international service-dispatch"和"10.3 Number of express items, international service-receipt"项目中②,对应于国际邮政快递(EMS)的发送和接收数据统计。

从"一带一路"沿线国家的国际邮政快递发送数据来看,印度、泰国和以色列是国际邮政 EMS 发送量最多的三个国家,2017 年分别达到 241 万个、52.2 万个和 50 万个;其他第 4—10 位国家分别为俄罗斯、印度尼西亚、菲律宾、沙特阿拉伯、马来西亚、阿联酋和越南;伊拉克、北马其顿、黑山、吉尔吉斯斯坦、塔吉克斯坦、波斯尼亚和黑塞哥维那、亚美尼亚、乌克兰、乌兹别克斯坦、老挝、摩尔多瓦、不丹和文莱等 13 个国家的发送量在 1 万个以下。由此可见,"一带一路"沿线国家的国际邮政快递发送量呈现出明显的差异。

表 5-2 "一带一路"沿线国家国际邮政 EMS 快递发送和接收数量比较(2017 年)

国家/年份	发送	接收	净接收(接收-发送)	国家/年份	发送	接收	净接收(接收-发送)
中国	10 780 768	24 021 698	13 240 930	爱沙尼亚	29 369	12 541	−16 828
印度	2 405 360	381 314	−2 024 046	缅甸	26 148	42 698	16 550
泰国	521 959	851 861	329 902	伊朗	24 818	33 210	8 392
以色列	500 000	200 000	−300 000	塞尔维亚	23 509	12 781	−10 728
俄罗斯	436 622	1 854 819	1 418 197	巴林	22 341	33 646	11 305
印度尼西亚	385 142	333 923	−51 219	黎巴嫩	19 500	10 900	−8 600
菲律宾	350 717	719 194	368 477	克罗地亚	18 144	18 107	−37
沙特阿拉伯	276 288	244 024	−32 264	保加利亚	16 661	34 335	17 674

---

① Hristova, Rutherford, Anson, Luengo-Oroz and Mascolo(2016)的文献中有细致论述。

② UPU 数据库中还统计了普通包裹的接收和发送数据,由于跨境电子商务对时间通常有较高的要求,所以我们认为跨境电子商务跟多与国际邮政 EMS 项下的统计有关,因而没有统计国际邮政普通包裹的接收和发送数据。

续表

国家/年份	发送	接收	净接收(接收-发送)	国家/年份	发送	接收	净接收(接收-发送)
马来西亚	263 262	481 095	217 833	约旦	16 187	20 320	4 133
阿拉伯联合酋长国	189 406	271 656	82 250	阿尔巴尼亚	15 769	8 198	−7 571
越南	178 700	465 000	286 300	阿富汗	11 826	1 086	−10 740
捷克	177 206	60 551	−116 655	蒙古	10 330	35 000	24 670
埃及	176 044	151 140	−24 904	文莱	8 617	29 287	20 670
波兰	146 411	93 705	−52 706	不丹	7 205	7 278	73
白俄罗斯	113 300	59 700	−53 600	摩尔多瓦	6 739	16 334	9 595
斯洛文尼亚	95 361	294 443	199 082	老挝	5 516	5 553	37
匈牙利	73 000	45 000	−28 000	乌兹别克斯坦	4 500	19 400	14 900
柬埔寨	68 847	61 978	−6 869	亚美尼亚	3 604	8 300	4 696
哈萨克斯坦	62 711	177 364	114 653	波黑	2 940	12 526	9 586
斯里兰卡	58 398	96 050	37 652	塔吉克斯坦	2 363	3 022	659
罗马尼亚	50 805	42 768	−8 037	吉尔吉斯斯坦	2 283	7 276	4 993
斯洛伐克	43 012	112 782	69 770	黑山	1 747	6 502	4 755
卡塔尔	38 538	107 400	68 862	北马其顿	1 436	9 467	8 031
土耳其	38 196	81 595	43 399	伊拉克	201	2 016	1 815
立陶宛	29 508	58 505	28 997				

备注：数据来自万国邮政联盟，国际邮政快递物品的发送数据的统计口径为"10. 2 Number of express items, international service-dispatch"，国际邮政快递物品接收数据的统计口径为"10. 3 Number of express items, international service-receipt"，部分国家的数据缺失。邮政快递物品是以最快的方式发送和接收的物品(包括文件和其他物品)，在国际上，这些服务对应于 EMS 和其他类似服务。国际邮政公约第 14 条规定了有关快件的规定。

从"一带一路"沿线国家 2017 年国际邮政快递接收数据来看，俄罗斯、泰国和菲律宾是其中最大的三个国家，接收快件数量分别为 185 万个、85 万个和 72 万个；北马其顿、亚美尼亚、阿尔巴尼亚、不丹、吉尔吉斯斯坦、黑山、老挝、塔吉克斯坦、伊拉克和阿富汗等 10 个国家的接收快件包裹数量在 1 万个以下。

与快件发送数据相比,绝大多数"一带一路"沿线国家的接收数据明显大于其各自的发送数量。在万国邮政联盟有数据统计的 49 个"一带一路"沿线国家中,只有 17 个为净发送国(发送量大于接收量),前几位分别为印度(202万个)、以色列(30 万个)、捷克(11.7 万个)、白俄罗斯(5.4 万个)、波兰(5.3万个),表明这些国家主要为跨境电商净出口国;同时,有 32 个国家为净接收国(接收量大于发送量),前几位分别为俄罗斯(141.8 万个)、菲律宾(36.8 万个)、泰国(33 万个)、越南(28.6 万个)、马来西亚(21.8 万个),表明这些国家为跨境电商净进口国。

基于"一带一路"沿线国家在全球邮政快递发送和接收数量的比重,我们发现,大部分"一带一路"沿线国家更多地是作为国际邮政快递接收市场。中国、俄罗斯和印度占全球接收总量的比重分别达 66.24%、3.65% 和 0.87%,相对而言,"一带一路"沿线国家大多数属于是跨境电子商务进口目的国,而不是跨境电商出口国。

二、"一带一路"沿线国家电子商务发展基础

本部分从"一带一路"沿线国家的电子商务总体发展水平和电子商务分领域的发展水平进行比较分析。

(一)"一带一路"沿线国家电子商务总体发展基础

UNCTAD 发布的 B2C 电子商务指数,旨在评估在线购物的 B2C 交易情况以及交易流程。该指数反映了各国使用互联网的民众比例、拥有财务账户的民众比例、每百万人口所使用的安全网络服务器的数量和 UPU 的邮政可靠度得分,是一个反映国别层面上 B2C 电子商务发展水平的综合性指数,且具有国际可比性。

根据 UNCTAD B2C E-commerce Index 2019,"一带一路"沿线国家的B2C 电子商务发展水平呈现明显差异。其中,新加坡在全球的排名最为靠前,位于全球第 3 位。其次为爱沙尼亚(14 位)、以色列(22 位)、斯洛伐克(24位)、捷克(25 位)、克罗地亚(27 位)、阿联酋(28 位)、立陶宛(30 位)、波兰(31位)和斯洛文尼亚(32 位)。此外,"一带一路"沿线国家中电子商务发展水平相对靠后的十个国家分别为:老挝、巴基斯坦、不丹、柬埔寨、缅甸、塔吉克斯坦、伊拉克、叙利亚、也门、阿富汗,这些国家的排名均位于全球第 110 位以后。

表5-3 "一带一路"沿线国家B2C电子商务指数(2019)

2019年排名	国家	使用因特网居民比重(2018年或最新)	拥有一个账户的居民比重(15岁以上,2017年)	每百万人使用安全因特网的比重(2018年)	UPU邮政可信度评分(2018年或最新)	2019年指数值	2018年指数排名
3	新加坡	88	98	97	97	95.1	2
14	爱沙尼亚	89	98	93	83	90.7	20
22	以色列	85	93	80	88	86.3	27
24	斯洛伐克	80	84	82	95	85.3	25
25	捷克	87	81	91	82	85.3	31
27	克罗地亚	75	86	85	91	84.3	32
28	阿联酋	98	88	65	84	83.8	33
30	立陶宛	80	83	85	87	83.5	29
31	波兰	78	87	84	83	82.8	35
32	斯洛文尼亚	80	98	90	64	82.7	18
34	马来西亚	81	85	75	86	81.9	34
35	拉脱维亚	84	93	83	67	81.6	17
37	白俄罗斯	79	81	71	86	79.3	37
38	匈牙利	76	75	85	79	78.9	39
39	保加利亚	65	72	91	85	78.3	36
40	俄罗斯	81	76	75	80	77.9	42
41	希腊	72	85	74	78	77.6	40
42	伊朗	70	94	56	88	76.9	49
45	塞尔维亚	73	71	77	83	76.2	41
46	罗马尼亚	71	58	84	86	74.5	45
47	卡塔尔	100	66	54	77	74.2	59
48	泰国	57	82	61	94	73.5	43
49	沙特阿拉伯	93	72	47	81	73.3	52
50	格鲁吉亚	64	61	68	99	73.1	46
51	北马其顿	79	77	55	81	73	48

续表

2019 年排名	国家	使用因特网居民比重(2018 年或最新)	拥有一个账户的居民比重(15 岁以上,2017 年)	每百万人使用安全因特网的比重(2018 年)	UPU 邮政可信度评分(2018 年或最新)	2019 年指数值	2018 年指数排名
52	乌克兰	59	63	76	92	72.5	51
53	土耳其	71	69	73	74	71.8	47
54	摩尔多瓦	76	44	70	97	71.7	54
55	科威特	100	80	54	43	69.3	65
56	中国	54	80	55	85	68.8	62
57	哈萨克斯坦	79	59	64	72	68.5	53
59	阿曼	80	74	47	72	68.2	72
62	阿塞拜疆	80	29	53	86	61.8	68
63	波黑	70	59	67	50	61.5	57
64	越南	70	31	66	77	61.1	69
65	巴林	99	83	54	7	60.6	61
68	黎巴嫩	78	45	48	67	59.4	63
72	蒙古	24	93	66	47	57.4	58
73	印度	34	80	48	65	57	80
75	阿尔巴尼亚	72	40	56	49	54.4	64
77	黑山	72	68	55	22	54.2	76
78	亚美尼亚	65	48	53	49	53.7	66
84	印度尼西亚	40	49	64	48	50.1	90
86	斯里兰卡	34	74	54	36	49.6	93
87	约旦	67	42	43	44	49.2	74
89	菲律宾	60	35	43	57	48.6	92
93	乌兹别克斯坦	52	37	51	41	45.4	86
102	埃及	47	33	35	43	39.4	113
103	孟加拉国	15	50	44	47	39	88
111	吉尔吉斯斯坦	38	40	47	20	36.4	114

续表

2019 年排名	国家	使用因特网居民比重（2018 年或最新）	拥有一个账户的居民比重（15 岁以上，2017 年）	每百万人使用安全因特网的比重（2018 年）	UPU 邮政可信度评分（2018 年或最新）	2019 年指数值	2018 年指数排名
112	尼泊尔	34	45	48	14	35.4	115
113	老挝	26	29	30	56	35.1	98
114	巴基斯坦	16	21	44	54	33.7	117
116	不丹	48	34	48	2	32.8	112
122	柬埔寨	40	22	41	20	30.8	118
126	缅甸	31	26	24	26	26.8	124
129	塔吉克斯坦	22	47	33	1	25.7	
131	伊拉克	49	23	26	3	25.3	129
134	叙利亚	34	23	30	0	21.9	134
141	也门	27	6	17	27	19.2	146
143	阿富汗	14	15	38	6	18.2	135

资料来源：UNCTAD B2C E-commerce Index，2017，缺少塔吉克斯坦的数据。其中，"使用因特网居民比重"原始数据来源于 International Telecommunication Union (ITU)，https://www. itu. int/en/ITU-D/Statistics/Pages/stat/default. aspx；"拥有一个账户的居民比重"原始数据来源于 World Bank，http；//data. worldbank. org/indicator/IT. NET. SECR. P6；"每百万人使用安全因特网的比重"原始数据来源于 http://datatopics. worldban World Bank Global FINDEX Database k. org/financialinclusion；"UPU 邮政可信度"原始数据来源于 Universal Postal Union (UPU)。

（二）"一带一路"沿线国家电子商务分领域发展基础

本部分从"硬件设施：ICT 基础设施及服务"、"软件设施：电子支付环境"、"物流设施及通关便利化"、"企业应用电子商务能力：电子商务技术采用"、"电子商务安全环境：网络安全指数"等五个方面，比较了"一带一路"沿线国家在电子商务分领域的发展水平。

1. 硬件设施：ICT 基础设施及服务

ICT 基础设施及相关服务，是决定一国企业和个人多大程度上参与电子商务的基础性条件。根据世界银行 WITS 数据库及国际电信联盟（ITU）的数据，表 5-4 中比较了"一带一路"沿线国家在互联网用户、固定宽带互联网资费、每百人使用固定宽带用户、每 100 名居民活跃的移动宽带用户等四项 ICT 基础设施及服务指标中的表现。

在互联网用户方面,互联网用户比例较高的国家分别为巴林、卡塔尔、阿联酋、爱沙尼亚、斯洛伐克、新加坡、科威特和捷克。这些国家的互联网用户比重都超过了80%;但柬埔寨、塔吉克斯坦、老挝、巴基斯坦、尼泊尔、伊拉克、土库曼斯坦、孟加拉国、东帝汶、阿富汗等国家的互联网用户比重不足20%,处于"一带一路"沿线国家靠后的位置。

在"每100名居民活跃的移动宽带用户"方面,排名靠前的是新加坡、科威特、巴林、爱沙尼亚、沙特阿拉伯。这些国家的每100名居民活跃的移动宽带用户超过了100,意味着人均拥有移动宽带量超过1个。同时,有斯里兰卡、老挝、孟加拉国、巴基斯坦、塔吉克斯坦、叙利亚、印度、乌克兰、阿富汗、也门、文莱、伊拉克等12个国家的移动宽带拥有率不足20%。

表5-4 "一带一路"ICT基础设施及服务情况

国家	互联网用户(每100人)	固定宽带互联网资费(购买力平价/月)	每百人使用固定宽带用户	每100名居民活跃的移动宽带用户
巴林	93.5	31.7	18.6	131.8
卡塔尔	92.9	87.0	10.1	80.0
阿联酋	91.2	74.5	12.8	92.0
爱沙尼亚	88.4	25.3	28.7	114.3
斯洛伐克	85.0	26.7	23.3	67.5
新加坡	82.1	33.0	26.5	142.2
科威特	82.1	17.3	1.4	139.3
捷克	81.3	24.1	27.9	68.8
拉脱维亚	79.2	26.9	25.1	67.0
以色列	78.9	28.1	27.4	56.1
阿塞拜疆	77.0	30.4	19.8	60.9
阿曼	74.2	49.7	5.6	78.3
黎巴嫩	74.0	23.8	22.8	53.4
俄罗斯	73.4	17.9	18.8	71.3
斯洛文尼亚	73.1	28.2	27.6	52.0
哈萨克斯坦	72.9	21.5	13.0	60.0

续表

国家	互联网用户（每 100 人）	固定宽带互联网资费（购买力平价/月）	每百人使用固定宽带用户	每 100 名居民活跃的移动宽带用户
匈牙利	72.8	39.7	27.4	39.8
立陶宛	71.4	22.5	27.8	74.2
文莱	71.2	78.3	8.0	4.5
马来西亚	71.1	55.4	9.0	89.9
北马其顿	70.4	25.4	17.2	56.2
克罗地亚	69.8	31.3	23.2	75.4
沙特阿拉伯	69.6	53.9	12.0	111.7
波兰	68.0	20.5	19.5	60.2
希腊	66.8	24.3	30.7	45.6
塞尔维亚	65.3	31.3	16.8	71.8
波黑	65.1	13.8	16.6	33.5
黑山	64.6	30.9	18.1	43.7
阿尔巴尼亚	63.3	12.3	7.6	40.6
白俄罗斯	62.2	27.0	31.3	61.8
亚美尼亚	58.2	21.8	9.6	41.3
保加利亚	56.7	21.6	22.4	81.3
罗马尼亚	55.8	15.0	19.8	63.5
马尔代夫	54.5	17.8	6.5	63.6
土耳其	53.7	17.2	12.4	50.9
约旦	53.4	63.1	4.2	35.6
越南	52.7	7.1	8.1	39.0
中国	50.3	31.9	18.6	56.0
摩尔多瓦	49.8	27.8	15.5	51.9
乌克兰	49.3	14.0	11.8	8.1
格鲁吉亚	45.2	31.2	14.6	50.4
伊朗	44.1	12.8	10.9	20.0

续表

国家	互联网用户（每100人）	固定宽带互联网资费（购买力平价/月）	每百人使用固定宽带用户	每100名居民活跃的移动宽带用户
乌兹别克斯坦	42.8	—	3.6	28.7
菲律宾	40.7	51.6	3.4	41.6
不丹	39.8	27.0	3.6	56.4
泰国	39.3	40,14	9.2	75.3
埃及	35.9	36.7	4.5	50.7
吉尔吉斯斯坦	30.2	31.1	3.7	31.0
斯里兰卡	30.0	11.9	3.1	15.8
叙利亚	30.0	—	3.1	10.4
印度	26.0	24.0	1.3	9.4
也门	25.1	23.3	1.5	5.9
印度尼西亚	22.0	25.1	1.1	42.0
缅甸	21.8	74.2	0.3	29.5
蒙古	21.4	18.3	7.1	76.0
柬埔寨	19.0	25.8	0.5	42.8
塔吉克斯坦	19.0	—	0.1	12.1
老挝	18.2	36.8	0.5	14.2
巴基斯坦	18.0	17.2	1.0	13.0
尼泊尔	17.6	22.6	1.1	21.1
伊拉克	17.2	376.0	—	3.6
土库曼斯坦	15.0	—	0.1	—
孟加拉国	14.4	12.6	2.4	13.5
东帝汶	13.4	72.7	0.1	37.5
阿富汗	8.3	63.3	0.0	6.0

资料来源：世界银行WITS数据库及国际电信联盟数据库，根据公布的最新年份(2017年或2016年)的数据整理。

2. 软件设施：电子支付环境

电子支付的出现为中小企业扩大客户群推出新产品以及在全球竞争中优化业务提供了大量机会。采用电子支付可以提高中小企业的全球市场准入，降低交易成本，并通过提高效率和收入来提供实质性收益。它还可以促进潜在客户和供应商的接触,为提高生产力及信息交换和管理提供更多机会。相反,有限的电子支付选择可能对电子商务构成重大障碍,尤其是对跨境电子商务感兴趣的中小企业。事实上,安全电子支付选项的可得性成为企业参与电子商务的重要因素之一。

世界银行 WITS 数据库及 Global Findex 数据库收集中关于全球各国电子支付环境的代理指标。表5-5 从使用借记卡比重(年龄15岁以上)、过去一年使用的借记卡比重(15岁以上)、使用信用卡比重(15岁以上)、过去一年使用的信用卡比重(15岁以上)、移动账户比重(15岁以上)、通过手机账户进行交易比重(%,15岁以上)等几个指标对"一带一路"沿线国家的电子支付环境进行了比较。

在使用借记卡比重(15岁以上)指标方面,爱沙尼亚、斯洛文尼亚、新加坡、拉脱维亚、阿联酋和伊朗的排名靠前,这些国家使用借记卡的人数比重超过75%;埃及、亚美尼亚、尼泊尔、老挝、吉尔吉斯斯坦、叙利亚、柬埔寨、孟加拉、塔吉克斯坦、伊拉克、巴基斯坦、也门、缅甸、阿富汗、土库曼斯坦等15个国家的使用借记卡的人数比重不足10%。

在通过手机账户进行交易比重(15岁以上)指标方面,巴林、以色列、蒙古、新加坡、阿联酋、科威特、俄罗斯、捷克、爱沙尼亚、沙特阿拉伯、白俄罗斯等国家通过手机账户进行交易比重超过10%;相比之下,黑山、斯里兰卡、阿尔巴尼亚、约旦、巴基斯坦、尼泊尔、格鲁吉亚、也门、阿富汗、塔吉克斯坦、摩尔多瓦、阿塞拜疆、伊拉克、土库曼斯坦等14个国家通过手机账户进行交易比重不足1%,摩尔多瓦、阿塞拜疆、伊拉克、土库曼斯坦的比重甚至低于0.1%。

表5-5 "一带一路"沿线国家电子支付环境

国家	(1)使用借记卡比重(%,15岁以上)	(2)过去一年使用的借记卡比重(%,15岁以上)	(3)使用信用卡比重(15岁以上)	(4)过去一年使用的信用卡比重(15岁以上)	(5)移动账户比重(15岁以上)	(6)通过手机账户进行交易比重(%,15岁以上)
爱沙尼亚	93.3	88.8	31.3	24.3	—	13.6
斯洛文尼亚	91.3	65.8	35.2	29.9	—	7.5
新加坡	89.4	78.2	35.4	31.3	6.1	16.0
拉脱维亚	84.5	77.8	22.0	18.4	—	7.0

续表

国家	(1)使用借记卡比重(%,15岁以上)	(2)过去一年使用的借记卡比重(%,15岁以上)	(3)使用信用卡比重(15岁以上)	(4)过去一年使用的信用卡比重(15岁以上)	(5)移动账户比重(15岁以上)	(6)通过手机账户进行交易比重(%,15岁以上)
阿联酋	76.9	59.3	37.4	33.4	11.5	15.8
伊朗	75.1	55.3	11.0	8.8	4.5	9.6
巴林	74.9	57.2	27.6	24.4	—	17.6
克罗地亚	71.1	50.4	38.0	32.8	—	5.6
斯洛伐克	70.5	63.5	17.0	13.6	—	7.0
科威特	70.3	55.1	26.2	22.8	—	15.0
蒙古	65.7	36.6	1.1	0.8	5.0	16.5
立陶宛	64.8	52.2	10.0	7.3	—	8.5
捷克	64.0	52.2	25.7	20.0	—	13.8
沙特阿拉伯	63.6	34.8	11.5	8.1	—	10.9
匈牙利	59.9	47.1	11.8	8.9	—	9.9
塞尔维亚	57.8	38.0	15.2	12.0	—	4.8
保加利亚	55.9	34.5	12.2	9.2	—	2.4
希腊	55.1	14.8	11.6	—	—	1.0
泰国	54.8	7.9	5.7	3.7	1.3	3.8
阿曼	53.0	—	26.6	—	—	—
北马其顿	52.7	35.7	21.2	18.8	—	4.5
卡塔尔	49.5	—	32.3			
波兰	49.5	39.6	16.8	13.6	—	5.7
中国	48.6	17.3	15.8	13.8	—	14.3
罗马尼亚	45.8	24.4	11.6	9.8	0.5	2.5
俄罗斯	44.3	35.0	21.0	16.6	—	13.9
土耳其	43.3	23.9	32.8	29.1	0.8	4.0
马来西亚	41.2	18.6	20.2	16.9	2.8	7.8
白俄罗斯	39.9	35.9	13.5	12.7	—	10.3

续表

国家	(1)使用借记卡比重(%,15岁以上)	(2)过去一年使用的借记卡比重(%,15岁以上)	(3)使用信用卡比重(15岁以上)	(4)过去一年使用的信用卡比重(15岁以上)	(5)移动账户比重(15岁以上)	(6)通过手机账户进行交易比重(%,15岁以上)
乌克兰	39.7	27.1	27.5	19.5	—	5.1
波黑	34.4	18.7	9.5	6.2	—	1.0
黑山	33.8	22.8	15.3	12.3	—	0.8
黎巴嫩	33.4	19.6	10.7	9.1	0.7	1.8
以色列	32.4	20.4	76.2	75.1	—	16.7
哈萨克斯坦	32.0	12.7	11.5	5.2	—	6.7
格鲁吉亚	29.6	7.1	17.8	13.2	—	0.4
越南	26.5	3.1	1.9	1.2	0.5	2.7
印度尼西亚	25.9	8.5	1.6	1.1	0.4	1.5
斯里兰卡	24.9	10.4	3.8	2.8	0.1	0.7
乌兹别克斯坦	24.6	23.1	1.4	1.0	—	1.6
印度	22.1	10.7	4.2	3.4	2.4	3.1
阿尔巴尼亚	21.8	4.0	5.7	4.0	—	0.7
菲律宾	20.5	11.9	3.2	2.2	4.2	2.5
约旦	19.1	6.4	2.3	1.8	0.5	0.6
不丹	17.2	10.1	0.3	0.0	—	1.9
摩尔多瓦	15.8	7.1	6.4	5.5	—	0.0
阿塞拜疆	15.7	6.3	8.8	8.1	—	0.0
埃及	9.6	3.5	1.9	1.4	1.1	1.4
亚美尼亚	8.4	3.9	5.5	4.2	0.7	1.0
尼泊尔	6.7	2.6	0.4	0.1	0.3	0.5
老挝	6.5		3.1			
吉尔吉斯斯坦	6.4	3.1	3.2	1.7	—	1.4
叙利亚	6.2	—	2.8	—	—	—
柬埔寨	5.4	0.7	2.9	2.3	13.3	2.5

国家	(1)使用借记卡比重(%,15岁以上)	(2)过去一年使用的借记卡比重(%,15岁以上)	(3)使用信用卡比重(15岁以上)	(4)过去一年使用的信用卡比重(15岁以上)	(5)移动账户比重(15岁以上)	(6)通过手机账户进行交易比重(%,15岁以上)
孟加拉国	5.2	1.0	0.3	0.2	2.7	1.7
塔吉克斯坦	4.2	1.5	0.7	0.6	0.0	0.1
伊拉克	3.5	1.4	2.4	1.0	—	0.0
巴基斯坦	2.9	1.0	0.1	0.1	5.8	0.6
也门	1.9	0.1		0.2		0.3
缅甸	1.7	0.4	0.0	0.0	0.2	—
阿富汗	1.7	1.7	1.4	1.1	0.3	0.3
土库曼斯坦	1.2	0.7	0.0	0.0	—	0.0

资料来源:世界银行 WITS 数据库及 Global Findex 数据库。其中指标(1)表示报告使用借记卡的受访者百分比(年龄 15 岁以上);(2)表示在过去 12 个月内直接使用自己的借记卡进行购物的受访者百分比(15 岁以上);(3)表示报告拥有信用卡的受访者百分比(15 岁以上);(4)表示在过去 12 个月内使用自己的信用卡举报的受访者百分比(15 岁以上);(5)表示在过去 12 个月内通过 GSM 协会移动货币为 MMU 服务的个人使用手机支付账单或发送或接收款项的受访者百分比;或在过去 12 个月内(15 岁以上)通过手机接收工资,政府转移支付或农产品付款;(6)表示在过去 12 个月中,使用手机通过银行或其他类型金融机构的账户进行交易的受访者的百分比,这可能包括使用手机进行支付,进行购买或发送或接收货币(15 岁以上)。

3. 物流设施及通关便利化

由于跨境货物电子商务涉及实体货物的跨境交付,因此物流设施及海关通关便利化水平对跨境电子商务项下货物交付时间、成本等产生重要影响。

世界银行 WITS 数据库集中整合了反映一国物流设施及通关便利化的指标。物流设施及服务情况,通过"与包裹和物流服务相关的收入百分比"、邮政可靠性指数、LPI 国际货运评分、LPI 物流能力评分、LPI 追踪能力评分、LPI 时间评分等 6 项指标体现。

在邮政可靠性指数方面,新加坡、斯洛伐克、斯洛文尼亚、克罗地亚、波兰、捷克、塞尔维亚、泰国等国家的得分靠前,邮政可靠性指数得分都超过了90 分;相比之下,乌兹别克斯坦、黑山、尼泊尔、不丹、缅甸、阿富汗、伊拉克、吉尔吉斯斯坦等部分"一带一路"沿线国家的邮政可靠性指数得分低于 25 分。

在 LPI 国际货运评分指标方面,新加坡、阿联酋、捷克、中国、卡塔尔、科威特、立陶宛、马来西亚的得分超过 3.5 分(总分为 4 分),说明这些国家在发展跨境电商的物流基础设施方面表现优异;马尔代夫、波黑、格鲁吉亚、伊拉克、亚美尼亚、老挝、缅甸、吉尔吉斯斯坦、塔吉克斯坦、叙利亚等国家的得分不足 2.4 分,说明这些国家涉及国际货运的物流基础设施水平相对落后。

表 5-6 "一带一路"沿线国家物流设施及通关便利化

国家	与包裹和物流服务相关的收入百分比	邮政可靠性指数	LPI国际货运评分	LPI物流能力评分	LPI追踪能力评分	LPI时间评分	通过海关直接出口的平均时间(天)	海关手续的负担
新加坡	—	98.2	4.0	4.1	4.0	4.4	—	6.2
斯洛伐克	8.6	96.4	3.4	3.1	3.1	3.8	1.7	4.5
斯洛文尼亚	12.9	94.9	3.1	3.2	3.3	3.5	4.6	4.9
克罗地亚	7.2	94.5	3.1	3.2	3.2	3.4	1.8	4.6
波兰	13.1	94.3	3.4	3.4	3.5	3.8	4.6	4.4
捷克	8.0	94.0	3.7	3.6	3.8	3.9	11.4	4.6
塞尔维亚	7.2	92.2	2.6	2.8	2.9	3.2	2.1	3.6
泰国	48.9	90.0	3.4	3.1	3.2	3.6	1.9	3.7
匈牙利	5.0	89.7	3.4	3.4	3.4	3.9	3.7	4.7
摩尔多瓦	11.3	89.1	2.6	2.5	2.7	3.2	21.2	3.7
卡塔尔	23.3	87.6	3.6	3.5	3.5	3.8	—	5.4
阿联酋	44.0	86.3	3.9	3.8	3.9	4.1	—	6.0
立陶宛	6.7	85.9	3.5	3.5	3.7	4.1	1.4	4.5
拉脱维亚	13.1	85.8	3.3	3.3	3.4	3.9	4.9	4.6
爱沙尼亚	21.0	85.2	3.1	3.2	3.3	4.1	2.0	5.3
希腊	4.0	84.7	3.0	2.9	3.6	3.8	5.5	4.1
马来西亚	42.0	84.3	3.5	3.3	3.5	3.7	6.3	5.2
乌克兰	11.8	83.4	2.6	2.5	3.0	3.5	4.0	3.3
中国	7.6	83.4	3.7	3.6	3.7	3.9	7.6	4.2
保加利亚	6.1	83.3	2.9	3.1	2.7	3.3	2.3	3.8
北马其顿	3.6	82.6	2.4	2.4	2.3	3.1	3.7	4.6

续表

国家	与包裹和物流服务相关的收入百分比	邮政可靠性指数	LPI国际货运评分	LPI物流能力评分	LPI追踪能力评分	LPI时间评分	通过海关直接出口的平均时间(天)	海关手续的负担
伊朗	71.0	82.0	2.7	2.7	2.4	2.8	—	3.3
罗马尼亚	9.6	81.8	3.1	2.8	2.9	3.2	1.1	4.0
埃及	2.0	80.9	3.3	3.2	3.2	3.6	7.4	3.8
阿尔巴尼亚	8.3	79.6	2.5	2.5	2.2	3.1	1.2	3.5
黎巴嫩	11.0	79.4	2.8	2.5	2.8	2.9	4.9	3.1
以色列	13.0	78.9	3.4	3.6	3.7	4.3	4.6	4.3
阿塞拜疆	13.1	78.6	—	—	—	—	—	3.2
土耳其	10.0	75.7	3.4	3.3	3.4	3.7	6.2	3.8
哈萨克斯坦	10.6	74.0	2.8	2.6	2.9	3.1	7.2	4.2
巴林	10.0	72.0	3.3	3.4	3.3	3.6	—	4.9
越南	16.1	70.3	3.1	2.9	2.8	3.5	6.9	3.6
俄罗斯	14.4	69.5	2.5	2.8	2.6	3.2	5.6	3.6
沙特阿拉伯	12.0	69.1	3.2	3.0	3.3	3.5	—	4.4
印度	9.2	68.1	3.4	3.4	3.5	3.7	5.8	4.3
科威特	—	66.5	3.6	2.8	3.2	3.5	—	3.5
叙利亚	11.0	66.1	1.4	1.4	2.1	2.4	5.1	—
印度尼西亚	23.2	65.6	2.9	3.0	3.2	3.5	8.3	3.9
白俄罗斯	9.9	64.2	2.6	2.3	2.2	3.0	2.4	—
巴基斯坦	0.0	61.0	2.9	2.8	2.9	3.5	11.4	3.4
约旦	6.3	59.0	3.2	2.9	3.0	3.3	4.6	4.5
斯里兰卡	5.4	50.9	—	—	—	—	7.6	4.2
菲律宾	3.5	48.0	3.0	2.7	2.9	3.3	14.5	3.5
马尔代夫	11.3	34.0	2.3	2.4	2.5	2.9	—	—
亚美尼亚	10.2	31.2	2.2	2.2	2.0	2.6	8.6	3.5
蒙古	24.0	31.0	2.4	2.3	2.5	3.4	10.2	3.7

续表

国家	与包裹和物流服务相关的收入百分比	邮政可靠性指数	LPI国际货运评分	LPI物流能力评分	LPI追踪能力评分	LPI时间评分	通过海关直接出口的平均时间(天)	海关手续的负担
波黑	1.3	30.1	2.3	2.5	2.6	2.9	2.8	3.3
阿曼	49.3	29.6	3.3	3.3	3.1	3.5	—	4.4
文莱	—	28.0	3.0	2.6	2.9	3.2	—	—
格鲁吉亚	7.5	27.6	2.3	2.1	2.4	2.8	2.9	5.5
孟加拉国	12.3	27.3	2.7	2.7	2.6	2.9	7.0	3.2
也门	10.0	26.5	—	—	—	—	11.2	—
老挝	17.0	25.7	2.2	2.1	1.8	2.7	2.0	4.0
柬埔寨	73.0	25.2	3.1	2.6	2.7	3.3	4.9	3.1
乌兹别克斯坦	2.1	24.3	2.4	2.4	2.1	2.8	4.5	—
黑山	3.2	23.7	2.6	2.3	2.4	2.7	2.9	4.0
尼泊尔	73.9	23.2	2.5	2.1	2.5	2.9	8.5	3.3
不丹	26.0	22.7	2.5	2.3	2.2	2.7	12.7	4.4
缅甸	67.9	20.8	2.2	2.4	2.6	2.8	4.4	3.0
阿富汗	74.0	17.9	2.4	2.1	1.8	2.6	8.1	
伊拉克	62.0	15.9	2.3	2.0	2.0	2.7	11.8	
吉尔吉斯斯坦	4.8	14.3	2.1	2.0	2.4	2.7	7.2	3.5
东帝汶	70.5						6.3	
土库曼斯坦	13.0	—	2.4	2.1	1.8	2.6		
塔吉克斯坦	4.4	—	2.1	2.1	2.0	2.0	5.9	3.9

资料来源：世界银行 WITS 数据库。其中"与包裹和物流服务相关的收入百分比"和"邮政可靠性指数"原始数据来自万国邮政联盟；"LPI 国际货运评分"、"LPI 物流能力评分"、"LPI 追踪能力评分"和"LPI 时间评分"四项指标原始数据来自世界银行物流绩效指数报告 LPI，按 1—7 分区间评分；"通过海关直接出口的平均时间"原始数据来自 Enterprise Surveys，World Bank；"海关手续的负担"原始数据来自世界经济论坛发布的全球贸易促进指数报告。

4. 企业应用电子商务能力：电子商务技术采用

企业关于电子商务技术的采用，从微观层面上反映了企业在应用电子商务方面的能力。企业在应用电子商务方面的能力越强，意味着未来该国电子商务的发展潜力越大。

世界银行 WITS 数据库集中整合了反映一国电子商务技术采用的指标,主要通过使用电子邮件与客户/供应商互动的公司的百分比、B2B ICT 使用、B2C 互联网使用、企业的新技术使用等 4 个指标反映。

在使用电子邮件与客户/供应商互动的公司的百分比(%)方面,斯洛伐克、以色列、立陶宛、斯洛文尼亚、爱沙尼亚、塞尔维亚、波黑、捷克、克罗地亚、俄罗斯的占比较高,超过 95%;但是孟加拉国、印度尼西亚、斯里兰卡、缅甸、老挝、也门、伊拉克等国家的占比相对较低,不足 40%。

在企业 B2B 的 ICT 使用(1—7 分)方面,爱沙尼亚、阿拉伯联合酋长国、卡塔尔、立陶宛、新加坡、以色列、马来西亚、斯洛伐克、捷克的得分在 5.5 分以上,表明这些国家的企业利用 ICT 技术从事 B2B 业务的情况比较普遍;而吉尔吉斯斯坦、不丹、阿尔巴尼亚、伊朗、巴基斯坦、尼泊尔、孟加拉国、缅甸等国家的得分不到 4 分,表明这些国家企业采用 ICT 技术从事 B2B 业务的比重不高。

表 5 - 7 "一带一路"沿线国家企业应用电子商务能力

国家	使用电子邮件与客户/供应商互动的公司的百分比(%)	B2B ICT 使用(1—7 分)	B2C 互联网使用(1—7 分)	企业的新技术使用(1—7 分)
斯洛伐克	99.8	5.5	5.7	4.8
以色列	98.9	5.7	5.6	6.1
立陶宛	98	5.8	5.8	5.4
斯洛文尼亚	97.3	5.2	4.8	4.9
爱沙尼亚	97.2	6	5.8	5.4
塞尔维亚	96.8	4.5	4	3.8
波黑	96	4	4	4.4
捷克	95.9	5.5	4.6	5
克罗地亚	95.3	4.7	4.3	4.6
俄罗斯	95.1	4.8	5.1	4.3
拉脱维亚	92.6	5.4	5.7	5
越南	91.5	4.9	4.9	3.9
波兰	90.6	4.5	5	4.2

续表

国家	使用电子邮件与客户/供应商互动的公司的百分比（%）	B2B ICT 使用（1—7分）	B2C 互联网使用（1—7分）	企业的新技术使用（1—7分）
亚美尼亚	89.4	4.7	4.4	4.1
土耳其	89.3	5	4.8	5.2
罗马尼亚	89.2	4.5	4.9	4.4
白俄罗斯	88.6	—	—	—
哈萨克斯坦	88.2	4.8	4.7	4.4
保加利亚	88	4.9	4.8	4.4
北马其顿	87.9	4.7	4.3	4.2
乌克兰	87.9	4.4	5.1	4.2
吉尔吉斯斯坦	85.9	3.9	4.1	4
中国	85	4.9	5.3	4.7
黎巴嫩	82.3	4	3.6	4.3
叙利亚	81.7	—	—	—
黑山	81.7	4.4	4.1	4.4
匈牙利	81.1	5.1	4.8	4.7
菲律宾	80.4	4.9	4.8	5.1
印度	78	4.1	4.2	4.2
格鲁吉亚	75.9	4.6	4	4.2
不丹	71.4	3.9	3.5	3.9
摩尔多瓦	65.9	4.3	4.1	4.1
阿富汗	64.9	—	—	—
阿塞拜疆	64.5	5.2	4.9	4.7
蒙古	64	5.1	4.5	4.7
约旦	61.3	5	4.7	5.3
柬埔寨	57.5	4.5	4	4.3
塔吉克斯坦	56.9	4	3.8	4
希腊	55.5	4.3	4.2	4.5

续表

国家	使用电子邮件与客户/供应商互动的公司的百分比(%)	B2B ICT 使用(1—7分)	B2C 互联网使用(1—7分)	企业的新技术使用(1—7分)
巴基斯坦	54.4	3.8	3.7	4.4
泰国	52.9	5	5.1	4.9
阿尔巴尼亚	51.5	3.9	4.2	4.1
尼泊尔	48.3	3.8	3.6	3.9
马来西亚	46.2	5.7	5.9	5.6
乌兹别克斯坦	44.4	—	—	—
埃及	44.4	4.7	4.1	3.8
东帝汶	43	—	—	—
孟加拉国	36.6	3.8	3.7	4.1
印度尼西亚	30.6	4.9	5.4	5.1
斯里兰卡	30.5	5.1	4.9	4.9
缅甸	30.1	3.3	3.3	2.9
老挝	24.3	4.3	4	4.3
也门	21.8	—	—	—
伊拉克	21.3	—	—	—
阿联酋	—	6	5.5	6
卡塔尔	—	5.9	5.4	5.8
新加坡	—	5.8	5.5	5.7
巴林	—	5.4	4.5	5.3
沙特阿拉伯	—	5.3	4.5	5.4
科威特	—	4.7	4.7	4.7
阿曼	—	4.2	3.7	4.8
伊朗	—	3.9	3.7	3.7

资料来源：世界银行 WITS 数据库。其中"使用电子邮件与客户/供应商互动的公司的百分比"原始数据来自 Enterprise Surveys, World Bank。"B2B ICT 使用"、"B2C 互联网使用"、"企业的新技术使用"原始数据来自世界经济论坛 Networked Readiness Index。问卷分别为：在您所在的国家,企业在多大程度上使用信息通信技术与其他企业进行交易？[1=完全没有;7=在很大程度上];在您的国家,企业在多大程度上使用互联网向消费者出售其产品和服务？[1=完全没有;7=在很大程度上];在您的国家,企业采用新技术的程度如何？[1=完全没有;7=广泛采用]。

5. 电子商务安全环境：网络安全指数

网络安全在很大程度上反映了一国从事电子商务方面所面临的外部环境，决定了该国电子商务的可持续发展。

2018 年，国际电信联盟发布报告《2018 年全球网络安全指数》(*Global Cybersecurity Index*，GCI)，旨在推动各国政府改进应对网络安全威胁的措施，促进网络安全方面的双边和多边国际合作。该报告从法律框架、技术手段、组织架构、能力建设和相关合作五个方面，考察各国在加强网络安全方面所做出的努力和承诺。

在《2018 年全球网络安全指数》报告中，根据全球网络安全指数得分分为三个等级，高等级承诺国家指该指数的所有五个支柱都表现出高度承诺的国家；中等承诺国家指制定了复杂承诺并参与网络安全计划和倡议的国家；低级承诺国家指已经开始对网络安全作出承诺的国家。

目前，65 个"一带一路"沿线国家中，有 25 个国家处于网络安全的高等级承诺国家，排名位于全球前 50 位以内；有 24 个国家处于网络安全的中等等级承诺国家，全球排名位于第 51—100 位之间；另有 17 个国家处于网络安全的低等级承诺国家，位于全球排名第 100 位以后。

表 5-8 "一带一路"沿线国家全球网络安全指数排名

国家	得分	全球排名	安全水平等级	国家	得分	全球排名	安全水平等级
立陶宛	0.908	4	高	伊朗	0.641	60	中
爱沙尼亚	0.905	5	高	黑山	0.639	61	中
新加坡	0.898	6	高	阿尔巴尼亚	0.631	62	中
马来西亚	0.893	8	高	文莱	0.624	64	中
沙特阿拉伯	0.881	13	高	科威特	0.6	67	中
阿曼	0.868	16	高	巴林	0.585	68	中
卡塔尔	0.86	17	高	白俄罗斯	0.578	69	中
格鲁吉亚	0.857	18	高	捷克	0.569	71	中
土耳其	0.853	20	高	罗马尼亚	0.568	72	中
埃及	0.842	23	高	约旦	0.556	74	中
克罗地亚	0.84	24	高	希腊	0.527	77	中

续表

国家	得分	全球排名	安全水平等级	国家	得分	全球排名	安全水平等级
俄罗斯	0.836	26	高	孟加拉国	0.525	78	中
中国	0.828	27	高	亚美尼亚	0.495	79	中
波兰	0.815	29	高	斯里兰卡	0.466	84	中
匈牙利	0.812	31	高	蒙古	0.465	85	中
阿联酋	0.807	33	高	巴基斯坦	0.407	94	中
北马其顿	0.8	34	高	巴勒斯坦	0.307	101	低
泰国	0.796	35	高	塔吉克斯坦	0.263	107	低
以色列	0.783	39	高	伊拉克	0.263	107	低
哈萨克斯坦	0.778	40	高	尼泊尔	0.26	109	低
印度尼西亚	0.776	41	高	吉尔吉斯斯坦	0.254	111	低
拉脱维亚	0.748	44	高	叙利亚	0.237	114	低
斯洛伐克	0.729	45	高	波黑	0.204	118	低
保加利亚	0.721	46	高	老挝	0.195	120	低
印度	0.719	47	高	黎巴嫩	0.186	124	低
斯洛文尼亚	0.701	48	高	不丹	0.181	125	低
越南	0.693	50	高	阿富汗	0.177	126	低
乌兹别克斯坦	0.666	52	中	缅甸	0.172	128	低
摩尔多瓦	0.662	53	中	柬埔寨	0.161	131	低
乌克兰	0.661	54	中	土库曼斯坦	0.115	143	低
阿塞拜疆	0.653	55	中	东帝汶	0.082	153	低
菲律宾	0.643	58	中	也门	0.019	172	低
塞尔维亚	0.643	58	中	马尔代夫	0.004	175	低

资料来源：ITU，Global Cybersecurity Index (GCI) 2018.

三、"一带一路"沿线国家跨境电子商务国际规则合作前景与展望

本部分从政策合作的视角，提出在"一带一路"沿线国家跨境电子商务方面的合作前景与展望。

（一）电子商务统计和关税合作

1. 电子商务统计合作

全球各国对电子商务的官方统计有多种方式，但总体来说，对跨境电子商务的统计资源比较分散，未能全面反映一国跨境 B2B 和 B2C 的真实贸易金额，特别是对区分目的地的跨境 B2B 和 B2C 数据更难收集和统计。现行比较有代表性的官方统计数据来源包括：企业调查数据、消费者调查数据、国际收支统计数据、国际邮政统计数据和单个国家海关统计数据（见表 5-9）。

表 5-9 全球代表性（包含跨境）电子商务官方统计模式

序号	数据来源	采集方式	存在问题	典型代表
1	企业调查数据	官方关于企业调查，涉及关于 ICT 技术使用的模块。与电子商务有关的典型问题是企业是否通过互联网接收或下订单，这些订单可能涉及 B2C 和 B2C 电子商务，并包括国内和国际交易	目前官方调查中，区分企业来自国内和境外电子商务的销售价值和份额的数据没有反映出来	西班牙、加拿大和日本等
2	消费者调查数据	官方收集家庭和个人的消费模式调查数据。这些调查如果包括网上购物数据，则涵盖 B2C 和 C2C 电商数据，但是不能捕捉 B2B 数据	消费者可能不知道在线购买的货物是否来自国外的供应商	欧盟（EU）
3	国际收支统计	跨境电子商务在技术上可以在国际收支中被记录为商品或服务的进口或出口。但实践中，通过网络购买的数字产品是无形的，通常不向海关申报	贸易统计数据中不一定包括低于一定价值的货物。例如新西兰规定低于 1 000 新元的商品不必向海关申报	新西兰等
4	国际邮政统计	自 1875 年以来，万国邮政联盟通过年度官方统计调查数据，编制了关于国内和国际处理的邮件和包裹数量的官方统计数据。在线订购的商品可通过国际包裹以及特快专递进行交付	缺少价值信息	全球各国
5	单个国家海关统计	例如中国海关设立关于跨境电子商务的海关监管代码 9610、1210、1039 等	跨境 B2C 方面，仅能统计在平台备案企业的跨境电商价值	中国

资料来源：前四种电子商务的官方统计模式资料根据 UNCTAD, In Search of Cross-border E-commerce Trade Data (2016)整理；最后一种官方统计模式根据中国海关官网资料整理。

"一带一路"沿线国家之间的电子商务统计,可以重点围绕邮政合作和海关合作两个方面展开。邮政合作方面,建议在"万国邮政公约"(International Postal Convention)和"Parcel Post Manual 2013"等国际公约的框架下,加强"一带一路"沿线国家之间的双边 EMS 和包裹发送和接收数据的统计合作,符合跨境电子商务模式特点的统计标准共建。海关合作方面,在中国海关新设监管方式代码经验的基础上,探索"一带一路"沿线国家关于跨境电子商务的海关监管方式的统计合作,将"一带一路"沿线国家国内主要跨境电子商务平台企业纳入合作共建的海关监管信息平台。

2. 电子商务关税合作

关税本身可能对跨境电子商务构成重大障碍,特别是对发展中国家的国内企业而言。关税会明显提高跨境电子交易商所售商品的最终价格,从而可能降低其竞争力,对于进口税免征最低限额门槛较低的国家尤其如此。随着电子商务产生越来越多的低价值货物。提高最低限度价值免税门槛至关重要,因为它有助于将货物进口。提高豁免价值门槛可能会减少政府收入,但也会产生巨大的经济收益,特别是对于中小企业,包括那些通过电子商务出口的中小企业。在某些情况下,提高最低限度价值所带来的收益和节余大于收入损失,这意味着从提高最低限度的门槛中获得净收益[1]。

我们建议,"一带一路"沿线国家可以探索开展电子商务的关税合作,即共同提高低值货物免税门槛值,且将低值货物免税门槛值的适用范围拓展到所有一般物品(而非印度仅针对样品和礼品的做法)。

(二)电子商务贸易便利化合作

跨境电子商务方式下,货物通关数量呈几何倍数的增加,导致各国海关所需人力、物理资源投入的严重不足。跨境电商运营商、邮政、快递公司等主体的多元化,导致货物/物品申报信息质量的参差不齐。准确信息的不足降低了海关风险评估的有效性,一方面提高了非法货物入境的可能性,另一方面也增加了货物清关的成本和时间。鉴于此,我们认为可以从以下方面探索开展"一带一路"沿线国家之间的电子商务贸易便利化合作。

第一,探索联合采用 WCO-UPU 关于预先电子信息的传送标准。世界海关组织和万国邮政联盟合作共同开发电子信息,允许邮递物品的预先咨询和

---

[1] UNCTAD, "In Search of Cross-border E-commerce Trade Data", April 2016, http://unctad.org/publicationsLibrary/tn_unctad_ict4d06_en.pdf.

预先清关。建议"一带一路"沿线国家探索联合采用 WCO-UPU 关于预先电子信息(advance electronic information)的传送标准,以及万国邮政联盟的邮政技术中心根据世界海关组织/万国邮政联盟海关邮电 EDI 信息开发的电子海关申报系统(CDS)。

第二,探索"一带一路"沿线国家间邮政快递物品和包裹信息的提前互换。在万国邮政联盟框架下,推进中国与"一带一路"沿线国家之间关于邮政快递物品和包裹信息的提前互换,通过采用国际通用的 CN23/万国邮政联盟申请表格和 ITMATT 信息交换,使前置的报关信息可被用于针对特定邮政物品的简化海关清关程序。在来自"一带一路"沿线国家的货物到达之前,目的国海关可以根据报关信息确定税款,并进行风险评估,一旦货物运达立即检查(如需要)并放行货物。

第三,探索"一带一路"沿线国家间关于跨境电子商务项下货物技术法规、技术标准等领域的合作。在 WTO《技术性贸易壁垒协议》《实施动植物卫生检疫措施的协议》的基础上,探索"一带一路"沿线国家之间针对跨境电子商务项下(例如邮政快递货物)技术法规、标准、商品标签等领域的互认,提高"一带一路"沿线国家间跨境电子商务货物顺利交付的可预见性。

第四,分享"一带一路"沿线国家之间关于跨境电子商务贸易便利化的最佳实践。建立"一带一路"沿线国家关于电子商务贸易便利化有关的信息和经验共享机制,尤其是法律、法规、规则标准和最佳实践。

(三) 电子商务金融支付合作

第一,加强电子商务金融支付安全领域合作。安全是跨境商务电子支付系统不可或缺的一部分,涉及一系列过程、机制和计算机程序,以验证信息来源并保证信息(数据)的完整性和隐私性。安全由三个基本组成部分:(1)加密:提供机密性、认证和完整性;(2)数字签名:提供身份验证、完整性保护和不可否认性;(3)校验和/散列算法:提供完整性和认证。我们建议在以上领域加强"一带一路"沿线国家之间的安全领域合作。

第二,加强改善在线支付环境领域的合作。一方面,"一带一路"沿线国家政府应合作创造有利于在线支付和制定适当支付解决方案的监管环境,包括促进支付安全、数据加密和数据隐私政策方面的互鉴等;同时,建议"一带一路"沿线国家通过协商或对等开放等方式扩大金融支付领域"一带一路"沿线国家的 FDI 进入,通过扩大对外开放提升跨境电子商务金融支付的总体环境和效率。

(四) 电子商务的基础设施投资合作

积极开展电子商务相关的 ICT 基础设施和交通基础设施投资合作。(1)积极拓展 ICT 基础设施的研发和创新及投资,鼓励公私伙伴关系(PPP)、商业股权投资基金以及社会基金等形式投资信息通信技术基础设施和应用;积极组织开展信息通信技术企业和金融机构间的投资信息交流活动,拓展"一带一路"沿线国家在信息通信技术领域的相互投资。(2)积极拓展港口、机场、公路等基础设施投资合作,重点以"一带一路"合作框架为基础,通过亚洲基础设施投资银行(AIIB)和金砖国家新开发银行(NDB),开展"一带一路"沿线国家的交通和物流基础设施的合作。

(五) 电子商务的监管政策合作

第一,探索"一带一路"沿线国家电子商务监管政策的协调一致。为解决在跨境电子商务开展中出现的与监管有关的信息问题,应减少跨国监管的多样性,在消费者保护、电子签名等政策制定方面借鉴国际标准;通过合作提高电子商务监管政策的透明度(如在"一带一路"沿线国家官网公布所有合作国家的跨境电子商务的监管规则和政策,并提供多种语言版本),减少电子商务运营商,尤其是中小企业获取"一带一路"沿线国家市场监管环境信息的时间和难度,并向企业和消费者提供关于影响其经济利益的法律法规的准确、清晰和可靠信息,提高电子商务监管政策的可预见性。

第二,探索跨境电子商务知识产权信息互换和执法合作。在 WIPO 的框架下推进"一带一路"沿线国家的跨境电子商务知识产权合作,加快形成"一带一路"沿线国家跨境电子商务知识产权保护框架性协议和备忘录。推动"一带一路"沿线国家海关之间关于侵权货物跨境流动的信息交流互换机制,以邮政快件渠道为重点,探索形成知识产权执法联合行动机制。

四、"一带一路"沿线跨境电子商务国内规则合作前景与展望:以上合组织为例

本部分就上合组织各成员国国内规则涉及比较多的三个方面具体比较上合组织各成员国关于电子商务(特别是跨国电子商务)的国内规则,并在此基础上提出上合组织各成员国间通过合作以协调各自的国内电子商务规则的建议。

(一) 个人数据保护规则合作

本部分所称的个人数据保护规则,主要包括以下规则:同意规则(同意是个人数据收集和处理的前提);目的限制规则(应当为特定的、明确的、合法的

目的收集个人数据,且之后原则上不得以不符合该目的的方式对个人数据进行处理);精准性规则(数据应当准确且如有必要应始终处于最新状态);完整性和保密性规则(确保个人数据以充分安全的方式处理,包括使用适当的技术或组织措施防止未经授权的或不合法的处理、遗失、灭失或损坏);储存限制规则(在不超过数据处理目的之必要期间内以能够对数据主体的身份进行识别的形式存储个人数据)。

表 5‑10　上合组织个人数据保护规则比较

	同意规则	目的限制规则	精准性规则	完整性和 保密性规则	储存限制规则
哈萨克斯坦	√	√	√	√	√
吉尔吉斯斯坦	√	√	√	√	√
俄罗斯	√	√	√	√	√
塔吉克斯坦	√	√	√	√	√
乌兹别克斯坦	√	√	√	√	√
印度	√	√	×	√	×
巴基斯坦	×	×	×	×	×

　　通过表 5‑10 的比较可知,俄罗斯与中亚四国都已经基本具备了个人数据保护规则,这些规则大都是各国的"数据(信息)保护法"所确立的。由于上述五国进行相关立法时都受 1995 年欧盟《个人数据保护指令》的影响(中亚四国受俄罗斯相关法律的影响其实也就是受欧盟法的间接影响),其个人数据保护规则大体相近。印度法上的相关规则均来自《合理安全实践与程序及敏感个人数据与信息规则》,该规则的内容大体上折中于欧洲数据保护法和美国隐私法之间,其中的个人数据保护规则不如俄罗斯与中亚四国那样完整。巴基斯坦法则尚未具备这些规则。考虑到中国正在起草《个人信息保护法》,以及巴基斯坦的《电子数据保护法》草案,亦大体上包含着这些个人数据保护规则,可以说大部分上合组织成员国对此均持有较为一致的立场。在不远的未来,上合组织各成员国在个人数据保护规则的大多数内容上达成一致,应当是可以预期的。

(二) 个人权益保护规则合作

　　本部分所称的个人权益保护规则,涉及数据主体就自己的个人数据所拥有的权利及法律所保护的利益。数据主体在这方面的主要权利包括访问权、更正权、删除权、限制处理权、数据可携带权、反对权等。在具体条文的文字表述方面,笔者的判断是,相关法律文本不一定要明确表述为数据主体具有某项权利(否则上合组织各成员国可以说几乎都不具备个人权益保护规则)。如果能够从关于其他法律主体的义务的规定中,或者从行政管理性质的规定中推论出数据主体的个人权益得到了保护,则亦可认为有关国家初步具备了相应的个人权益保护规则,从而构成未来其国内法进一步发展完善的基础。

表5-11 上合组织个人权益保护规则比较

	访问权	更正权	删除权	限制处理权	数据可携带权	反对权
哈萨克斯坦	√	√	×	√	×	√
吉尔吉斯斯坦	√	√	×	√	×	√
俄罗斯	√	√	×	√	×	√
塔吉克斯坦	√	√	×	×	×	×
乌兹别克斯坦	√	√	×	×	×	×
印度	×	×	×	×	×	×
巴基斯坦	×	×	×	×	×	×

通过表5-11的比较可知,在个人权益保护规则方面,上合组织各成员国的差异比较大。俄罗斯与中亚四国的国内电子商务规则中基本上都具备了部分个人权益保护规则(虽然略有参差),均不具备的是关于删除权和数据可携带权的保护规则。印度和巴基斯坦则总体上没有上述规则。其中的原因,一是删除权和数据可携带权在1995年欧盟《个人数据保护指令》中表述不明确,即使可以通过解释的方法推出这两项权利,其内涵也相当不完整;并且,欧盟成员国国内的研究者近年来对于是否要在欧盟法上确立这两项权利,还有不少争议,相应地,上合组织各成员国就难以先行确立相关规则。二是印度和巴基斯坦受英美法系法律传统的影响(美国法上没有个人数据权或个人信息权的概念,其隐私权的内涵经过近年来的不断拓展大体涵盖了欧盟法上个人数据权),且印度的《合理安全实践与程序及敏感个人数据与信息规则》并不是立法机关制定的法律,很难于其中对隐私权的内涵进行扩充,为数据

主体设定有关权利。考虑到中国的研究者对于中国法律是否确立删除权和数据可携带权也存在相当多的争议,目前上合组织各成员国可以通过协调,先行在各国国内法规定关于访问权和更正权的保护规则,且无论以设定有关权利的方式,还是以设定其他法律主体义务的方式,抑或设置行政管理性质的规定的方式,均属可行。以后,再根据具体情况于各成员国的国内电子商务规则中逐步增加其他方面的个人权益保护规则。

(三) 跨境数据传输规则合作

本部分所称的跨境数据传输规则,主要涉及在没有相关条约的情况下的由一国至另一国的数据传输,但也有可能涉及存在相关条约的情况下的由一国至另一国的数据传输。后一种情况有时基于特定语境被排除在跨境数据传输的内涵之外,但笔者考虑到未来上合组织各成员国有可能制定明确包含有跨境数据传输方面内容的条约,也研究后一种情况。针对前一种情况笔者制作表5-12加以比较。

表5-12 上合组织跨境数据传输规则比较

指标\国家	具备数据主体的同意时所有个人数据均可传输,否则只可传输至数据保护程度相同的国家	具备法律规定的其他条件时所有个人数据均可传输,否则只可传输至数据保护程度相同的国家	要求数据在当地备份后才可以传输	除特定行业掌握的个人数据以外的其他数据可以传输	所有个人数据均不可以传输
哈萨克斯坦	√				
吉尔吉斯斯坦	√				
俄罗斯	√		√		
塔吉克斯坦		√			
乌兹别克斯坦		√			
印度		√			
巴基斯坦				√	

通过表5-12比较可知,在跨境数据传输规则方面,大部分上合组织成员国均规定,在具备数据主体的同意或者法律规定的其他条件时所有个人数据均可传输,否则就只可以传输至数据保护程度相同的国家。只有巴基

斯坦是以行业为标准来确定数据是否可以跨境传输的,而俄罗斯还有数据在当地备份的要求。基于此种状况,可以考虑通过订立条约的方式,至少使上合组织成员国之间的跨境数据传输,只需要具备数据主体的同意或者法律规定的其他条件即可进行(究竟是法律上的哪些条件可以在条约中统一规定)。

第三节 中国与"一带一路"沿线国家的电子商务合作

中国与"一带一路"沿线国家电子商务的合作主要通过三个层面:一是与"一带一路"沿线国家签署电子商务合作备忘录。二是与"一带一路"沿线区域签署电子商务合作倡议。三是与"一带一路"沿线国家或者区域签署含有电子商务条款的自贸区协定。

一、中国与"一带一路"沿线电子商务合作现状

2016 年来,中国与"一带一路"沿线国家签署了 10 个双边电子商务合作谅解备忘录,占中国签署双边电子商务合作谅解备忘录数量的 45.6%。从谅解备忘录的内容上看,中国开展跨境电商的国际合作以伙伴国的国情和经济发展基础为出发点,体现了双边经贸的互补性,因而侧重点有所差异。

大部分双边电子商务合作谅解备忘录中,都包括五个方面的内容,即加强电子商务领域的政策沟通和协调,推进地方合作和公私对话,开展联合研究和人员培训,鼓励企业开展电子商务交流与合作以及推动各自国家的优质特色产品贸易。同时,也存在着差异性。中国与科威特、中国与阿联酋双边电子商务合作谅解备忘录中明确了除了推动各自国家的优质特色产品贸易外,还要通过电子商务方式发展服务的进出口贸易。中国与匈牙利双边电子商务合作谅解备忘录中强调了物流解决方案等方面的探索。

签署双边电子商务合作谅解备忘录是加快中国推进"一带一路"电子商务合作的重要手段,对于下一步签署高水平自贸区协定以及 WTO 电子商务谈判具有重要意义。

在区域电子商务合作方面,2018 年,中国与金砖国家签署了《金砖国家电子商务合作倡议》。2018 年 6 月 6—7 日,在宁波举行第三次中国-中东欧国家经贸促进部长级会议,各方就深化"一带一路"和"16+1 合作"框架下中国

与中东欧国家贸易、投资、基础设施互联互通、产能、金融、电子商务、中小企业合作等重点议题深入交换意见，达成广泛共识；并一致通过了《中国-中东欧国家电子商务合作倡议》；决定建立中国-中东欧国家经贸官员研讨交流机制，并宣布在宁波正式启动建设首个"16＋1"经贸合作示范区。未来，中国将与中东欧 16 国共同探讨建立"16＋1"中小企业合作平台、电子商务合作平台、海关协调中心、数字经济和智慧产业合作平台，定期发布"16＋1"经贸合作白皮书，评估"16＋1"经贸合作成果。

在自贸区协定签署方面，除了与韩国、澳大利亚等原先含有电子商务条款的自贸区协定外，2018 年 1 月 12 日，中国和新加坡又签署了《自由贸易协定升级议定书》。该议定书除对原协定的原产地规则、海关程序与贸易便利化、贸易救济、服务贸易、投资、经济合作等 6 个领域进行升级外，还新增了电子商务、竞争政策和环境等 3 个领域；其中电子商务章节涵盖了电子认证和电子签名、在线消费者保护、个人信息保护、无纸化贸易、透明度等内容。这些条款比前几年签署的电子商务条款在范围上明显开放，约束力也有所提高。

表 5-13 中国已签署电子商务合作备忘录一览表(2017—2019 年)

序号	签署时间	伙伴国家	备忘录国家和名称	合作的内容重点
1	2017 年 5 月 12 日	越南	中国商务部和越南工贸部关于成立电子商务合作工作组的谅解备忘录	开展企业交流、特色产品贸易，组织公私对话，开展经验分享和政策沟通
2	2017 年 11 月 10 日	柬埔寨	中国商务部和柬埔寨商业部关于电子商务合作的谅解备忘录	政策沟通、企业合作、能力建设、人员培训和联合研究
3	2017 年 11 月 27 日	爱沙尼亚	中国和爱沙尼亚签署《关于电子商务合作的谅解备忘录》	政策沟通，鼓励两国企业通过电子商务推广各自的优质特色产品，并积极支持专业人员培训、分享最佳实践和创新经验
4	2017 年 11 月 28 日	匈牙利	中国商务部和匈牙利外交与对外经济部关于电子商务合作的谅解备忘录	建立两国电子商务协调与合作机制，并在联合研究、公私对话、物流解决方案等方面开展探索

续表

序号	签署时间	伙伴国家	备忘录国家和名称	合作的内容重点
5	2018年4月9日	奥地利	中国和奥地利签署《关于电子商务合作的谅解备忘录》	定期开展政府层面对话,促进地方合作和公私对话,支持两国企业开展电子商务项目合作,特别是通过电子商务促进优质产品及服务的进出口贸易,鼓励双方研究机构、行业组织、企业等开展对接,通过电子商务开拓中奥经贸合作新途径和新领域
6	2018年6月7日	哈萨克斯坦	中国商务部和哈萨克斯坦国民经济部关于电子商务合作的谅解备忘录	建立电商合作机制,共同推进"丝路电商"合作,加强经验分享,开展人员培训,促进政企对话,支持两国企业开展电子商务合作,特别是通过电子商务促进优质特色产品跨境贸易
7	2018年6月8日	俄罗斯	中国商务部和俄罗斯经济发展部关于电子商务合作的谅解备忘录	加强政策法规的沟通与协调、开展人员培训与联合研究,促进地方合作和公私对话,支持两国企业开展电子商务合作,特别是通过电子商务促进优质特色产品跨境贸易
8	2018年7月9日	科威特	中国商务部和科威特商工部关于电子商务合作的谅解备忘录	支持两国企业开展电子商务项目合作,特别是通过电子商务促进优质产品及服务的进出口贸易,通过电子商务开拓中科经贸合作新途径和新领域
9	2018年7月20日	阿联酋	中国商务部和阿拉伯联合酋长国经济部关于电子商务合作的谅解备忘录	定期开展政府层面对话,促进公私对话,开展联合研究,支持两国企业开展电子商务项目合作,包括通过电子商务推动各自国家的优质特色产品贸易,利用电子商务开拓中阿经贸合作新途径和新领域
10	2019年11月2日	乌兹别克斯坦	中国商务部与乌兹别克斯坦投资和外贸部关于电子商务合作的谅解备忘录	加强电子商务领域的政策沟通和协调,推进地方合作和公私对话,开展联合研究和人员培训,鼓励企业开展电子商务交流与合作,推动各自国家的优质特色产品贸易

资料来源:根据商务部官网公开资料整理。

二、推动中国与"一带一路"沿线国家电子商务合作的思路

下一步的核心是在双边电子商务合作谅解备忘录框架下如何落实。

第一,根据世界海关组织发布的《世界海关组织跨境电商标准框架》,加快以电子商务为基础的货物监管制度和贸易便利化措施的建立。结合中国与"一带一路"沿线国家优势产品的特点,提出具有操作性的跨境电子商务货物监管体系和贸易便利化措施,通过不断的合作实践,形成中国参与的跨境电子商务标准体系。

表 5-14 《世界海关组织跨境电商标准框架》中提出的 15 个监管标准指引

监管标准	主题	内容要点
标准 1	建立电子数据预处理的法律框架	为电子商务供应链相关各方、海关管理部门和其他相关政府机构之间进行电子数据交换建立法律框架
标准 2	使用国际标准进行电子数据预处理	应采用世界海关组织和其他国际标准
标准 3	便利化的风险管理以及控制	采用针对电子商务的风险管理技术,以甄别有风险的货物
标准 4	使用非侵入式检测技术和数据分析	海关管理部门应将数据分析和筛选方法与非侵入式检查设备结合使用
标准 5	简化的清关手续	海关当局应当通过对跨境电商货物的提前申报和风险评估,以及和其他政府部门的合作,酌情建立和保持简化的清关程序/手续
标准 6	扩展 AEO 理念至跨境电商领域	探索在跨境电商领域应用 AEO 认证程序和互认安排协议的可能性
标准 7	税款征收模式	应当酌情考虑应用多样化的税款征收模式(如卖家模式、中介模式或消费者/买家模式等)
标准 8	最低起征点	各国政府应根据具体国情做出充分理性的决定
标准 9	阻止欺诈和非法贸易	海关当局应当和其他政府部门合作建立起分析和调查非法跨境电商贸易活动的程序
标准 10	跨部门间的合作和信息共享	各国政府应当在不同的政府部门间和它们的内部建立合作框架(通过相关的电子数据交换机制包括单一窗口等)
标准 11	公私合作关系	海关应建立并加强与电子商务利益相关者的合作伙伴关系,以优化合规和便利

续表

监管标准	主题	内容要点
标准 12	国际合作	海关管理部门应将海关合作和伙伴关系扩展到跨境电子商务环境,以确保合规和便利
标准 13	公众的关注和推广	应使消费者、公众和其他利益相关人知晓与跨境电商有关的监管要求、风险和责任
标准 14	测度机制	海关应与电子商务利益相关方密切合作,与相关政府机构合作,根据国际统计标准和国家政策准确捕捉、测量、分析和发布跨境电子商务统计数据,以便做出明智的决策
标准 15	探索技术发展和创新	海关当局应与其他相关政府机构、私营部门和学术界合作,探索创新技术发展,并考虑这些发展是否有助于更有效地控制和促进跨境电子商务

资料来源:WCO, Cross-Border E-Commerce Framework of Standards, pp. 11 - 16.

第二,要通过行业协会和电子商务平台,建立跨境电子商务的商业合作。利用亚太电子网络运营中心覆盖全球主要口岸的国际贸易通关信息网络的优势,先期以"一带一路"主要口岸(签署电子商务合作备忘录的国家)为重点,使之成为服务"一带一路"地区供应链互联互通和贸易便利化的重要信息交换枢纽,通过引入国际贸易适用的数据标准,将国际贸易数据简化和标准化,实现"一带一路"相关经济体间数据互联、互通、互用,特别是实现应链数据、原产地证书在内的贸易数据互联互通。

第三,提升跨境电子商务公共服务平台的技术和政府协同能力。建立海关、国税、外管等政府管理部门数据交换和互联互通的信息平台,为跨境贸易电子商务企业、支付机构、物流企业等市场主体提供"一点接入"政府监管部门的综合服务。

第四,地方政府应该积极参与双边电子商务合作谅解备忘录。要根据各个地方的产品特色,以某个省市为重点,形成中央和地方双边电子商务合作谅解备忘录推进机制。

第五,以跨境电子商务货物为平台,向电子支付、电子保险等数字金融服务、专业服务等方向发展,以外汇管理局的《支付机构外汇业务管理办法》为依据,形成可执行的管理细则。

图 5-1 跨境电子商务公共服务平台服务框架

第六章 中国与"一带一路"沿线国家的投资流向和流量

在 2018 年全球外国直接投资总量陡降、中国对外直接投资总规模负增长的大背景下,中国对"一带一路"沿线国家的直接投资、对外承包工程营业额占比都持续上升,成为 2018 年中国对外投资合作的亮点。根据商务部简明统计数据,2018 年中国企业对"一带一路"沿线国家非金融类直接投资总规模为 156.4 亿美元(同比增长 8.9%)、与"一带一路"沿线国家对外承包完成营业额 893.3 亿美元(同比增长 4.4%)。从行业结构看,根据美国 CGIT 数据库统计,2018 年对"一带一路"沿线国家的投资集中在能源(25.8%)、金属(23.4%)、交通运输(17.1%)行业;从地区分布看,2018 年非金融类直接投资主要东南亚(34.2%)、南亚地区(34.2%)比重最高,对外项目承包则在西亚北非(45.8%)、东南亚(24.3%)占比最高;从投资类型看,绿地投资占比出现快速反弹。

第一节 中国对"一带一路"沿线国家的投资进展

一、2018 年中国与"一带一路"沿线国家的投资合作持续推进

根据中国商务部 2018 年 10 月发布的《中国对外投资合作发展报告》,由于国内监管加强,相比 2016 年峰值,2017 年中国对外直接投资(流量)的绝对量和占全球比重均有一定程度的下滑,以 1 582.9 亿美元的规模位居全球第三,占全球比重约为 11.1%。到 2018 年,中国对外直接投资流量基本延续了之前的负增长的趋势,全年规模为 1 430.4 亿美元,同比下降 9.6%[1],接近

---

① 参见中国商务部、国家统计局、国家外汇管理局 2019 年 9 月发布的《2018 年度中国对外直接投资统计公报》。

2015 年水平。但是在 2018 年全球外国直接投资总量大幅下降的背景下①,中国对外直接投资占全球比重达到了历史新高,约为 14.1%,从份额来看已经高于中国 2016 年投资高位值(13.5%)。

从国际比较来看,2018 年中国的对外投资流量仅次于日本(1 431.6 亿美元)②,位列全球第二,在发展中国家中排行第一;根据商务部 2019 年 1 月发布的《2018 年中国对外全行业直接投资简明统计》③,2018 年全年中国境内投资者共对全球 161 个国家和地区的 5 735 家境外企业进行非金融类直接投资。此外,根据《2018 年度中国对外直接投资统计公报》数据,2018 年中国对外投资存量规模为 19 822.7 亿美元,约为全球第三位,仅次于美国(64 747 亿美元)、荷兰(24 273 亿美元),占全球比重为 6.4%,再创新高④;截至 2018 年底,中国共在全球 188 个国家(地区)设立了 4.3 万家对外直接投资企业。

表 6-1 中国对外直接投资流量和存量规模统计(2011—2018 年)

年份	中国对外直接投资流量			中国对外直接投资存量		
	规模(亿美元)	占全球比重	全球排名	规模(亿美元)	占全球比重	全球排名
2011	746.5	4.8%	6	4 247.8	2.0%	13
2012	878.0	6.7%	3	5 319.4	2.3%	13
2013	1 078.4	7.6%	3	6 604.8	2.5%	11
2014	1 231.2	9.1%	3	8 826.4	3.4%	8
2015	1 456.7	9.9%	2	10 978.6	4.4%	8

① 根据联合国贸发会议发布的《2019 年世界投资报告》(2019 年 6 月发布),2018 年全球外国直接投资总额为 1.3 万亿美元,相比 2017 年(1.5 万亿美元)下滑了接近 13%,主要原因是受 2017 年底美国税改的影响,美国跨国企业在 2018 年上半年大幅撤回海外收益,美国对外投资规模从 2017 年的 3 003.4 亿美元(全球第一位)下滑至 2018 年的−635.5 亿美元,严重拖累全球指标。

② 《2018 年度中国对外直接投资统计公报》由中国商务部、国家统计局、国家外汇管理局于 2019 年 9 月联合发布,其中 2018 年中国对外投资数据(1 430.4 亿美元)相比 2019 年 1 月商务部发布的简明统计数据(1 298.3 亿美元)有所调整,其他国家(地区)对外投资数据均引用自联合国贸发会议的《2019 年世界投资报告》。

③ 参见商务部网站 2019 年 1 月 22 日公布的《2018 年中国对外全行业直接投资简明统计》,网址为 http://www.mofcom.gov.cn/article/tongjiziliao/dgzz/201901/20190102829082.shtml。

④ 参见中国商务部、国家统计局、国家外汇管理局发布的《2018 年度中国对外直接投资统计公报》。

续表

年份	中国对外直接投资流量			中国对外直接投资存量		
	规模 (亿美元)	占全球 比重	全球排名	规模 (亿美元)	占全球 比重	全球排名
2016	1 961.5	13.5%	2	13 573.9	5.2%	6
2017	1 582.9	11.1%	3	18 090.4	5.9%	2
2018	1 430.4	14.1%	2	19 822.7	6.4%	3

资料来源:2011—2018 年中国历年对外投资流量和存量规模及全球排名均来源于《2018 年度中国对外直接投资统计公报》中表 2"中国建立《对外直接投资统计制度》以来各年份的统计结果",口径为全行业对外直接投资数据(包括金融类和非金融类)。2011—2016 年中国对外投资流量占全球比重数据来源于《中国对外投资发展报告 2017》中图 1-4"2011—2016 年中国占全球对外投资流量比重",2017—2018 年中国对外投资流量占全球比重数据以及 2011—2018 年中国对外投资存量占全球比重数据整理自历年《中国对外直接投资统计公报》。

2018 年中国对"一带一路"沿线国家的投资合作增长迅速,延续了良好的发展势头。根据 2019 年 1 月中国商务部发布的简明统计数据①,2018 年全年中国对"一带一路"沿线国家的直接投资总量和占全国比重两方面均有提升。其中中国企业对"一带一路"沿线国家非金融类直接投资总规模为 156.4 亿美元(同比增长 8.9%),占同期中国对外投资总额比重提升至 13.0%(2017 年占比为 12%)。从对外承包工程情况来看,中国 2018 年与"一带一路"沿线国家对外承包合同新签金额为 1 257.8 亿美元,完成营业额为 893.3 亿美元,占全国同期总额比重分别为 52.0% 和 52.8%。与 2017 年相比,新签金额规模和占比小幅下滑,但完成营业额提升了 2.1 个百分点。

表 6-2　中国对"一带一路"沿线国家投资合作情况(2015—2018 年)

年份	中国非金融类对外 直接投资			中国对外承包工程 完成营业额			中国对外承包工程 新签合同金额		
	全球总额 (亿美元)	"一带一路" (亿美元)	占比 (%)	全球总额 (亿美元)	"一带一路" (亿美元)	占比 (%)	全球总额 (亿美元)	"一带一路" (亿美元)	占比 (%)
2015	1 180.2	148.2	12.5	1 540.7	692.6	45.0	2 100.7	926.4	44.1
2016	1 701.1	145.3	8.5	1 594.2	759.7	47.7	2 440.1	1 260.3	51.6

① 中国商务部网站在统计数据中有专门的"服务一带一路"栏目,在每月中下旬发布全国对"一带一路"沿线国家投资合作情况简报,访问网址为 http://fec.mofcom.gov.cn/article/fwydyl/tjsj/。

续表

年份	中国非金融类对外直接投资			中国对外承包工程完成营业额			中国对外承包工程新签合同金额		
	全球总额（亿美元）	"一带一路"（亿美元）	占比（%）	全球总额（亿美元）	"一带一路"（亿美元）	占比（%）	全球总额（亿美元）	"一带一路"（亿美元）	占比（%）
2017	1 200.8	143.6	12.0	1 685.9	855.3	50.7	2 652.8	1 443.2	54.4
2018	1 205.0	156.4	13.0	1 690.4	893.3	52.8	2 418.0	1 257.8	52.0

注：表格中"全球总额"为中国当年对外投资和承包工程汇总金额，"一带一路"为中国对"一带一路"沿线国家的投资合作总量。表格数据均源自中国商务部网站。其中全球总额数据（历年非金融类对外直接投资、对外承包工程完成额、新签合同金额）来自商务部网站1月发布的上年简略统计（与每年9月《对外直接投资统计公报》公布的调整后终值有差异）。此外2015年简报中并未说明口径是否为非金融类，可能与后面年份统计口径不完全可比。

二、中国对"一带一路"沿线国家直接投资增速2018年下半年出现较快反弹

从中国商务部发布的月度投资快报数据来看，2018年中国对"一带一路"沿线国家非金融类直接投资基本呈现上半年负增长、下半年快速反弹的"U"

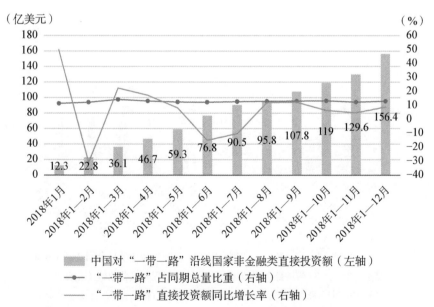

图 6 - 1　2018 年中国对"一带一路"沿线国家非金融类直接投资月度概况

资料来源：中国商务部网站每月发布的《对"一带一路"沿线国家投资合作情况》简报。

型趋势,全年最终维持小幅正增长。具体来看,2018 年上半年间中国对"一带一路"沿线国家投资额(非金融类)为 76.8 亿美元,相比上年同期增长率为 −15%;从 7 月起出现快速增长趋势,截至年底,中国在 2018 年 1—12 月间对"一带一路"沿线国家非金融类直接投资流量为 156.4 亿元,同比增长 8.9%。在 2018 年各个季度中,对"一带一路"沿线国家非金融类直接投资(当年累计值)占全国对外投资的比重分别为 14.2%、12.3%、13.1%、13.0%,基本保持稳定。

三、中国在"一带一路"沿线国家项目承包营业额增速放缓

从中国商务部发布的月度投资快报数据来看,2018 年中国与"一带一路"沿线国家新签的对外项目合同金额增长基本处于负增长区间(仅 1—2 月间同比增速为正),特别是 2018 年上半年 1—6 月同比增长率为 −33.1%,为全年月度累计增速低点;到年底时新签项目金额增长率略有回升;但 2018 年 1—12 月中国与"一带一路"沿线国家新签的对外项目合同金额增长率为 −12.8%,仍然是负增长。2018 年中国承包"一带一路"沿线国家项目的完成营业额与上年同期相比基本维持了正增长,但是年内累计增速也出现放缓趋势,同比增长率从 2018 年第一季度的 30.4% 下降至二、三季度的 17.8% 和

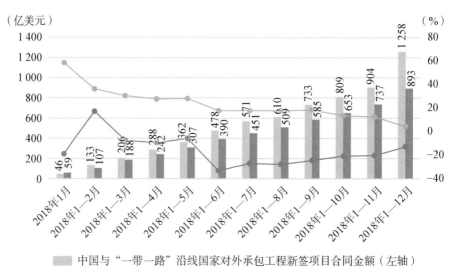

图 6－2　2018 年中国在"一带一路"沿线国家承包工程月度概况

资料来源:中国商务部网站每月发布的《对"一带一路"沿线国家投资合作情况》简报。

18.4%(均为累计值),到第四季度时下滑更为明显,全年累计增长率已经降至 4.4%。

四、中国对"一带一路"沿线国家投资合作发展趋势

鉴于中国商务部或统计局的官方统计公报及数据库以宏观汇总数据为主,并未公布 2018 年中国对"一带一路"沿线国家的详细投资金额、行业等资料,因此本研究主要采用美国企业研究所(American Enterprise Institute)公布的"中国企业全球投资数据库"①(China Global Investment Tracker)微观数据库进行分析(下文中均统一简称为 CGIT 数据库)。

从 2011—2018 年的历史数据来看,CGIT 数据库统计加总的中国对外投资规模与中国商务部官方口径数据变化趋势基本保持一致,如 2016 年前快速上涨,2017 年后出现放缓等,主要差异在于 CGIT 库计算的中国对外投资规模顶点出现于 2017 年上半年②,而非中国官方数据中的 2016 年下半年。两套口径详细对比可见图 6-3。美国企业研究所在其近年研究报告③中认为,CGIT 数据库与中国官方统计存在偏差的主要可能原因在于:(1)CGIT 数据库按实际目的地统计,特别是转经中国香港特别行政区的对外投资与中国官方统计口径不同;(2)部分投资交易的统计年份存在差异,可能提前或者滞后一年;(3)2017 年两套口径的较大差异可能在于一笔中国化工收购瑞士先正达(Syngenta)的交易(AEI 认为额度高达 430 亿美元)未被中国官方纳入统计(或只有部分纳入统计)。

需要说明的是,与对外直接投资数据相比,CGIT 数据库在对外承包项目统计上的遗漏更多,本研究采用 CGIT 数据库分析所得结果仅作为中国官方发布之外的参考。

---

① CGIT 数据库访问网址为 http://www.aei.org/china-global-investment-tracker/,该数据库记录从 2005 年开始,每六个月更新一次,数据库包括超过 1 亿美元的中国对外直接投资和对外承包工程两类微观交易记录,前者为全样本口径,后者由于统计困难存在较多遗漏条目。本分析基于 2019 年春季最新更新版本完成。

② CGIT 数据库测算的 2017 年中国对外直接投资流量为 1 759 亿元,而中国商务部于 2018 年 1 月统计快报发布的 2017 年中国对外非金融类直接投资规模为 1 200.8 亿美元,2018 年 9 月在《对外直接投资公报》中发布的数据为 1 395 亿美元。

③ 具体可参见美国企业研究所于 2018 年 4 月发布的报告"Chinese Technology Acquisition Is Not About Investing In the US"以及 2019 年 7 月发布的报告"China's Global Business Footprint Shrinks"。

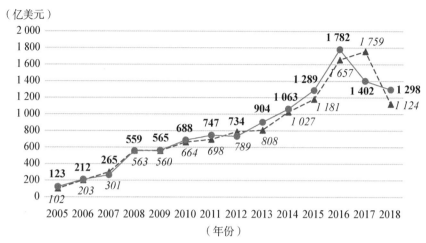

（亿美元）

图6-3　中国商务部与 CGIT 数据库中国对外投资统计口径比较

注：图中 CGIT 数据库和中国商务部对外投资数据来自美国企业研究所 2019 年 7 月发布的报告 "China's Global Business Footprint Shrinks"，网址为 https://www. aei. org/research-products/report/chinas-global-business-footprint-shrinks/。其中 2012—2017 年中国商务部对外投资数据中均剔除了再投资部分。图中数字标签中加粗的为 CGIT 数据库统计值，斜体为中国商务部统计值。

　　根据 CGIT 数据口径，2018 年中国对外非金融类投资出现较大幅度下滑（从 2017 年的 1 599.4 亿美元降至 1 079 亿美元），虽然降幅高于中国官方统计口径，但是变化趋势是吻合的。其中，2018 年中国对"一带一路"沿线国家的非金融类直接投资额出现负增长（从 2017 年的 330.4 亿美元降至 248.9 亿美元），在"一带一路"沿线国家中对外承包合同总额较上年有正增长（从 2017 年的 549 亿美元提升至 594.2 亿美元）①。值得注意的是，2018 年中国对"一带一路"沿线国家的非金融类直接投资和承包合同占全国比重均出现上升，其中投资比重从 2017 年的 20.7％上升至 23.1％，承包合同比重从 2017 年的 59.0％提升至 69.0％。从历年数据来看，"一带一路"沿线国家在承包合同中

──────────

　　①　从 CGIT 数据库中可得 2018 年中国对"一带一路"沿线国家（地区）投资负增长，这与中国商务部 2019 年年初发布的统计快报数据变化趋势相反。但是考虑到快报数据为统计初值，计算增长率的基准也为上年初值，可能与年末终值（特别是增长率）存在较大差异。如商务部统计快报初步统计中国 2018 年全行业对外直接投资同比增长 4.0％、非金融类对外直接投资同比增长 0.3％，均为正增长；但到 2019 年 9 月《对外投资统计公报》中公布的全年中国对外投资同比增长−9.6％，非金融类对外投资同比增长−13.0％，均为负增长。根据 CGIT 数据库测算出的对外投资负增长结果与官方《对外投资统计公报》中中国对外投资下降趋势较为吻合，因此 CGIT 数据库对中国对"一带一路"沿线国家的投资统计也有一定可信度。

所占比重要远高于直接投资比重,两者差距在 2018 年时进一步拉大。

在 2018 年中国对外投资规模绝对值下降的大背景下,"一带一路"倡议的重要性以及发展潜力更加得到凸显。

表 6 - 3　CGIT 数据库统计历年中国对"一带一路"沿线国家投资合作情况

年份	对外投资和承包合同总额			中国非金融类对外直接投资			中国对外承包合同总额		
	全球总额（亿美元）	"一带一路"（亿美元）	占比（%）	全球总额（亿美元）	"一带一路"（亿美元）	占比（%）	全球总额（亿美元）	"一带一路"（亿美元）	占比（%）
2013	1 390.9	530.5	38.1	797.9	247.1	31.0	593.0	283.4	47.8
2014	1 682	634.7	37.7	955.2	201.7	21.1	726.8	433.0	59.6
2015	1 936.2	792.5	40.9	1 051.9	359.2	34.1	884.3	433.3	49.0
2016	2 630.4	817	31.1	1 626.5	246.4	15.1	1 003.9	570.6	56.8
2017	2 529.2	879.4	34.8	1 599.4	330.4	20.7	929.8	549.0	59.0
2018	1 940.1	843.1	43.5	1 079.0	248.9	23.1	861.1	594.2	69.0

资料来源:作者根据美国企业研究所的 CGIT 数据库自行加总测算,已剔除了所有金融类投资样本。

第二节　中国对"一带一路"沿线国家投资的地区分布

根据 CGIT 数据库统计信息,2018 年中国在"一带一路"沿线国家的直接投资与项目承包分布广泛,在东北亚、东南亚、南亚、西亚北非、中东欧、中亚几大板块均有展开。其中直接投资在东南亚(34.2%)、南亚地区(34.2%)比重最高,项目承包则在西亚北非地区(45.8%)占比最为突出。

一、中国对"一带一路"南亚、中东欧地区直接投资小幅上涨

根据美国 CGIT 数据库测算,2018 年中国对"一带一路"地区非金融类直接投资总额为 248.9 亿美元。从总量来看主要集中于东南亚和南亚地区,投资额分别为 85.0 亿美元(占比 34.2%)和 85.1 亿美元(占比 34.2%),加总占比接近 7 成。在这两个地区之外,中国对西亚北非和中东欧地区"一带一路"沿线国家投资规模也较大,占比在一成以上,分别为 36.6 亿美元(占比 14.7%)和 33.8 亿美元(占比 13.6%)。中国对东北亚地区和中亚地区"一带

一路"沿线国家直接投资额规模较小,分别为 4.8 亿美元(占比 1.9%)和 3.6 亿美元(占比 1.4%)。

与 2017 年比较来看,2018 年中国对"一带一路"地区非金融类直接投资分布趋势大致稳定,主要差异在中国对东南亚地区投资有所回落(从 2017 年的 204.2 亿美元回调至 85.0 亿美元),对南亚和中东欧的投资小幅上涨(分别从 61.3 亿美元升至 85.1 亿美元,从 17.3 亿美元提升至 33.8 亿美元)。前者主要是因为 2017 年中国对新加坡进行了多笔大额投资(累计高达 132 亿美元)[①],导致东南亚当年投资额快速提升。

考虑到各个地区中"一带一路"沿线国家数量不同,本研究还计算了 2018 年中国对每个地区的国均直接投资额,南亚、东南亚、东北亚、西亚北非、中东欧、中亚地区分别为 12.2 亿、7.7 亿、2.4 亿、1.8 亿、1.8 亿、0.7 亿美元。从国均投资来看,中国对南亚地区"一带一路"沿线国家的平均投资最高,其次是东南亚和东北亚地区,对中亚地区平均投资较低。

表 6-4　中国对"一带一路"沿线地区非金融类直接投资规模　　　　单位:亿美元

地区	2013 年	2014 年	2015 年	2016 年	2017 年	2018 年
东北亚	60.5	31.9	64.4	23.3	6.0	4.8
东南亚	59.1	91.1	174.9	99.1	204.2	85.0
南亚	19.1	16.3	88.4	22.7	61.3	85.1
西亚北非	55.4	19.1	19.4	92.0	38.6	36.6
中东欧	0.0	14.0	5.9	7.5	17.3	33.8
中亚	53.0	29.3	6.2	1.8	3.0	3.6
加总	247.1	201.7	359.2	246.4	330.4	248.9

注:统计数据只包含 1 亿美元及以上规模的投资,且已剔除了所有金融类投资样本。"一带一路"沿线国家区域划分标准参照中国"一带一路"网,网址为 https://www.yidaiyilu.gov.cn/jcsjpc.htm。其中包含东北亚国家 2 个(蒙古、俄罗斯)、东南亚国家 11 个(新加坡、印度尼西亚、马来西亚、泰国、越南、菲律宾、柬埔寨、缅甸、老挝、文莱、东帝汶)、南亚国家 7 个(印度、巴基斯坦、斯里兰卡、孟加拉国、尼泊尔、马尔代夫、不丹)、西亚北非国家 20 个(阿联酋、科威特、土耳其、卡塔尔、阿曼、黎巴嫩、沙特阿拉伯、巴林、以色列、也门、埃及、伊朗、约旦、叙利亚、伊拉克、阿富汗、巴勒斯坦、阿塞拜疆、格鲁吉亚、亚美尼亚)、中东欧国家 19 个(波兰、阿尔巴尼亚、爱沙尼亚、立陶宛、斯洛文尼亚、保加利亚、捷克、匈牙利、北马其顿、塞尔维亚、罗马尼亚、斯洛伐克、克罗地亚、拉脱维亚、波黑、黑山、乌克兰、白俄罗斯、摩尔多瓦)、中亚国家 5 个(哈萨克斯坦、吉尔吉斯斯坦、土库曼斯坦、塔吉克斯坦、乌兹别克斯坦)。

资料来源:作者根据美国企业研究所(AEI)CGIT 数据库自行测算。

---

① 具体参见《中国与"一带一路"沿线国家贸易投资报告 2018》中相关分析。

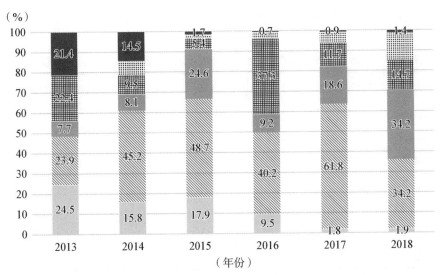

图 6 - 4　中国对"一带一路"沿线国家直接投资的地区分布比重（2013—2018 年）

资料来源：笔者根据美国企业研究所的 CGIT 数据库数据自行测算，已剔除了所有金融投资样本。

二、中国在"一带一路"西亚北非、南亚地区承包工程总额较快提升

根据美国 CGIT 数据库统计，2018 年中国对"一带一路"地区"一带一路"沿线国家项目承包总额为 594.2 亿美元。其中，西亚北非地区 272.2 亿美元（占比为 45.8%），是中国对外承接建造项目的主要来源地。中国对东南亚、南亚地区的项目承包额也较大，分别为 144.4 亿美元（占比 24.3%）、112.7 亿美元（占比 19.0%），两个地区加总比重超过四成。2018 年中国在中东欧、中亚、东北亚地区的对外承包工程规模分别 31.4 亿、17.4 亿、16.1 亿美元，占比分别为 5.3%、2.9% 和 2.7%。相比 2017 年，根据 CGIT 数据库中加总的中国对"一带一路"沿线国家建造项目承包的规模、地区分布特征大体一致，主要变化在于西亚北非和南亚地区提升较快①，特别是西亚北非地区增长了接

---

① 西亚北非地区承包额从 2017 年的 174.7 亿美元增长至 272.2 亿美元，南亚地区由 53.1 亿美元增长至 112.7 亿美元。

近 100 亿美元,远超过 2013 年以来历年平均值,表现突出;中国在东南亚、中东欧地区"一带一路"沿线国家的承包项目则出现了小幅下降①。

表 6 - 5　中国对"一带一路"沿线地区建造项目承包总额　　　　单位:亿美元

地区	2013 年	2014 年	2015 年	2016 年	2017 年	2018 年
东北亚	0	26.8	42.9	9.9	65.6	16.1
东南亚	70.8	81.9	121	197.2	176.8	144.4
南亚	70.5	144	132.8	147.9	53.1	112.7
西亚北非	103.8	108.7	104.8	192.6	174.7	272.2
中东欧	33.7	18.6	7.6	18.1	40.2	31.4
中亚	4.6	53	24.2	4.9	38.6	17.4
加总	283.4	433	433.3	570.6	549	594.2

注:统计数据只包含 1 亿美元及以上规模的投资,地区划分标准可参见表 6 - 4 中注释。
资料来源:美国企业研究所(AEI)的 CGIT 数据库(仅统计了部分项目,存在缺失)。

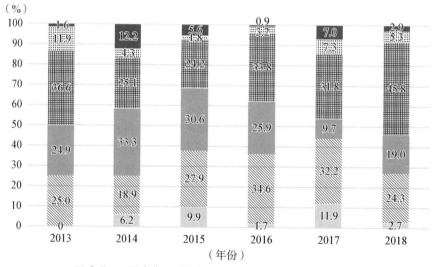

图 6 - 5　中国对"一带一路"建筑项目合同地区分布比重(2013—2018 年)
资料来源:据美国企业研究所(AEI)的 CGIT 数据库测算,与中国商务部官方数据存在口径差异。

---

①　东南亚地区从 2017 年的 176.8 亿美元降至 144.4 亿美元,中东欧地区从 40.2 亿美元降至 31.4 亿美元。

三、中国对"一带一路"东南亚地区投资主要流向新加坡、印度尼西亚

从 2018 年数据来看,中国对"一带一路"东南亚地区超过 1 亿美元的投资主要集中在新加坡(30.2%)、印度尼西亚(19.4%)、老挝(12.5%)、缅甸(10.7%)、柬埔寨(9.4%)、泰国(6.5%)、越南(6.1%)和马来西亚(5.2%),菲律宾、文莱和东帝汶则为 0。其中,新加坡、印度尼西亚这两个国家吸收中国直接投资最多,占中国对东南亚"一带一路"沿线国家投资比重接近五成。与 2017 年相比,投资规模最大的三个国家新加坡、印度尼西亚和老挝都在 2018 年有不同程度的下滑,这与东南亚地区整体投资下滑趋势相符;其中新加坡下滑幅度最大,但是这主要是由于该国 2017 年投资突然高涨,到 2018 年新加坡获得的中国投资规模基本恢复到 2015—2016 年左右水平。2018 年中国对外投资有较快提升的国家主要有缅甸和柬埔寨,泰国和越南的投资额也有小幅上涨。

表 6-6　中国对"一带一路"东南亚地区"一带一路"沿线国家投资分布情况(2013—2018 年)

国家	中国对外直接投资(亿美元)						中国承包工程额(亿美元)					
	2013年	2014年	2015年	2016年	2017年	2018年	2013年	2014年	2015年	2016年	2017年	2018年
新加坡	13.7	7.9	29.7	19.4	132.2	25.7	2.7	10.5	1.1	12.7	9.5	3.8
印度尼西亚	4.2	25.2	37.6	5.7	25.5	16.5	15.6	24.5	47.9	32	48.3	16.5
老挝	1.8	1.3	1.0	20.3	33.6	10.6	11.5	1.2	32.3	45.5	4.5	20.5
缅甸	1.0	0	0	21	0	9.1	2.0	3.7	0	5.5	0	7.1
柬埔寨	4.1	0	0	4.8	0	8.0	2.5	0	6.3	5.1	12.3	27.7
泰国	0	8.8	1.6	0	2.3	5.5	1.1	1.2	5.7	11.4	3.6	31.6
越南	2.3	2.1	32.6	4.2	2.5	5.2	10.1	0	2.6	0	11.5	18.9
马来西亚	32.0	11.4	72.4	23.7	8.1	4.4	19.3	28.7	14.2	62.1	51.1	4.9
菲律宾	0	0	0	0	0	0	6.0	12.1	0	22.9	36.0	8.5
文莱	0	34.4	0	0	0	0	0	0	5.3	0	0	0
东帝汶	0	0	0	0	0	0	0	0	5.6	0	0	4.9
加总	59.1	91.1	174.9	99.1	204.2	85.0	70.8	81.9	121	197.2	176.8	144.4

资料来源:作者根据美国企业研究所的 CGIT 数据库自行测算。对外直接投资数据中已剔除了金融类投资。CGIT 数据库中承包工程为不完全统计,相比中国官方数据有缺失。

四、中国对"一带一路"南亚地区投资主要流向孟加拉国、印度

从 2018 年数据来看,中国对"一带一路"南亚地区非金融类直接投资(超过 1 亿美元)主要集中在孟加拉国(42.9%)、印度(40.5%)、斯里兰卡(13.2%)、巴基斯坦(1.8%)、尼泊尔(1.6%)。其中,中国对孟加拉国、印度两个国家直接投资规模最多,占中国对南亚"一带一路"沿线国家总投资的比重超过八成。与 2017 年相比,2018 年南亚"一带一路"沿线国家中投资增长最快、规模增加最多的是孟加拉国,从 2017 年的 1.1 亿美元增加值 36.5 亿美元;印度也小幅上涨,从 2017 年的 28 亿美元增加至 34.5 亿美元。除此以外,2018 年中国对斯里兰卡、巴基斯坦的直接投资规模则有小幅下滑。

表 6-7 中国对"一带一路"南亚地区"一带一路"沿线国家投资分布情况(2013—2018 年)

国家	中国对外直接投资(亿美元)						中国承包工程额(亿美元)					
	2013年	2014年	2015年	2016年	2017年	2018年	2013年	2014年	2015年	2016年	2017年	2018年
孟加拉国	0	0	7.5	7.8	1.1	36.5	13.6	0	29.1	56.3	7.4	72.3
印度	0	6	16.3	9.1	28	34.5	27	2.4	3.4	0	0	3.9
斯里兰卡	2.6	3.9	0	0	14.3	11.2	22	19.6	5.1	6	1	0
巴基斯坦	16.5	6.4	62.1	5.8	16.8	1.5	6.6	114.8	87.9	84.1	36.9	6.4
尼泊尔	0	0	2.5	0	0	1.4	1.3	3.2	4	0	3.5	30.1
马尔代夫	0	0	0	0	1.1	0	0	4	3.3	1.5	4.3	0
加总	70.5	144	132.8	147.9	53.1	112.7	70.5	144	132.8	147.9	53.1	112.7

资料来源:作者根据美国企业研究所的 CGIT 数据库自行测算。对外直接投资数据中已剔除了金融类投资。CGIT 数据库中承包工程为不完全统计,相比中国官方数据有缺失。

五、中国对"一带一路"沿线投资前六名国家情况

从具体国家来看,2018 年中国对"一带一路"沿线直接投资数量排名前六的国家分别为孟加拉国(36.5 亿美元)、印度(34.5 亿美元)、新加坡(25.7 亿美元)、塞尔维亚(25.1 亿美元)、阿联酋(22.3 亿美元)、印度尼西亚(16.5 亿美元),所占同期比重分别为 14.6%、13.9%、10.3%、10.1%、9.0%、6.6%。前六名加总比重为 64.5%,相比 2017 年时候有所下降(前六名之和占比超过

80%），但是投资集中度仍然较高。

　　与 2017 年前六名榜单相比，2018 年中国对"一带一路"沿线投资前六名国家中新加坡、阿联酋、印度、印度尼西亚四国仍然在列。变化较大的是新加坡从第 1 名调整至第 3 名，且金额变化较大，这主要是由于 2017 年时中国对新加坡出现多笔大额直接投资①，导致当年投资额过高，到 2018 年基本恢复常规水平。2018 年新上榜的是孟加拉国、塞尔维亚。当年中国对孟加拉国有4 笔超过 1 亿美元的投资（其中两笔超过 10 亿美元），主要涉及煤炭和金属行业，相比 2017 年仅有一笔 1.1 亿美元投资大幅增长；2018 年中国对塞尔维亚有三笔超 1 亿美元的投资（其中一笔超过 10 亿美元），主要涉及金属、交通等领域。

表 6 - 8　中国对"一带一路"沿线直接投资前六名国家（2013—2018 年）

排名	2013 年	2014 年	2015 年	2016 年	2017 年	2018 年
1	俄罗斯 （60.5）	文莱 （34.4）	马来西亚 （72.4）	以色列 （59.5）	新加坡 （132.2）	孟加拉国 （36.5）
2	哈萨克斯坦 （53.0）	俄罗斯 （31.9）	巴基斯坦 （62.1）	马来西亚 （23.7）	老挝 （33.6）	印度 （34.5）
3	埃及 （36.0）	印度尼西亚 （25.2）	俄罗斯 （39.9）	俄罗斯 （22.3）	阿联酋 （29.6）	新加坡 （25.7）
4	马来西亚 （32.0）	哈萨克斯坦 （16.2）	印度尼西亚 （37.6）	缅甸 （21.0）	印度 （28.0）	塞尔维亚 （25.1）
5	巴基斯坦 （16.5）	以色列 （15.6）	越南 （32.6）	老挝 （20.3）	印度尼西亚 （25.5）	阿联酋 （22.3）
6	新加坡 （13.7）	塞尔维亚 （12.0）	新加坡 （29.7）	新加坡 （19.4）	巴基斯坦 （16.8）	印度尼西亚 （16.5）

注：表格中括号内为中国当年对该国的非金融类直接投资总额，单位为亿美元。
资料来源：作者根据美国企业研究所的 CGIT 数据库自行测算。已剔除金融类投资数据。

　　据 CGIT 数据库不完全统计，2018 年中国在"一带一路"沿线地区中承包工程前六名的国家分别为埃及（84.3 亿美元）、孟加拉国（72.3 亿美元）、阿联酋（59.3 亿美元）、沙特阿拉伯（48.0 亿美元）、泰国（31.6 亿美元）、尼泊尔（30.1 亿美元），所占同期比重分别为 14.2%、12.2%、10.0%、8.1%、5.3%、

---

　　① CGIT 中记录显示 2017 中国企业对新加坡进行了 8 起投资，涉及交通、能源、物流、地产等多个投资领域，最大投资金额的一笔为万科、厚朴、高瓴资本、中银等联合收购新加坡物流地产巨头普洛斯（GLP）公司，金额超过 90 亿美元。

5.1%。前六名相加总比重为 54.8%,已经超过总额一半。其中埃及、泰国和尼泊尔都是 2013 年以来第一次上榜,阿联酋和沙特阿拉伯是第二次上榜,孟加拉国则是第三次上榜。

表 6-9 中国在"一带一路"沿线承包工程前六名国家(2013—2018 年)

排名	2013 年	2014 年	2015 年	2016 年	2017 年	2018 年
1	土耳其 (41.8)	巴基斯坦 (114.8)	巴基斯坦 (87.9)	巴基斯坦 (84.1)	俄罗斯 (63.4)	埃及 (84.3)
2	印度 (27.0)	沙特阿拉伯 (42.6)	印度尼西亚 (47.9)	马来西亚 (62.1)	马来西亚 (51.1)	孟加拉国 (72.3)
3	斯里兰卡 (22.0)	吉尔吉斯斯坦 (30.8)	俄罗斯 (33.0)	孟加拉国 (56.3)	印度尼西亚 (48.3)	阿联酋 (59.3)
4	不丹 (19.7)	马来西亚 (28.7)	老挝 (32.3)	伊朗 (46.6)	阿联酋 (46.6)	沙特阿拉伯 (48.0)
5	马来西亚 (19.3)	俄罗斯 (26.8)	孟加拉国 (29.1)	老挝 (45.5)	哈萨克斯坦 (37.0)	泰国 (31.6)
6	印度尼西亚 (15.6)	印度尼西亚 (24.5)	科威特 (24.8)	印度尼西亚 (32.0)	巴基斯坦 (36.9)	尼泊尔 (30.1)

资料来源:据美国企业研究所的 CGIT 数据库统计数据测算(不完全统计,存在缺失)。

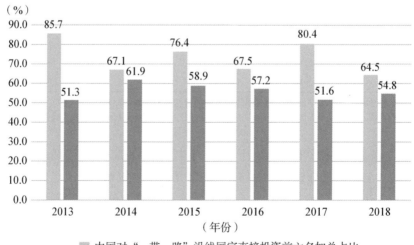

图 6-6 中国对"一带一路"沿线投资前六名国家加总占比(2013—2018 年)

资料来源:作者根据美国企业研究所的 CGIT 数据库自行测算。已剔除金融类行业数据。

第三节　中国对"一带一路"沿线国家投资的行业分布

一、2005—2018年中国对"一带一路"沿线国家能源行业投资占比最高

从中国对"一带一路"沿线国家直接投资的所属的产业领域来看,在CGIT数据库有统计的2005—2018年内,位居中国对外投资前六位的大类行业[1]分别是能源、金属、房地产、交通运输、物流、科技,占投资总额比重分别为52.4%、10.9%、7.2%、7.1%、4.9%、3.9%。如果仅考虑"一带一路"倡议提出以来的时间段,则在2013—2018年期间中国对"一带一路"沿线国家非金融类直接投资前六位的领域是能源、交通运输、房地产、金属、物流、科技,对应比重分别为46.1%、8.9%、7.7%、7.7%、7.0%、4.4%。

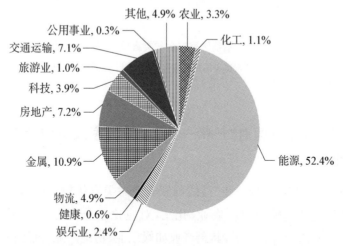

图6-7　中国对"一带一路"沿线国家非金融类直接投资行业分布(2005—2018年)

资料来源:作者根据美国企业研究所的CGIT数据库自行测算。已剔除了金融类投资。

---

[1]　值得说明的是,在2005—2018年间中国对"其他行业"的投资占比为4.9%,高于科技行业,但是此处时未将"其他行业"的分类纳入前六位排行。后面2013—2018年间前六位行业排行时也有类似处理。

从以上较长时期内中国对"一带一路"沿线国家投资的行业分布来看,能源占比都在五成左右,是最受国内企业偏好的投资领域,但是近年来能源行业占比呈现下降趋势。吸引中国投资其次多的是金属和交通运输行业(占比都在7%—10%之间),物流和科技则较快发展。目前中国对"一带一路"沿线国家的农业、娱乐业、化工、健康、旅游业等行业的直接投资还相对较少。

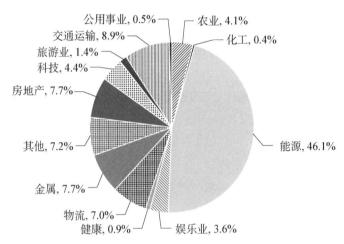

图 6-8　中国对"一带一路"沿线国家非金融类直接投资行业分布(2013—2018 年)

资料来源:作者根据美国企业研究所的 CGIT 数据库自行测算。已剔除了金融类投资。

二、2018 年中国对"一带一路"沿线国家投资中金属、科技行业较快增长

2018 年中国对"一带一路"沿线国家非金融类直接投资前六位的领域是能源、金属、交通运输、科技、农业、化工,对应比重分别为 25.8%、23.4%、17.1%、6.7%、2.0%、2.0%,其余产业如娱乐业、房地产业、健康占比分别为 1.5%、1.4%、0.4%。

表 6-10　中国对"一带一路"沿线国家非金融类直接投资额行业分布　单位:亿美元

行业	2013 年	2014 年	2015 年	2016 年	2017 年	2018 年	2005—2018 年	2013—2018 年
农业	20.4	15.6	4.4	19.4	2.8	5.1	85.1	67.7

续表

行业	2013 年	2014 年	2015 年	2016 年	2017 年	2018 年	2005—2018 年	2013—2018 年
化工	1.1	0	0	0	0	5	27.2	6.1
能源	154.3	122.6	221.2	115	76.5	64.2	1 331.1	753.8
娱乐业	0	0	0	45	10.5	3.7	61.6	59.2
健康	2.4	0	0	0	10.8	1	14.2	14.2
物流	0	8	2.9	1.9	100.9	0	124.3	113.7
金属	19.2	11.9	27	4.1	4.7	58.3	275.8	125.2
房地产	33.9	16.4	16.2	17.4	38.9	3.4	183.8	126.2
科技	1.1	16	31.8	2.5	4.1	16.8	99.9	72.3
旅游业	4.5	0	0	18.6	0	0	24.2	23.1
交通运输	6.1	5.9	41	8.7	41.8	42.5	179.4	146
公用事业	0	0	7.3	1.4	0	0	8.7	8.7
其他	4.1	5.3	7.4	12.4	39.4	48.9	125	117.5
加总	247.1	201.7	359.2	246.4	330.4	248.9	2 540.3	1 633.7

资料来源：作者根据美国企业研究所的 CGIT 数据库自行测算。统计数据只包含 1 亿美元及以上规模的投资项目，且已剔除了所有金融行业样本。

与历史表现相比，2018 年中国对"一带一路"沿线国家投资的行业分布主要特点包括：

（1）2018 年能源类投资持续回落。2018 年时，能源行业投资约占全部对外投资额的四分之一，与 2005 年以来长期趋势中能源类投资接近五成的比重相比下降幅度非常大。事实上，能源行业投资下滑的趋势从 2017 年就有明显表现，2018 年则进一步回调，这有助于改善中国对外投资结构、减少行业集中度。中国对"一带一路"沿线国家的能源类投资从 2015 年的超 200 亿美元、2016 年的超 100 亿美元，下滑至 2017 年的 77 亿美元、2018 年的 64 亿美元，放缓趋势明显。

（2）2018 年物流业投资额下降。与 2017 年相比，物流业相关投资额从 100.9 亿美元下滑至 0，即 2018 年中国在"一带一路"沿线国家的物流行业没有超过 1 亿美元的直接投资。但这主要是 2017 年有多笔物流业大额投资、行业累计值过高导致；如果从 2015—2016 年历史数据来看，物流业接收的投资规模一直不大(不足 3 亿美元),2018 年物流业投资额变化还在正常范围之内。

(3) 2018 年房地产和娱乐业的投资额缩减。受 2017 年 8 月国务院《关于进一步引导和规范境外投资方向的指导意见》的影响,国内企业对海外房地产、娱乐业的投资受到较大限制,对"一带一路"沿线国家的相关行业投资也有明显下降趋势。其中房地产行业投资额从上年的 38.9 亿美元下降至 2018 年的 3.4 亿美元,娱乐业投资额则从 10.5 亿美元下降至 3.7 亿美元,这一表现也非常符合预期。

(4) 2018 年金属和科技行业投资增长明显。金属类投资额从上年的 4.7 亿美元增长至 58.3 亿美元,科技类投资额由 4.1 亿美元增长至 16.8 亿美元,在各类行业中表现较为突出。尤其科技类投资持续增长体现中国与"一带一路"沿线国家科技合作持续展开,未来潜力巨大。

三、2018 年中国对"一带一路"沿线地区投资行业分布

本部分主要分地区来看中国对"一带一路"沿线国家投资的行业分布情况。从 2018 年的投资分布来看,中国对东北亚地区超过 1 亿美元的非金融类直接投资 100%集中于科技领域[①],东南亚主要集中于交通运输(25.2%)和金属行业(15.1%),南亚地区主要是金属(38.7%)和能源(25.9%),西亚北非地区则仍然主要投资于能源(78.7%),中东欧集中于金属(37.3%)和交通运输(29.3%)领域,中亚则是房地产行业(55.6%)。

从 2005—2018 年较长时间段来看,中国企业在东北亚、东南亚、南亚、西亚北非、中东欧、中亚这六个地区的"一带一路"沿线国家非金融类直接投资中份额最高的行业均为能源(动力)行业,占该地区总投资的比重分别为 66.5%、39.8%、41.8%、64.1%、21.7%、92.1%。其中,能源行业占比最高的是中亚地区(超过 9 成),其次是东北亚和西亚北非地区(均超过 6 成),占比最低的是中东欧(略超 2 成)。2018 年中,能源行业投资占比下滑的趋势明显,除西亚北非地区当年能源行业占比(78.7%)略高于其长期比例(64.1%)之外,其余东南亚(9.5%)、南亚(25.9%)、中东欧(15.7%)地区能源类投资比重都显著低于长期比例。在 2018 年,除西亚北非之外的地区中能源类均不

---

① 主要是阿里巴巴与俄罗斯互联网公司 Mail.ru 在电商领域开展合作,根据 CGIT 数据库该笔对外直接投资金额为 4.8 亿美元。

再位列第一大投资行业,对金属、交通运输、科技等领域投资占比在逐步增加。

表 6-11　2018 年中国对"一带一路"沿线地区投资行业分布

行业大类	2018 年对各地区投资行业占比(%)						2005—2018 年对各地区投资行业占比(%)					
	东北亚	东南亚	南亚	西亚北非	中东欧	中亚	东北亚	东南亚	南亚	西亚北非	中东欧	中亚
农业	—	—	6.0	—	—	—	7.6	1.1	1.5	7.8	—	—
化工	—	—	—	13.7	—	—	—	0.1	—	0.9	17.7	—
能源	—	9.5	25.9	78.7	15.7	—	66.5	39.8	41.8	64.1	21.7	92.1
娱乐	—	4.4	—	—	—	—	—	0.6	0.3	7.8	8.8	—
健康	—	—	—	2.7	—	—	—	—	3.2	0.6	—	—
物流	—	—	—	—	—	—	—	11.6	2.0	0.3	2.0	—
金属	—	15.1	38.7	—	37.3	—	13.6	11.2	14.4	9.4	12.6	2.2
房地产	—	—	1.6	—	—	55.6	6.0	12.0	7.7	1.7	2.6	3.8
科技	100.0	5.2	8.9	—	—	—	—	2.7	3.5	10.6	0.6	14.4
旅游	—	—	—	—	—	—	—	1.8	0.5	0.8	—	—
交通运输	—	25.2	13.2	—	29.3	—	3.0	9.8	11.9	3.0	12.2	0.7
公用事业	—	—	—	—	—	—	—	0.7	—	—	1.2	—
其他	—	40.7	5.8	4.9	17.8	44.4	0.7	7.6	6.0	3.1	6.8	1.2
加总	100.0	100.0	100.0	100.0	100.0	100.0	100.0	100.0	100.0	100.0	100.0	100.0

资料来源:作者根据美国企业研究所的 CGIT 数据库的统计数据自行测算。数据库中仅包含 1 亿美元以上交易,已剔除所有金融类投资样本。在进行行业规模排序时,分类为"其他"的并不列入前三位。

四、2018 年中国对"一带一路"沿线国家投资行业分布

根据 CGIT 数据库统计,2018 年中国共对 21 个"一带一路"沿线国家有超过 1 亿美元非金融类直接投资。表 6-12 罗列了 2018 年以及 2005—2018 年较长时期内对"一带一路"沿线国家各行业投资的占比。从 2005—2018 年的长期行业分布来看,能源、金属、交通运输是各国中出现频率较高的投资产业。21 个国家中,能源类在 12 个国家中均为投资占比最高的行业,金属类在 9 个国家中

位列前三大投资行业、交通运输类则在 8 个国家中位列前三大行业。

从 2018 年投资行业分布趋势来看,中国对"一带一路"沿线国家中能源类投资比重明显减少(仅在 5 个国家位列第一位),金属类和交通运输则仍然有较高比重。相对而言,科技、娱乐、化工、地产、健康等行业占比仍然较少,处于缓慢发展当中。从中国对"一带一路"沿线国家非金融类直接投资前三名来看,2018 年中国对孟加拉国、印度两国的投资行业分布与 2005—2018 年间长期投资的行业分布和比重都非常吻合,而对新加坡的投资则出现了新趋势。如 2018 年中国对孟加拉国金属行业投资占比 58.4%、能源行业占比41.6%;中国对印度的投资则集中于金属(33.6%)、科技(22.0%)、能源(19.7%)三大行业。2018 年中国对新加坡的投资主要是娱乐业(14.4%)和交通运输(7.8%),这与传统的物流、能源、地产投资行业有所差异。

表 6 - 12　2018 年中国对"一带一路"沿线国家投资行业分布

国家	2018 年		2005—2018 年	
	投资额(亿美元)	投资前三名行业	投资额(亿美元)	投资前三名行业
孟加拉国	36.5	金属（58.4%）、能源（41.6%）	52.9	能源(57.7%)、金属(40.3%)
印度	34.5	金属（33.6%）、科技（22.0%）、能源(19.7%)	113.9	金属(24.2%)、科技(16.8%)、能源(14.0%)
新加坡	25.7	娱乐(14.4%)、交通运输(7.8%)	302.6	物流(37.6%)、能源(18.5%)、房地产(13.1%)
塞尔维亚	25.1	金属(50.2%)、交通运输(39.4%)	40.9	金属(36.7%)、能源(32.8%)、交通运输(24.2%)
阿联酋	22.3	能源(100%)	70	能源（79.7%）、交通运输(9.6%)、旅游(6.4%)
印度尼西亚	16.5	金属（60.6%）、能源（39.4%）	167.3	能源(48.5%)、金属(33.4%)、房地产(9.4%)
斯里兰卡	11.2	交通运输(100%)	36.3	房地产（46.6%）、交通(35.0%)、物流(18.5%)
老挝	10.6	金属(26.4%)	87.5	能源(43.5%)、交通(29.3%)、房地产(9.5%)
缅甸	9.1	交通运输(100%)	64.2	能源(48.6%)、金属(37.2%)、交通运输(14.2%)

续表

国家	2018 年		2005—2018 年	
	投资额（亿美元）	投资前三名行业	投资额（亿美元）	投资前三名行业
柬埔寨	8	交通运输(100%)	47	能源（47.9%）、交通运输(17.0%)、金属(10.6%)
科威特	6.5	能源(100%)	6.5	能源(100%)
泰国	5.5	交通运输(41.8%)	26.9	科技（32.7%）、房地产(18.6%)、交通运输(18.6%)
越南	5.2	能源(30.8%)	54.5	能源（73.6%）、交通运输(11.7%)、科技(2.0%)
约旦	5	化工(100%)	18	能源(52.8%)、化工(27.8%)
俄罗斯	4.8	科技(100%)	280.1	能源（68.3%）、农业(8.9%)、金属(8.4%)
马来西亚	4.4	科技(100%)	178.4	能源（38.8%）、房地产(24.9%)、金属(12.2%)
波黑	3.1	能源(100%)	3.1	能源(100%)
克罗地亚	2.2	能源(100%)	2.2	能源(100%)
乌兹别克斯坦	2	房地产(100%)	7.9	房地产（39.2%）、能源(24.1%)、金属(24.1%)
尼泊尔	1.4	房地产(100%)	5.3	房地产（73.6%）、能源(26.4%)
以色列	1	健康(100%)	95.6	农业(46.0%)、娱乐(46.0%)、健康(3.6%)

资料来源：作者根据美国企业研究所的 CGIT 数据库的统计数据自行测算。数据库中仅包含 1 亿美元以上交易，已剔除所有金融类投资样本。在进行行业规模排序时，分类为"其他"的并不列入前三位。

第四节　中国对"一带一路"沿线国家的投资方式及其投资主体

一、中国在"一带一路"沿线国家承包工程额远超对外直接投资额

自从 2013 年中国提出"一带一路"倡议以来，中国对外工程承包合同总量

一直远超对应年份的对外直接投资流量。从官方口径来看,中国商务部简明统计数据显示①,2018 年中国对"一带一路"沿线国家的非金融类直接投资总规模为 156.4 亿美元,中国企业在"一带一路"沿线国家对外承包工程项目新签合同金额 1 257.8 亿美元,完成营业额 893.3 亿美元。从美国 CGIT 数据库统计来看,2018 年中国对"一带一路"沿线国家非金融类直接投资流量为 248.9 亿美元,中国在"一带一路"沿线国家承包工程总额为 594.2 亿美元,约为前者的 2.4 倍。因此,从 2018 年数据来看,对外承包工程仍然是推进中国与"一带一路"沿线国家国际合作的主要方式,并且相比对外投资更加持续稳定,作用不断凸显。

表 6-13 中国对"一带一路"沿线国家投资方式比较(2010—2018 年)

年份	中国对"一带一路"沿线国家直接投资额(亿美元)	中国对"一带一路"沿线国家承包合同金额(亿美元)	中国对外直接投资额(亿美元)	中国对外承包合同金额(亿美元)
2010	98.1	329	633.7	541.6
2011	166	296	675	535.7
2012	105	283.5	760.1	589.8
2013	247.1	283.4	797.9	593
2014	201.7	433	955.2	726.8
2015	359.2	433.3	1 051.9	884.3
2016	246.4	570.6	1 626.5	1 003.9
2017	330.4	549.0	1 599.4	929.8
2018	248.9	594.2	1 079.0	861.1

数据说明:作者根据美国企业研究所 CGIT 数据库自行测算。数据库中仅包含 1 亿美元及以上规模的投资,且已剔除了所有金融类投资样本。

根据美国 CGIT 数据库统计,2018 年中国在"一带一路"沿线国家的承包工程项目主要集中在能源(41.0%)和交通运输(35.5%)行业,其余行业如房地产(11.9%)、金属(4.3%)、化工(2.3%)、公用事业(1.4%)所占比重都较

---

① 参见中国商务部网站 2019 年 1 月发布的公报《2018 年 1—12 月我国对"一带一路"沿线国家投资合作情况》,网址为 http://fec. mofcom. gov. cn/article/fwydyl/tjsj/201901/20190102829089. shtml。

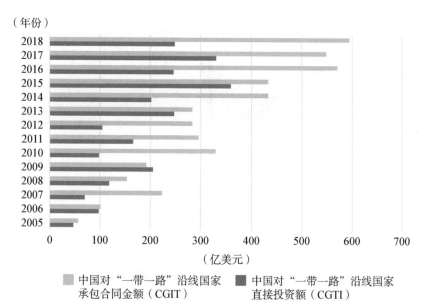

（年份）

（亿美元）

■ 中国对"一带一路"沿线国家　　　■ 中国对"一带一路"沿线国家
　　承包合同金额（CGIT）　　　　　　　直接投资额（CGTI）

图 6 – 9　中国在"一带一路"沿线国家项目承包行业分布情况（2018 年）

资料来源：美国企业研究所的 CGIT 数据库。

少。从国家分布来看，埃及、孟加拉国、阿联酋、沙特阿拉伯、泰国、尼泊尔为 2018 年中国在"一带一路"沿线国家承包工程项目前六名，所占同期比重分别为 14.2％、12.2％、10.0％、8.1％、5.3％、5.1％。

据 CGIT 数据库不完全统计，2018 年中国在"一带一路"沿线国家前三大承包工程项目分别为东方电气与上海电气集团中标的埃及清洁煤电项目[1]（44 亿美元）、中国电力建设集团中标的沙特萨拉曼国王国际综合港务设施项目[2]（30.2 亿美元）、中国建筑集团承建埃及新首都中央商务区建设[3]（29.9 亿美元），分别属于能源、交通运输和房地产三类行业。

---

① 参见新浪财经 2018 年 9 月发布的新闻报道《东方电气和上海电气联营体在埃及中标全球最大的清洁煤电项目》，网址为 http://finance. sina. com. cn/roll/2018-09-04/doc-ihiqtcap1899536. shtml。

② 参见国资委网站于 2018 年 12 月发布的新闻《中国电建中标沙特萨拉曼国王国际综合港务设施项目》，网址为 http://www. sasac. gov. cn/n2588025/n2588124/c9884891/content. html。

③ 参见国资委网站于 2018 年 3 月发布的新闻《中国建筑承建埃及新行政首都 CBD 项目开工》，网址为 http://www. sasac. gov. cn/n2588025/n2588124/c8764021/content. html。

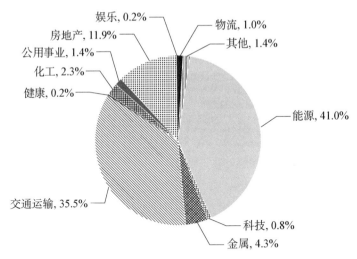

图 6‑10　中国在"一带一路"沿线国家承包项目行业分布(2018 年)

资料来源：美国企业研究所(AEI)的 CGIT 数据库。

二、2018 年中国企业对"一带一路"沿线国家跨境并购交易数量增长

跨境并购是中国企业对"一带一路"沿线国家对外投资的重要方式。根据普华永道 2019 年研究报告,中国海外并购交易金额从 2016 年以来连续下降,从地区来看主要是赴美并购交易金额下降导致,欧洲地区持续获取最多的投资并购资金。从中国企业在"一带一路"沿线国家的海外并购情况来看,2018 年并购交易量持续增长,从 2017 年的 135 起提升至 2018 年的 160 起,但是并购交易金额有所下降,从 2017 年的 216 亿美元降至 140 亿美元。

根据中国商务部数据,2018 年中国企业共在境外实施完成并购项目 405起,实际交易总额 702.6 亿美元,其中境外融资份额约为 60.9%[①];相比 2017年,中国企业境外投资交易额出现下滑(2017 年中国企业完成并购项目 341起,交易额 962 亿美元,境外融资占比约为 78%[②])。根据普华永道、德勤研究

①　参见中国政府网 2019 年 1 月 16 日发布新闻《商务部合作司负责人谈 2018 年全年对外投资合作情况》,网址为 http://www.gov.cn/xinwen/2019-01/16/content_5358369.htm。

②　参见中国政府网 2018 年 1 月 16 日发布新闻《2017 年中国对外投资规模达 1 200 亿美元》,网址为 http://www.gov.cn/shuju/2018-01/16/content_5257216.htm。

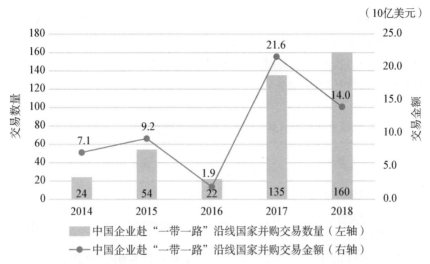

图 6‑11　中国企业赴"一带一路"沿线国家并购交易变化趋势（2014—2018 年）

资料来源：普华永道研究报告《2018 年中国企业并购市场回顾与 2019 年展望》（2019 年 2 月发布）。

报告[1]分析，主要原因为国内政策影响、国内资本出境管制以及海外并购市场总体不明朗。

根据安永发布的《2018 年中国海外投资概览》[2]，2018 年中国海外并购金额前五大行业分别为电力和公用事业、消费品、TMT、汽车与运输、生命科学，中国海外并购数量前五大行业分别为 TMT、消费品、金融服务、生命科学、工业品，明显更加注重实体经济发展与科技创新。

三、2018 年中国对"一带一路"沿线国家投资中绿地投资比重较快回升

在中国在"一带一路"沿线国家展开承包工程业务的市场主体中，国有企业仍然占据主导地位，所占比重较高。中国商务部公布的 2018 年中国对外承包工程业务新签合同前 10 名的企业名单基本与 2017 年高度重合，主要变动

---

① 参见普华永道 2019 年 2 月发布的研究报告《2018 年中国企业并购市场回顾与 2019 年展望》、德勤和中投研究院 2019 年 3 月联合发布的研究报告《中国上市公司海外并购实践与挑战》。

② 参见安永 2019 年 1 月发布的研究报告《2018 年中国海外投资概览》，网址为 https://www. ey. com/Publication/vwLUAssets/ey-china-regulations-express-24-jan-2019/MYMFILE/ey-china-regulations-express-24-jan-2019. pdf。

是 2017 年的中国路桥工程有限责任公司、中国石油工程建设有限公司未在榜上,新增了中国港湾工程有限责任公司、中铁国际集团有限公司。从中国对外承包工程前十名企业名单来看,榜上企业基本都属于大型国企,唯一民营企业代表是华为技术有限公司,位列新签合同额第三名(152.5 亿美元)、完成营业额第一名(135.3 亿美元)。

表 6-14　2018 年中国对外承包工程业务额前十家企业

排名	企业名称	新签合同额 (亿美元)	企业名称	完成营业额 (亿美元)
1	中国建筑集团有限公司	231.14	华为技术有限公司	135.28
2	中国水电建设集团国际工程有限公司	203.62	中国建筑集团有限公司	117.66
3	华为技术有限公司	152.47	中国港湾工程有限责任公司	56.42
4	中国葛洲坝集团股份有限公司	113.43	中国水电建设集团国际工程有限公司	52.69
5	中国冶金科工集团有限公司	105.47	中国交通建设股份有限公司	43.44
6	中国港湾工程有限责任公司	105.08	中国铁建股份有限公司	38.05
7	中国土木工程集团有限公司	98.90	中国路桥工程有限责任公司	35.68
8	中国铁建股份有限公司	80.00	中国机械设备工程股份有限公司	30.61
9	中国交通建设股份有限公司	74.06	中国葛洲坝集团股份有限公司	28.48
10	中铁国际集团有限公司	69.46	中国冶金科工集团有限公司	28.48

资料来源:参见商务部网站 2019 年 2 月发布的《2018 年中国对外承包工程业务新签合同额前 100 家企业》(网址为 http://www. mofcom. gov. cn/article/tongjiziliao/dgzz/201902/20190202834493. shtml)、《2018 年中国对外承包工程业务完成营业额前 100 家企业》(网址为 http://www. mofcom. gov. cn/article/tongjiziliao/dgzz/201902/20190202834491. shtml)。

在中国对外直接投资当中,民营企业的比重在 2018 年有明显回升趋势。根据美国企业研究所在 2019 年 6 月发布的研究报告数据[1],民营企业在中国全部对外投资中占比约为 38.4%,虽然还不及 2016 年高点值(49.0%),但是相比 2017 年的 31.8%已经有较大幅度回升。美国企业研究所的主要解释是

---

[1]　参见美国企业研究所于 2019 年 6 月发布的"China's Global Business Footprint Shrinks"(表 3)。

2018 年中国国企减少了大型海外并购项目,而中国民营企业则绕过 2017 年《关于进一步引导和规范境外投资方向的指导意见》、2018 年《境外投资敏感行业目录》等政策中受限制的投资领域,转向消费等新领域。值得注意的是,在中国对"一带一路"沿线地区的投资中,2018 年民企占比上涨趋势并不明显。根据美国企业研究所在 2018 年 11 月发布的数据[①],2018 年上半年中国私营企业占中国对"一带一路"沿线地区投资的比重为 28%,相比 2017 年上半年下滑了 12 个百分点。

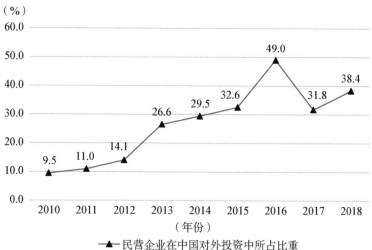

图 6-12　民营企业占中国对外投资比重变化趋势

资料来源:美国企业研究所研究报告 "China's Global Business Footprint Shrinks", 2019 年 6 月发布。

此外,2018 年中国对外投资形式中绿地投资(greenfield investment)的比重也出现快速上升。根据 CGIT 数据库统计,中国对外投资当中绿地投资在 2018 年时占比已经达到 27.8%,相比 2016 年(10.5%)、2017 年(11.9%)时有较大幅度提高。从 2010 年以来数据来看,绿地投资占对"一带一路"沿线国家的非金融类直接投资比重均高于对应年份绿地投资占全部对外投资比重,而且 2018 年对"一带一路"沿线地区绿地投资占比为 56.9%,相比 2016 年(33.6%)、2017 年(41.7%)回升趋势也非常明显,这表明中国对外投资更着

---

① 参见美国企业研究所于 2019 年 1 月发布的研究报告 "Chinese Investment:State-Owned Enterprises Stop Globalizing, for the Moment"。

重于在提升东道国经济发展、就业水平和生产率情况,实现长期互利共赢。

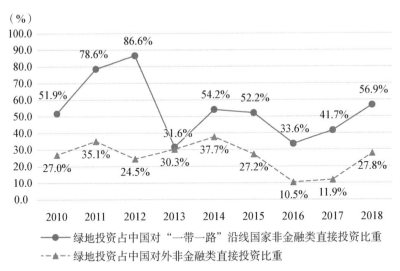

图 6 - 13　绿地投资占中国对外投资比重变化趋势(2010—2018 年)

资料来源:作者根据美国企业研究所 CGIT 数据库(只包含 1 亿美元及以上规模的投资)自行测算。

第七章 马来西亚贸易和投资制度

马来西亚地处东南亚中心位置,扼守马六甲海峡,连接海上东盟和陆上东盟,区位优势明显。马来西亚是"21世纪海上丝绸之路"重要节点国家。自中国提出"一带一路"倡议以来,马方各界积极响应和参与,中国和马来西亚在经贸领域的合作越来越紧密。在中马两国政治长期互信和利益深度融合的背景下,双方在"一带一路"建设方面的合作将进一步深入推进。本章简要总结马来西亚国家概况、经济发展状况、主要经济制度以及中国与马来西亚经贸合作和"一带一路"建设推进情况。

第一节 马来西亚国家和经济发展概况

一、国家概况

(一) 地理和历史概况

马来西亚位于东南亚,分隔成东马和西马两部分。西马位于马来半岛南部,东马位于加里曼丹岛北部。马来西亚全国国土面积约33万平方千米,分13个州和3个联邦直辖区,因历史原因,沙捞越州和沙巴州拥有较大自治权。16世纪,马来西亚先后被葡萄牙、荷兰、英国占领。20世纪初为英国殖民地。加里曼丹岛的沙捞越、沙巴历史上属文莱,1888年成为英国保护地。第二次世界大战中,马来半岛、沙捞越、沙巴被日本占领。战后英国恢复殖民统治。1957年8月31日马来亚联合邦宣布独立,但仍系英联邦成员。1963年9月16日,马来亚联合邦和新加坡、沙捞越、沙巴合并组成马来西亚。1965年8月9日新加坡退出。

截至2018年底,马来西亚总人口数约3 266万,其中马来人占69.1%、华人占 23%、印度人占 6.9%、其他种族占 1.0%。马来语为国语,通用英语,华语使用较广泛。伊斯兰教为马来西亚国教,其他宗教有佛教、印度教和基督教等①。马来西亚政府努力塑造以马来文化为基础的国家文化,推行"国民教育政策",重视马来语的普及教育。马来西亚华文教育比较普遍,有较完整的华文教育体系。2016 年马来西亚家庭平均可支配收入为每月 6 141 马币(2018 年底,1 美元约为 4. 18 马币),人均寿命男性为 72. 7 岁、女性为 77. 6 岁。

马来西亚有良好的公路网,公路和铁路主要干线贯穿马来半岛南北,航空业发达,民航主要由马来西亚航空公司和亚洲航空公司经营。马来西亚内河运输不发达,海运 80% 以上依赖外航。近年来大力发展远洋运输和港口建设,共有 19 个港口,主要航运公司为马来西亚国际船务公司,主要港口有巴生、槟城、关丹、新山、古晋和纳闽等。

(二) 政治概况

根据宪法,马来西亚实行君主立宪联邦制。马来西亚最高元首为国家首脑、伊斯兰教领袖兼武装部队统帅,由统治者会议选举产生,任期 5 年。统治者会议由 9 个州的世袭苏丹和马六甲、槟榔屿、沙捞越、沙巴 4 个州的州元首组成,其职责是在 9 个世袭苏丹中轮流选举产生最高元首和副最高元首,审议并颁布国家法律、法规,对全国性的伊斯兰教问题有最终裁决权,审议涉及马来族和沙巴、沙捞越土著民族特权地位等问题。马来西亚国会是最高立法机构,分为上议院和下议院。马来西亚实行内阁制,内阁由总理领导,所有内阁成员必须是国会议员,最高元首根据总理建议委任内阁部长和副部长,内阁向国会负责。本届内阁产生于 2020 年 3 月,现任总理穆希丁·亚辛。

截至 2018 年底,马来西亚注册政党有 40 多个。巫统、马华公会和印度人国大党等政党组成国民阵线于 1957 年至 2018 年长期执政。2018 年 5 月 9 日,由人民公正党、民主行动党、国家诚信党和土著团结党组成、马哈蒂尔领导的希望联盟取代国民阵线上台执政,结束了国阵长达 61 年的执政。2020 年 2 月 29 日,马来西亚国家皇宫发表声明说,最高元首阿卜杜拉同意任命前副总理穆希丁·亚辛为新总理。

---

① 中国外交部,马来西亚概况(最近更新时间:2019 年 7 月),https://www.fmprc.gov.cn/web/gjhdq_676201/gj_676203/yz_676205/1206_676716/1206x0_676718/。

二、经济状况

(一) 宏观经济状况

20 世纪 70 年代以来,马来西亚经济总体上快速增长(见图 7-1)。20 世纪 70 年代到 80 年代中期,马来西亚经济保持高速增长。1971—1984 年期间年平均复合增长率达到 7.6%,除部分年份受石油危机等外部因素影响外,大部分年份经济增长率在 8% 以上。1988—1997 年的 10 年时间里,马来西亚连续 10 年 GDP 保持 8%—10% 的高速增长。1997 年下降至 7.32%。1998 年受亚洲金融危机影响,GDP 增长率为 −7.36%。马来西亚政府采取稳定汇率、重组银行企业债务、扩大内需和出口等政策措施,经济逐步恢复并保持中速增长。1999 年和 2000 年增长率分别达到 6.14% 和 8.86%。

21 世纪以来,除了 2001 年和 2009 年受经济衰退和全球金融危机影响外,马来西亚 GDP 增长率多数保持在 5% 以上,部分年份接近 7% 或在 7% 以上。2009 年纳吉布就任总理后,采取了多项刺激马来西亚经济和内需增长的措施,相继推出 70 亿马币和 600 亿马币刺激经济措施,经济逐步摆脱了金融危机影响。2010 年马来西亚 GDP 增长率为 7.42%(2009 年经历了负增长)。2011 年以来,马来西亚增长率基本保持平稳,增长率在 5% 左右。2018 年 GDP 增长率为 4.7%。马来西亚 2018 年 GDP(按现价计)为 3 542.68 亿美元(约为 14 298 亿马币)。在东盟各国中,马来西亚经济总体规模位居第三。GDP 规模最大的东盟国家是印度尼西亚,其次为泰国。新加坡 2018 年 GDP 3 473.04 亿美元,位居东盟第四。

马来西亚人均 GDP 在 2011 年超过 1 万美元,但 2015 年和 2016 年降至 1 万美元内,2017 年和 2018 年都在 1 万美元以上。2018 年马来西亚人均 GDP 为 11 236.61 美元。在 205 个经济体中,2018 年马来西亚人均 GDP 排名第 75 位。相比之下,中国大陆地区 2018 年人均 GDP 尚未突破 1 万美元大关,2018 年中国大陆地区人均 GDP 为 9 529.8 美元,在 205 个经济体中排名第 83 位,低于马来西亚[1]。从东盟各国看,马来西亚人均 GDP 排名第三,低于新加坡和文莱(见表 7-1)。东盟其他 7 国的人均 GDP 均在 1 万美元内。其中 2018 年老挝、越南在 2 000 美元以上,但未突破 3 000 美元大关。柬埔寨和缅甸经济水平相对落后,人均 GDP 在 1 500 美元左右。

---

[1]　根据联合国贸发会议(UNCTAD)数据中心公布的人均 GDP 数据排名。

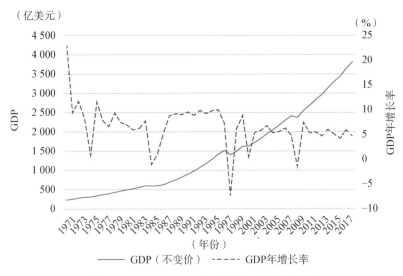

图 7-1 1971—2017 年 GDP 和 GDP 增长率

资料来源:UNCTAD 统计数据(https://unctadstat.unctad.org/EN/)。

表 7-1 2018 年东盟与相关国家和地区人均 GDP 比较

国家和地区	人均 GDP(美元)	东盟排名	全球经济体排名
新加坡	60 322.0	1	12
文莱	32 804.4	2	35
马来西亚	11 236.6	3	75
泰国	7 272.0	4	98
印度尼西亚	3 892.0	5	131
菲律宾	3 102.1	6	139
老挝	2 574.4	7	147
越南	2 559.0	8	148
柬埔寨	1 501.1	9	168
缅甸	1 303.7	10	173
中国	9 529.8	—	83
中国台湾地区	24 759.9	—	44
中国澳门地区	86 914.3	—	3
中国香港地区	49 232.9	—	20
美国	62 379.5	—	10

资料来源:UNCTAD 统计数据(https://unctadstat.unctad.org/EN/)。

(二) 产业状况

马来西亚自然资源丰富,橡胶、棕油和胡椒的产量和出口量居世界前列。农业以经济作物为主,包括油棕、橡胶、热带水果等,盛产热带林木;渔业以近海捕捞为主,近年来深海捕捞和养殖业有所发展。2018 年,马来西亚农业增加值为 1 106 亿马币,占 GDP 的 7.74％[①]。马来西亚石油储量丰富,根据2017 版《BP 世界能源统计年鉴》,马来西亚原油储量为 36 亿桶,天然气储量为 12 000 亿立方米。2017 年马来西亚石油日产量为 64.8 万桶,天然气日产量为 6 904 百万标准立方英尺。此外马来西亚还有铁、金、钨、煤、铝土、锰等矿产。2018 年,马来西亚采矿业增加值 1 475 亿马币,占 GDP 的9.6％。

20 世纪 70 年代前,马来西亚经济以农业为主,依赖初级产品出口。70 年代以来马来西亚不断调整产业结构,推行出口导向型经济,鼓励发展以本国原料为主的加工工业,重点发展电子、汽车、钢铁、石油化工和纺织品等行业,工业化获得了较快的发展。20 世纪 70 年代,马来西亚开始实施马来民族和原住民优先的"新经济政策"[②],旨在消除贫困、重组社会,特别是提高马来人的经济地位。新经济政策一定程度上缓解了马来人和华人之间的矛盾,但也存在经济效益上的负面影响,如华人经济利益大受影响,私人投资积极性减退,政府建立的马来人企业长期陷入亏损,最后不得不私有化。1991 年"新经济政策"被"国家发展政策"所取代。

马来西亚政府不断调整产业结构,服务业得到了迅速发展,成为国民经济发展的支柱性行业之一。2018 年,马来西亚制造业增加值为 3 138 亿马币,占 GDP 的 21.95％。服务业就业人数约 535.36 万,占全国就业人口的50.76％,是就业人数最多的产业。服务业增加值 7 816 亿马币,占 GDP 的54.66％。旅游业是马来西亚第三大经济支柱,第二大外汇收入来源。据马来西亚旅游部统计,2018 年赴马来西亚游客人数为 2 583 万人次。马来西亚对外经贸情况将在第三节阐述。

---

① 这里 GDP 数据(GDP 现值)和下文行业增加值数据来自 WIND 全球数据库,根据 WIND 数据库,其数据来源为马来西亚央行。

② 新经济政策在 1969 年马来西亚 513 事件后出台,以回应马来民族主义要求。许多新经济政策具有强制性,如强制要求外资和非土著企业将 30％上市股权转让给土著。这些种族取向的强制政策一定程度抑制了马来西亚的生产力和经济发展潜力。

第二节　马来西亚投资贸易政策

马来西亚实行较为开放的投资贸易政策,营商环境表现较好。根据历年世界银行《全球营商环境报告》,马来西亚营商环境较为靠前。在世界经济论坛全球竞争力指数中,马来西亚排名也较为靠前。《2019 年全球竞争力报告》显示,马来西亚竞争力在全球 141 个经济体中排名第 27 位(74.6 分),在东盟十国中仅次于新加坡,排名第二;中国在《2019 年全球竞争力报告》中的排名为 28 位(73.9 分),仍略低于马来西亚。

一、总体营商环境

世界银行《2020 年营商环境报告》显示,2019 年马来西亚在全球 190 个经济体中总排名为第 24 位,在东盟地区仅低于新加坡(新加坡在全球排名第二)。从十大指标表现看,马来西亚在"办理施工许可证"、"获得电力"、"保护少数投资者"等三个方面的表现相当好,在全球相应指标排名中分别为第 2 名、第 4 名和第 2 名(见图 7 - 2);在"登记财产"、"获得信贷"、"执行合同"、"办理破产"、"跨境贸易"等五个方面表现也较为靠前,全球排名在第 33 和 50 名之间。相对而言,"纳税"和"开办企业"指标表现相对滞后,特别在"开办企业"方面,其全球排名仅第 126 名;而"纳税"排名在 80 名,处于中等水平。

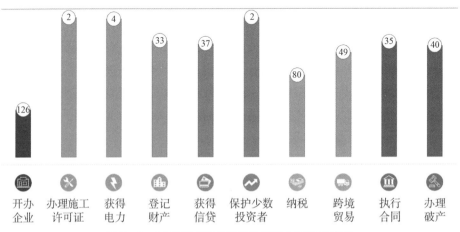

图 7 - 2　马来西亚营商环境分指标全球排名情况

资料来源:World Bank,"Doing Business 2020".

二、贸易政策

马来西亚奉行贸易自由政策,反对贸易保护主义,积极致力于东盟自由贸易区建设和湄公河经济开发合作,贸易和投资政策均显示其开放的政策特点。

(一)贸易协议网络

马来西亚 1957 年加入关税和贸易总协定,是世界贸易组织创始成员国。马来西亚也是东盟创始成员国。1967 年 8 月 8 日,印尼、马来西亚、新加坡、菲律宾和泰国发布《东盟宣言》,东盟成立。文莱于 1984 年独立后加入东盟。1992 年 1 月在新加坡举行的第 4 届东盟峰会决定,从 1993 年 1 月 1 日起的 15 年内建成东盟自贸区。20 世纪 90 年代,越南、缅甸、老挝、柬埔寨先后加入东盟。2015 年 12 月 31 日,时任东盟轮值主席国马来西亚外长阿尼法发布声明,宣布东盟共同体正式成立。东盟各国除了各自与其他经济体签署各类贸易投资协议外,还以东盟整体对外签署各类经贸协议。

截至 2018 年 12 月,马来西亚已与日本、巴基斯坦、新西兰、印度、智利、澳大利亚、土耳其签署了双边自贸协定,同时作为东盟成员与中国、韩国、日本、印度、澳大利亚和新西兰、中国香港地区签署了自贸协定(见表 7 - 2)。2018 年 12 月底,马来西亚与澳大利亚、文莱、加拿大、智利、日本、墨西哥、新西兰、秘鲁、新加坡及越南共同签署的《全面与进步跨太平洋伙伴关系协定》(*Comprehensive and Progressive Agreement for Trans-Pacific Partnership*, CPTPP)得到六个成员国(澳大利亚、加拿大、日本、墨西哥、新西兰和越南)批准,协议得以生效。2019 年 1 月 14 日越南批准 CPTPP。截至 2019 年 11 月,马来西亚新政府仍在评估 CPTPP,等待国内批准。目前马来西亚正在对外谈判的协议还包括区域全面经济伙伴关系协定(RCEP)、马来西亚—伊朗特惠贸易协议、马来西亚—欧盟自由贸易协议以及马来西亚—欧洲自由贸易区经济伙伴协议。

2019 年 11 月 4 日,区域全面经济伙伴关系协定第 3 次领导人会议发表了联合声明,宣布 15 个成员国已结束全部 20 个章节的文本谈判以及实质上所有的市场准入谈判,未来将启动法律文本审核工作,《区域全面经济伙伴关系协定》有望在 2020 年签署协定。在此之前,一直参与谈判的印度由于关税差异、与其他国家的贸易逆差以及非关税壁垒等问题未获得解决,决定不参加《区域全面经济伙伴关系协定》。根据 2018 年数据,整体上已结束谈判的

《区域全面经济伙伴关系协定》15个成员国人口达到了22亿,GDP达到29万亿美元,出口额达到5.6万亿美元,吸引的外商投资流量3 700亿美元,这些指标基本均大致占全球总量30%左右。建成之后,《区域全面经济伙伴关系协定》将是世界上最大的自由贸易区。

表7-2　马来西亚对外签署的贸易协议情况

贸易协议	范围	生效日期	状态
东盟-澳大利亚-新西兰	货物 & 服务	2010-1-1	生效
东盟-中国	货物 & 服务	2005-1-1(G)/2007-7-1(S)	生效
东盟-印度	货物 & 服务	2010-1-1(G)/2015-7-1(S)	生效
东盟-日本	货物	2008-12-1	生效
东盟-韩国	货物 & 服务	2010-1-1(G)/2010-10-14(S)	生效
东盟-中国香港	货物 & 服务		2017年11月签署,未生效
东盟自由贸易区(AFTA)	货物	1993-1-1	生效
智利-马来西亚	货物	2012-2-25	生效
跨太平洋伙伴关系全面协议(CPTPP)	货物 & 服务	2018-12-30	已生效,部分成员国尚待批准
印度-马来西亚	货物 & 服务	2011-7-1	生效
日本-马来西亚	货物 & 服务	2006-7-13	生效
马来西亚-澳大利亚	货物 & 服务	2013-1-1	生效
新西兰-马来西亚	货物 & 服务	2010-8-1	生效
巴基斯坦-马来西亚	货物 & 服务	2008-1-1	生效
土耳其-马来西亚	货物	2015-8-1	生效

资料来源:WTO Regional Trade Agreement Database,网址:https://rtais.wto.org/UI/PublicMaintainRTAHome.aspx。

(二) 主要贸易政策

马来西亚主管对外贸易的政府部门是国际贸易和工业部,主要对外贸易法律有《海关法》《海关进口管制条例》《植物检疫法》《反补贴和反倾销法》《反补贴和反倾销实施条例》、《2006 年保障措施法》、《外汇管理法令》等。马来西亚国际贸易和工业部及其他部门负责进口许可证的发放及日常管理工作。

马来西亚部分商品进出口受到许可证或其他限制。1998 年,马来西亚海关禁止进口令规定了四类不同级别的限制进口。第一类为 14 种禁止进口品,主要是一些特定成分的中成药、植物药和 13 种动物及矿物质药;第二类为需要许可证的进口产品,主要涉及卫生、检验检疫、安全、环境保护等领域,包括禽类和牛肉(必符合清真认证)、录音录像带、爆炸物、安全头盔、电信设备、武器、军火等;第三类是临时进口限制品,包括牛奶、咖啡、谷类粉、部分电线电缆以及部分钢铁产品;第四类是符合一定特别条件后方可进口的产品。为保护敏感产业或战略产业,马来西亚对部分商品实施非自动进口许可管理,主要涉及建筑设备、农业、矿业和机动车辆部门,如所有重型建筑设备进口要经国际贸易和工业部批准,且只有在马来西亚当地企业无法生产的情况下方可进口①。

除以色列外,马来西亚大部分商品可自由出口至任何国家。但部分商品要获得政府部门出口许可,包括一些短缺物品、敏感或战略性或危险性产品,以及受国家公约控制或禁止进出口的野生保护物种。此外,马来西亚《1988年海关令》规定了对三类商品的出口管理措施:第一类为绝对禁止出口,第二类为要出口许可证方可出口,第三类为需要视情况出口。多数第二和第三类商品为初级产品,如牲畜、谷类、矿物、有害废弃物,第三类还包括武器、军火及古董等。国际贸易与工业部及国内贸易与消费者事务部负责大部分商品出口许可证的管理。

三、投资制度

(一) 行业准入制度

马来西亚主管制造业领域投资的政府部门是贸工部下属的马来西亚投资发展局,审批制造业执照、外籍员工职位以及提供企业税务优惠等,而马来西亚其他行业投资由马来西亚总理府经济计划署(EPU)及国内贸易、合作与消费者事务部(MDTCC)等有关政府部门负责。马来西亚服务业发展理事会(MSDC)是分支领域开放的监管单位,负责审查服务业限制领域发展的有关规定,监督和协调各部门相关工作。

---

① 商务部国际贸易经济合作研究院等:《对外投资合作国别(地区)指南——马来西亚(2018 年版)》,2018。

马来西亚对部分服务业设置严格的外资股权限制,主要包括金融、保险、法律服务、电信、直销及分销等行业,这些行业外资持股比例一般不能超过50%或30%。2009年4月开始,马来西亚开放了八个服务业领域的27个分支行业,允许外商独资,不设股权限制,主要包括计算机相关服务领域、健康保健和社会服务、旅游服务(但限于一定规模或星级的相关服务)、运输服务(部分限制)、体育及休闲服务、商业服务、租赁服务以及运输救援服务等,但这些开放领域并非完全开放,仍根据规模和业务内容对外商独资进行限制。为进一步刺激外资流入,马来西亚政府自2012年开始逐步开放17个服务业分行业的外资股权限制。

马来西亚政府鼓励外国投资进入出口导向型的生产企业和高科技领域,加工、橡胶制品、机械设备等行业、与制造业相关的一些服务业还可享受优惠政策。另外,对于上市公司,拥有多媒体超级走廊地位、生物科技公司地位以及主要在海外运营的公司可不受土著股权占公众股份50%的限制。在制造业领域,2003年6月开始,外商投资者投资新项目可持有100%的股权。

(二)税收制度

马来西亚联邦政府和各州政府实行分税制。联邦财政部统一管理全国税务,其直接税包括所得税和石油税等,间接税包括国产税、关税和进出口税、销售税、服务税和印花税等。各州政府征收土地税、矿产税、森林税、执照税、娱乐税和酒店税、门牌税等。外国公司和外国人与马来西亚企业和公民一样同等纳税。

马来西亚公司税税率为24%。从2017纳税年起,对在马来西亚成立的中小型居民企业,其取得的首50万马币以内的所得可适用18%税率,超过部分适用24%税率。马来西亚石油所得税税率为38%,征收对象为在马来西亚从事石油领域上游行业的企业。马来西亚个人所得税法规定,马来西亚公民税率为1%—28%,5 000马币以内的税率为0%,超过100万马币部分的税率为28%。外国公民的税率固定为28%。

(三)产业优惠政策

马来西亚以相关税种法律为依据,对制造业、农业、旅游业等特定投资活动以相关税收减免或激励优惠措施,以促进投资或实现产业引导功能。典型政策包括新兴工业地位企业可获得所得税税收减免规定、投资税务补贴、再投资补贴、针对多媒体超级走廊地位和运营总部地位等业务功能的税收优惠。

马来西亚政府于1996年推出信息通信技术计划,即多媒体超级走廊

(Multimedia Super Corridor，MSC)，以建设成为全球信息通信产业中心。通过多媒体发展机构(Multimedia Development Corporation)核准的信息通信企业可在新兴工业地位的基础上，享受免缴全额所得税或合格资本支出全额补贴(首轮有效期为 5 年)的优惠政策，同时在外资股权比例及聘请外籍技术员工上不受限制。为加强马来西亚在国际上的区域地位，经核准的运营总部、区域分销中心和国际采购中心除了 100％外资股权不受限制以外，还可享受为期 10 年的免缴全额所得税等其他优惠。另外，对生产清真食品的公司，自符合规定的第一笔资本支出之日起 5 年发生符合规定资本支出的 100％可享受投资税赋抵减。另外，近年来，马来西亚积极推动生物科技和数字经济发展并相应出台实施税收减免政策。

在推进区域发展方向，马来西亚政府陆续推出五大经济发展走廊[①]，基本涵盖了西马半岛大部分区域以及东马的两个州。投资这些地区的公司均可申请 5—10 年免缴所得税，或 5 年内合格资本支出全额补贴。另外，马来西亚政府还启动了"大吉隆坡"计划，该计划从基础设施、人民收入和居住环境三方面着手，拟将吉隆坡打造成为世界前二十大适合居住的国际大都市之一。

第三节　马来西亚与中国经贸往来和"一带一路"合作

马来西亚是一个开放经济体，其经济发展十分依赖外部市场。随着中国"一带一路"倡议的提出，中马两国经贸合作规模提升明显，在投资、工程领域的合作项目不断涌现。

一、对外贸易概况

根据马来西亚统计局数据，2018 年马来西亚货物进出口额为 4 651.3 亿美元，比上年同期增长 12.7％。其中，出口 2 475.2 亿美元，增长 13.6％；进口 2 176.1 亿美元，增长 11.7％。贸易顺差 299.1 亿美元，增长 30.1％。2018 年马来西亚对新加坡、中国内地、美国和中国香港地区的出口额分别占马来西亚出口总额的 13.9％、13.9％、9.1％和 7.5％，分别增长 9.1％、17.2％、

---

① 这五大经济发展走廊各自鼓励发展的行业有所不同，这五大经济走廊包括伊斯干达开发区、北部经济走廊、东海岸经济区、沙巴发展走廊、沙捞越再生能源走廊。

8.9%和65.7%;自中国、新加坡、美国和日本的进口额分别占马进口总额的19.9%、11.7%、7.4%和7.2%,分别增长13.2%、17.9%、6.0%和6.3%①。2018年,马来西亚前五大逆差来源地依次是中国内地、中国台湾地区、沙特阿拉伯、法国和印度尼西亚,对中国内地的逆差额为89.7亿美元;顺差额主要来自中国香港地区、新加坡和美国。从商品看,机电产品、矿产品和塑料、橡胶是马来西亚的主要出口商品,2018年这三大类商品的出口额占总出口额达到66.9%。进口方面,机电产品、矿产品和贱金属及制品是马来西亚进口的前三大类商品,2018年合计进口1 368.9亿美元,占马来西亚进口总额的62.9%。上述数据表明,马来西亚进出口商品类别相对集中,在矿产品和贱金属占比较高的情况下,马来西亚对外贸易总额各年波动较大。

2018年中马双边贸易额1 086.3亿美元,同比上升13%;其中中方出口454亿美元,同比增长8.9%,进口632.3亿美元,同比增长16.2%。中国连续10年成为马来西亚最大贸易伙伴,双方经贸关系愈加紧密。中国自马来西亚进口主要商品有集成电路、计算机及其零部件、棕榈油和塑料制品等,中国向马出口主要商品有计算机及其零部件、集成电路、服装和纺织品等。

二、中马双向投资合作情况

(一) 马来西亚引资总体情况

马来西亚是一个小型经济体,易受外部经济冲击。从图7-3可以看出,20世纪80年代末到1996年,外商直接投资流入大幅增加。1997年亚洲金融危机和2001年经济衰退导致外商直接投资流入下滑明显,但2003年之后快速回升。受2008金融危机影响,2009年外商直接投资流入下降但很快回升。2011年和2013年外商直接投资流入马来西亚都在121亿美元以上,2014年以来略有下降。根据UNCTAD数据,2018年,马来西亚吸收外资80.91亿美元;截至2018年底,马来西亚外资存量为1 525.1亿美元,外资存量占GDP比重为43%。从投资国别看,根据东盟统计网数据②,2018年马来西亚最大外商直接投资来源地是美国(16.27亿美元),排名第二和第三的分别为中国香港和日本,分别为15.88亿美元和11.94亿美元。2018年,在单一经济体排名中,中国为马来西亚

---

① 中国商务部:《马来西亚贸易报告》,https://countryreport.mofcom.gov.cn/indexType.asp?p_coun=%C2%ED%C0%B4%CE%F7%D1%C7。

② 东盟统计网址:https://data.aseanstats.org/。

第十大投资来源国①,但 2017 年中国是马来西亚第二大投资来源国。

外商投资是马来西亚投资的重要来源,成为其经济发展的重要因素。根据马来西亚投资发展局(MIDA)②公布数据,马来西亚 2018 年核准总私人投资共 2 043.55 亿马币③。其中,国内投资 1 242.22 亿马币,占私人总投资额的60.79%,比 2017 年占比降低了 11.4 个百分点(2017 年国内投资占比72.2%);2018 年外国直接投资核准额为 801.34 亿马币,占马来西亚总投资的 39.21%,比 2017 年增加了 11.41 个百分点(2017 年占比 27.8%)。从马来西亚公布的数据看,2019 年 1—6 月,马来西亚核准外国投资额快速增加,已核准外国投资额达到 494.84 亿马币,占 2019 年上半年总投资的 53.79%。

外资在马来西亚制造业投资中占据重要地位。根据马来西亚投资发展局的数据,在 2018 年,外商直接投资主要投向制造业领域,制造业外资投资额共 580.22 亿马币,占当年外商直接投资总额的 72.4%,外资制造业核准投资

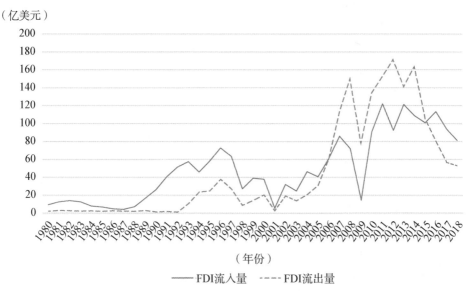

（亿美元）

（年份）

———— FDI流入量　- - - - FDI流出量

图 7 - 3　1980—2018 年马来西亚引资和对外投资情况

资料来源：UNCTAD 统计数据(https://unctadstat. unctad. org/EN/)。

---

① 中国商务部公布的 2018 年对马来西亚投资额为 16.63 亿美元,与东盟统计网站数据有相当大的差距。

② 马来西亚投资发展局数据网址：https://www. mida. gov. my/home/facts-and-figures/posts/。

③ 马来西亚投资发展局公布的是其核准投资的数据,和实际 FDI 流入额不同。

占马来西亚制造业总核准投资的 66.41%。外商在马来西亚制造业领域的投资主要集中在石油产品、电子电器、基本金属、交通装备等行业。相比之下,2018 年马来西亚国内核准投资偏向于服务业,投向制造业的内资仅占内资核准投资额的 23.6%。

(二) 中国对马来西亚投资情况

根据东盟统计网数据,2018 年马来西亚获得的 80.72 亿美元外国直接投资流量中,来源于中国的为 1.77 亿美元,比 2017 年大幅下降了 88.9%(2017 年中国投资为 15.88 亿美元)①。2018 年马来西亚最大投资来源国为美国,来源于美国的投资额为 16.27 亿美元(但 2017 年美国在马来西亚外商直接投资净流入为负值),最大投资来源区域为欧盟(22.36 亿美元)。

根据马来西亚投资发展局数据,2017 年和 2018 年两年,中国均是马来西亚制造业核准投资的最大来源地,2018 年中国获得马来西亚核准的制造业投资项目共 40 个,核准投资额达到 196.73 亿马币(约合 47.52 亿美元),核准金额占马来西亚 2018 年获准投资总额约 9.63%。"两国双园"、中广核埃德拉电站、信义玻璃等项目带动中国在马来西亚的投资。2019 年 1—6 月,中国获马来西亚制造业核准投资共 11.56 亿美元,共计 30 个项目;而美国在 2019 年上半年核准投资额高于中国,约为 28.23 亿美元。

根据中国商务部统计数据,中国 2012 年前对马来西亚的投资额比较少,"一带一路"倡议和马来西亚工业贸易区建设推动中国对马投资快速增长(见图 7-4)。2012 年中国对马来西亚投资仅 1.99 亿美元,2016 年已大幅增加到 18.30 亿美元。2012—2018 年年复合平均增长率为 42.4%。截至 2019 年 1 月,中国企业对马来西亚累计直接投资 59.5 亿美元。

(三) 马来西亚对中国投资

马来西亚对中国投资始于 1984 年。据中国商务部统计,1997 年开始,马来西亚对中国投资大约为 3 亿—4 亿美元,之后大致保持平稳。2015 年达到 4.8 亿美元。近年略有所下降,2018 年,马来西亚对中国投资为 2.1 亿美元。截至 2019 年 1 月,马实际对中国投资累计达 78 亿美元。从中马双向直接投资数据看(见图 7-4),2013 年之前马对中国直接投资一直高于中国对马投资,2013 年开始,中国对马投资开始高于马对中国投资。

---

① 不同机构发布的数据时间不同,投资数据存在差异,如这里东盟统计网数据和 UNCTAD 发布的投资数据存在些微差距。

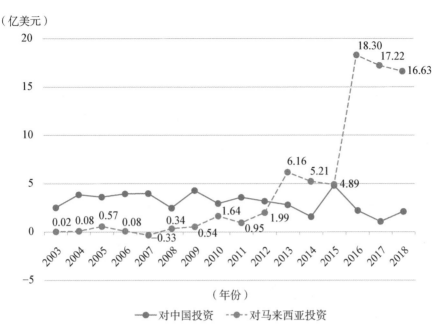

图 7 - 4　2003—2018 年中马双向投资情况

资料来源：WIND,以及中国商务部。

(四) 中国在马来西亚工程承包情况

中国在马来西亚承包工程业务增幅逐步加大。据中国商务部统计,2018 年中国在马承包工程完成营业额 79.65 亿美元,工程承包项下 2018 年末在马来西亚劳务人员共 17 912 人。从图 7 - 5 可看出,2013 年前,中国在马来西亚承包工程营业额仅 25.30 亿美元,2018 年已经上升至 79.65 亿美元,承包工程项下的劳务人员也从 2012 年底的 6 232 人上升到 2018 年底的 17 912 人。中国在马来西亚工程承包增长态势十分显著。中国在马来西亚承包工程项目范围已覆盖东西马来西亚全境,工程主要着眼基础设施建设,在建项目主要集中在水电站、桥梁、铁路、房地产等领域。大型承包工程在建项目主要有吉隆坡捷运地铁 2 号线、吉隆坡标志塔项目马来西亚炼化一体化(RAPID)、巴林基安电站等,相关工程目前进展顺利。

三、中国和马来西亚"一带一路"合作进展

(一) 合作进展

中国提出"一带一路"倡议以来,马来西亚积极表态参与"一带一路"建

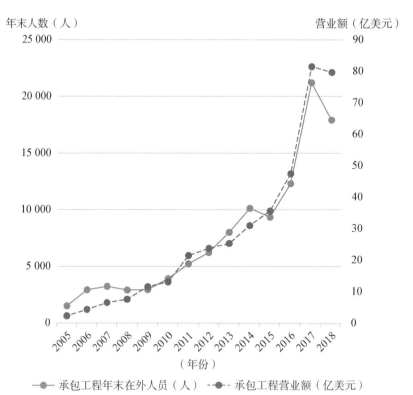

图 7 - 5　2005—2018 年中国在马承包工程营业额和年末在外人员

资料来源：WIND,以及中国商务部。

设,马来西亚是亚投行(AIIB)57 个创始成员国之一。2017 年 5 月,时任马来西亚总理纳吉布应邀出席第一届"一带一路"倡议国际高峰论坛,中马双方签署《关于通过中方"丝绸之路经济带"和"21 世纪海上丝绸之路"倡议推动双方经济发展的谅解备忘录》以及《中国商务部同马来西亚交通部关于基础设施建设领域合作谅解备忘录》。马来西亚政府换届后,多个中马合作项目搁置并接受重新评估,部分项目重新协商谈判。2018 年 8 月,应李克强总理邀请,马来西亚总理马哈蒂尔正式访问中国,两国在北京发布《中华人民共和国政府和马来西亚政府联合声明》[①]。声明中,马方明确：欢迎、支持并将继续积极参与"一带一路"合作,双方将加快落实两国政府《关于通过中方"丝绸之路经济带"和"21 世纪海上丝绸之路"倡议推动双方经济发展的谅解备忘录》,探讨

---

① 《中华人民共和国政府和马来西亚政府联合声明》发布时间为 2018 年 8 月 20 日,见网址：https://www.fmprc.gov.cn/web/ziliao_674904/1179_674909/t1586776.shtml.

制定相关规划纲要。另外,双方表示对当前两国经贸关系感到满意,并将同意共同编制两国《经贸合作五年规划(2018—2022 年)》。2019 年 4 月,马来西亚总理马哈蒂尔出席第二届"一带一路"国际合作高峰论坛,这意味着中马友好关系重返正轨。2019 年 7 月,马来西亚东海岸铁路项目经重新谈判后宣布重启,不久后又宣布重启"大马城"项目。近年中马许多合作项目备受瞩目,除了"两国双园"外,中马合作项目还包括大马城项目、马六甲皇京港项目、东海岸铁路项目、中广核收购埃德拉项目、中车东盟制造中心等。2019 年,这些项目已重启或已正常投产,项目运作进展顺利,具体项目一览可参见表 7-3。

表 7-3　中马重要合作项目一览

序号	项目名称	概　况
1	"两国双园"	中马钦州产业园区与马中关丹产业园分别于 2012 年和 2013 年启动,"两国双园"充分发挥其区位优势和双方产业、资金、技术的互补优势,共同推进两国经贸合作
2	大马城项目	2016 年 3 月由中国中铁投资。该项目是一个大型地产投资项目,为吉隆坡大型综合发展计划,占地约 486 英亩,开发期限预计 15 至 20 年。该项目计划打造集商业、金融、文化、旅游、高级住宅功能于一身的国际经济中心,有望吸引约 80 万人口。2019 年 4 月宣布重启
3	马六甲皇京港相关项目	马六甲皇京港计划价值约 430 亿马币,是中国与马六甲凯杰发展有限公司一起打造的海港计划。位于马六甲海峡中段,距离吉隆坡不到 150 千米,是一项巨型综合发展计划。2018 年曾停止,2019 年 6 月重启
4	东海岸铁路项目	新政府执政后重新协商该项目,2019 年 7 月重启该项目。该铁路全长 640 千米,连接马来西亚最大海运物流枢纽巴生港和多个主要工业区
5	中广核收购埃德拉项目	2018 年 4 月 3 日,中国南方电网与中国广核集团完成埃德拉(Edra)项目股权交割,南方电网公司成功收购马来西亚埃德拉公司 37％股权
6	中车东盟制造中心	2013 年 4 月,东盟制造中心建设项目开工;2015 年 7 月,中国中车东盟制造中心建成投产。这是中国铁路装备首个海外制造基地,也是马来西亚首个"铁路工厂"。截至 2019 年 5 月,中车东盟制造中心每年可生产 200 辆列车,修理 150 辆列车,本地员工比例达 82％

资料来源:笔者整理。

(二)"两国双园"建设推进情况

在中马各类合作项目中,中马钦州产业园区和马中关丹产业园的"两国双园"建设模式是两国经贸合作的创举,是首个中国政府支持的以姊妹工业园形式开展双边经贸合作的项目,是中国—东盟经贸合作的示范项目,旨在有效利用中马双方资源、资金、技术和市场等互补优势,促进中国与东盟国家间的互联互通。2012 年 4 月 1 日,中马钦州产业园区正式开园;2013 年 2 月 5 日,马中关丹产业园启动,"两国双园"模式全面启动(见表 7 - 4)。中马钦州产业园区和马中关丹产业园区分别位于中国北部湾钦州市和马来西亚东海岸最大港口城市关丹,具有独特的区位优势。"两国双园"采取两国合资企业作为产业园开发主体,共同从事土地开发和基础设施建设以及后期招商工作。中国商务部和马来西亚贸工部牵头成立"两国双园"联合合作理事会,广西壮族自治区层面成立"两国双园"开发建设领导小组,形成了上下联动的协调工作机制,协调解决园区开发建设中遇到的问题和困难。

中马钦州产业园园区享受国家级经济技术开发区政策、少数民族地区优惠政策、国家新一轮西部大开发优惠政策、广西北部湾经济区开放等各类叠加优惠政策。《中国-马来西亚钦州产业园区条例》于 2017 年 7 月通过广西壮族自治区人大审议并颁布实施,园区管委会成为广西首个法定治理机构,可在广西壮族自治区政府领导下,自主管理产业园区事务,行使设区市经济社会管理权限,实行相对集中的行政许可权制度,实现"园区事园区办",为入园企业提供更加优质高效的服务。根据中马钦州产业园网站数据,截至 2018 年底,园区完成征地搬迁总面积达 22 平方千米,项目布局超过 15 平方千米。开园六年来,园区总投资超过 140 亿元,土地供地率从 2015 年初不足 40% 提高到 70% 以上。园区注册企业已超过 320 家,共引进产城项目 139 个,总投资1 164 亿元。十多个具有规模和发展前景的高技术项目相继实现投产,一批战略性新兴产业项目落户并计划开工建设,另外一些优势产业陆续实现落户和投产,中马钦州产业园还与马来西亚企业发展部商定共建清真产业园①。

马中关丹产业园距离关丹港仅 5 千米,距离吉隆坡 250 千米,交通便利。马来西亚政府给予产业园的优惠政策包括财政优惠和非财政优惠两类政策,财政政策包括自第一笔合法收入起 10 年内 100% 免缴所得税或享受 5 年合

---

① 《中国-马来西亚钦州产业园区简介》,http://zmqzcyyq.gxzf.gov.cn/yqgk/yqjj/20190131-3469.shtml,最后访问日期:2019 - 11 - 20。

格资本支出全额补贴、工业园开发、农业及旅游项目免缴印花税以及机械设备免缴进口税及销售税等；非财政优惠政策包括土地优惠、更加灵活的外籍员工政策等。马中关丹产业园区重点发展产业包括塑料及金属行业设备、汽车零部件、纤维水泥板、不锈钢产品、食品加工、碳纤维、电子电器、信息通信、消费类商品以及可再生能源。截至 2019 年 5 月，关丹工业园投资 13.4 亿美元的钢厂投入运营，之后将陆续迎来更多工厂，预计园区的项目将创造 20 000 个就业岗位。

表 7 - 4 中马钦州产业园和马中关丹产业园概况

	中马钦州产业园（QIP）	马中关丹产业园（MCKIP）
启动时间	2012 年 4 月	2013 年 2 月
规划面积	55 平方千米，分三期开发	6.07 平方千米
地理位置	毗邻广西钦州保税港区和国家级钦州港经济技术开发区	马来西亚彭亨州关丹市格宾工业区内，离关丹港仅 5 千米，离关丹市区 25 千米，离关丹机场 40 千米，离吉隆坡 250 千米
产业指引	产业和新城融合发展，重点发展综合制造业、信息技术产业和现代服务业	十大重点产业包括塑料及金属行业设备、汽车零部件、纤维水泥板、不锈钢产品、食品加工、碳纤维、电子电器、信息通信、消费类商品及可再生能源等
开发模式	双方牵头企业在华成立中马钦州产业园区投资合作有限公司作为开发主体，马方占股 51%，中方占股 49%	双方牵头企业在马成立合资公司作为产业园开发主体，由马方占股 51%，中方占股 49%

资料来源：笔者整理。

总体而言，自"一带一路"倡议提出以来，中马两国经贸合作更加紧密，中国在马来西亚投资、工程承包项目增幅显著。2018 年马来西亚新政府执政以来，停滞的一些重大项目基本已重启。随着未来《区域全面经济伙伴关系协定》的签署，中马两国在"一带一路"建设中将进一步深入合作，推动东亚乃至亚洲经济一体化发展。

第八章 新加坡贸易和投资制度

新加坡是一个小型开放经济体,地处东南亚重要位置。新加坡虽然自然资源匮乏,人口规模和经济总量有限,但其战后 60 多年经济快速持续发展使得新加坡人均 GDP 已排名全球前列。新加坡在东盟乃至全球具有重要经济地位,是全球重要航运中心和金融中心,是中国在"一带一路"沿线 65 个国家的最大对外投资国。本章将简要总结新加坡国家概况、经济发展状况、主要经济制度以及中国与新加坡的经贸合作和"一带一路"建设推进情况。

第一节 新加坡国家和经济发展概况

一、国家概况

(一) 地理环境

新加坡是一个热带城市国家,位于马来半岛南端、马六甲海峡出入口,北隔柔佛海峡与马来西亚相邻,南隔新加坡海峡与印度尼西亚相望,位于东盟核心地带,地理位置优越,区位优势明显。20 世纪 60 年代,新加坡陆地面积 581.5 平方千米,经过多年填海造地,目前已增加 24%。截至 2018 年 12 月,新加坡国土面积共 724.4 平方千米。新加坡政府计划到 2030 年再填海造地 100 平方千米。截至 2018 年 12 月,新加坡总人口 564 万,公民和永久居民 399 万,其他为非居民。公民和永久居民中,华人占 74% 左右,其余为马来人、印度人和其他种族①。

---

① 《新加坡国家概况》,https://www.fmprc.gov.cn/web/gjhdq_676201/gj_676203/yz_676205/1206_677076/1206x0_677078/。

(二) 历史和政治制度

1819 年，英国人开始在新加坡设立贸易站。1824 年，新加坡沦为英国殖民地，成为英国在远东的转口贸易商埠和在东南亚的主要军事基地。1942—1945 年日本占领新加坡，1945 年英国恢复殖民统治。1959 年新加坡实现自治，成为自治邦，英国保留国防、外交、修改宪法、宣布紧急状态等权力。1963 年 9 月新加坡与马来亚、沙巴、沙捞越共同组成马来西亚联邦。1965 年 8 月新加坡脱离马来西亚，成立新加坡共和国；同年 9 月成为联合国成员国，10 月加入英联邦。[1]

根据新加坡宪法，新加坡实行议会共和制。总统为国家元首，但其权力十分有限。新加坡国会实行一院制，任期 5 年。政党在国会中获得多数席后，该党党魁担任政府总理，总理拥有最高权力，政府部长由总理在议会中任命。目前新加坡已注册政党共 30 多个，主要有两大政党，分别为人民行动党和工人党。1964 年 11 月李光耀等人发起成立人民行动党，1959 年至今一直保持执政党地位。2004 年 8 月，李光耀长子李显龙接替吴作栋出任总理，并于 2006 年 5 月、2011 年 5 月、2015 年 9 月和 2020 年 7 月四度连任。新加坡长期一党执政现状受到西方社会批评，但从新加坡社会经济发展史看，新加坡人民行动党长期执政成为新加坡持续推进各项政策的重要基础，其国家治理体系为许多后起经济体所借鉴。新加坡著名学者马凯硕将新加坡治国理念总结为三大准则，分别为精英治国、实用主义和廉洁[2]。

二、宏观经济状况

从国土面积和资源禀赋看，新加坡不具备任何优势。当新加坡从马来西亚独立出来之时，新加坡的生存受到质疑。但从 50 多年发展史看，新加坡不仅生存下来，还全方位提高了其国民生活水平，人均收入位列全球前茅，新加坡是目前东盟唯一发达国家。许多发展中国家特别关注新加坡经济发展模式，一些学者将之称为"新加坡模式"。新加坡是世界重要港口，是联系亚、欧、非、大洋洲的航空中心。新加坡是典型外向型经济，高度依赖中、美、日、欧和周边市场。本部分仅概述新加坡的总体经济状况，关于新加坡对外贸易和投资情况，将在本章第三节中阐述。

---

[1]　《新加坡国家概况》，https://www.fmprc.gov.cn/web/gjhdq_676201/gj_676203/yz_676205/1206_677076/1206x0_677078/。

[2]　马凯硕、孙合记：《东盟奇迹》，翟崑、王丽娜译，北京：北京大学出版社，2017。

(一) 经济状况和发展历程

新加坡在独立之前,经济集中于单一的转口贸易经济形态,1959 年开始,新加坡根据其国内经济发展需要制定不同阶段的经济政策。1959—1965 年推行进口替代战略,促进形成本国工业体系,积极发展劳动密集型产业;除 1964 年经济负增长外,这 6 年时间基本实现 8% 左右的经济年增长率。1966—1973 年,新加坡推行出口导向政策,建立各类工业园区吸引西方技术和资本,发展资本密集型产业,这个阶段也是新加坡经济发展最为快速的阶段(见图 8-1),GDP 年增长率均在 10% 以上。1974—1997 年,新加坡基础设施已基本完善,政府大力引进技术密集型产业,特别聚焦研发设计、工程、信息科技、电子行业等先导性技术密集行业。20 世纪 90 年代,在东亚各国不断发展兴起的背景下,新加坡积极推动自己成为国际商务枢纽跨国公司地区总部聚集地,并鼓励本国企业向海外发展。1994 年苏州工业园区开始动工,被视为该模式典型例子之一。1994—1997 年,按照不变价,新加坡 GDP 复合年均增长率为 7.9%,多数年份 GDP 增长率(按不变价)在 7%—11%,仅少数年份增长率相对较低。

作为严重依赖国际市场的小型开放经济体,新加坡经济易受外部冲击。受 1997 年亚洲金融危机冲击和 2001 年全球经济衰退影响,新加坡在 1998 年和 2001 年出现经济负增长。2001 年后,新加坡为刺激经济发展,提出"打造新的新加坡",努力向知识经济转型,成立经济重组委员会,全面检讨经济政策,积极与世界主要经济体商签自由贸易协定,经济增速有所恢复。受 2008 年国际金融危机和 2011 年左右欧债危机影响,新加坡经济增长有所放缓,GDP 增长率从 2011 年的 6.26% 逐步下降至 3%—4% 之间。2017 年新加坡"未来经济委员会"发布未来十年经济发展战略,将其经济年均增长率定位在 2%—3% 之间,并制定拓展国际联系、推动并落实产业转型蓝图、打造互联互通城市等七大发展战略。2018 年,新加坡国内生产总值为 3 610 亿美元(4 912 亿新元)。根据世界银行国民核算统计数据,新加坡人均国内生产总值为 6.46 万美元,在全球 200 多个经济体中排名第 8 名,高于美国,低于卡塔尔。按不变价计算(2015 年为基年),2018 年新加坡 GDP 增长率为 3.14%。在高收入国家中,这样的经济增长率已属表现优异。

(二) 产业特点

20 世纪 60—90 年代,新加坡经济发展经验受到关注,被誉为"亚洲四小龙"之一(但 1997 年亚洲金融危机后,该词已较少使用)。新加坡利用其区位

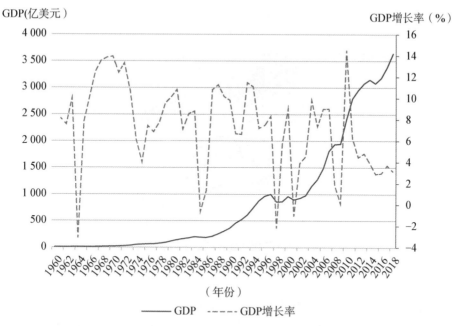

图 8-1　1960—2018 年新加坡 GDP 和 GDP 同比增长率

资料来源：WIND 全球数据库；世界银行。

优势，根据其经济发展阶段，选择适合其发展的产业和模式，推进航运、转口贸易、造船及炼油等行业，实现经济持续成长。除了在转口贸易、航运以及相关配套专业服务方面具有相当国际竞争力外，新加坡在制造业方面也形成了具有相当竞争力的行业。在新加坡这样一个城市国家，制造业的发展备受关注。

　　新加坡积极推动制造业发展，使其产业实现多元化发展。根据新加坡统计局数据，2018 年，新加坡产品生产行业增加值（Goods Producing Industries）共 1 239 亿新元，占 GDP 的 25%；服务生产行业（Services Producing Industries）增加值共 3 236 亿新元，占 GDP 接近 66%[①]。在相对细分的行业中，占比最高的是制造业，大约占 GDP 的 20.82%，批发零售业占 16.65%，商业服务业占 14.06%，金融保险业占 12.26%，运输仓储业占 6.38%（见图 8-2）。

----

　　① 新加坡产品生产行业除了制造业和建筑业外，还包括农业、渔业、采掘业等第一产业，另外约 3.5% GDP 为住宅产权增加值，5.4% 为产品税收部分。

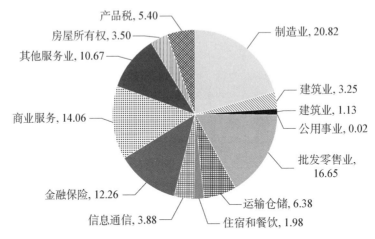

图 8-2　2018 年新加坡各产业增加值比重(%)

资料来源:新加坡统计局(https://www.singstat.gov.sg/)。

　　新加坡具有国际竞争力的制造业包括电子工业、石化工业、精密工程业、生物医药业和海事工程业。电子工业主要产品包括半导体、计算机设备、数据存储设备、电信及消费电子产品等。由于地处太平洋和印度洋的航运要道马六甲海峡的"十字路口",新加坡一直是重要的国际石油交易中心,目前是世界第三大炼油中心和石油贸易枢纽之一,是亚洲石油产品定价中心,主要产品包括成品油、石化产品及特殊化学品,企业主要聚集在裕廊岛石化工业园区。精密工程业主要产品包括半导体引线焊接机和球焊机、自动卧式插件机、半导体与工业设备等。新加坡是重要的全球金融中心,根据全球金融中心指数(GFCI)排名报告,多年以来,新加坡是继纽约、伦敦、香港之后的第四大国际金融中心,是第四大外汇交易中心,是重要的财富管理中心和离岸人民币中心。基于新加坡全球重要港口和转口枢纽的地位以及最大燃油港地位,新加坡运输仓储业较为发达,2018 年港口处理货运总量 6.3 亿吨,集装箱总吞吐量 3 660 万标准箱。

第二节　新加坡投资贸易政策

　　新加坡政治经济稳定,经济制度环境在全球所有经济体中表现优越。根据全球经济论坛最新发布的 2019 年《世界竞争力报告》,新加坡取代美国排名第一,成为全球最具竞争力的经济体。根据世界银行每年发布的营商环境看,新加坡在全球各经济体中营商排名数一数二。

一、营商环境

根据世界银行 2019 年 10 月 24 日发布的《2020 年营商环境报告》①,新加坡营商环境总排名第二,与 2019 年报告的排名相同,与第一名新西兰之间的分数差距缩小。新加坡自 2017 年报告以来,已连续四年排名第二,仅落后于新西兰。此前,新加坡曾连续 10 年登上榜首。《2020 年营商环境报告》排名前 10 大经济体中,除了第一名新西兰和第二名新加坡外,第三到第十名依次为中国香港地区、丹麦、韩国、美国、格鲁吉亚、英国、挪威、瑞典。

从 2019 年新加坡营商环境分指标看(见表 8-1),新加坡在"执行合同"、"开办企业"、"保护少数投资者"、"办理施工许可证"、"纳税"等五个方面为满分或接近全球最佳实践,在全球排名均在 10 名内(见图 8-3)。"获得电力"、"登记财产"、"办理破产"这三个指标在全球排名 30 名内。"获得信贷"和"跨境贸易"方面的表现相对低于其他指标,但相对于全球其他经济体也表现优良;2018 年这两大指标分别排名第 37 名和第 47 名。

表 8-1 世界银行营商环境报告涵盖的商业监管领域

领域	衡量内容
1. 开办企业	开办有限责任公司的手续、时间、费用和最低资本要求
2. 办理施工许可证	建造一个仓库所需要的所有手续数量、时间、费用,施工许可制度中关于质量控制和安全要求
3. 获得电力	连接电网所需手续、时间和成本,电力供应的可靠性以及电费的透明度
4. 登记财产	办理财产转让所需手续、时间和费用,以及土地管理制度中的质量要求
5. 获得信贷	动产抵押法律和信贷信息系统覆盖情况
6. 保护少数投资者	少数股东在关联交易和公司治理中的权利

① 全球营商环境报告对 190 个经济体自 2018 年 5 月至 2019 年 5 月之间的营商法规及执行进行度量。

续表

领域	衡量内容
7. 纳税	根据税收法规,公司经营过程所需缴税次数、时间、税费率以及报税后流程情况
8. 跨境贸易	出口相对优势产品和进口汽车零部件所需时间和成本
9. 执行合同	解决商业纠纷的时间和成本,以及司法程序的质量
10. 办理破产	办理破产所需时间、成本、结果、回收率以及破产法律框架

资料来源:世界银行营商环境官方网站(http://www.doingbusiness.org/en/doingbusiness)。

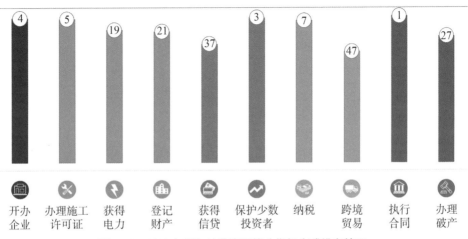

图 8 - 3　2019 年新加坡营商环境分指标全球排名情况

资料来源:世界银行《2020 年营商环境报告》。

二、贸易政策

(一) 进出口政策

新加坡是全球贸易最自由的地区之一,是全球著名自由贸易港。新加坡贸易工业部负责制定整体贸易政策。国际企业发展局是隶属贸易工业部的法定机构,是对外贸易主管部门,负责宣传新加坡国际企业都会形象,提升以新加坡为基地的公司的出口能力,为企业提供咨询、组织展会和培训等,对出口促进提供支持。2018 年新加坡标新局(SPRING)与国际企业发展局(IE Singapore)合并为企业发展局(Enterprise Singapore, ESG),为本地企业提供企业国际化、数字化及生产力提升等方面的协助,促使本地企业在国际上更具竞争力。

新加坡大多数商品进出口关税为零,仅极少数产品征收进口税,如烟草、酒类、石油和汽车等。新加坡出口商品一律免税,出口额达到一定限额的公司或组织均可申请减免出口收益税。新加坡对大多数进口商品没有配额限制,也不需要进口许可证。出于公众健康、公共安全以及环境卫生方面考虑,仅对少数商品实行进口许可,其他大多数商品自由输入。新加坡严格限制出口的商品数目极少。根据《进出口管理法》,只有当出于安全或者卫生方面的要求才会对部分商品出口要求具备许可证。为实现共同防治病虫害,新加坡对某些农产品会采取严格出口限制和管理。

(二) 通关管理

新加坡在 20 世纪 90 年代开始就通过电子政府建设实现通关环节的无纸化、自动化和网络化,为商家节省宝贵时间、人力和物力。1989 年 1 月 1 日,新加坡建成并使用国际贸易单一窗口"贸易网"(TradeNet),贸易网实现全国数据交换,连接海关、税务、农粮局、经济发展局等 30 多个政府部门,与进出口相关的申报、审核、许可、管制等全部手续均通过贸易网进行。另外,港口网(PortNet)集合海事及港务局、船公司及其代理行、货主、物流服务商等信息;海事网(Marinet)为 800 多家船公司提供相关海事服务;空运社群网(Cargo Community Network)方便空运货物代理直接与全球 20 多家大型航空公司、其他货运代理联系处理相关单证等事宜,并与世界其他同类型系统相连,提供区域和全球空运服务。新加坡毗邻港口和机场共设立了 8 个"自贸区"(Free Trade Zone),为新加坡进出口提供免税优惠和便捷物流服务。"自贸区"实行企业化运营,大大提高了"自贸区"工作效率和服务水平①。

(三) 贸易自由化举措

新加坡经济持续增长得益于开放的经济政策。新加坡政府一直积极参与和推动全球贸易自由化。新加坡 1973 年加入《关税和贸易总协定》(GATT),是世界贸易组织创建时的正式成员。新加坡是东盟成员,是世界上签订双边自由贸易协定最多的国家之一。新加坡已与秘鲁、中国、美国、日本、韩国、澳大利亚、东盟各国、印度、新西兰、巴拿马、约旦、瑞士、列支敦士登、挪威、冰岛、智利、哥斯达黎加、海合会等签署自由贸易协议。新加坡与欧盟已签署经济合作协议,但协议尚待生效,这是东盟各国中首个与欧盟达成

---

① 《新加坡主要贸易政策简介》,http://sg. mofcom. gov. cn/article/maoyi/laogong/201411/20141100782534. shtml。

的自由贸易协议。另外正在谈判的还包括太平洋联盟-新加坡自由贸易协定和全面经济伙伴关系协定。根据全面经济伙伴协定第三次领导人会议,协议谈判已基本完成,预计将在 2020 年签署协议。目前新加坡对外签署的贸易协议基本情况一览如表 8-2 所示。

中国与新加坡于 2008 年 10 月签署了《中国-新加坡自由贸易区协定》,新加坡是首个同中国签署全面自贸协定的东盟国家。根据协定,新加坡于 2009 年 1 月 1 日起取消全部自中国进口商品关税;中国于 2010 年 1 月 1 日前对 97.1% 的自新加坡进口产品实现零关税。两国还在服务贸易、投资、人员往来、海关程序、卫生及植物检疫等方面进一步加强合作。中新双边自贸协定升级版于 2015 年 11 月正式启动,2018 年 11 月结束谈判,2019 年 10 月升级版协定生效。升级版协定对原产地规则、海关程序与贸易便利化、贸易救济、服务贸易、投资、经济合作等 6 个领域进行了升级,新增了电子商务、竞争政策和环境等 3 个领域。

表 8-2　新加坡对外签署的贸易协议基本概况

序号	协议名称	状态	贸易覆盖	生效式签署日期	签署经济体
1	中新自由贸易协定(CSFTA)	生效	货物和服务	2009/1/1 生效	中国
	中国与新加坡自由贸易协定升级议定书	生效	货物和服务	2019/10/16 生效	中国
2	印度-新加坡全面经济合作协定(CECA)	生效	货物和服务	2005/8/1 生效	印度
3	日新经济合作协定(JSEPA)	生效	货物和服务	2002/11/30 生效	日本
4	韩国-新加坡自由贸易协定(KSFTA)	生效	货物和服务	2006/3/2 生效	韩国
5	新西兰-新加坡全面经济伙伴关系(ANZSCEP)	生效	货物和服务	2001/1/1 生效	新西兰
6	巴拿马-新加坡自由贸易协定(PSFTA)	生效	货物和服务	2006/7/24 生效	巴拿马
7	秘鲁-新加坡自由贸易协定(PeSFTA)	生效	货物和服务	2009/8/1 生效	秘鲁

续表

序号	协议名称	状态	贸易覆盖	生效式签署日期	签署经济体
8	新澳自由贸易协定（SAFTA）	生效	货物和服务	2003/7/28 生效	澳大利亚
9	新加坡-哥斯达黎加自由贸易协定（SCRFTA）	生效	货物和服务	2013/7/1 生效	哥斯达黎加
10	新加坡-约旦自由贸易协定（SJFTA）	生效	货物和服务	2005/8/22 生效	约旦
11	斯里兰卡-新加坡自由贸易协定（SLSFTA）	生效	货物和服务	2018/5/1 生效	斯里兰卡
12	土耳其-新加坡自由贸易协定（TRSFTA）	生效	货物和服务	2017/10/1 生效	土耳其
13	美国-新加坡自由贸易协定（USSFTA）	生效	货物和服务	2004/1/1 生效	美国
14	新加坡-中国台湾经济伙伴协议（ASTEP）	生效	货物和服务	2014/4/19 生效	中国台湾地区
15	全面与进步跨太平洋伙伴关系协议（CPTPP）	生效	货物和服务	2018/12/30 生效	澳大利亚、文莱、加拿大、智利、日本、马来西亚、墨西哥、新西兰、秘鲁、越南
16	EFTA-新加坡自由贸易协定（ESFTA）	生效	货物和服务	2003/1/1 生效	冰岛、列支敦士登、挪威、瑞士
17	海湾合作委员会-新加坡自由贸易协定（GSFTA）	生效	货物和服务	2013/9/1 生效	巴林、科威特、阿曼、卡塔尔、沙特、阿联酋
18	欧盟-新加坡自由贸易协定（EUSFTA）	已签署未生效	货物和服务	2018/10/19 签署	欧盟28国
19	欧亚经济联盟-新加坡自由贸易协定（EAEU）	已签署未生效	货物	2019/10/1 签署	俄罗斯、白俄罗斯、哈萨克斯坦、吉尔吉斯斯坦、亚美尼亚
20	太平洋联盟-新加坡自由贸易协定	谈判中	—（无文本）	—（无文本）	智利、秘鲁、墨西哥和哥伦比亚四国

资料来源：WTO Regional Trade Agreement Database（https：//rtais. wto. org/UI/PublicMaintainRTAHome. aspx）新加坡企业发展局（https：//www. enterprisesg. gov. sg/）。另外，该表不包括东盟对外签署的协议。

三、投资制度

新加坡负责投资主管部门是经济发展局(EDB),成立于1961年,是隶属新加坡贸工部的法定机构,负责规划与执行新加坡经济发展策略,是专门负责吸引外资的机构,具体实施各种吸引投资的优惠政策并提供高效的行政服务,以加强新加坡全球商业中心地位,推动新加坡可持续经济增长[①]。

(一)投资开放政策

总体上,新加坡投资环境开放,外国投资和外国人在新加坡进行商业活动较自由,针对外国投资的特殊措施较少,仅对部分行业进行管制,主要包括银行和金融服务、保险、电信、广播、报纸、印刷、法律服务、房地产、游戏等相对较为敏感的行业。新加坡根据特定法律限定外国投资股权或对企业董事国籍予以限定,如广播令法、报业和印刷法令、住宅房地产法。新加坡国土面积小,无地区差异,因此,新加坡没有针对地区投资的鼓励政策。但为有效利用国土资源,发挥产业集聚效应,新加坡设立了系列特殊经济区域,如商业园、特殊工业园、特殊企业家园等不同产业类型园区,这些园区没有特殊的税收优惠政策,但各园区根据区内产业特点兴建,相关产业配套基础设施较为完备。

(二)产业优惠政策

为鼓励投资、出口、增加就业机会,促进产业升级和业态功能集聚,提高在全球产业链中的附加值,新加坡积极采用各类财税政策,这类政策对外资企业和本土企业基本上采取国民待遇,外资企业和本土企业可以同样享受各类政府优惠政策。

为提升企业发展能力或在新加坡业务附加值的业务,新加坡在《公司所得税法案》和《经济扩展法案》(Economic Expansion Incentives)法案以及每年政府预算中制定优惠政策措施,经济发展局具体执行实施相关政策,主要包括企业研究、培训、生产力补贴、先锋企业计划和发展扩展计划税收优惠、金融和资金管理中心税收优惠、土地集约化免税额计划,以及飞机租赁计划税收优惠等。对于先锋企业计划,先锋企业(包括制造业和服务业)自生产之日起,其从事先锋活动取得的所得可享受免征不超过15年所得税的优惠待遇。先锋企业由新加坡政府部门界定。从事新加坡目前还未大规模开展而且经

---

① 新加坡经济发展局的详细职责和运作情况,参见 https://www.edb.gov.sg/。

济发展需要的生产或服务的企业，或从事良好发展前景的生产或服务的企业可以申请"先锋企业"资格。

新加坡在 2001 年就开始启动全球贸易商计划，为符合要求的贸易商提供 5％到 10％的税收优惠，税收优惠可达到 3—5 年，如贸易商满足就业职位以及其他实质性承诺，奖励可以延续。全球贸易商计划适用于以新加坡为基地的从事国际贸易的任何公司，新加坡企业发展局负责评估和执行该计划。另外新加坡还针对中小企业创新活动设立各类优惠政策，对符合一定条件的工业和服务出口企业给予税收优惠，并对企业提升生产率的各类投入给予财政补贴或税收优惠。面对本国企业、本国居民和外国人，或针对不同类型企业的各类优惠政策或政策支持措施可在新加坡企业发展局网上获取[①]。

四、税制与其他政策

(一) 税收制度

新加坡现行主要税种有：公司所得税、个人所得税、消费税、房产税等。近年来，新加坡企业所得税税率逐渐下降，2005—2007 年税率为 20％，2008—2009 年税率为 18％，自 2010 年以后企业所得税税率维持在 17％。自 2010 估税年度起（即在 2010 年度缴纳 2009 财年的所得税），新加坡所有企业可享受前 30 万新元应税所得的部分免税待遇：一般企业首 1 万新元所得免征 75％，后 29 万新元所得免征 50％；符合条件的起步企业（前 3 年）首 10 万新元所得全部免税，后 20 万新元所得免征 50％[②]。

从 2017 年估税年起，新加坡居民个人所得税适用税率为 0—22％（2017 年纳税年度为 10 级超额累进税率，分级税率分别为 2％、3.5％、7.0％、11.5％、15％、18％、19％、19.5％、20％、22％）。自 2004 年 1 月 1 日后，纳税人海外收入不再纳税，但通过合伙企业取得的海外收入除外[③]。新加坡企业所得税和个人所得税分别为其第一大和第二大税种，第三大税种为货物和劳务税，相当于增值税。自 2007 年 7 月 1 日之后，新货劳税税率为 7％。住宅

---

①　新加坡企业发展局网站 https://www.enterprisesg.gov.sg/。

②　关于新加坡税收制度的详细内容，可参中华人民共和国国家税务总局发布的国别(地区)投资税收指南报告（http://www.chinatax.gov.cn/chinatax/n810219/n810744/n1671176/n1671206/index.html）以及新加坡国内税务局网站（https://www.iras.gov.sg/irashome/default.aspx）。

③　合伙企业不是一个法律实体。合伙企业本身不需缴纳企业所得税，但每个合伙人需要纳税。如果合伙人是个人，则需按照个人适用的所得税率缴纳个人所得税；如果合伙人是公司，则需按照公司适用的所得税率缴纳企业所得税。

财产的销售和出租以及大部分金融服务可免征货劳税,出口货物和服务的货劳税税率为零,离岸贸易可以豁免货劳税。

根据新加坡统计局数据,2017 年新加坡税收收入 663.6 亿新元,其中公司所得税 320.7 亿新元(占总税收收入 22.5%),个人所得税 107.2 亿新元(占 16.2%),劳务税 109.6 亿新元(占 16.5%),另外新加坡印花税(占 7.4%)、针对董事的所得税(占 7.3%)、财产税(占 6.7%)和博彩税(占 4.1%)也构成新加坡税收收入重要部分。

(二)其他政策

根据新加坡《劳动法》,新加坡无最低工资标准,劳动法立场中立,对雇员规定较少的福利,法定年假较少,工资由公司和员工协商,或公司和代表员工的工会协商。新加坡劳动力市场极为灵活,没有广泛的工会联盟,劳动关系温和,极少发生罢工行动。总体而言,新加坡劳动力市场风险较小。但新加坡本国居民劳动力供应不足,外籍劳工是新加坡主要就业力量之一,大约占新加坡就业力量的四成。根据新加坡人力部数据,截至 2017 年末,在新加坡外劳总数 136.8 万人,比 2016 年末减少 2.5 万人,其中持雇佣准证(EP)的 18.77 万人,持 S 准证(SP)的 18.44 万人,持普通工作签证(WP)的 96.52 万人。在 WP 持有者中,建筑工人 28.49 万人,女佣 24.68 万人。为推动经济转型,新加坡政府近年推出提高生产力计划,收紧外劳政策,包括减少外劳配额、提高外劳税;新启用专业人士雇佣框架;提高 SP、EP 准证申请门槛。

新加坡是全球金融中心,实行较自由的金融政策。新加坡政府已取消外汇管制,外汇可以自由进出。外国投资者的资本、利润、利息和红利等随时可自由汇出,在新经营的外国企业取得外汇存贷款相当方便。

第三节 新加坡与中国经贸往来和"一带一路"合作

新加坡是"一带一路"沿线国家中的高收入经济体,是海上丝绸之路重要支点之一。中国和新加坡双边贸易和双向投资稳步增长,近年发展总体形势良好,双方在"一带一路"框架下的合作稳步推进并不断深化。未来两国将继续发挥各自优势,继续推动"一带一路"建设高质量发展。

一、国际贸易

(一) 货物贸易

新加坡是一个高度依赖贸易的经济体。根据新加坡企业发展局统计，2018 年新加坡货物进出口额为 7 822.6 亿美元(约 10 559 亿新元)，比 2017 年(下同)增长 11.6%，是 GDP(3 610 亿美元)的两倍多。其中，出口 4 117.6 亿美元，增长 10.3%；进口 37 05.0 亿美元，增长 13.0%。贸易顺差 412.5 亿美元，下降 9.5%。贸易顺差占 GDP 的 11.42%。新加坡主要进口商品为电子真空管、原油、加工石油产品、办公及数据处理机零件等；主要出口商品为成品油、电子元器件、化工品和工业机械等。新加坡货物贸易伙伴主要集中在邻近的东南亚地区以及中国、日本、韩国和美国；主要出口市场为：中国内地、中国香港、马来西亚、印度尼西亚、美国、日本、韩国和中国台湾；主要进口来源地为：中国、马来西亚、美国、中国台湾地区、日本、韩国、印度尼西亚和德国。

中国与新加坡的双边贸易保持持续增长态势。2009 年《中国-新加坡自由贸易协议》①生效后，中新贸易增长态势更加明显。根据中国海关统计数据，2018 年中新两国双边货物贸易额达到 827.6 亿美元，比 2017 年增长 4.4%，其中中国对新加坡出口额 490.3 亿美元，中国从新加坡进口 337.3 亿美元，中国顺差 153 亿美元。虽然两国进出口总额增长率有所波动，但总体增长趋势明显(见图 8-4)。2018 年双边贸易总额比 2007 年增加了 75.6% 以上，其中中国自新加坡进口增加了 92.5%，中国对新加坡出口增加了 65.6%。以单个国家/地区计，2018 年新加坡为中国第 15 大货物贸易伙伴(2017 年为第十四大)，在东盟内为第四大贸易伙伴(与 2017 年相同)。中国是新加坡第一大货物贸易伙伴、第一大出口市场和第一大进口来源国。

(二) 服务贸易

根据新加坡统计局的数据，2018 年新加坡服务贸易额为 4 946.41 亿新元，比 2017 年增长 2.06%。其中，出口 2 462.11 亿新元，增长 3.92%；进口 2 484.30 亿新元，增长 0.27%；贸易逆差 22.20 亿新元。2018 年新加坡服务

---

① 根据《中国-新加坡自由贸易协议》，2009 年开始，新加坡取消中国进口商品所有关税，中国于 2010 年开始对 97.1% 的自新加坡进口产品实行零关税。《中国-新加坡自由贸易协议升级议定书》已于 2019 年 10 月 16 日生效，对原协定原产地规则、海关程序与贸易便利化、贸易救济、服务贸易、投资、经济合作等 6 个领域进行了升级。

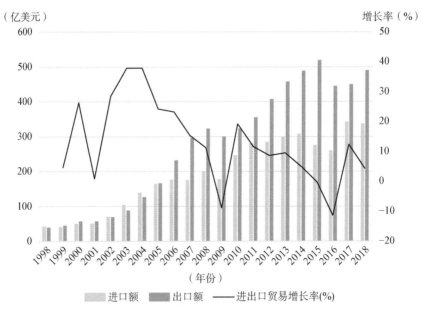

图 8-4 1998—2018 年中国和新加坡进出口额和增长率

资料来源：中经网统计数据库；海关货物进出口数据。

贸易主要出口类别为：运输（28.38%）、其他商业服务（25.95%）、金融（14.86%）、旅游（11.18%）、电信信息服务（7.23%），知识产权使用费服务（4.78%）、维修服务（3.73%）、保险服务业（2.92%）。另外，在其他商业服务中，商业管理和广告和市场研究服务出口分别占总服务出口的 10.25% 和 7.90%，贸易相关服务和营运租赁分别占到 2.28% 和 2.24%。2018 年新加坡主要进口类别为：其他商业服务（29.72%）、运输（29.49%）、旅游（13.76%）、电信信息服务（8.31%）、知识产权（8.24%）、金融（3.55%）、保险服务（2.44%）。在其他商业服务进口类别中，商业管理占总服务进口 8.59%，研发占 8.48%，贸易相关服务出口占 6.09%。

根据新加坡统计局数据，2017 年新加坡服务贸易前五大出口市场为美国（10%）、日本（8.06%）、澳大利亚（7.79%）、中国内地（6.73%）和英国（6.73%）。另外，新加坡服务出口至欧盟占比 16.08%，出口至其他东盟国家占比 8.1%。新加坡前五大服务进口来源地依次为美国（16.28%）、荷兰（5.38%）、中国（4.84%）、中国香港地区（4.06%）、日本（3.22%）。新加坡从欧盟服务进口额占服务进口 17.93%，从其他东盟国家服务进口额占服务总进口额 4.67%。中国为新加坡第四大服务出口市场和第三大服务进口来源国。（注：服务贸易国别统计最新数据为 2017 年）。

根据新加坡统计局数据，从 2001 年到 2017 年，中国和新加坡服务进出口上升趋势明显，仅部分年份服务进口或出口额有所下降，服务贸易为新方顺差（见图 8-5）。2001 年中国和新加坡服务进出口总额为 19.69 亿美元，到 2011 年已上升至 128.52 亿美元，提升了 5.52 倍。2017 年服务进出口总额又上升到 286 亿美元，为 2011 年的 2 倍多。中新两国双边服务最主要是运输、商业管理、贸易相关服务及金融服务等。其中，运输、金融为新方顺差，商业管理和贸易相关服务为中方顺差。

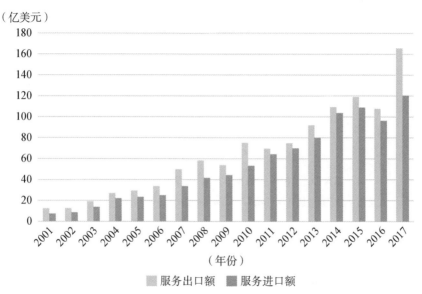

（亿美元）

（年份）

■ 服务出口额 ■ 服务进口额

图 8-5 2001—2017 年新加坡对中国服务进出口额

资料来源：新加坡统计局（https://www.singstat.gov.sg/）。

二、国际投资

新加坡是东盟的商业枢纽，是跨国企业进入东盟地区的首选之地，外国直接投资在新加坡存量和新加坡海外存量占新加坡 GDP 比重均相当高，新加坡是全球跨国公司进入东南亚乃至东亚地区的重要跳板。

（一）新加坡吸引外资和中国对新加坡投资情况

从东盟各国吸收外资数据看，多年来，新加坡每年吸收外资居东盟各国之首（见图 8-6）。根据东盟统计数据，新加坡吸收外国投资额占东盟吸收外资额维持在50%左右,某些年度如2016年达到62%。2018年,新加坡吸收的外商投资流量共776.3亿美元(见图8－7),占流入东盟10国总额的50.2%;引资额排名第二和第三的分别是印度尼西亚和越南,分别引资219.8亿美元和155亿美元,均远低于新加坡。

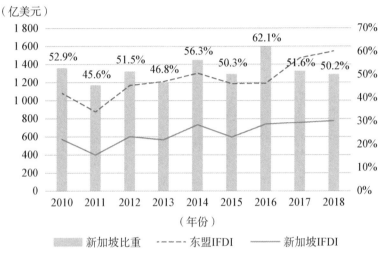

图8－6　2010—2018年东盟10国和新加坡外资流入额

资料来源:东盟统计网(https://data.aseanstats.org/)。

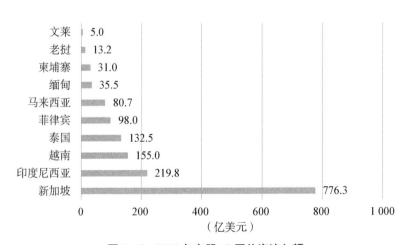

图8－7　2018年东盟10国外资流入额

资料来源:东盟统计网(https://data.aseanstats.org/)。

从存量看，根据新加坡统计局数据，截至 2018 年年底，新加坡外资存量17 473 亿新元。欧盟在新加坡投资存量共有 4 366 亿新元，占各国和地区在新外资存量的 24.98%（其中荷兰占 7.32%）。美国在新加坡外资存量为 3 115亿新元，占 16.74%。外资存量排名第三至第五名的经济体分别为开曼群岛（12.1%）、英属维京群岛（7.5%）、日本（1 179 亿新元，6.8%）[①]。截至 2018 年，中国内地在新加坡直接投资存量共有 417.6 亿新元，占新加坡外资存量的2.4%，仅高于马来西亚（2.25%）；中国香港地区在新加坡投资存量为 609.72 亿新元（占 3.49%），略高于东盟其他各国在新加坡的投资存量 605.59 亿新元（占3.47%）。因此，从外资存量看，中国对新加坡的投资还远远低于欧盟、美国、日本等对外投资发展较早的发达经济体。不过，由于中国对新投资基数较低，因此增长速度较快。根据新加坡统计局数据，中国 2004 年在新加坡直接投资存量仅有 3.6 亿新元，到 2013 年已增长至 178.46 亿新元，是 2004 年的 49.6 倍，2018年存量（417.62 亿新元）又增长到 2013 年的 2.34 倍。

根据中国统计局数据，中国对新加坡投资增长快速。2018 年，中国对新加坡非金融类直接投资 35.5 亿美元，全行业直接投资 64.1 亿美元（见图 8-9）。中国对新加坡投资主要行业包括金融保险服务业、批发零售业、房地产业等。2018 年，新加坡是中国对外投资存量第二大国，中国在新加坡中资企业数量已超过 7 500 家。2018 年，中国企业在"一带一路"沿线对 56 个国家非金融类直接投资 156.4 亿美元[②]，主要投向新加坡、老挝、越南、印度尼西亚、巴基斯坦、马来西亚等国家，其中对新加坡非金融类投资占"一带一路"投资总额的 22.7%。

（二）新加坡对外投资和对中国投资

近年来，新加坡推行"区域化经济发展战略"，大力向海外投资。根据UNCTAD 数据，2018 年，新加坡对外直接投资净额为 371.4 亿美元。1984—2018 年，新加坡对外投资流量在大部分年份低于新加坡吸引外资量（见图 8-8）。1984—2018 年间，仅在 2001 年和 2009 年新加坡对外投资流量高于引资量。从整体趋势看，IFDI 和 OFDI 呈现同趋势增长（见图 8-8），2014—2018年，新加坡每年对外投资净额有所减少。

---

① 新加坡统计局国际投资贸易数据，https://www.singstat.gov.sg/find-data/search-by-theme/trade-and-investment/foreign-direct-investment/laterst-data，本数据访问日期为 2019-11-23，统计数据后期可能有所调整。

② "2018 年 1—12 月我对'一带一路'沿线国家投资合作情况"，2019-01-22，http://fec.mofcom.gov.cn/article/fwydyl/tjsj/201901/20190102829089.shtml。

2018年,新加坡对中国投资项目998个,增长41.4%;实际投资额52.1亿美元,增长9.4%。新加坡对中国投资主要行业包括金融保险业、批发零售业、制造业等①。从2004至2018年新加坡对中国投资的发展趋势看(见图8-9),整体引资水平略有波动。2013年新加坡对中国实际投资金额达到72.3亿美元,之后年份有所下降,特别是受国内外因素影响,2017年对中国投资降至47.6亿美元。新加坡在华企业总数达24 869家,占中国外资企业总数的2.6%②。在"一带一路"沿线国家中,新加坡对中国的投资比重最大。新加坡对中国投资占"一带一路"沿线国家对中国投资总额的80%以上。

从双向投资看,2015年之前,新加坡对中国投资一直高于中国对新加坡投资(见图8-9)。受汇率以及国内外因素影响,2015年中国对新加坡直接投资突然激增至104.5亿美元,2016年快速回落至31.7亿美元。近年中新双边投资年度流量保持相对平稳,且规模非常接近,2018年中国对新加坡投资为64.1亿美元,实际利用来自新加坡的直接投资共52.1亿美元。

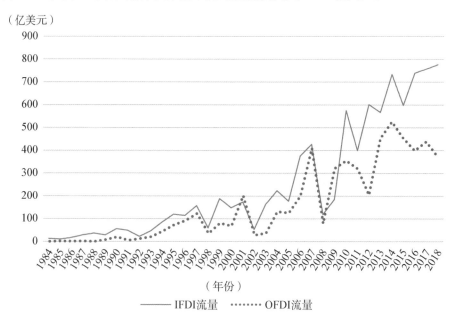

（亿美元）

（年份）

——— IFDI流量　　⋯⋯⋯ OFDI流量

图 8 - 8　1984—2018 年新加坡外国直接投资流入和流出量

资料来源: UNCTAD。

①② "2018 年 1—12 月我对'一带一路'沿线国家投资合作情况",2019 - 01 - 22,http://fec.mofcom.gov.cn/article/fwydyl/tjsj/201901/20190102829089.shtml。

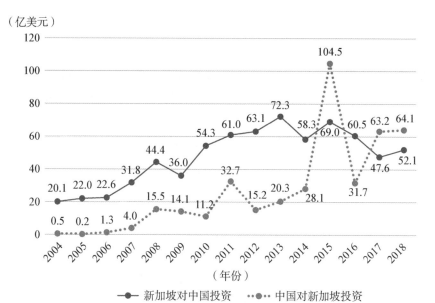

（亿美元）

图 8 - 9　2004—2018 年中国和新加坡双边直接投资情况

注：新加坡来华投资数据为实际利用外资数据。
资料来源：中经网统计数据库；中国商务部数据。

三、中国和新加坡"一带一路"合作进展

新加坡是"一带一路"沿线重要支点国家，共建"一带一路"已成中新合作重点，两国签署了多项合作协议，以充分发挥互补优势。中新"一带一路"合作发挥着良好的示范和引领作用，新加坡依托其金融、航运、技术中心地位，携手拓展"一带一路"沿线国家市场，带动区域"一带一路"建设。

（一）新加坡积极支持和参与共建"一带一路"

自中国提出"一带一路"倡议以来，新加坡政府和民间社会认为新加坡可在"一带一路"特别是"海上丝绸之路"建设中发挥重要作用，一开始就对该战略持积极支持态度。新加坡是亚洲基础设施银行首批 21 个意向创始成员国之一，积极参与了亚投行协定起草工作。2016 年，新加坡政府指派其国家发展部部长兼财政部第二部长黄循财参与"一带一路"国际高峰论坛。在高峰会期间，中国与新加坡签署《中华人民共和国政府与新加坡共和国政府关于

共同推进"一带一路"建设的谅解备忘录》,两国政府同意共同探讨如何实现"一带一路"倡议和两国的国家发展目标的对接。2018 年 11 月,李克强总理访问新加坡期间,双方签署了《中华人民共和国政府和新加坡共和国政府联合声明》。联合声明明确:"一带一路"合作是当前中新关系新重点。双方将继续加强"一带一路"框架下互联互通合作、金融支撑合作、三方合作,以及法律与司法这一新的重点领域合作;将契合两国发展需要,把中新(重庆)战略性互联互通示范项目"国际陆海贸易新通道"和三方合作打造成两大合作新亮点。2019 年 4 月,新加坡总理应邀出席第二届"一带一路"国际合作高峰论坛,进一步提升两国在"一带一路"建设上的合作。2019 年 4 月 29 日,习近平主席会见新加坡总理李显龙,双方进一步表示要继续推动"一带一路"合作,推动共建"一带一路"同《东盟互联互通总体规划 2025》对接,促进东亚经济一体化①。

(二) 多层次双边合作机制为"一带一路"战略合作奠定基础

中国和新加坡建交以来,在许多领域如开发区管理、金融合作、文化科技等方面不断加强合作,双方建立了多层次合作机制,为"一带一路"建设深化合作奠定了基础和提供了良好的条件。中新目前设立有双边合作联委会(JCBC)、中新苏州工业园区、天津生态城、(重庆)战略性互联互通示范项目联合协调理事会②等 4 个副总理级经贸合作机制,另外设有中新投资促进委员会(IPC)等部际合作机制,山东、四川、浙江、辽宁、天津、江苏、广东等省市与新方相关部门建立了省部经贸合作机制。2019 年 10 月 15 日,韩正副总理在重庆会见新加坡副总理王瑞杰,并共同主持中新双边合作联委会第十五次会议、苏州工业园区联合协调理事会第二十次会议、天津生态城联合协调理事会第十一次会议和中新(重庆)战略性互联互通示范项目联合协调理事会第三次会议。

(三) 在多领域推进"一带一路"建设合作

中新两国在设施互联互通、金融支持、第三方市场、专业服务等领域合作不断深化,两国企业合作参与部分重要区域基础设施互联互通项目;两国贸易促进机构合作将为"一带一路"建设项目提供仲裁等商事法律服务;中资金

---

① "习近平会见新加坡总理李显龙",2019 - 04 - 29,http://www.xinhuanet.com/politics/2019-04/29/c_1124433426.htm,最后访问日期:2019 - 11 - 20。

② 这三个理事会对应中新三个政府间合作项目,即中新苏州工业园区、天津生态城、(重庆)战略性互联互通示范项目。来源:http://sg.mofcom.gov.cn/article/ydyl/201910/20191002904706.shtml,最后访问日期:2019 - 11 - 20.

融机构正与新方合作开发"一带一路"金融产品；两国还进一步推进如开发工业园区领域的合作。各领域合作将进一步拓展中国企业在马来西亚市场和"一带一路"沿线国家市场。

2020 年是中国和新加坡建交 30 周年，双方发展势头良好，未来在"一带一路"框架下，中新双方将进一步加强重点领域合作，深化务实，实现双方共同可持续发展，推进亚洲区域一体化。

第九章　意大利贸易和投资制度

第一节　意大利国家概况

一、地理环境

意大利是一个地处地中海中心位置的半岛国家,位于欧洲南部地区,自然资源并不算丰富。国土面积约为 30.2 万平方千米,北部分布着阿尔卑斯山脉,中部是亚平宁山脉。北部是波河平原,利于农业生产。波河是意大利最大的河流,水资源丰富。从地缘优势上看,其北面与法国、瑞士、奥地利、斯洛文尼亚等国接壤,东西南面分别毗临亚德里亚海、爱奥尼亚海和第勒尼安海。意大利是连接欧洲大陆、西亚和非洲等各大洲的枢纽,而且可以连接三大洲约 8 亿的消费者,其便利的运输条件以及消费人群,使得意大利具备较好的投资前景①。从地缘特点上看,意大利主要由亚平宁岛、地中海的西西里岛和萨丁岛等三大岛屿构成。这使得意大利长达 7 000 多千米的海岸线上分布着星罗密布的众多海港,数量高达 300 多个,其中较为著名的港口有热那亚港、威尼斯港、巴里港、塔兰托港、那不勒斯港等。

这些港口主要分布在沿海的几个主要海域范围内,例如热那亚、萨沃纳以及拉斯佩齐亚三大港分布在意大利西北部的利古里亚海沿岸;威尼斯、的里雅斯特两大港口集中于意大利东北部的亚得里亚海沿岸;墨西拿港、焦亚陶罗港以及奥古斯塔港等港口集中于意大利南部的墨西拿海峡。虽然意大利的港口众多,但是发展规模参差不齐。通过热那亚港和那不勒斯港之间的

---

① 赵先进、张晓婷:《"一带一路"倡议下中国与意大利经贸合作的机遇与挑战》,《对外经贸实务》2019年第 6 期,第 26—28 页。

对比可见一二。2016 年,热那亚港货物吞吐量达到 5 000 万吨,集装箱吞吐量有 230 万个标准箱(TEU)。然而,那不勒斯港的货物吞吐量和集装箱吞吐量仅分别为 2 200 万吨和 39 万个标准箱(TEU)。

二、政治环境

从发展历史可看,在欧洲国家中,意大利仍旧属于一个较为"年轻"的国家。意大利王国仅在 1861 年才建立,完全统一是在 1870 年。此前,亚平宁岛上分布着一系列相互竞争、制度迥异的独立、半独立的城邦国、贵族领地。第二次世界大战后,意大利经过全民公投后,决定废除君主制,成立民主制度下的共和国①。共和国政体下,意大利的亚平宁半岛经济发展仍呈现较大的差异,其南方地区(主要包括阿布鲁佐、莫利塞、坎帕尼亚、普利亚、卡拉布里亚、巴西利卡塔等大区以及西西里岛和撒丁岛等在内的地区),虽然占据全国国土面积的 40.8%,占全国人口的 36%,但由于中央政府的忽视,其经济发展较为缓慢,失业率较高,贫困率也远高其他地区。

另外,意大利政治最大的特征是政局缺乏稳定性。长期以来,意大利多党林立的局面导致其政府一直处于频繁更迭的状态。自 1946 年以来,意大利已历经 65 届政府(含上届政府在内),以平均每 13 个月的速度"产出"一届政府。其间,意大利的政治体系和宪法制度没有发生任何大的改变,而意大利的政治环境则变化无常。在过往十年里,意大利出现了六位总理;相比之下,法国和德国政府相对稳定,政府首脑更迭数仅分别为三位和一位②。由于党派林立、民粹主义盛行,导致意大利政府多次改革一再被拖延甚至遭受否决,错失改革良机。2006 年至 2018 年间,意大利政府更换了八任总理。

表 9-1　2006—2018 年意大利政府更迭情况

换届时间	主 要 事 件
2006 年 5 月	• 罗马诺·普罗迪领导中左联盟取得议会选举胜利,并出任总理。普罗迪是学者出生,意大利工业经济学派奠基人,曾在 1996—1998 年担任意大利总理,领导政府削减开支,使意大利成为首批欧元区成员国 • 2007 年 2 月,因意大利政府内部实力分裂、群龙无首,普罗迪递交辞呈,在总统要求下留任至 2008 年 1 月,在参议院通过对政府不信任案后正式辞职

①② 曹慧:《意大利政府缘何频繁倒台》,《世界知识》2019 年第 20 期,第 50—51 页。

续表

换届时间	主 要 事 件
2008 年 5 月	• 西尔维奥·贝卢斯科尼当选总理。贝卢斯科尼是著名企业家、经济学家和传媒巨头,2008 年是其第四次当选意大利总理 • 2011 年 11 月贝卢斯科尼因性丑闻和腐败指控辞职
2011 年 11 月	• 马里奥·蒙蒂受总统纳波利塔诺任命为总理,负责在贝卢斯科尼辞职后组建过渡政府。蒙蒂是著名经济学家和意大利终身参议员,曾任欧盟反垄断专员,被认为是技术专家型政府的绝佳人选,其上台消息一度使意大利 10 年起国债收益率降至 7% 以下,同时欧美股市出现反弹。蒙蒂政府的主要目标是推行结构改革、促进经济增长、削减债务规模和改善财政赤字 • 2012 年 12 月,蒙蒂因失去自由人民党(当时政府中两大最强党派之一)的支持难以履职而辞职
2012 年 12 月	• 皮埃尔·路易吉·贝尔萨尼当选总理 • 2013 年 3 月贝尔萨尼因组阁困难辞职,政府进入 2 个月空窗期
2013 年 4 月	• 恩里克·莱塔由总统纳波利塔诺任命为新一届总理。莱塔认为蒙蒂政府的紧缩政策仅暂时缓解了债务危机,未能促进经济成长,政府需通过解决就业、贫困和小企业危机来改善困难且脆弱的国内形势 • 2014 年 2 月莱塔因其所领导的政府未能通过重大改革而辞职
2014 年 2 月	• 马泰奥·伦齐获得总统纳波利塔诺授权组建新政府,候任总理。伦齐提出要迅速实施改革,着力解决就业、削减政府公共开支 • 2016 年 12 月因意大利修宪公投失败,伦齐辞职
2016 年 12 月	• 保罗·真蒂洛尼由总统马塔雷拉任命为总理,负责组建过渡政府。真蒂洛尼是资深记者和政治家
2018 年 5 月	• 5 月里意大利总统三次换人:5 月 23 日总统宣布朱塞佩·孔特出任总理;5 月 27 日孔特因财政部长人选上的分歧提出退出组阁,经济学家科塔雷利被任命为候任总理;5 月 31 日科塔雷利宣布放弃组阁,孔特再次被任命为候任总理,欧洲首个民粹主义政府正式形成。孔特承诺为贫困人口提供"公民收入"、实行减税、限制移民,这一系列民粹主义措施的消息引起意大利 10 年期国家价格大幅下挫、收益率上涨

资料来源:新世纪评级根据公开资料整理。

究其原因,主要有碎片化的政党分布、比例制的议会选举和议会两院权力相当等方面。例如,相较于英美等国家的两党制,意大利政党的数量众多且规模小,这导致通过选举产生的联合政府较为松散。同时,联合政府的施政意见在议会参、众两院的威信也大打折扣,常常因为政党间基于某个议题难以达成一致协议,而导致该议题难以成功实施。最为不利的是,基于政党的不稳定性，意大利的经济改革也屡屡错失良机。由于是欧盟老牌成员国，在内外不利因素相互影响下，意大利政府常常处于安抚国内民众和兑现欧盟承诺的"腹背受敌"的困境中。例如，意大利执政政府为了提高民意，常常会承诺提高低收入人群的社会保障，降低税率等，但是这与欧盟对其要求的紧缩财政的目标相违背。

三、社会文化环境

意大利当之无愧是欧洲的文化摇篮，是欧洲文艺复兴的发源地，也是世界文化之都，盛产了众多世界文化遗产，其中有 49 项文化遗产列入联合国教科文组织名录，是全球之冠。经过 2 500 多年的发展，意大利在雕塑绘画、文学和建筑艺术、农业技术和地理科学等多个方面达到全球较高水平。同时，意大利的艺术（如歌剧、造型艺术和时装设计等）享誉全球。由此造就了意大利人热情、豪迈、爽朗和乐观的个性。意大利拥有众多海港，独特的城市风貌、优美的岛屿风光、深厚的历史文化地缘，造就了意大利全球第五大旅游胜地。每年出入境游客高达 1.17 亿人次，旅游收入位居全球第六。首都罗马是全国政治、经济、文化等中心，也是历史名城和世界旅游胜地，其他城市如米兰、都灵、热那亚、那不勒斯、佛罗伦萨和威尼斯等，都是全球重要的旅游城市。从人口分布来看，意大利人占据本国人口的 94％，国内少数民族人口有法兰西人、拉丁人、弗留利人、日耳曼人和斯拉夫人等，官方语言是意大利语。意大利人主要信奉的教派是天主教，其余信仰新教、东正教、犹太教、伊斯兰教和耶和华见证会及佛教。

中国与意大利在文化交流方面的合作与日俱增，两国在文化和旅游方面达成的协议也较多，一方面，意大利目前有 12 所孔子学院和 40 多个孔子学堂，容纳超过 3 万多人的学生[①]。另一方面，意大利也在多数大学设置了中文课程，这对双方的文化交流具有重要贡献。同时，中国也陆续向意大利引入国剧京剧《图兰朵》、《浮士德》和《马可·波罗》等经典剧，这也对意大利加深了解中国及其文化具有重要贡献。

---

① 赵先进、张晓婷：《"一带一路"倡议下中国与意大利经贸合作的机遇与挑战》，《对外经贸实务》2019 年第 6 期，第 26—28 页。

第二节　意大利经济发展

一、宏观经济

在欧元区内,意大利当属第三大经济体,也是全球第八大经济体。然而,由于深受 2008 年全球金融危机的冲击,意大利也沦落为欧债危机的重灾区,经济增长更是一落千丈。一方面,意大利的经济增长一直呈现动力不足、支撑不够的状态。欧盟统计局的数据显示(见图 9-1),1994 年开始,意大利经济增长率为 2.89%,1994 年至 2007 年间的增长率均值为 1.62%;2008 年全球金融危机爆发后,意大利经济增长率巨幅降低。2008—2013 年,意大利经济经历了四次严重的衰退,其中欧债危机期间(即 2009 年)增长率竟然降低至−5.48%。2014 年意大利经济才稍显好转,但经济增速仍低于 1% 的水平,且低于同期欧盟的平均值(即 2.1% 左右)。截至 2018 年,其增长率也仅为 0.86%。2008—2018 年的增长率均值仅为−0.37%。另一方面,经济增长过度依赖财政扩张政策,这也导致意大利政府债务不断攀升。欧盟统计局数据

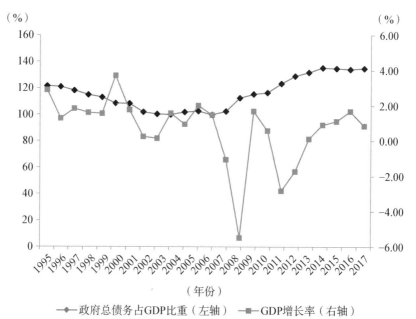

图 9-1　1995—2018 年间意大利政府总债务率和 GDP 增长率

资料来源:Wind 数据库。

显示,在 20 世纪 80 年代,意大利一般政府债务率(即政府债务总额占 GDP 比重)为 60%左右,但在 1994 年之后,债务率就攀升至 121.5%,2014 年之后持续高居于 131%以上。截至 2018 年,意大利一般政府债务率已经攀升至 134.8%的高水平(见图 9-1),是欧盟所设标准的两倍多①,一般政府债务率远高于欧盟、欧元区以及核心成员国(见图 9-2)。尤其是 2008 年全球金融危机爆发后,意大利一般政府债务率长期处于高水平,数据显示,2008—2018 年,意大利一般政府债务率的均值高达 125.45%。相较而言,欧盟 27 国、欧元区均值仅为 80.49%和 86.44%,核心国德国、法国和西班牙仅为 72.85%、89.38%和 81.75%。与此同时,意大利政府的财政刺激政策效果微弱,尤其是政府的公共投资对经济增长的促进作用更是收效有限。从宏观整体看,近几年意大利经济增长一直处于下行通道,经济增长率通常处于欧元区的平均水平(13%)。

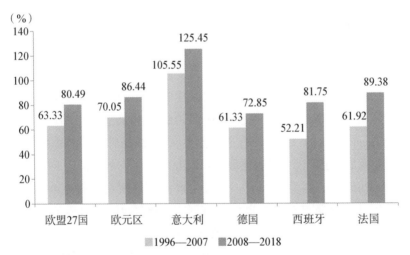

图 9-2 意大利与欧盟、欧元区及其核心国的一般政府债务率

资料来源:Wind 数据库,经作者计算整理。

意大利生产效率相对较低,严重拖累了经济增长。意大利央行的研究数据表明,自加入欧元区以来,意大利的经济增长主要依靠人口增长,而劳动生产率和全要素生产率对经济增长的贡献几乎为零,有时甚至为负数②。尤其是意大

---

① 2012 年欧盟发布的《欧盟运行条约》中规定,欧盟成员国"一般政府负债率不超过 60%"。

② 崔书健:《踏上"一带一路"的意大利纺织业》,《纺织科学研究》2019 年第 5 期,第 26—27 页。

利的小微企业,劳动生产率更低,创新能力不高,在全球化竞争中经常遭受冲击。

二、特色产业

根据国际货币基金组织(IMF)对 2016 年全球各经济体 GDP 总量的排名可知,意大利属于欧洲第四大、世界第八大经济体。以制造业和中小企业闻名,中小企业数量占企业总数的 99.5% 以上,被誉为"中小企业王国"。意大利地区经济发展不平衡,北方工商业发达,南方以农业为主,经济较为落后。意大利在世界范围内拥有一些极具优势的产业,在高新技术和传统技术中均有体现[①]。

首先,纺织服装业是意大利优势特色产业之一,也是较为传统的产业。自第一次工业革命以来,德国、英国、法国和意大利等欧盟核心国一直占据全球纺织服装行业价值链的高端,尤其是在高档时装的品牌、设计和前沿领先技术等方面,不仅在引领全球时尚方面具有独有优势,而且在全球纺织服装消费行业占据重要地位,是全球纺织服装贸易的中心。在意大利,纺织服装业不仅是国民经济的支柱产业,还是该国制造业的核心。目前,意大利拥有 9.3 万多家纺织服装企业,吸纳产业工人接近 80 万人,实现年销售额度高达约 430 亿欧元。在服装行业中,意大利以其卓越的设计、高品质的材料和精巧的制作等领先全球,不仅拥有全球众多顶级奢侈品牌,如 Armani、Zegna、Prada、Gucci、Versace 等,还拥有全球各类二、三线品牌。其纺织服装行业是多个工业区的重点产业,例如比耶拉(Biella)、卡尔皮(Carpi)、卡斯泰贡非多(Castel Gpffredo)、科莫(Como)等,且生产商的规模都维持在小中型状态。另外,意大利纺织服装产业链也很完善,上下游配合默契,包揽了各个产业链环节,如原材料加工、纺纱、织布、染色、后期整理、家纺和成衣等。

由于意大利纺织业企业规模以小中型为主,家族企业经营管理模式占主导。这些小企业仅致力于在一种或几种产品上进行深挖,力图达到成品的"专、精、特、新"。不同于大企业注重研发能力的提升和新科技的运用,意大利的纺织服装业企业更注重高档面料、精致加工和自身品牌价值的提升,产品主要以成衣、面料、纱线和针织品为主,致力服务于国际高端市场。从出口国家或地区看,意大利的纺织品主要出口到欧洲国家(如德国、法国、英国和

---

① 《意大利优势产业》,http://ozs. mofcom. gov. cn/article/zojmgx/c/201707/20170702614092.
shtml.

瑞士等)、美国、日本、俄罗斯和中国等。金融危机过后,全球消费市场深受打击,消费低迷冲击了意大利的纺织服装业,新兴市场国家,尤其是中国逐渐成为其纺织服装业的新增长点。

其次,意大利的自动化机械产业发达,是重要的特色产业之一。意大利的自动化机械产业主要集中于其北部地区,主要得益于其物流高效、人才集中以及矿产资源丰富等。其中意大利的液体包装机械的出口规模占全球第二,该包装机械的主要特点是客户的定制化和产品的专业化。意大利食品与饮料产业的需求占据液体包装机械总需求的 40%,尤其饮料产业是主要服务对象。其优势在于可以按照客户的要求进行设计与生产,确保设计质量与生产质量①。另外,意大利是全球重要的汽车生产国之一,因此,其汽车制造业在其国内经济中占据重要份额。以菲亚特集团为主的多家汽车企业制造商,拥有完整的汽车产业链,在整车设计、制造、发动机设计和研发等方面具有世界级领先优势。著名汽车制造商菲亚特集团,是意大利第一大汽车制造企业,是全球第七大汽车制造商,生产链条囊括金融、保险、航空、能源等诸多领域。其使用的“多点喷射柴油发动机”(Multijet),是全球范围内最先进的柴油发动机产品之一。

最后,食品工业也是意大利的传统优势产业。例如,意大利的葡萄酒行业是其标志性产品,葡萄酒出口量占据国内食品出口的 20%,是仅次于法国的全球第二大葡萄酒生产国,葡萄酒生产商高达 65 万多家,年销售收入超过130 亿欧元。2015 年,意大利葡萄酒出口超越法国,成为全球第一大葡萄酒出口国,出口的国家主要是欧盟(如德国、法国、英国、荷兰和奥地利)。据统计,全球出口的葡萄酒中每 5 瓶就有一瓶产自意大利。意大利葡萄酒生产中,55% 为红葡萄酒,45% 为白葡萄酒。另外,意大利的特色食品还有意大利面、蔬菜罐头、橄榄油、大米、甜食糕点、肉食制品(尤其是猪肉制品)和奶制品等。这些带动了意大利的食品加工及包装行业的发展,该产业是排名仅次于机械制造业的第二大产业部门。食品加工涉及肉类及海鲜加工、果蔬加工、烘焙食品加工、食品包装机械、食品检测和安全、工厂设备及技术等领域。据统计,2017 年意大利国内食品加工包装行业的就业人数高达 40 万人左右,实现营业总额 1 270 亿欧元。

---

① 马子领、张小盈、李振霄、陈臻:《液体包装机械发展综述》,《河南科技》2018 年第 10 期,第46—48 页。

三、经贸关系

(一)总体经贸概况

意大利对全球出口的商品主要是机电产品、化工产品和运输设备等三大类产品。中国商务部数据显示,2018 年意大利对外贸易中这三类商品的出口规模分别为 1 403.0 亿美元、579.5 亿美元和 565.7 亿美元,占其对外出口份额的 25.7%、10.6%和 10.4%。据欧盟统计局最新数据显示,2019 年 1—6 月,意大利货物进出口总额为 5 121.3 亿美元,其中出口金额 2 685.1 亿美元,进口金额 2 436.2 亿美元,呈现贸易顺差,顺差额为 248.8 亿美元。前三位贸易顺差来源地分别是美国、英国和瑞士,顺差额分别为 154.3 亿美元、80.1 亿美元和 79.9 亿美元。逆差来源地是中国、德国和荷兰,逆差额分别为 103.7 亿美元、65.3 亿美元和 62.1 亿美元。具体看,从出口国别(或地区)看,欧洲国家和美国是意大利纺织服装出口的主要目的地,2019 年 1—6 月,意大利出口前四名国家分别是德国、法国、美国和瑞士,出口额分别为 338.4 亿美元、288.0 亿美元、251.7 亿美元和 143.9 亿美元。从进口国别(或地区)看,德国、法国、中国和荷兰是前四大进口国,进口额分别为 403.7 亿美元、213.8 亿美元、177.0 亿美元和 130.2 亿美元,分别占意大利进口总额的 16.6%、8.8%、7.3%和 5.3%。

表 9 - 2　2019 年 1—6 月意大利对主要贸易伙伴国出口额

国家	金额 (百万美元)	同比 (%)	占比 (%)
总值	268 508	−4.2	100.0
德国	33 836	−5.9	12.6
法国	28 801	−4.3	10.7
美国	25 165	0.5	9.4
瑞士	14 385	4.1	5.4
英国	14 216	2.3	5.3
西班牙	13 801	−5.5	5.1
比利时	7 998	−1.4	3.0
波兰	7 529	−10.4	2.8
中国	7 328	−6.4	2.7

续表

国家	金额 （百万美元）	同比 （%）	占比 （%）
荷兰	6 807	−4.2	2.5
奥地利	5 918	−4.0	2.2
土耳其	4 515	−22.5	1.7
罗马尼亚	4 334	−5.5	1.6
日本	4 158	9.5	1.6
俄罗斯	4 062	−6.3	1.5

资料来源：中国商务部。

表 9-3　2019 年 1—6 月意大利对主要贸易伙伴国进口额

国家	金额 （百万美元）	同比 （%）	占比 （%）
总值	243 624.0	−5.3	100.0
德国	40 369.0	−6.4	16.6
法国	21 377.0	−5.6	8.8
中国	17 698.0	−0.6	7.3
荷兰	13 019.0	−5.5	5.3
西班牙	12 244.0	−3.5	5.0
比利时	11 066.0	−5.4	4.5
美国	9 739.0	0.8	4.0
俄罗斯	8 290.0	−1.5	3.4
瑞士	6 396.0	−7.9	2.6
英国	6 202.0	−9.1	2.6
波兰	5 832.0	0.0	2.4
奥地利	5 478.0	−7.3	2.3
土耳其	5 430.0	−4.1	2.2
罗马尼亚	4 137.0	−4.6	1.7
捷克	3 913.0	−7.8	1.6

资料来源：中国商务部。

从商品类别看,意大利前四大类出口商品分别是机电产品、化工产品、运输设备和贱金属及制品。中国商务部数据显示,2019 年 1—6 月,这四大类商品出口金额分别是 668.4 亿美元、313.6 亿美元、270.9 亿美元和 261.8 亿美元,分别占意大利总出口额的 24.9%、11.7%、10.1%和 9.8%。其中,在机电产品出口中,机械设备、电机和电气产品出口额分别为 509.8 亿美元、219.5 亿美元。在进口商品中,机电产品、化工产品、矿产品和运输设备是主要的进口品,1—6 月进口金额分别为 414.8 亿美元、318.0 亿美元、317.2 亿美元和 278.5 亿美元,分别占意大利进口总额的 17.0%、13.1%、13.0%和 11.4%。

(二) 对中国经贸关系

历史上,意大利是古丝绸之路的起点,这得益于意大利的地理优势。意大利地处欧洲东南角,背靠欧洲大陆,国土深入地中海区域,具有承担西方与东方间贸易中转站的作用。在古丝绸之路上,欧洲与东方之间的贸易如丝绸、茶叶和香料等都要经过意大利,进入欧洲市场,这有利地促进了意大利与东方之间的贸易发展。意大利旅行家和商人马可·波罗对东方尤其是中国文明的传播起到巨大的推动作用。中国是意大利重要的、亚洲最大的贸易伙伴,双方贸易规模增长势头显著,意大利对中国始终处于逆差状态。中国商务部数据显示,2018 年中国和意大利双边贸易总额高达 500 多亿美元。从近几年贸易趋势看,2013—2018 年,中国和意大利的贸易规模总体呈现上升态势。其中,2018 年两国双边贸易总额高达 518.7 亿美元,意大利对中国的贸易逆差额高达 207.9 亿美元。中国商务部最新数据显示,2019 年 1—6 月,意大利与中国双边贸易额为 250.3 亿美元,中国呈现贸易顺差,顺差额为 103.7 亿美元。

在出口方面,2018 年意大利对中国出口额为 155.4 亿美元。其中,机电产品是意大利对中国的主要出口商品,2018 年出口额为 54.5 亿美元,占对中国出口总额的 35.1%。具体看,机电产品中机械设备出口 47.2 亿美元,电机和电气产品出口 7.3 亿美元。纺织品、原材料和化工产品等是意大利对中国出口的第二大重要商品,2018 年出口规模为 46.5 亿美元,约占对中国出口的 30%。

最新数据显示,2019 年 1—6 月,意大利对中国出口额已达 73.3 亿美元,占其对外出口总额的 2.7%。1—6 月出口额为 25.6 亿美元,占意大利对中国出口额的 35.0%,其中机械设备、电机和电气产品对中国出口额分别为 22.5 亿美元、3.2 亿美元。另外,化工产品、纺织品及原料、运输设备等也是意大利出口中国的重要商品,出口总额为 22.7 亿美元,占对中国出口总额的 31.0%。

表 9-4　2019 年 1—6 月意大利对中国出口主要商品构成

海关分类	HS 编码	商品类别	2019 年 1—6 月	上年 同期	同比 (%)	占比 (%)
类	章	总值(百万美元)	7 328	7 826	−6.4	100.0
第 16 类	84—85	机电产品	2 562	2 789	−8.1	35.0
第 6 类	28—38	化工产品	937	956	−2.1	12.8
第 11 类	50—63	纺织品及原料	737	735	0.4	10.1
第 17 类	86—89	运输设备	594	610	−2.6	8.1
第 15 类	72—83	贱金属及制品	442	502	−12.0	6.0
第 8 类	41—43	皮革制品、箱包	391	415	−5.9	5.3
第 7 类	39—40	塑料、橡胶	314	350	−10.2	4.3
第 18 类	90—92	光学、钟表、医疗设备	310	365	−15.1	4.2
第 20 类	94—96	家具、玩具、杂项制品	306	322	−4.8	4.2
第 12 类	64—67	鞋靴、伞等轻工产品	183	176	3.9	2.5
第 4 类	16—24	食品、饮料、烟草	149	162	−7.8	2.0
第 5 类	25—27	矿产品	129	130	−0.7	1.8
第 13 类	68—70	陶瓷、玻璃	98	109	−9.8	1.3
第 10 类	47—49	纤维素浆、纸张	54	89	−39.7	0.7
第 9 类	44—46	木及制品	31	33	−5.0	0.4
		其他	91	85	7.6	1.2

资料来源：中国商务部。

在进口方面,意大利从中国进口的商品主要是机电产品。2018 年,意大利从中国进口机电规模为 140.3 亿美元,占从中国进口的 38.6%。进口的机电产品主要包括电机和电气产品、机械设备等,2018 年两者进口规模分别为 76.3 亿美元和 64 亿美元。另外,意大利也从中国进口大量的纺织原材料产品,2018 年进口额为 52.6 亿美元。

最新数据显示,2019 年 1—6 月意大利对中国进口金额为 177.0 亿美元,占其进口规模的 7.3%。其中,机电产品进口 67.8 亿美元,包括电机和电气产品(34.7 亿美元)和机械设备(33.1 亿美元)。在机电产品方面,中国是意大利第二大进口国,占据市场份额的 16.3%;相较而言,第一位的德国占据 21.7%。2014 年 1—6 月,意大利从中国进口纺织产品等 23.9 亿美元,包括非针织或非钩编的服装(6.3亿美元)和针织或钩编的服装(4.6亿美元)。

表 9-5 2019 年 1—6 月意大利从中国进口主要商品构成

海关分类	HS 编码	商品类别	2019 年 1—6 月	上年同期	同比（％）	占比（％）
类	章	总值(百万美元)	17 698	17 806	−0.6	100.0
第 16 类	84—85	机电产品	6 777	6 672	1.6	38.3
第 11 类	50—63	纺织品及原料	2 392	2 411	−0.8	13.5
第 15 类	72—83	贱金属及制品	1 620	1 811	−10.5	9.2
第 6 类	28—38	化工产品	1 263	1 367	−7.6	7.1
第 20 类	94—96	家具、玩具、杂项制品	1 126	1 072	5.1	6.4
第 7 类	39—40	塑料、橡胶	873	861	1.5	4.9
第 18 类	90—92	光学、钟表、医疗设备	839	827	1.4	4.7
第 12 类	64—67	鞋靴、伞等轻工产品	657	622	5.6	3.7
第 17 类	86—89	运输设备	561	603	−6.9	3.2
第 8 类	41—43	皮革制品、箱包	557	555	0.3	3.2
第 13 类	68—70	陶瓷、玻璃	282	281	0.4	1.6
第 10 类	47—49	纤维素浆、纸张	145	130	11.4	0.8
第 5 类	25—27	矿产品	125	128	−2.3	0.7
第 2 类	06—14	植物产品	117	119	−2.2	0.7
第 14 类	71	贵金属及制品	98	106	−7.2	0.6
		其他	266	241	10.4	1.5

资料来源：中国商务部。

四、金融市场

2009 年,意大利与希腊等五个欧元区国家陷入欧洲主权债务危机,主权债务风险急剧攀升,金融风险传导至经济领域,导致经济增长大幅下滑,呈现衰退现象。虽然欧元区积极实施宽松的货币政策,并辅之以紧缩的财政政策,但是意大利债台高筑的现状并未好转。政府主权债务风险导致银行信用受到冲击,增加银行信贷风险,国内银行储蓄大量转移至瑞士银行,例如,2010 年意大利家庭私人财富净值为 25.8 万欧元,但是 2016 年已经降低为 20.6 万欧元。同时,欧债危机的冲击下,意大利银行已经增持了 1 300 多亿欧元的本国政府债券,这些高风险的政府债券,进一步增加了银行系统的金融风险。

在欧债危机的影响下,意大利经历了多次大规模资金外逃,主要是通过大量抛售政府和银行债券等证券的形式流出。2011 年 7 月—2012 年 6 月,意大利发生了第一次大规模资本流出,流出规模高达 1 600 多亿欧元。2016 年意大利宪法公投失败之后,发生了第二次大规模资本流出,投资者大量抛售意大利证券,于 2016 年 12 月创下了单月流出量历史高值。最后一次发生于2018 年 5 月,意大利国内民粹主义政党联盟上台之后,接连两个月(即 5 月和6 月)发生了资本流出,流出金额分别为 345 亿欧元和 429 亿欧元。

从债务分布结构看,意大利的高债务主要来源于政府债务的高企。对比政府部门、非金融企业部门和居民部门的杠杆率,政府部门杠杆率远高于非金融企业和居民。国际清算银行数据显示(见图 9-3),2018 年意大利政府部门杠杆率高达 134.9%,非金融企业部门和居民部门分别为 69.7% 和40.8%。政府部门杠杆率自 2009 年欧债危机之后一直处于上涨态势,其他两部门的杠杆率处于下降趋势。

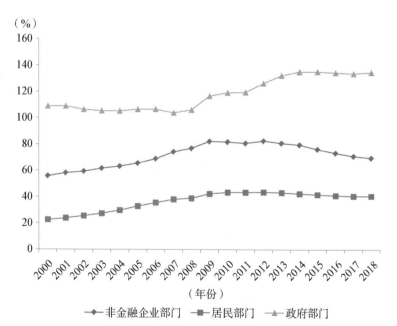

图 9-3　意大利政府部门、非金融企业部门和居民部门的杠杆率

资料来源:国际清算银行(BIS)。

究其原因,第一,意大利政府通过发债带动经济增长。尽管国内经济增长缺乏动力,失业率攀升,但是欧元区的统一货币政策,使得意大利丧失通过货币政策手段刺激经济增长的重要方式,只有借助于财政政策。第二,意大利政府频繁更迭,导致财政政策的连续性难以保证,只能通过不断扩大发债规模,增加增幅赤字等短期手段推动经济增长。第三,意大利银行大量持有政府债务,导致银行业本身的脆弱性大幅上升。一方面,长期累积下来的银行业坏账率不断攀升。IMF 数据显示,2017 年意大利坏账率高达14.38%,同期欧元区平均水平为 6%左右。另一方面,意大利银行的盈利水平长期处于低位,且银行从业人员过多,运营效率较低。同时,银行业务主要依靠传统的常规贷款,在欧洲央行长期维持低利率环境下,银行盈利能力更是雪上加霜。因此,意大利政府高企的债务,若发生违约,首当其冲的是其银行业。

五、营商环境

营商环境体现了一个国家或地区综合实力和经济软实力,反映该国家或地区政治、经济、文化、科技等方面的综合发展情况。营商环境直接影响企业设立、运营、发展等各个经济活动环节,对地区发展、外来投资、就业等产生重要影响[1]。根据世界银行发布的《2019 年营商环境报告》,意大利营商环境便利度排在全球第 58 位,营商环境便利度得分 72.9。意大利作为经合组织(OECD)的一员,人口约 6 000 多万,人均收入约 3.4 万美元,2020年全球营商环境便利度排名较为靠前。从营商环境具体包含的项目看,按照排名先后顺序分别为跨境贸易、办理破产、登记财产、获得电力、保护少数投资者、办理施工许可证、开办企业、获得信贷、执行合同、纳税。相较2019 年,2020 年意大利营商环境便利程度降低 0.1 个百分点,其中纳税便利度降幅最大,降了 2.3 个百分点。与此同时,办理破产、获得电力和办理施工许可证程度的便利度都有所提高,分别提高了 0.2、0.1 和 0.1个百分点。

---

① 朱荪远:《全球营商环境浅析》,《竞争情报》2019 年 10 月,第 59—66 页。

表9-6　意大利全球营商环境排名和便利度得分情况

	2020年全球排名	2020年营商环境便利度得分	2019年营商环境便利度得分	营商环境便利度分数变化(百分点)
总体	58	72.9	73	−0.1
开办企业	98	86.8	86.8	0
办理施工许可证	97	68.3	68.2	0.1
获得电力	38	86.1	86	0.1
登记财产	26	81.7	81.7	0
获得信贷	119	45.0	45	0
保护少数投资者	51	66.0	66	0
纳税	128	64.0	66.3	−2.3
跨境贸易	1	100.0	100	0
执行合同	122	53.1	53.1	0
办理破产	21	77.5	77.3	0.2

资料来源：世界银行《2019年营商环境报告》，经作者整理而得。

　　在开办企业方面，在意大利注册资本为1欧元的标准化公司，需要7个人(OECD高收入经济体为4.9个)，耗时11天(OECD高收入经济体为9.2天)，所花费成本占人均收入的13.8%(OECD高收入经济体为3.0%)。从得分情况来看，在意大利开办企业较为便利，各指标得分都很高，其中最低实缴注册资本要求最低，便利度得分最高(为100)。其次是所花费成本和时间(分别为93.1和89.4)。

表9-7　在意大利开办企业的便利度

标准化公司　最低注册资本　1欧元			
指标	意大利	OECD高收入经济体	总体表现最佳者
开办企业手续——男性(数量)	7	4.9	1
开办企业耗时——男性(天数)	11	9.2	0.5
开办企业成本——男性(人均收入百分比)	13.8	3.0	0.0

续表

指标	意大利	OECD 高收入经济体	总体表现最佳者
开办企业手续——女性(数量)	7	4.9	1
开办企业耗时——女性(天数)	11	9.2	0.5
开办企业成本——女性(人均收入百分比)	13.8	3.0	0.0
最低实缴资本(人均收入百分比)	0.0	7.6	0.0

注:经济体开办企业便利度的排名取决于其在开办企业方面的分数的排序。这些分数为各个分指标的分数的简单平均值。

资料来源:世界银行《2019 年营商环境报告》,经作者整理而得。

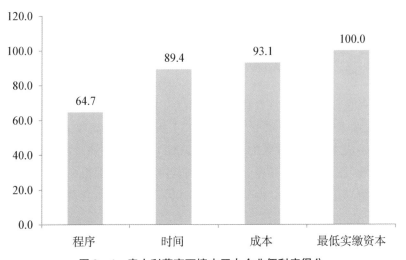

图 9‒4 意大利营商环境中开办企业便利度得分

资料来源:世界银行《2019 年营商环境报告》,经作者整理而得。

在办理施工许可证方面,在意大利为一个估值为 146.8 万欧元的仓库办理施工许可证需要走完 14 个流程,耗时 189.5 天,花费成本相当于人均收入的 3.4%。对比 OECD 高收入经济体而言,便利性稍差。

表 9-8 意大利办理施工许可证便利度

仓库估计价值 1 467 994 欧元			
指标	意大利	OECD 高收入经济体	总体表现最佳者
程序（个）	14	12.7	2018 和 2019 年都无表现最佳者
时间（天）	189.5	152.3	2018 和 2019 年都无表现最佳者
成本（人均收入的％）	3.4	1.5	2018 和 2019 年都无表现最佳者
建筑质量控制指标（0—15）	11	11.6	15.0

资料来源：世界银行《2019 年营商环境报告》，经作者整理而得。

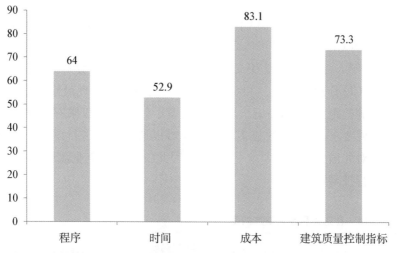

图 9-5 意大利营商环境中办理施工许可证便利度得分

资料来源：世界银行《2019 年营商环境报告》，经作者整理而得。

在获得电力方面（见表 9-9），在意大利获得 16.8 美分每千瓦时电力，相较 OECD 高收入经济体而言，需要花费的成本较高，占人均收入的 138.9％；OECD 仅为人均收入的 61.0％。其他指标（如程序、时间、供电可靠性和电费指数透明度等）与 OECD 相差较小。

表 9 - 9　在意大利获得电力的便利度

电价(美分每千瓦时)　16.8			
指标	意大利	OECD 高收入经济体	总体表现最佳者
程序(个)	4	4.4	3(28 个经济体)
时间(天)	75	74.8	18(3 个经济体)
成本(人均收入百分比)	138.9	61.0	0.0(3 个经济体)
供电可靠性和电费指数透明度(0—8)	7	7.4	8(26 个经济体)

资料来源:世界银行《2019 年营商环境报告》,经作者整理而得。

在登记财产方面(见表 9 - 10),在意大利所花费时间相较 OECD 高收入经济体少,仅需要 16 天,OECD 需要 23.6 天。在获得信贷方面(见表 9 - 11),相较 OECD 高收入经济体而言,意大利具有相对优势的是信贷登记机构覆盖率(成年人百分比)和信用局覆盖率(成年人百分比),分别达到 31.1% 和 100%;OECD 分别为 24.4% 和 66.7%。但是相对总体表现最佳者,意大利还具有较大的差距,这可能与意大利银行收紧了信贷审批权限有关,加大了对信贷的条件要求,甚至导致很多本地企业难以通过银行进行融资。同时,意大利银行对外国投资者的要求更是苛刻,因此较不利于企业在意大利本地获得贷款进行投融资活动。

表 9 - 10　在意大利登记财产的便利度

指标	意大利	OECD 高收入经济体	总体表现最佳者
程序(个)	4	4.7	1(5 个经济体)
时间(天)	16	23.6	1(2 个经济体)
成本(财产价值的%)	4.4	4.2	0.0(沙特阿拉伯)
土地管理系统的质量指数(0—30)	26.5	23.2	2018 年和 2019 年无表现最佳者

资料来源:世界银行《2019 年营商环境报告》,经作者整理。

表 9-11　在意大利获得信贷的便利度

指标	意大利	OECD 高收入经济体	总体表现最佳者
合法权利力度指数(0—12)	2	6.1	12(5 个经济体)
信贷信息深度指数(0—8)	7	6.8	8(53 个经济体)
信贷登记机构覆盖率(成年人百分比)	31.1	24.4	100.0(2 个经济体)
信用局覆盖率(成年人百分比)	100	66.7	100.0(14 个经济体)

资料来源：世界银行《2019 年营商环境报告》，经作者整理而得。

在保护少数投资者方面,在意大利,上市公司在公司透明度和信息披露、股东权利等方面均处于较高水平,相关指数高于 OECD 高收入经济体。例如意大利的公司透明度指数高达 7,是总体表现最佳者的得分,而 OECD 高收入经济体仅为 5.7。

表 9-12　在意大利保护少数投资者的便利度

标准化公司	
证券交易所	Borsa Italiana
证券交易所连接	http://www.borsaitaliana.it
发行所有权证券的上市公司	345

指标	意大利	OECD 高收入经济体	总体表现最佳者
披露指数(0—10)	7	6.5	10(13 个经济体)
董事责任指数(0—10)	4	5.3	10(3 个经济体)
股东诉讼便利度指数(0—10)	6	7.3	10(吉布提)
股东权利指数(0—7)	5	4.7	6(19 个经济体)
所有权和管理控制指数(0—7)	4	4.5	7(9 个经济体)
公司透明度指数(0—7)	7	5.7	7(13 个经济体)

资料来源：世界银行《2019 年营商环境报告》，经作者整理而得。

在纳税方面(见表 9-13),在意大利,一家中型企业在一年中需要纳税 14 次,需要花费 238 个小时;相较而言,OECD 仅需要花费 158.8 个小时,表现最佳者仅需要 49 个小时。在意大利缴纳税费占利润百分比为 59.1%,OECD 为 39.9%,表现最佳者仅为 26.1%。由此可见,在企业支付税费及其在缴付税款过程中行政负担方面,意大利与 OECD 其他高收入国家仍旧有差距。

表 9‑13　在意大利纳税的便利度

指标	意大利	OECD 高收入经济体	总体表现最佳者
纳税(次)	14	10.3	3(2 个经济体)
时间(小时)	238	158.8	49(3 个经济体)
总税率和社会缴纳费率(占利润百分比)	59.1	39.9	26.1(33 个经济体)
报税后流程指标(0—100)	52.4	86.7	2018 和 2019 年无表现最佳者

资料来源:世界银行《2019 年营商环境报告》,经作者整理。

值得一提的是,意大利在跨境贸易便利化方面具有较高的优势,世界银行的营商环境便利度得分较高(得分 100),各项指标也远高于 OECD 的其他经济体。

表 9‑14　在意大利跨境贸易的便利度

指标	意大利	OECD 高收入经济体	总体表现最佳者
出口耗时:边界合规(小时计)	0	12.7	1(19 个经济体)
出口所耗费用:边界合规(美元计)	0	136.8	0(19 个经济体)
出口耗时:单证合规(小时计)	1	2.3	1(26 个经济体)
出口所耗费用:单证合规(美元计)	0	33.4	0(20 个经济体)
进口耗时:边界合规(小时计)	0	8.5	1(25 个经济体)
进口所耗费用:边界合规(美元计)	0	98.1	0(28 个经济体)
进口耗时:单证合规(小时计)	1	3.4	1(30 个经济体)
进口所耗费用:单证合规(美元计)	0	23.5	0(30 个经济体)

资料来源:世界银行《2019 年营商环境报告》,经作者整理。

第三节　意大利政策法规

一、对国内投资的政策支持

第一,补贴直接投资和先进技术。2016 年,意大利启动了"国家工业 4.0 计划",直接对投资和先进技术的投入实施减税补贴,加强高等教育和技术培训,加强数字科学的教育、培训与应用等。意大利央行也对未来如何深化结构性改革提供方案,内容主要包括:鼓励企业引入股权投资,提高现代管理技术水平;深化劳动力市场改革,强化竞争淘汰机制;引入教育评估体系,提高教育培训水平和灵活性;加快不良贷款处置,提高放款质量和放款规模;加快公共管理体系的改革,建立数字基础设施;等等。此外,为了推动成员国的结构性改革,欧盟设立了结构改革资助方案,并在预算中增加结构改革的资金①。

第二,扶持中小企业创新与发展。意大利拥有较为成熟的中小企业工业园区发展经验,中小企业数量占比在欧洲国家中较高,其制造业中小企业又占到制造企业的绝大多数。据意大利国家统计局数据,2018 年,意大利共有产业集群 156 个,涵盖人口 1 250 万;集群内制造业企业 21.5 万家,占全国制造业企业的 40%,其中 95% 以上为中小企业;制造业从业人员 200 万人,占全国的 39.3%;制造业产值占全国 GDP 的 27.2%②。为了帮助中小企业发展,避免同质化竞争,意大利有较为严格的商业行会管理制度。意大利对产业园区内中小企业实行半强制性的管理,利用相关法律和规范,严格管理和规范企业员工的行为,其中涉及企业销售与市场、产品策划、原材料采购以及产品生产等。在意大利中小企业园区中,商业行会能够有效调剂企业的生产规模、企业细分产品生产领域,有效降低恶性竞争。在此过程中,意大利园区内企业与商行建立了一种相互信任的关系,在经济不景气时,可以通过协调生产资金互帮互助,以及进行订单调配等方式,降低生产成本和减少负面冲击。

同时,意大利国内各类产业园区都拥有完善的金融服务和服务企业的相关组织,为企业融资提供帮助。意大利政府也颁布了《扶持中小企业创新与

---

① 汤柳:《悬而未决的意大利预算危机》,《中国金融》2019 年第 3 期,第 85—86 页。
② 陈笑天、赵芸芸、念沛豪、王曼:《意大利中小企业工业园区发展路径与经验》,《中国计算机报》2019 年 11 月 4 日。

发展法》,为园区的金融服务提供帮扶。其中,园区所在辖区政府,也会通过建立各类合作银行、互助银行等金融机构,以及各类创新扶持基金,为中小企业融资提供便利渠道。

第三,意大利政府还会对工业园区的企业提供精准支持政策,并制定企业互助制度。这样做的目的是尽最大可能降低外部环境的剧烈波动给中小企业生产带来的负面冲击。相关政策规定,园区内员工少于 200 人的企业,可以享受到精准扶持政策。中小企业在三年内减免相当于投资额 20%—25%的税收,用于技术革新、改造设备和提升产品质量的资金可以抵扣税收。另外,为了鼓励中小企业进行技术研发和创新活动,相关优惠政策规定,若企业进行技术研发和技术推广以及为了改善技术出口等作出贡献的,可以享受利润额度 30%的税收减免优惠。若为了进行技术创新而增加雇佣劳工的企业,可以享受利润额 40%—50%的税收减免优惠。

二、外商投资的政策支持

意大利非常重视外来资本。为了加大吸引外来投资者进入,意大利政府针对外国投资者制定了较为宽松的投资政策,规定外来投资者享受本地企业的待遇,例如允许拥有 100%的产权。在意大利的南部地区,外商投资企业只要不违背当地《公司法》以及相应的监管规定,在符合相应资质的条件下,可以获得当地适度的补贴①。意大利对进入其南部地区(即指罗马以南,包括撒丁岛和西西里岛)的外资提供财政支持和帮助,方式是对企业进行资金注入。在南部地区新设生产类企业,可以享受 10 年内免缴企业税的待遇。如果企业将在意大利投资所获利润,再投入南部地区或相关企业,还可以享受部分企业税收减免待遇。由于南部地区经济发展相对滞后,外资进入能够带动就业,政府为外资提供帮助,有利于这部分企业开展业务并增加就业岗位。例如,在意大利的阿布鲁佐(Abruzzo)地区,外资进入建厂投资,意政府为其提供财政补贴。但是,能够享受政府财政补贴的投资项目主要是企业进行现代化更新升级、扩大生产规模以及引入新技术等类型的投资。

意大利政府还针对企业从事研发项目提供支持和财政补贴。例如,意大利政府对在托斯卡纳(Toscana)地区进行诸如信息和电信技术相关的新投资

---

① 赵先进、张晓婷:《"一带一路"倡议下中国与意大利经贸合作的机遇与挑战》,《对外经贸实务》2019 年第 6 期,第 26—28 页。

项目提供财政补贴等。

　　欧盟对外来投资的审查较为严苛,在敏感行业如钢铁和汽车等领域禁止外资投入,或者必须获得欧盟的特殊授权。意大利作为欧盟的重要成员国之一,在外资、贸易政策等方面并没有独立的决策权,必须按照欧盟统一的经贸规则,在此基础上再制定符合本国发展的外资、外贸政策。近几年,由于中国对欧洲投资的不断增加,引起欧盟的警惕,并加大审批难度,收紧审批权限。中国企业在德国等欧盟国家进行投资并购等方面的活动,大都因为政治审查不过关,失去最佳投资机会。

三、劳工保护政策

　　意大利非常重视对劳工的保护,制定了较为严苛的保护制度,在某些方面看起来是对劳动者进行了过度保护。赵先进等指出,"员工做出有违职业道德的行为,只要未违背法律,工会就会维护公认的权益,而且除非员工主动提出辞职,企业不能以任何理由辞退长期员工,此举不仅会使企业劳动力成本增加,也会造成员工工作积极性的降低。"[①]2014年万宝集团收购ACC集团,虽然亏损严重,但是还是不能按照解聘流程裁员,只能通过减少工作时间来替代裁员,因为当时意大利的经济发展部和劳工部等都出面进行调查,最终企业只能妥协,避免裁员。

四、对港口发展的政策支持

　　意大利是一个半岛国家,海岸线长约7 000千米,分布着大大小小300多个港口。为加快协调区域内港口的协调发展,增强港口的国际竞争力,2015年开始,意大利政府启动区域内港口整合改革,优化区域内港口资源配置。2015年7月,意大利出台了《面向港口和物流体系的国家战略规划》,2016年8月4日通过《地方港务管理局的重组、合理化与简化》法令,即第169号法令(No. 169/2016)。这次针对港口的整合改革是自1994年第84号法令后,意大利最大力度的一次港口改革,大幅度调整了港口治理结构,将全国24个地方港务管理局整合为15个(见表9-15)。

　　意大利港口管理模式主要采用地主港管理的基本模式,在此基础上,政

---

　　① 赵先进、张晓婷:《"一带一路"倡议下中国与意大利经贸合作的机遇与挑战》,《对外经贸实务》2019年第6期,第26—28页。

府对公共行政性质的港务管理局进行区域化整合,形成了区域港务管理局(PSA)①,其主要职能是履行港务管路局承担的港口规划和港口活动监管等职能,并协调区域内港口之间的发展等。

表 9‑15　意大利各区域港务管理局及其下辖的主要港口

区域港务管理局名称	被整合的原地方港务管理局	下辖的主要港口名称
西利古里亚海港务管理局	热那亚港务管理局、萨沃纳港务管理局	热那亚港、萨沃纳港、瓦多利古雷港
东利古里亚海港务管理局	拉斯佩齐亚港务管理局、马里纳迪卡拉港务管理局	拉斯佩齐亚港、马里纳迪卡拉拉港
北第勒尼安海港务管理局	里沃纳港务管理局、皮翁比诺港务管理局	里沃纳港、皮翁比诺港、卡普拉亚港、费拉约港、里奥马里纳港、卡沃港
中北第勒尼安海港务管理局	奇维塔韦基亚港务管理局	奇维塔韦基亚港、菲乌米奇诺港、加埃塔港
中第勒尼安海港务管理局	那不勒斯港务管理局、萨勒诺港务管理局	那不勒斯港、萨勒诺港、斯塔比亚海堡港
中南部海及海峡港务管理局	焦亚陶罗港务管理局、墨西拿港务管理局	焦亚陶罗港、克罗托内港、科里利亚诺卡拉布罗港、塔里亚纳迪帕尔米港、圣乔瓦尼港、墨西拿港、米拉佐港、特梅斯第雷瑞港、维博瓦伦蒂亚港、雷焦卡拉布里亚港
撒丁海港务管理局	卡利亚里港务管理局、奥尔比亚-阿兰奇湾港务管理局	卡利亚里港、福克斯-萨罗奇港、奥尔比亚港、托雷斯港、阿兰奇湾港、奥里斯塔诺港、斯库索港-崴斯敏港、圣特雷莎加卢拉港
西西西里海港务管理局	巴勒莫港务管理局	巴勒莫港、泰尔米尼伊梅雷塞港、恩佩多克莱港、特拉帕尼港
东西西里海港务管理局	奥古斯塔港务管理局	奥古斯塔港、卡塔尼亚港
南亚得里亚海港务管理局	巴里港务管理局、布林迪西港务管理局、弗雷多尼亚港务管理局	巴里港、布林迪西港、弗雷多尼亚港、巴列塔港、莫诺波利港

---

① PSA 作为公共机构,禁止从事任何商业活动。

续表

区域港务管理局名称	被整合的原地方港务管理局	下辖的主要港口名称
爱奥尼亚海港务管理局	塔兰托港务管理局	塔兰托港
中亚得里亚海港务管理局	安科纳港务管理局	安科纳港、法尔科纳拉港、佩斯卡拉港、佩萨罗港、圣贝内代托-德尔特龙托港、奥托纳港
中北亚得里亚海港务管理局	拉文纳港务管理局	拉文纳港
北亚得里亚海港务管理局	威尼斯港务管理局	威尼斯港、基奥贾港
东亚得里亚海港务管理局	的里雅斯特港务管理局	的里雅斯特港

资料来源：章强、殷明：《区域港口协调发展的合作路径——意大利港口群整合的研究与启示》，《中国港口》2018 年第 12 期，第 25—27 页。

第十章　波兰贸易和投资制度

第一节　波兰国家概况

一、地理环境

波兰共和国（波兰语：Rzeczpospolita Polska，英语：The Republic Of Poland），简称波兰，首都华沙，拥有16个省，地理位置优势得天独厚，位于欧洲大陆中心地带，是连接欧洲和亚洲的枢纽站和桥梁，毗邻德国、捷克和俄罗斯等7个国家。波兰的东部与乌克兰、白俄罗斯接壤，东北地区挨着立陶宛、俄罗斯，西部接壤德国，南部紧邻捷克、斯洛伐克等国家，北面朝向波罗的海，海拔均值为173米。从气候上看，波兰全年气候温和，无极端寒冷和酷暑气候，属于温带阔叶林气候。波兰自然资源丰富，开采量低，目前仅开采了约15％的资源储备量，自然资源包括煤、铜、锌、铅、银、硫、盐以及石油、天然气等矿产资源。在欧洲中部地区，波兰是最大的硬煤生产国，供应欧盟10％的需求。在褐煤萃取方面，波兰拥有较高的排名（位列第9）。

波兰人口和国土面积在欧洲排名中位列前十名。2018年波兰人口数量为3 798万，在欧洲位列第8名，其中农村人口占总人口比重为39.94％，第一大城市华沙人口占城市总人口比重为7.75％，人口超过100万的城市群人口占总人口比重仅为4.65％。从人口的年龄分布来看，近几年波兰呈现老龄化趋势，Wind数据显示（见图10-1），波兰15—64岁人口占比最高，占总人口比重67.43％，65岁及以上人口占比为17.52％，0—14岁人口占比为15.05％。波兰国土面积为31.27万平方千米，面积与德国相当，边界线长3 538千米。波兰北部濒临波罗的海，这部分海岸线长528千米。2018年波

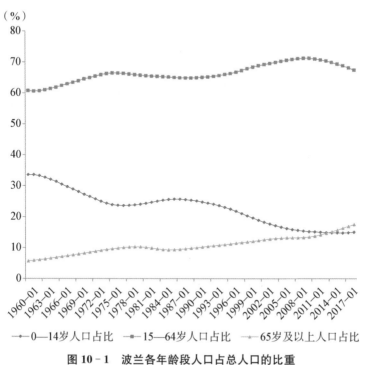

图 10 - 1　波兰各年龄段人口占总人口的比重

资料来源：Wind 数据库。

兰 GDP 总计为 5 856.64 亿美元，人均 GDP 为 1.54 万美元。

　　波兰拥有优良的交通优势，地处"丝绸之路"、"琥珀之路"的交汇点和"一带一路"的核心地带，是连接东欧和西欧的重要交通枢纽，交通运输网络发达，因此，交通运输业在国内经济中发挥重要作用。在"一带一路"沿线国家中，波兰是沟通中东欧和欧洲的重要门户，是中国和欧洲之间贸易往来和交通运输的重要节点。泛欧运输网络（TEN - T）的 9 条线路中，横贯欧盟北部大陆的北海-波罗的海走廊和连接欧洲南北两大海域的波罗的海-亚得里亚海走廊这两大主要交通走廊在波兰首都华沙汇合，使得波兰成为联通四面八方的交通枢纽[①]。与此同时，伴随着"一带一路"倡议往纵深化方向发展，中国与

---

　　①　龙静：《波兰特别经济区的最新发展及中国对波投资的展望》，《欧亚经济》2019 年第 5 期，第110—124 页。

欧洲之间的班列途经波兰或者以波兰为始发地或目的地也逐年增加①。另外,在欧洲市场中,波兰的公路和铁路运输类企业拥有较强的竞争力,波兰国铁货运股份公司的总货运量在欧盟位居第二②。在航空运输方面,波兰拥有14个国际机场和1个国内机场,客流量最大的机场是华沙的肖邦国际机场。由于波兰北部濒临波罗的海,其在波罗的海沿岸有30多个港口,重要的港口有格但斯克港(Gdansk)、格丁尼亚港(Gdynia)、赫尔港(Hel)和什切青港(Szczecin)等4个。其中,吞吐量最大的集装箱港口是格但斯克港,也是全波罗的海唯一能让最大的远洋集装箱船舶直接靠泊的集装箱码头。

二、政治环境

从政体看,波兰是一个半总统半议会制的国家,最高行政机构包括总统和以总理为主导的内阁。总统拥有国家元首和武装部队总司令的双重身份,总理是从两院制国会的下院议会向总统提名产生,国会成员由各省的直选产生。波兰宪法确立了立法、行政和司法三权分立的政治体制和基于经济活动自由、私有制和社会伙伴间团结、对话和合作的社会市场经济的经济体制。宪法规定波兰为实行地方自治的单一制国家。国民大会由众议院和参议院两院组成,政府由议会居多数的政党组成。

1997年4月,波兰通过的新宪法确定了三权分立的政治制度。根据宪法,波兰国会两院分别为众议院和参议院,两院拥有独立的立法权,总统和政府拥有执法权,行使司法权的机构是法院。波兰的经济体制以经济自由化和私有制为基础。从历史起源看,波兰主要源自西斯拉夫人中波兰、维斯瓦、西里西亚、东波美拉尼亚、马佐维亚等部落,并于公元9—10世纪建立封建王朝。由于波兰地势平坦,无高山险峻,且处于东西欧的交界处,导致波兰从古至今都是大国列强的瓜分之地。历史上,波兰一直是斯拉夫人与德意志人、东正教和天主教反复争夺的地带。波兰曾两次被外族占领。第一次是1772—1775年俄普奥三国瓜分波兰,使其在欧洲版图上消失143年之久,一直到1918年才得以复国。第二次是第二次世界大战期间纳粹德国对波兰的占领。波兰在1944年复国,1947年加入社会主义阵营。1989年12月29日,波兰通

---

① 王培文、Karolina Pawlak:《"一带一路"和"16+1"合作下中波农产品现状》,《中国集体经济》2019年第32期,第11—12页。
② 何炳华:《"一带一路"背景下宁波港口物流波兰腹地拓展策略研究》,《浙江工商职业技术学院学报》2019年第3期,第1—6页。

过宪法,改国名为"波兰共和国",脱离社会主义阵营①。

自美苏冷战后,波兰在政治和外交上都向西方靠拢,是苏联解体后的中东欧国家中拥抱西欧和美国的积极一员。波兰于 1999 年 3 月 12 日加入北约,2004 年 5 月 1 日加入欧盟,2007 年 12 月加入申根协定②。近几年,波兰"亲美"倾向加强,在国家安全和政治合作上都紧靠美国和北约,一度被俄罗斯学者戏称为"美国在欧洲的飞地"、"美国在俄罗斯的前哨"等。

(一) 高度认同自身"欧洲人"身份

自 18 世纪以来,波兰人对欧洲的物质文明、精神文明都具有强烈的认同感。2004 年 5 月,波兰终于成功加入欧盟,成为其中一员,在经济、政治和法律等各方面均采用欧洲标准。自中世纪以来,尽管波兰地处欧洲的边缘,但是波兰人尤其是其知识精英们认为无论在地理、文化和行为方式上,还是宗教信仰上,波兰都是欧洲不可缺少的一部分。这与波兰狂热的基督教信仰有很大关系,长期以来,基督教信仰被誉为欧洲大陆的象征,而波兰与基督教的因缘有千年之久。公元 966 年,波兰国家创始人、皮雅斯特王朝的梅什科大公受洗,按拉丁仪式皈依基督教,这一史称"波兰的洗礼"的事件被波兰人视为身份之源,也使波兰成为基督教文明大家庭和拉丁文明世界的一员。18 世纪的波兰被奥地利、普鲁士和俄罗斯瓜分,在波兰亡国的 123 年间,天主教会为延续波兰民族身份和文化发挥了重要作用,同时宗教受难意识也更加深入波兰的民族骨髓③。

(二) 极力靠拢美国,战略需求度上升

波兰政府、民众乃至社会精英们对美国的好感度较高。一方面,波兰在经济、军事、能源安全、外交方面积极配合美国。例如,波兰大规模购买美国军事装备,为美军提供永久性军事基地,与美国签署超过 20 年的天然气供应协议,举办由美国牵头的"反伊朗峰会",等等。另一方面,波兰地处欧洲中心地带,具有难以取代的战略优势,借助波兰向西能够干预欧盟内部事务,向东能够钳制俄罗斯发展,因此,美国倾向于与波兰建立密切关系,将之视为美国在欧洲的前哨。自古以来,波兰周围一直围绕着强国,很自然地成为大国之间争斗的必争之地,养成了波兰倚重大国的传统心态。在国际秩序骤然变化的当下,源于共同的战略利益,波兰日益呈现出不断亲近美国的态势。

---

① 杜雁芸、黄靖皓:《"一带一路"投资政治风险研究之波兰》,中国网。
② 朱晓中:《波兰的政治概况》,《丝路列国志》2015 年 3 月,第 4 页。
③ 孔田平:《波兰"拥抱西方"的历史根源》,《世界知识》2019 年第 5 期,第 52—54 页。

(三)"一带一路"建设纵深化发展,波兰的优势明显

对中国来说,随着"一带一路"倡议的深入推进,各种项目和产业园区的合作增加,波兰的重要作用不断增强,尤其是其重要的交通枢纽作用。2012年开始,中国与中东欧"12+1"峰会定期召开,在经济交往与政治互信上不断增进合作。波兰和匈牙利被称为"和龙最亲近的姐妹",是中国最为重要的经贸合作伙伴之一,是中国在中东欧国家中最大的贸易伙伴国,是仅次于德国、法国、英国、意大利的第五大欧洲合作伙伴。

三、社会文化环境

从波兰的民族分布看,约占98%的人口为波兰族,少数民族有1.3%的德意志人,0.6%的乌克兰人,0.6%的白俄罗斯人,其余少数民族有犹太、立陶宛、斯洛伐克族等。

从宗教信仰来看,源于悠久的历史文化,波兰以其高度虔诚的态度、国内浓郁的宗教氛围著称。国内拥有各种规模的教堂,居民每周去教堂做弥撒是重要的活动。天主教是波兰的主要教派,信奉该教派的人占比约95%。其他教派还有东正教、基督新教等,约占5%。

从社会习俗来看,波兰人较为重视情感的交流,在社交场合注重衣着得体,贸然访问好友或其他人属于不礼貌行为,在社交中打探个人收入、宗教信仰等都属于禁忌。由于深受虔诚的宗教信仰影响,波兰人十分喜爱佩戴具有"十字架"的配饰。波兰拥有强烈的民族主义情怀,这源于波兰对自身独立性和解放性的高度认可。

第二节　波兰经济发展

一、宏观经济

在美苏冷战之后,波兰经济发展经历坎坷但是总体保持良好态势,GDP增长较快,劳动力市场活跃、就业人数不断增加,目前已经位列高收入国家行列。虽然2008年全球金融危机对开放性较高的波兰经济造成沉重打击,但是波兰仍属于欧盟国家中少数几个能够保持稳定增长的成员国。总体看,在欧盟中,波兰经济体量排名前八。最新数据显示,2018年,波兰GDP总量为

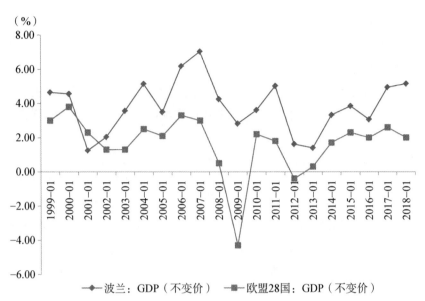

图 10 - 2　1999—2018 年波兰与欧盟 28 国 GDP 同比增速

资料来源：Wind 数据库,经笔者整理。

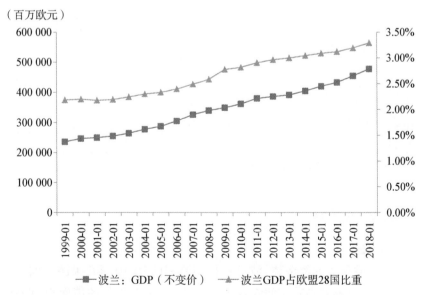

图 10 - 3　1999—2018 年波兰 GDP 总量与占欧盟 28 国比重

资料来源：Wind 数据库,经笔者整理。

5 856.64亿美元,同比增长 5.15%。近 20 年来,波兰经济平均增速为
3.84%,远高于欧盟 28 国的平均增速 1.67%。对比 GDP 总量,2018 年波兰
GDP 总量占欧盟 28 国的百分比为 3.29%,近 20 年该占比一直处于上涨态
势,且在中东欧国家中名列前茅。

近几年,波兰经济增长强劲,得益于以下几个因素:一是国内需求是支撑
经济增长的重要动力。自 2016 年以来在可支配收入增加的支撑下,强劲的家
庭消费对经济增长具有重要贡献。二是在投资方面,2018 年和 2019 年上半年
投资增速开始加快,支撑经济增长前景进一步向好。其中,2018 年波兰总投资
增长了 8.7%,2019 年上半年增长了 10.5%。值得一提的是,波兰非金融部门
投资增长了 19.0%,主要投资于基建、运输设备和技术设备等领域。同时,金融
机构针对私人部门的信贷保持稳健上涨,2019 年对私人部门信贷规模占 GDP
比重高达 50%。三是政府针对养老金进行改革,实施企业退休金计划(PPK)。
这是波兰政府推出的一项自愿退休储蓄计划,于 2019 年 6 月开始实施。

表 10 - 1　近五年波兰主要宏观经济指标　　　　　　　　　　　单位:%

年份	2015	2016	2017	2018	2019(预测)
GDP 增长率(%)	3.8	3.1	4.9	5.1	3.9
通胀率(%)	−0.7	−0.2	1.6	1.2	2.3
政府支出余额占 GDP 比(%)	−2.6	−2.4	−1.5	−0.2	−1.7
经常账户余额占 GDP 比(%)	−0.6	−0.5	0.1	−1.0	−0.9
FDI 净流入额占 GDP 比(%) (负值为净流入)	−2.1	−0.9	−1.4	−2.5	−2.2
外债占 GDP 比(%)	71.8	76.4	67.0	63.9	—
总储备占 GDP 比(%)	19.9	24.3	21.4	20.0	—
私人部门信贷占 GDP 比(%)	51.1	52.4	52.1	51.0	—

资料来源:欧洲复兴开发银行《转型报告 2019》,经笔者整理。

二、特色产业

(一) 农业

作为东欧最大的经济体,波兰被称为欧洲的"绿肺"和"果园",农业发展
优势明显,是欧洲名副其实的农业国。2019 年,波兰谷物种植面积为 790.54
万公顷,占欧盟谷物种植面积比重高达 14.25%,在欧盟成员国中排名第 2(见

单位：百万欧元

表 10-2　波兰及欧盟主要成员国的农业作物总产值

年份	欧盟	丹麦	德国	西班牙	法国	意大利	荷兰	波兰	罗马尼亚	英国
1999	167 970.70	3 161.82	21 284.80	21 112.56	35 579.00	27 661.01	9 418.61	5 494.28	4 975.72	9 671.60
2000	168 557.61	3 200.58	21 653.17	22 463.72	35 242.30	26 778.37	9 658.27	6 059.33	4 974.68	9 407.14
2001	172 294.43	3 261.82	22 146.25	22 346.50	35 340.60	25 936.65	9 969.59	7 163.68	6 722.90	9 266.50
2002	173 948.92	3 074.98	21 131.71	24 054.44	36 097.00	27 583.71	10 178.37	6 394.73	5 783.23	9 278.22
2003	176 090.78	3 191.50	20 195.20	27 126.00	35 010.10	27 595.87	10 724.29	5 758.02	6 902.41	8 697.25
2004	189 005.68	3 166.38	22 751.77	26 667.09	36 679.90	30 135.75	10 106.44	7 354.81	9 404.40	9 329.84
2005	171 908.88	2 473.57	18 120.68	24 100.42	34 947.40	27 669.30	10 456.14	6 974.06	7 721.55	7 549.98
2006	170 855.75	2 709.37	18 858.26	21 682.64	33 361.70	26 936.41	11 545.73	7 841.60	8 885.14	7 780.54
2007	195 114.51	3 584.87	23 557.22	26 148.35	38 155.20	27 659.02	12 087.61	10 627.27	8 611.96	8 729.08
2008	204 352.74	3 181.96	25 172.13	25 756.49	37 802.60	29 518.98	11 768.52	11 525.36	12 421.16	9 935.86
2009	177 255.78	2 799.82	21 590.00	22 509.90	35 463.20	26 386.76	11 181.40	8 646.58	8 428.38	7 890.52
2010	196 438.80	3 473.94	24 863.82	25 028.12	39 163.50	26 699.22	12 631.82	10 009.60	10 324.41	8 624.07
2011	212 790.76	3 694.18	27 831.71	24 157.34	41 711.50	28 588.87	12 341.36	12 142.12	12 780.96	10 448.06
2012	214 679.64	4 074.32	27 758.12	24 030.32	44 407.20	28 697.37	12 861.25	12 036.11	9 007.95	11 072.78
2013	219 733.55	3 473.10	28 503.87	25 895.94	41 283.80	31 652.00	13 489.66	11 944.52	12 184.61	11 099.10
2014	213 412.81	3 460.52	28 158.01	25 584.93	41 629.00	28 838.77	12 674.39	11 207.38	11 039.97	11 358.39
2015	215 561.72	3 691.49	25 122.67	27 192.16	42 523.40	31 125.48	13 314.20	10 331.10	9 802.07	11 787.50
2016	211 367.02	3 206.14	25 206.40	29 398.12	39 253.18	29 558.85	13 466.23	10 546.25	10 055.94	9 925.12
2017	218 947.09	3 635.94	25 903.62	29 981.41	40 477.32	29 505.74	13 816.90	11 590.43	11 647.86	10 475.57
2018	224 842.81	3 314.36	23 612.65	31 482.98	44 314.69	31 532.74	13 882.69	10 884.04	13 153.46	10 471.87
2019	229 061.70	4 222.23	26 307.09	29 250.77	42 312.17	30 878.67	14 091.05	12 222.01	14 234.87	11 659.69

资料来源：欧盟统计局，经作者整理而得。

图 10 - 4),仅次于法国的 905.53 万公顷。从农作物总产值来看(见表 10 - 2),2019 年波兰农业作物产值为 122.22 亿欧元,占欧盟比重为 5.34%,在欧洲排名第 7。具体来看(见表 10 - 3),波兰的主要农业作物为甜菜、小麦、玉米、土豆、油菜等,产量位列欧盟前十名,其中甜菜、土豆、油菜和西红柿产量均位列第三名。

表 10 - 3　2019 年欧盟主要国家农业作物产量

	德国	西班牙	法国	意大利	匈牙利	波兰	罗马尼亚	英国
小麦(百公斤/公顷)	74.00	31.50	67.60	43.10	52.80	39.80	48.10	—
玉米(百公斤/公顷)	83.00	114.70	86.00	101.30	79.30	60.70	60.00	44.50
甜菜(千吨)	26 191.40	2 484.81	39 914.03	1 941.48	—	13 681.60	—	7 620.00
土豆(千吨)	10 417.30	2 129.44	7 860.38	1 307.60	327.58	6 665.00	3 057.71	5 028.00
油菜(千吨)	2 845.70	152.96	3 462.00	39.70	883.17	2 194.03	685.72	1 706.80
西红柿(千吨)	103.27	4 975.99	703.48	5 753.23	910.00	928.83	443.32	70.00

资料来源:欧盟统计局,经笔者整理。

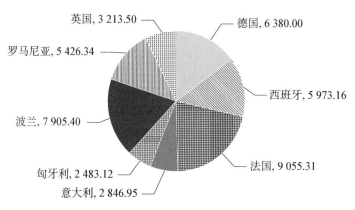

图 10 - 4　2019 年波兰及主要欧盟国家谷物生产面积(单位:千公顷)

资料来源:欧盟统计局,经笔者整理。

(二) 矿产和机械工业

波兰拥有丰富的煤炭产量,煤炭储备量居于世界第五位,主要以硬煤、褐煤为主,集中分布于波兰的中部和西南部。目前波兰已探明的煤炭资源超过600多亿吨(其中硬煤超过500亿吨,褐煤超过140亿吨)。波兰是欧洲第二大煤炭消费国,也是欧洲最大的煤炭生产国,煤炭资源对带动波兰经济发展和维护欧盟能源安全具有重要作用。波兰国内初级能源中煤炭资源占比超过60%,发电所用燃料中煤炭资源占据90%以上,供热所用煤炭占比达到89%。根据估计,波兰的硬煤储备粮足够开采超过160多年之久,褐煤开采时间能持续30多年。波兰中央统计局(Central Statistical Office of Poland)发布的最新数据显示,2018年12月份波兰煤炭产量为973.1万吨;其中,硬煤475.1万吨,褐煤498.0万吨。2018年1—12月累计波兰全国煤炭产量为1.22亿吨。其中,硬煤6 364.9万吨,褐煤5 857.1万吨。

波兰拥有丰富的煤炭储备,煤炭开采成为重要工作,由此促进了煤炭采矿设备的大力发展。波兰工业产业重矿山机械制造业是国民经济的支柱产业,在全球具有技术领先优势。波兰的硬煤开采技术采用的是国际通用技术现代综合机械化采煤法即"长壁式采煤法",具有安全高和效率高等优点。波兰国内主要矿山机械设备生产商有Kopex、Fasing及Famur等,生产并出口的产品包括吊挂列车、液压和控制系统、钻探、矿山救护专用等多种设备。

三、经贸关系

(一) 总体经贸概况

波兰较为重视对外贸易往来,于1995年加入世界贸易组织,同欧盟大国、美国、俄罗斯以及中东欧国家之间力图建立友好关系,其中重点是加强与欧盟和美国的关系,将美国视为波兰最为重要的贸易伙伴,将中东欧国家视为重要的战略支撑,积极拓展外贸市场。波兰是欧盟国家中最具吸引力的国家之一,营商环境相对稳定。世界银行发布的《2020年营商环境报告》显示(见表10-4),2019年波兰营商环境排名第40位。

表 10 - 4　**2019 年波兰营商环境指数**

	全球排名	开办企业	办理施工许可证	获得电力	登记财产	获得信贷	保护少数投资者	纳税	跨境贸易	执行合同	办理破产
波兰	40	128	39	60	92	37	51	77	1	55	25

资料来源:世界银行《2020年营商环境报告》。

2009—2018 年波兰对外贸易规模呈现上涨趋势,2009 年进出口总额为
2 862.11 亿美元(其中出口 1 366.41 亿美元、进口 1 495.70 亿美元),上升至
2018 年的 5 295.15 亿美元(其中出口 2 618.15 亿美元,进口 2 677 亿美元)。
从进出口结构看,波兰出口规模逐渐大于进口规模,贸易结构逐渐由大规模
逆差转向顺差。但是 2018 年数据显示,波兰贸易结构又重现逆差态势,贸易
逆差额为 58.85 亿美元。从进出口同比增速看,波兰出口和进口呈现出加速
上升态势,尤其是 2017 年和 2018 年,出口同比增长 11.28%、14.74%,进口
同比增长 13.51%、17.53%。

表 10-5 2009—2018 年波兰进出口情况

年份	出口 (亿美元)	进口 (亿美元)	出口增速 (%)	进口增速 (%)	贸易差额 (亿美元)
2009	1 366.41	1 495.70	−20.49	−28.94	−129.29
2010	1 570.65	1 741.28	16.92	19.05	−170.63
2011	1 881.05	2 091.92	19.09	19.24	−210.86
2012	1 796.04	1 910.00	−2.94	−6.53	−113.96
2013	2 038.48	2 060.00	11.63	5.20	−21.52
2014	2 144.77	2 170.00	6.19	6.41	−25.23
2015	1 944.61	1 900.00	−8.91	−12.11	44.61
2016	1 964.55	1 890.00	2.84	2.78	74.55
2017	2 213.08	2 179.79	11.28	13.51	33.29
2018	2 618.15	2 677.00	14.74	17.53	−58.85

资料来源: Wind 数据库,经作者整理。

(二) 进出口目的地分布

地处欧洲中部核心地带的波兰,对欧洲市场依赖度较高。波兰中央统计
局数据显示,波兰对欧洲出口占比高达 88.95%,对欧洲市场具有极高的依赖
性(见图 10-5)。其次是对亚洲的出口,所占比重为 5.27%。第三是美洲,占
比 4.33%。从出口目的国来看(见图 10-6),排名前十位的是德国(736.92
亿美元)、捷克(166.57 亿美元)、法国(161.98 亿美元)、英国(145.19 亿美
元)、意大利(120.44 亿美元)、荷兰(118.34 亿美元)、俄罗斯(80.09 亿美元)、
美国(72.83 亿美元)、匈牙利(72.59 亿美元)、斯洛伐克(69.87 亿美元)。由

此可见,波兰出口市场中,欧盟大国占据重要分量。

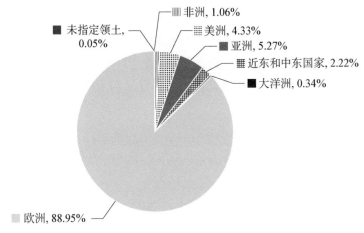

图 10‑5　2018 年波兰对全球各大洲出口金额占比情况

资料来源:波兰中央统计局,经笔者计算整理。

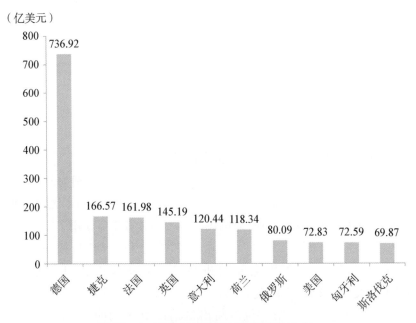

图 10‑6　2018 年波兰出口目的国前 10 名

资料来源:波兰中央统计局,经笔者整理。

在波兰的进口国中,德国仍旧是第一大国,进口额为 599.57 亿美元。其次是中国,进口额为 309.72 亿美元。第三是俄罗斯,进口额为 196.42 亿美元。其他国家则分别为荷兰(96.54 亿美元)、意大利(134.34 亿美元)、捷克(91.51 亿美元)、法国(97.70 亿美元)、比利时(66.43 亿美元)、英国(64.75 亿美元)、瑞典(51.42 亿美元)。由此可见,波兰对中国市场具有较高的依赖度,加快"一带一路"建设,对中波之间的贸易往来都是极大利好。

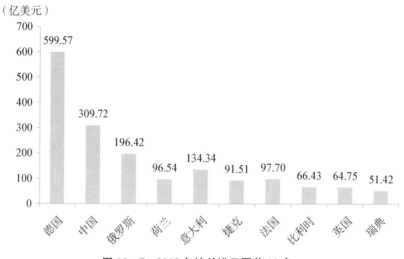

图 10-7　2018 年波兰进口国前 10 名

资料来源:波兰中央统计局,经笔者整理。

(三) 进出口商品结构

从出口商品类型看,机械及运输设备,食品和活动物,矿石、金属、宝石和非货币黄金钢铁是波兰的主要出口商品,2018 年出口额分别为 981.08 亿美元、282.52 亿美元、81.63 亿美元和 61.49 亿美元。这也说明了波兰工业生产中机械及运输设备是支柱产业,对国民经济发展具有重要作用。

从进口商品类型看,机械及运输设备,食品和活动物,钢铁,矿石、金属、宝石和非货币黄金是主要的进口商品,2018 年进口金额分别为 940.24 亿美元、186.55 亿美元、122.86 亿美元和 95.11 亿美元。其中,机械及运输设备仍排在第一位。与出口情况有区别的是,钢铁在进口产品中增长较快。

表 10-6 近 10 年波兰主要出口商品规模 单位：亿美元

年份	机械及运输设备	食品和活动物	矿石、金属、宝石和非货币黄金	钢铁
2009	587.69	127.23	50.19	32.02
2010	653.80	143.86	74.16	40.16
2011	737.65	173.83	96.51	56.01
2012	678.56	185.39	93.50	51.85
2013	772.74	223.43	88.33	50.12
2014	821.51	229.74	88.05	48.90
2015	759.55	208.26	72.38	40.22
2016	760.35	212.62	62.85	39.02
2017	833.17	241.29	72.73	50.71
2018	981.08	282.52	81.63	61.49

资料来源：联合国贸易发展会议（UNCTAD），经笔者整理。

表 10-7 近 10 年波兰主要进口商品规模 单位：亿美元

年份	机械及运输设备	食品和活动物	钢铁	矿石、金属、宝石和非货币黄金
2009	524.47	101.03	57.40	40.82
2010	600.52	113.58	74.92	58.36
2011	663.64	136.05	98.39	76.56
2012	611.96	132.81	86.58	67.15
2013	691.86	151.20	87.69	71.45
2014	732.06	155.35	95.48	73.27
2015	694.38	137.38	76.84	66.52
2016	681.56	141.42	75.28	63.76
2017	770.32	159.69	95.55	80.60
2018	940.24	186.55	122.86	95.11

资料来源：联合国贸易发展会议（UNCTAD），经笔者整理。

第三节 波兰政策法规

一、共同农业政策

波兰是欧盟中举足轻重的农业大国。与此同时波兰属于欧盟成员国,欧盟的农业生产和销售对该地区的经济发展具有重要影响。为了更有效促进农业发展,推动经济早日企稳复苏,欧盟于 2014 年实施了共同农业政策(CAP)的新一轮改革。CAP 是欧盟加快农业经济和农村地区资源和环境发展的重要政策之一,对欧盟经济发展具有重要作用。该政策主要由两个支柱政策体系构成,一是以直接支付和市场支持政策为主,二是以农村发展政策为主。其目标是增强农业竞争力、实现自然资源可持续管理以及成员国区域平衡发展等。

表 10‐8 2014 年实施的欧盟共同农业政策改革的主要内容

改革方向	主要内容	措施
直接支付标准与内容改革	一是要求各成员至少将其中 30% 与鼓励生产者实施有利于应对气候变化和环境保护的生产实践相挂钩。二是设定了直接支付最高限额。任何单一农场每年接受的最高支付限额为 30 万欧元。三是涉及年轻农民和小农户的改革,要求各成员国直接支出的 2% 将用于支持年轻农民(40 岁以下),年轻农民在其进入该行业的最初 5 年内,将会得到最高 25% 的额外支持	保持永久性牧场;保持种植作物品种多样性,要求农户在其可耕地上至少种植 3 种作物,每种作物占总面积至少 5%,最多不超过 70%;保持耕地至少有 7% 的"生态重点区",用于保留绿篱、树木、缓冲带、休耕地及自然景观特征等
市场干预机制趋向市场化	公共干预系统和私人储备支持,帮助生产者应对市场困境。一是引入新的保障条款,确保欧委会在特殊情况下(如大肠杆菌污染危机期间),采取紧急措施以应对市场干扰。二是欧盟配额管理产品不断减少。在牛奶生产配额、葡萄种植限制等措施终止后,欧盟食糖进口配额制度也在 2015 年 9 月 30 日结束,食糖将被列入私人储备支持的产品清单	欧委会致力寻找一个更好的组织体制,将生产者组织(POS)认可的规则覆盖到所有部门

续表

改革方向	主要内容	措施
强调农村发展的重要性	提出六个优先领域：促进知识转移和创新，增强竞争力，促进食品链体制形成及风险管理，恢复、保护和加强生态体系功能，提高资源利用效率和向低碳经济转型，促进社会包容、减少贫困	各成员国的农村发展计划可将优先领域与自身需要相结合，形成综合性措施，可视国情相应提高对青年农民、小农户、山区及延长产业链等方面的支持程度
监督与评估	欧委会每四年将对 CAP 对欧盟农业生产、可持续资源管理以及各成员平衡发展等方面影响进行分析，并提供评估报告	控制重点集中在有问题的地区，相应降低对执行效果良好地区的检查要求

资料来源：《欧盟共同农业政策改革的主要内容》，http://www.mofcom.gov.cn/aarticle/i/jshz/zn/201110/20111007786145.html。

二、外商投资政策

20 世纪 90 年代，波兰建立了经济特区，这对国家经济发展具有重要带动作用。随着国际形势风云变幻，波兰也面临着诸多吸引外资的困境，尤其是经济特区中相关吸引外资的法律，急需根据新形势做出更新。波兰政府在 2018 年 6 月颁布了一项旨在鼓励和吸引投资的新法案。根据新法案，取消了地域上的外国投资限制，确立了税收优惠的新标准和投资企业新的资质要求，而且不再设有终止期限。主要的优惠政策体现在三个方面（见表 10-9）。中国对波投资应把握波兰投资激励政策的重大机遇，在现有基础上实现更大发展。

表 10-9　2018 年实施的波兰经济特区吸引外资新法案主要内容

优惠方向	主要措施
所得税减免	1. 根据企业规模确定减免的所得税幅度：大型企业投资成本的 15%—50%；中型企业投资成本的 25%—60%；小型企业投资成本的 35%—70% 2. 投资地区不同优惠有区别：位于首都华沙市内的投资可享受投资成本最高 15% 的所得税减免，此后缩减为 10%；大华沙地区最高为 20%；大波兰省、西里西亚省及下西里西亚省最高为 25%；波兰西部省份最高为 35%，而东部省份最高为 50% 3. 中小企业：政府补偿可在此标准之上增加 10%—20%

续表

优惠方向	主要措施
房地产税减免	税收减免幅度取决于新创造的就业岗位和投资总额：2017 年波兰房地产最高税率为建筑物每平方米 22.66 兹罗提，土地每平方米 0.89 兹罗提，以及建造总值的 2%。减免不得超过上述规定的限额
对合理投资开支的补偿	补偿额可根据符合资质的新投资成本或开设新厂区的成本及两年内雇佣劳动力的成本进行计算

资料来源：龙静：《波兰特别经济区的最新发展及中国对波投资的展望》，《欧亚经济》2019 年第 5 期，第 110—124 页。

第十一章　土耳其贸易和投资制度

中国商务部《对外投资合作国别(地区)指南》①(以下简称《指南》)详细介绍了土耳其的国家概况、宏观经济、贸易投资、法律法规以及中国企业在当地投资的注意事项与需防范的风险等,是中资企业了解土耳其投资环境的权威参考资料。本章主要参考了该《指南》中与投资有关的内容,并根据最新的统计资料更新了相关数据。

第一节　土耳其国家概况

一、地理环境

(一)地理位置

土耳其位于亚洲最西部,横跨欧洲、亚洲两大洲。土耳其国土面积 78.36 万平方千米。其中,97%位于亚洲的小亚细亚半岛(又称安纳托利亚半岛);3%位于欧洲的巴尔干半岛,称为东色雷斯。土耳其三面环海,北为黑海,西为爱琴海和马尔马拉海,南为地中海,海岸线长 7 200 千米。土耳其与亚、欧 8 个国家相邻,陆地边境线长 2 648 千米。土耳其东有格鲁吉亚、亚美尼亚、阿塞拜疆、伊朗;东南有伊拉克、叙利亚;西有保加利亚、希腊;北部隔海与罗马尼亚、俄罗斯、乌克兰相望;南部隔海与塞浦路斯相对。

土耳其首都安卡拉属于东 2 区,比北京时间晚 6 个小时。2016 年开始,土耳其为了更好地利用日光,决定常年使用夏令时,并将土耳其时区定为东 3

---

① 中国商务部:《2018 年对外投资合作指南——土耳其》,https://www.yidaiyilu.gov.cn/info/iList.jsp? cat_id=10148&cur_page=4。

区。由此,土耳其当地时间比北京时间晚 5 个小时。

(二) 行政区划

土耳其行政区划等级为省、市(县)、乡、村。全国共有 81 个省。首都安卡拉为全国政治中心、第二大城市,位于安纳托利亚高原中部。伊斯坦布尔为全国工业、贸易、金融、文化中心和最大城市,居博斯普鲁斯海峡两岸,扼黑海和马尔马拉海出入门户,是区域交通枢纽。伊兹密尔为全国第三大城市,位于西南部爱琴海之滨,是旅游度假胜地。

(三) 自然资源

土耳其矿产资源丰富,主要有天然石、大理石、硼矿、铬、钍和煤等,总值超过 2 万亿美元。其中,天然石和大理石储量占世界 40%,品种和数量均居世界第一。三氧化二硼储量 7 000 万吨,价值 3 560 亿美元;钍储量占全球总储量的 22%;铬矿储量 1 亿吨,居世界前列。此外,黄金、白银、煤储量分别为 516 吨、1 100 吨和 155 亿吨。

土耳其石油、天然气资源匮乏,需大量进口。土耳其河流资源丰富,湖泊众多,著名的底格里斯河和幼发拉底河均发源于该国境内。

土耳其森林资源也很丰富,面积 22 万平方千米,森林覆盖率居中东国家之首。土耳其 60% 的国土适于农业耕种,实际开垦只占 20%。

(四) 人口分布

据土耳其统计局发布的数据,截至 2017 年底,土耳其人口达 8 081.05 万,人口年增长率为 1.24%。其中,男性人口占 50.2%,女性人口占 49.8%;城镇人口占 92.5%,农村人口占 7.5%。处于 15—64 岁劳动年龄之间的人口占 67.9%,较 2016 年增长 1.2%,0—14 岁之间的人口占 23.6%;65 岁以上的人口占 8.5%。

土耳其人口最多的 5 个省(包括常住外国人)分别为:伊斯坦布尔省,人口 1 502.92 万,占全国人口的 18.6%;安卡拉省,人口 544.53 万;伊兹密尔省,人口 427.97 万;布尔萨省,人口 293.68 万;安塔利亚省,人口 236.44 万。以上几个省份也是华人分布相对集中的地区。

二、政治环境

(一) 政治制度

根据 2017 年 4 月 16 日通过的修宪法案,土耳其开始实行总统共和制。土耳其立法体系效仿欧洲模式。现行宪法于 1982 年 11 月 7 日生效,是该国

第三部宪法。宪法规定：土耳其为民族、民主、政教分离和实行法制的国家。

土耳其总统为国家元首、武装部队最高统帅，任期5年，最多可连任一届。现任总统是雷杰普·塔伊普·埃尔多安。2018年6月24日，土耳其提前举行总统选举，埃尔多安成功获选，成为实行总统制之后的首任总统。埃尔多安为国家元首和政府首脑，可继续担任政党主席，有权任命副总统、部长和司法官员，可不经过议会批准颁布法令和宣布国家进入紧急状态，可解散议会。

土耳其大国民议会是土耳其最高立法机构。土耳其实行普遍直接选举制，议员根据各省人口比例经选举产生，18岁以上公民享有选举权。只有超过全国选票10%的政党才可拥有议会席位。2018年6月24日，土耳其提前举行议会选举，议会席位增至600个，任期延长至5年。目前议会席位分布情况是：执政党正义与发展党293席，共和人民党146席，人民民主党67席，民族行动党50席，美好党44席。现任议长为比纳利·耶尔德勒姆。

2018年7月9日，土耳其成立实行总统制后的首届政府，为第66届政府。该届政府共有16个部门，包括外交部、内政部、司法部、国防部、国库与财政部、贸易部、教育部、文化与旅游部等。

土耳其中央一级的法院有宪法法院、上诉法院、行政事务法院、司法分歧法院、审计法院等。其中，宪法法院具有完全独立的司法权力，可以推翻不符合宪法的议会决议。

土耳其武装部队总兵力64.7万，包括陆军、海军（包括海军航空兵和海军陆战队）、空军、海岸警卫队和宪兵。总统是武装部队最高统帅。最高军事委员会是武装部队内部事务最高决策机构。总参谋部是武装部队的最高作战指挥机构。国家安全委员会是最高国防决策机构。国防部是同总参谋部进行合作的最高行政机构。实行义务兵役制，服役年龄为21岁，服役期限6—12个月。实行军队职业化措施，精简指挥机关人员，技术军人文职化，实行军官和技术军人合同制等。1952年，土耳其加入北约。北约在土耳其设有东南欧盟军司令部、战术空军司令部。美国在土耳其设有16个军事基地和设施。土耳其在塞浦路斯土族地区有3万人的驻军。

（二）外交关系

土耳其奉行在"普世价值"与国家利益之间寻求最大平衡的外交政策，联美、入欧、睦邻是其外交政策三大支柱，同时重视发展同包括中国、日本、韩国在内的亚太及中亚、巴尔干和非洲国家关系，注重外交多元化。

近年来，土耳其凭借其日益增强的综合国力和地缘优势，采取更加积极进取的外交政策,重视多边和区域外交,注重经济外交,以维护本国利益。2015 年,土耳其成功主办二十国集团峰会等系列会议。土耳其长期维护与美国的战略伙伴关系,为北约成员。土耳其一贯重视与欧洲的传统合作关系,将加入欧盟作为既定战略目标,并开始拓展与亚洲、非洲国家的关系,寻求外交多元化。西亚北非地区局势动荡以来,土耳其深度介入叙利亚、伊拉克等相关热点问题,以提升自身对地区事务的影响力和塑造力。土耳其着力巩固与其他突厥语族国家的关系,扩大在中亚、外高加索和巴尔干地区的传统影响力,并注重发展同阿拉伯及伊斯兰国家的关系。

1971 年 8 月 4 日,中国和土耳其建交。20 世纪 80 年代以来,两国高层互访增多,双边关系发展较快。2010 年,中土建立战略合作关系。2015 年,两国建立政府间合作委员会机制,负责统筹协调双边政治、经贸、安全、人文等领域合作。2016 年,该机制首次会议在土召开。2019 年 7 月 2 日,中国国家主席习近平在人民大会堂东门外广场举行仪式欢迎土耳其总统访华并同其会谈。

(三) 政府机构

土耳其实行总统制后,内阁部长由总统直接任命。土耳其政府的主要经济部门有:国库与财政部(由原财政部和总理府国库署合并,负责政府预算管理和执行、外资政策制订和对外借贷等)、贸易部(由原经济部、海关和贸易部合并而成,负责对外贸易、外资、对外经济合作、国内贸易和海关事务等)、劳动与社会保障部(负责就业、社会保障、批准外国人工作准证等)、交通部(负责铁路、公路、港口、航空、电信等)、能源与自然资源部(负责石油、天然气、水力、煤炭、核能、太阳能、风能、地热和矿产资源等)、进出口银行等。

近年来,经过长期的探索,土耳其的政治体系正逐渐走向成熟。具体表现在:宪政秩序愈益巩固,政党制度和选举制度日趋完备,政府制度趋于稳定,意识形态建设更加符合本国国情。但土耳其的政治发展道路仍然任重道远,需要政治家们做出不懈努力①。

三、社会文化环境

(一) 民族

土耳其居民 80% 为土耳其族,15% 为库尔德族(主要分布在东部及东南

---

① 李艳枝:《土耳其政治发展道路的反思与启示》,《西亚非洲》2018 年第 4 期,第 63—87 页。

部),另有格鲁吉亚、塔塔尔、亚美尼亚等少数民族。

(二) 语言

土耳其官方语言为土耳其语,少数民族同时使用库尔德语、阿拉伯语、亚美尼亚语和希腊语等。流行的主要外国语包括英语、法语、德语、西班牙语。近年来,随着中土战略合作关系特别是经贸关系的快速发展,汉语也已成为当地流行的主要外国语之一。

(三) 宗教

土耳其绝大部分居民信仰伊斯兰教,其中85%属逊尼派,15%为什叶派;其余的人信仰东正教、天主教、犹太教等。土耳其宗教气氛相对宽松,与其他西亚地区伊斯兰国家相比,在男女握手、饮酒等方面无特殊禁忌。

(四) 工会及其他非政府组织

根据土耳其法律,工人可自由组织工会。其限制条件是:行业工会须拥有该行业10%的工人,企业工会须拥有该企业50%的工人。土耳其人也可自由成立非政府组织,但须经内政部批准。集会、游行、罢工等在土耳其较常见,但须经批准。在警方掌控下,这些活动基本上能和平进行。对于非法游行,警方取缔的力度也很大。

自2013年5月底起,土耳其发生持续数月的反政府抗议活动。抗议活动虽在短期内造成土耳其政坛震荡,经济金融市场受到消极影响,但在政府强势干预下最终平息。2014年5月,土耳其史上最严重矿难引发工会大罢工。2015—2017年,土耳其未发生大规模罢工。

第二节　土耳其经济发展

一、宏观经济状况

土耳其是继中国、俄罗斯、印度、巴西和南非等"金砖国家"之后又一蓬勃发展的新兴经济体,在国际社会享有"新钻国家"的美誉,是二十国集团的成员。2017年,土耳其GDP约为3.1万亿里拉,约合8 510.46亿美元。人均GDP为38 660里拉,约合10 597美元。2017年,土耳其GDP增长率为7.4%。

图11-1显示了土耳其2017年各行业占GDP的比重。从图11-1可以

看出,制造业产值对土耳其国民经济的贡献最大,占比为17.6%。其次是批发与零售业,占比为11.9%。建筑业占比为8.6%。

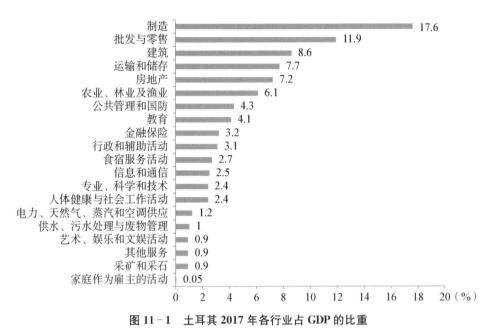

图 11-1 土耳其 2017 年各行业占 GDP 的比重

资料来源:土耳其统计局,http://www.turkstat.gov.tr/PreHaberBultenleri.do?id=27844#。

2017年,土耳其通胀率为11.14%,仍远高于政府制定的5%的中期通胀目标。2017年,土耳其全国失业率为10.9%。截至2018年4月30日,标普对土耳其主权信用评级为BB—,展望为稳定;穆迪对土耳其主权信用评级为Ba1,展望为负面;惠誉对土耳其主权信用评级为BB+,展望为稳定。

二、金融环境

(一)土耳其货币

土耳其货币名称为土耳其里拉,辅币名称为库鲁,1里拉=100库鲁。土耳其实行浮动汇率制度。近3年里拉对美元和欧元汇率不断走低:2015年4月14日,1欧元可兑换约2.85里拉,1美元可兑换约2.67里拉。2016年9月8日,1欧元可兑换3.30里拉,1美元可兑换2.93里拉。2017年1月,1美元可兑换3.87里拉。3月31日,1欧元可兑换3.89里拉,1美元可兑换3.64里拉。2018年3月31日,1欧元可兑换4.87里拉,1美元可兑换3.96里拉。

8 月 9 日,土耳其金融市场发生剧烈震荡,1 美元可兑换 7.2 里拉,里拉汇率跌至历史最低点。11 月,里拉对美元和欧元汇率有所回升且基本趋稳,在 5.5：1—6.2：1 波动。2019 年 5 月底,里拉对美元汇率回归 6：1 之后,一直呈升值趋势,至 7 月上旬升值 2.6％。

（二）外汇管理政策

土耳其无外汇管制,居民可自由持有外币,在银行、授权组织、邮政局和贵重金属经纪机构购买外汇,在土耳其和国外银行存取外汇。土耳其居民可直接从非土耳其居民手中接受外汇支付。土耳其居民和非土耳其居民可通过银行将 5 万美元以下外汇一次性自由转移到国外,银行应在转账之日起 30 天内将外汇转出国外(包括从外汇储蓄账户进行的转账)情况通报给国家指定的机构。

外国投资企业可在土耳其开立外汇账户。外币可存入外币账户,只有在成为注册资本时才必须转换成里拉。在清算或销售得以保证的情况下,可自由转移利润、手续费、版权费和汇回资本。获得外汇并不困难,汇出或汇入资金也无限制。

旅行者可自由携带外汇现钞出境,但不得超过 5 000 美元。由于近年来外汇负债压力增大,土耳其政府出台了鼓励使用里拉和加大外汇监控的措施。2018 年,土耳其政府颁布第 32 号法令,对当地无外汇收入的企业和个人申请外汇贷款作出了限制。

（三）银行和保险公司

土耳其银行业发达,约有 50 多家银行,主要的本地商业银行有实业银行(IsBANK)、担保银行(Garanti Bank)、进出口银行、阿克银行(Akbank)等。主要外资银行有汇丰银行、花旗银行、富通(Fortis)银行等。其中与中国银行合作较紧密的当地银行有担保银行和实业银行,这两家银行在上海设有办事处。

中国工商银行于 2015 年成功收购土耳其纺织银行(Tekstilbank),设立工银土耳其。这是中国银行首次在土耳其设立营业性机构。工银土耳其总部位于伊斯坦布尔,拥有 44 家分行,致力于企业和商业贷款以及贸易金融业务。

此外,中国银行投资 3 亿美元在土耳其设立全资子行,于 2018 年正式对外营业。中国国家开发银行在伊斯坦布尔派驻了工作组。

土耳其保险业资产规模小,特别是寿险业尚处起步阶段。受伊斯兰教信仰的影响,土耳其人对保险业的接受度不高,历史上的高通胀水平和动荡的金融市场也大大影响了土耳其人的长期储蓄行为。为汽车等高价值固定资产购买商业保险非常普遍。截至 2017 年,土耳其共有 70 家保险公司。

(四) 融资服务

土耳其鼓励金融资源的自由流动。外国投资者可从当地市场获得信贷。土耳其法律和财会体系有透明度,并且与国际标准一致。土耳其商业贷款的发放依据市场条件。借款成本偏高,投资者多寻找国际融资。

2018 年 5 月,土耳其中央银行将一周回购利率作为里拉的基准利率,并于 6—9 月间进行三次上调:6 月 1 日,从 8%上调至 16.5%;6 月 8 日,上调至 17.75%;9 月 14 日,上调至 24%。2019 年 7 月 25 日土耳其央行下调基准利率从 24%至 19.75%。中国企业目前不可以使用人民币在土耳其开展跨境贸易和投资合作。

土耳其借记卡、信用卡(贷记卡)的使用十分普及。根据土耳其银行间卡片中心(BKM)统计数据,2016 年,土耳其居民持有的银行卡数量超过 1.75 亿张,为欧洲地区银行卡流通量最大的国家。通过银行卡进行的支付数量超过 10.4 亿次,其中信用卡支付次数为 8.35 亿次,借记卡支付次数为 6.07 亿次。通过银行卡进行的交易额超过 3 100 亿土耳其里拉,其中信用卡支付额 1 600 多亿里拉,借记卡支付额 1 500 多亿里拉。此外,土耳其境内拥有刷卡机 175 万多个,自动取款机 48 000 多台。中国国内发行的银联卡可在土耳其担保银行使用,还可在该银行设有中文页面的自动取款机上办理取款手续。

三、交通运输状况

(一) 公路运输

土耳其在运输系统的投资集中于陆路运输。近年来,土耳其公路网络得到迅猛发展,截至 2017 年底,公路总长达 24.75 万千米。土耳其还发展了欧洲最大的公路运输车队之一。目前,95%的乘客和 90%的货物都是通过公路来运输的。

(二) 铁路运输

截至 2017 年底,土耳其全境铁路总长为 10 207 千米,年运输旅客 8 534 万人次,货物 2 847 万吨。目前土耳其 90%的铁路线属于单行线,75%的铁路线属于非电力和无信号线。其中,30%的铁路线服务期超过 27 年,而且处于闲置状态,维护和更新严重不足。土耳其目前旅客运输的 3%、货物运输的

5％是通过铁路进行的。近年来，土耳其政府大力抓铁路建设，计划通过铁路将沿海港口与一些重要省份实现连接。2017 年 10 月 30 日，土耳其同格鲁吉亚和阿塞拜疆联合兴建的卡尔斯—第比利斯—巴库铁路投入运营。该铁路总长度 838 千米。从土耳其出发的列车可以穿越格鲁吉亚和阿塞拜疆，到达中亚和中国，运输时间可缩短至 12—15 天。此外，位于博斯普鲁斯海峡口的马尔马拉海底铁路隧道于 2014 年 10 月 29 日通车，该隧道把欧、亚两洲的铁路连接起来。

土耳其第一条高速铁路即安卡拉至伊斯坦布尔高铁一期（安卡拉至埃斯基谢希尔）于 2009 年 3 月 13 日通车，全长 249 千米，时速 250 千米，运行时间 80 分钟。第二条高速铁路安卡拉至孔亚高铁于 2011 年 8 月 23 日通车，全长 301 千米，时速 250 千米，运行时间 90 分钟。2014 年 7 月 25 日，中国企业参与建设的安卡拉至伊斯坦布尔高铁二期（埃斯基谢希尔至盖伊韦）建成通车，全长 158 千米，设计时速 250 千米，总投资金额 12.7 亿美元。

（三）航空运输

土耳其现有 55 个民用机场，其中 23 个向国际航班开放。土耳其航空公司是欧洲发展最快的航空公司之一，其运输量和运输能力增长在欧洲都名列前茅。截至 2018 年，土耳其航空公司航班目的地有 304 个，包括 49 个土耳其国内和 255 个遍布全球其他 121 个国家的目的地，位居全球各航空公司之首。2011—2017 年，土耳其航空公司连续被评为"欧洲最佳航空公司"。

据土耳其航空管理总局统计，2017 年搭乘土耳其各家航空公司的国内旅客数量同比增长 6.84％，达到 1.1 亿人次；国际旅客数量同比增长 17.25％，为 8 353 万人次。国内航班的数量同比增长 2.61％，为 90.93 万班次；国际航班数量同比增长 4.3％，为 59.11 万班次。

位于伊斯坦布尔欧洲地区的阿塔图尔克机场是土耳其最繁忙的机场，2017 年全年接待旅客 6 411 万人次，同比增长 6.11％。位于亚洲区的萨比哈机场全年接待旅客 3 139 万人次，同比增长 5.79％。安塔利亚机场、安卡拉机场和伊兹密尔机场年度接待旅客数量居第三、四、五位。

目前，位于土耳其伊斯坦布尔第三机场首期已经竣工并投入使用。全部建设完毕后，该机场将成为全球最大的机场，占地面积约 7 650 万平方米，其中封闭空间约为 350 万平方米、航站楼建筑面积约 140 万平方米，拥有 14 个航站楼、165 架登机桥、6 条跑道、3 座航空管制塔、8 座控制塔、能容纳 500 架飞机的停机坪以及医院等其他公共服务设施，年客流量可达 2 亿人次。

目前中国与土耳其之间的直飞航线,除土耳其航空公司(国航与土航签署了该直飞航线的代码共享合作协议)在伊斯坦布尔与北京、上海、广州、香港之间的往返航班之外,还有中国南方航空公司在北京与伊斯坦布尔之间的往返航班。此外经第三国转机到中国的航班主要由阿联酋航空公司、卡塔尔航空公司、埃及航空公司、新加坡航空公司、土库曼斯坦航空公司、阿塞拜疆航空公司、俄罗斯航空公司、韩国航空公司等经营。

(四) 水路运输

土耳其北、西、南三面环海,即黑海、马尔马拉海、爱琴海和地中海,还有达达尼尔海峡和博斯普鲁斯海峡,海岸线长达 7 200 千米,这使其海上运输颇具竞争优势。

四、对外经贸关系

(一) 对外贸易情况

2017 年,土耳其对外贸易增长迅猛。据土耳其统计局统计,2017 年土耳其货物贸易进出口额为 3 908 亿美元,同比增长 14.6%。其中,出口额 1 570 亿美元,同比增长 10.1%;进口 2 338 亿美元,同比增长 17.7%;逆差 768 亿美元,同比增长 36.9%,但仍然维持在过去五年的平均水平(776 亿美元)。

汽车、机械设备和纺织品是土耳其出口的前三大类商品,2017 年出口额分别为 239 亿美元、138 亿美元、88 亿美元。矿物燃料、机械设备和电子设备是土耳其进口的前三大类商品,2017 年进口额分别为 371.9 亿美元、271.6 亿美元和 211.5 亿美元。

2017 年,土耳其前五大出口目的国分别为德国、英国、阿联酋、伊拉克和美国,出口额分别占其出口总额的 9.6%、6.1%、5.9%、5.8% 和 5.5%,分别为 151 亿美元、96 亿美元、92 亿美元、91 亿美元和 87 亿美元。当年,土耳其对中国的出口额为 29.4 亿美元,同比增长 26.1%,占其出口总额的 1.9%。

2017 年,土耳其前五大进口来源国分别为中国、德国、俄罗斯、美国和意大利,进口额分别占其进口总额的 10.0%、9.1%、8.3%、5.1% 和 4.8%,分别为 234 亿美元、213 亿美元、195 亿美元、120 亿美元和 113 亿美元。

土耳其在航空运输、电信、金融等服务贸易领域具有比较优势。根据世界贸易组织统计,2017 年土耳其服务贸易出口 434 亿美元,同比增长 17%,全球占比为 0.82%;服务贸易进口 227 亿美元,同比增长 9%,全球占比 0.45%。

（二）经贸协定

土耳其于 1995 年加入世界贸易组织。土耳其是经济合作与发展组织、20国集团、澳大利亚集团、黑海经济合作组织、欧大理事会、东南欧合作倡议、西欧联盟（准）、桑戈委员会成员，还是欧盟候选国和美洲国家组织观察员，还与欧盟签署了关税同盟协定。

土耳其已先后与欧盟、以色列、波黑、北马其顿、巴勒斯坦、突尼斯、摩洛哥、埃及、叙利亚、格鲁吉亚、阿尔巴尼亚、黑山、塞尔维亚、智利、约旦、毛里求斯、韩国、法罗群岛、黎巴嫩、科索沃、马来西亚、摩尔多瓦等国家或地区达成了自由贸易协定。土耳其目前正在与秘鲁、乌克兰、哥伦比亚、厄瓜多尔、墨西哥、日本、新加坡、喀麦隆、塞舌尔、海合会、利比亚、南方共同市场、刚果（金）等国家或地区就签订自由贸易协定进行谈判。

欧盟是土耳其最重要的贸易伙伴，土欧关税同盟协定于 1996 年生效。

（三）中土经贸往来情况

根据土耳其国家统计局统计，2017 年，中国为土耳其第一大进口来源地，全年土耳其自中国进口额为 233.7 亿美元，对中国出口额仅为 29.4 亿美元，中国为其仅次于德国的第二大贸易伙伴国和第一大贸易逆差来源地。

根据中国海关统计，2017 年中国与土耳其贸易总额为 219.05 亿美元，其中中国对土耳其出口额为 181.23 亿美元，自土耳其进口额为 37.82 亿美元，分别增长 12.5%、8.6% 和 35.8%。

据中国商务部统计，2017 年当年中国对土耳其直接投资流量为 1.91 亿美元。截至 2017 年底，中国对土耳其直接投资累计达 13.01 亿美元。

据中国商务部统计，2017 年中国企业在土耳其新签承包工程合同 70 份，新签合同额 8.28 亿美元，完成营业额 12.04 亿美元；累计派出各类劳务人员1 898 人，年末在土耳其劳务人员有 6 773 人。中国企业新签大型工程承包项目包括华为技术有限公司承建土耳其电信、中石化胜利石油工程有限公司承建 Geo2E 地热发电项目生产井回灌井钻井施工总包工程、江苏鹏飞集团股份有限公司承建 2500TPD 水泥厂生产线项目等。

目前在土耳其开展投资或者工程建设的中国公司包括华为技术有限公司、中兴通讯有限公司、中国通用技术集团、中国钢铁工业集团、中国机械设备工程有限公司、中国航空技术国际有限公司、中国铁道建筑总公司、中国天辰国际工程有限公司、中电电气（南京）光伏有限公司、中国中车股份有限公司、重庆力帆集团、新希望集团、中国海南航空集团、中国南方航空集团、中国国际航空集团、中国工商银行、中国银行、中国国家开发银行等知名企业。中国企业在土耳其开展投资合作主要集中在电信、金融、交通、能源、采矿、制造、农业等领域,其中在能源领域的竞争较为激烈。

2015 年 11 月,习近平主席访问土耳其期间,中土两国元首共同见证了签署《关于"一带一路"倡议和"中间走廊"倡议相对接的谅解备忘录》,为双方在"一带一路"框架内推进各领域合作提供重要政策支持。

2015 年,中国人民银行与土耳其中央银行续签了双边本币互换协议,互换规模由 2012 年的 100 亿元人民币/30 亿土耳其里拉扩大至 120 亿元人民币/50 亿土耳其里拉,有效期仍为三年,经双方同意可以展期。互换协议的续签有利于便利双边贸易和投资,加强两国央行的金融合作。

2015 年 5 月 25—26 日,中土双方签署了《国际公路运输协议草案》。2015 年 11 月,习近平主席访问土耳其期间,中土签署《关于在铁路领域开展合作的协定》。

中国-土耳其经贸联委会(JEC)迄今为止已成功召开 16 次会议,对于解决两国经贸关切,推动经贸合作发展起到重要作用。

五、外商直接投资情况

过去十年来,土耳其经济增长较快,所实施的结构改革收到良好的效果,因此引起许多国际投资者的关注。安永欧洲吸引力调查(EY Attractiveness Survey Europe)显示,2017 年,土耳其成为欧洲第 7 大最受欢迎的外商直接投资(FDI)目的地,相比于 2016 年,跃升了 3 个位次。土耳其是 229 个项目所在地,与上年同期相比增长了 66%,其在欧洲所有 FDI 项目中所占份额为 3%。

(一) 1973—2017 年 FDI 发展情况

1973—2002 年,土耳其吸引的 FDI 总额仅为 150 亿美元。2003—2017 年,却吸引了大约 1 930 亿美元的 FDI。

从 FDI 流入的行业看,土耳其金融业、制造业和能源吸收 FDI 的金额排在所有行业的前三位,FDI 的行业分布总体上呈多元化特征。

近 15 年来,土耳其吸引的 FDI 主要来自欧洲、北美和海湾国家,但来自亚洲国家的 FDI 数量增长迅速。图 11-3 展示了 2003—2017 年各国对土耳其外商直接投资额占外商直接投资总额的比例。其中,英国、荷兰和海湾国家占比居于前三位。中国占比为 1.26%,仍有较大发展空间。

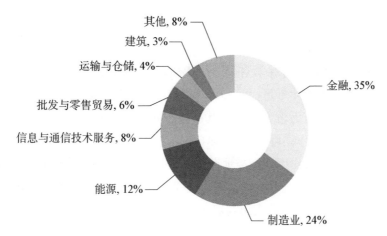

图 11-2 2003—2017 年土耳其吸引的 FDI 行业分布情况

资料来源：土耳其投资局网站，http://www. invest. gov. tr/en-US/investmentguide/investorsguide/Pages/FDIinTurkey. aspx。

截至 2017 年年底，土耳其拥有国际资本的公司数量达 58 400 家，而在 2002 年这类公司仅为 5 600 家。

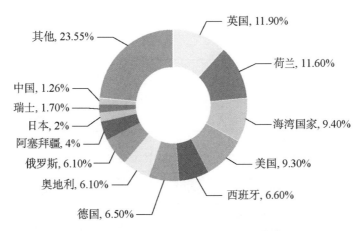

图 11-3 2003—2017 年 FDI 国家分布情况

资料来源：土耳其投资局网站，http://www. invest. gov. tr/en-US/investmentguide/investorsguide/Pages/FDIinTurkey. aspx。

六、营商成本情况

(一) 劳动力成本

土耳其人力资源相对丰富、便宜、优质,但因临近欧洲,市场竞争较为激烈,部分行业中端人才不足,高端人才稀缺。土耳其人口出生率较高,年轻人口比例较高,就业压力较大。土耳其严格保护本国人就业,依《移民法》、《劳动法》和《外国人工作许可法》等法律,无论是当地企业还是外国企业,雇用 1 个外籍劳工,须同时雇用 5 个当地劳工。外国人获得工作许可和工作签证的难度很大,已成为企业进入土耳其需面临的"老大难"问题。表 11 - 1 显示了 2019 年土耳其的最低月薪支出与雇主成本。

表 11 - 1 月薪支出与雇主成本

月薪支出	金额(美元)
总最低月薪	483.62
·社保缴费(14%)	67.69
失业保险金缴费(1%)	4.83
所得税(15%)*	25.39
最低生活津贴**	36.27
印花税(0.759%)	3.67
扣费金额合计	101.6
净最低月薪	382.02
雇主成本	金额(美元)
总最低月薪	483.62
雇主负责的社保缴费(15.5%)***	74.96
雇主支持的失业保险金(2%)	9.67
雇主总成本	568.26

注: * 所得税计算方法是[(483.62-67.69-4.83)×0.15]-36.27=25.39。** 对于没有孩子的单身人士,根据婚姻状况和孩子数量,可能有所变更。*** 对于按期缴纳的保费,作为奖励措施,将获得 5 个百分点的扣减(从 20.5%降至 15.5%)。有效期:2019 年 1 月 1 日—2019 年 12 月 31 日。截至 2019 年 1 月,1 美元=5.29 土耳其里拉。

资料来源: http://www. invest. gov. tr/zh-CN/investmentguide/investorsguide/Pages/BusinessPremises. aspx.

（二）工业用水成本

表 11-2 展示土耳其的工业用水的收费标准，以及工业园区的用水成本。

表 11-2　工业用水成本

消费者类型	水（美元/立方米）	用水增值税（%）	废水	废水增值税（%）
工业	2.17	8	已含	无
系统化 工业园区（OIZ）				
埃斯基谢希工业园区 （Eskisehir OIZ）	0.12	8	0.12	8
安塔利亚工业园区 （Antalya OIZ）	0.9	8	—	—

注：截至 2019 年 1 月，1 美元＝5.29 土耳其里拉。

资料来源：http://www. invest. gov. tr/zh-CN/investmentguide/investorsguide/Pages/BusinessPremises. aspx。

（三）能源发展情况

土耳其政府计划在 2023 年前将全国总装机容量提高至 12.5 万兆瓦，将可再生能源份额提升至 30%，将配电机组容量提高至 15.85 万兆伏安；将因偷漏电而损失的电量降至 5%，扩大智能电网的使用范围；将天然气存储容量提高至 50 亿立方米；成立能源股票交易所；8 个容量为 1 万兆瓦的核反应堆投入运行；建造 4 个容量为 5 000 兆瓦的核反应堆；在国内煤田建造容量为 1.85 万兆瓦的电厂；全面利用水电；将风电容量提高至 2 万兆瓦；推广地热电厂，使地热发电容量达到 600 兆瓦；将太阳能发电容量提升至 3 000 兆瓦。

截至 2018 年 6 月，土耳其共有 6 886 座发电厂，总装机容量达到为 8.71 万 MW。其中天然气发电占 28.5%，水电占 22.4%，火电占 36.4%，风电占 6.3%。2017 年，土耳其耗电量达 2 967 亿千瓦时。为满足不断增长的用电需求，目前土耳其正在大力发展煤电和水电等传统电力，加速发展核电、太阳能、风力、地热等无污染电力。据土耳其输电公司估计，2009—2023 年期间，土耳其电力需求将以每年 6% 的速度增长。

表 11 - 3　2019 年天然气收费标准

已与 BOTAS 签署天然气销售协议的消费者		
	天然气(美元/千瓦时)	天然气(美元/立方米)
少于 300 000 标准立方米	0.016	0.168
系统化工业园区(OIZ)	0.022	0.254
超过 300 001 标准立方米	0.022	0.255

注：不包括特别消费税(SCT)和增值税。截至 2019 年 1 月，1 美元＝5.29 土耳其里拉。

资料来源：http://www. invest. gov. tr/zh-CN/investmentguide/investorsguide/Pages/BusinessPremises. aspx。

(四) 通信设施及成本

土耳其邮政系统完善，各市(县)均有邮政局，服务内容包括国内外邮寄、快递、汇兑款、西联汇款、水电气和电话费等发票的代收业务、电报、各类电话卡销售，此外还开通了网上邮政业务。土耳其电话设施较发达，几乎村村通电话。目前固定电话服务业务主要由国家电信公司经营，移动通信服务商主要有 3 家，分别是 Turkcell、TurkTelekom 和 Voldafone 移动通信公司。截至 2018 年 6 月，土耳其有固定电话 1 149 万线、移动电话 7 954 万部。

土耳其互联网络较成熟，宽带上网较普遍。截至 2018 年 6 月，互联网用户达到 7 176 万。土耳其政府计划促使国内产品和服务提供的 ICT 部门业务比例达到 50%，ICT 部门在 GDP 中的份额达到 8%，跻身电子转型领域排名前 10 的国家，到 2019 年以电子方式提供所有公共服务。表 11 - 4 是土耳其 2019 年宽带服务收费标准。

表 11 - 4　2019 年宽带服务收费标准

光纤和超级网络下载速度(Mbps)	费率(美元/月)
最高为 24	51
最高为 35	60
最高为 50	75
最高为 100	104
最高为 1 000	165
城域以太网(Metro Ethernet)和 G. SHDSL	视具体要求而定

注：不包括特别消费税(SCT)和增值税。截至 2019 年 1 月，1 美元＝5.29 土耳其里拉。

资料来源：http://www. invest. gov. tr/zh-CN/investmentguide/investorsguide/Pages/BusinessPremises. aspx。

七、发展规划

（一）短期规划

2018 年 8 月 3 日，土耳其总统埃尔多安公布《总统制下内阁的百日工作计划》，这是土耳其实行总统制后新内阁提出的第一个施政方案，也是政府短期施政方案。根据该计划，政府将在 100 天内完成最重要和最优先的 400 个项目，覆盖了金融、能源、基建、外贸、国防、旅游等各领域，总预算约 460 亿里拉（约合 90 亿美元），将成为土新时期发展的重要驱动力量。

（二）中长期规划

2018 年 9 月 20 日，土耳其国库与财政部长阿尔巴依拉克发布政府 2019—2021 年新的中期经济规划，提出这一时期内三大经济政策支柱和主要经济发展目标：一是平衡经济。为实现可持续发展，主动调降经济增长目标。2018—2021 年的目标分别为 3.8％、2.3％、3.5％和 5％。二是财政纪律。将执行严明的财政纪律、采取适当的财政措施，确保财政安全和稳定，控制通货膨胀。2018—2021 年的通胀控制目标分别为 20.8％、15.9％、9.8％和 6％。三是经济转型。重点围绕高附加值产业提升出口和长期生产制造能力，并增加就业。2018—2021 年的失业率目标分别为 11.3％、12.1％、11.9％和 10.8％。

第三节　土耳其贸易投资相关法律制度

一、贸易投资主管部门及相关法律

贸易部是土耳其的贸易和外商直接投资事务主管部门，负责制定、贯彻、协调对外贸易政策，采取措施吸引外国直接投资，保护本国产业、结合实际情况开展贸易救济调查，收集整理国内其他部门、机构针对贸易问题所提出的意见和建议，并提交立法部门进行审议等。

土耳其贸易法律法规主要有《对外贸易法》、《海关法》、《进口加工机制》、《配额及关税配额行政法》、《进口不公平竞争保护法》、《增值税法》、《自由经济区法》、《出口促进关税措施》、《出口机制法规》和《出口加工体系法》等。

土耳其的外国投资立法主要包括《鼓励投资和就业法》、《外国直接投资法》《外国直接投资管理条例法》以及多边和双边投资公约、各种法律、各种促进行业投资的相关规章[1]。

土耳其法律规定,外商投资公司与当地公司一视同仁,享有与在同一领域运作的国内公司相同的权利和减免。同时,外资公司和内资公司负有相同的义务。外国公司在土耳其设立商业活动组织,可以选择符合《商业法》规定的任何组织类型。为便于统计,外资公司在成立后需要向国库署备案。除个别受特殊法律管辖的行业外,外国投资者可以 100% 拥有所有类型公司的股份。

外国投资进入土耳其某些行业受到限制。这些限制一是取决于土耳其加入世贸组织关于服务贸易所作承诺;二是取决于其国内立法的规定。限制行业主要有广播、石油、航空、海运、金融、房地产等。

限制方式有投资禁止、股比限制、进口许可证、购置数量等。在金融服务(包括银行和保险)和石油行业建立企业须获政府的特别批准。外商的股权比例在广播业限制为 20%;在航空和航海运输业外商股权比例限为 49%。对于半导体、电视机行业,外国投资股份不得超过 25%;对于邮政、电信、电报行业,外国投资股份不得超过 51%。经土国内政部批准,中国公民可在土购置一处住宅。如果在土耳其的外国投资经营范围中包括国家垄断部分,则其不能在该实体中占有主要股份。

二、投资方式的相关规定

根据土耳其新的《外国直接投资法》,外国投资者设立企业和股份转让的条件与当地投资者一样。在现行《贸易法》框架下,从事经营活动的企业有以下 3 种方式,即独资公司(Merchants)、合资公司(Commercial Partnership)、合作社(Cooperative)。由个人独资开设的商业机构视为独资公司。

根据现行的土耳其贸易法律,银行、私人金融机构、保险公司、金融租赁公司、金融代理公司、控股公司、外汇兑换所、仓储公司、受资本市场法律约束的上市公司、免税区的投资人和经营者,必须以股份形式成立,并得到土耳其工商部的批准。

(1)有限责任公司:原规定由 2 个以上 50 个以下股东共同出资设立,股

---

① 参见 http://www. invest. gov. tr/zh-CN/investmentguide/investorsguide/Pages/BusinessLegislation. aspx。

东的责任受限于其拥有的股份数,有限公司的注册资本不得少于 5 000 里拉,公司不得发行股票。2011 年 2 月 14 日,土耳其官方公报发布了第 6102 号《新土耳其商法典》。根据《新土耳其商法典》以及第 6103 号《土耳其商法典的效力与实施法》的规定,新法典于 2012 年 7 月 1 日起生效。《新土耳其商法典》取消了对股份公司和有限责任公司人数的限制,允许单一股东持有全部股份。此外,在注册资本方面也做出了调整,即摒弃了此前所采取的法定注册资本制度,适用授权注册资本制度,不要求发起人在公司设立之时缴足注册资本。

(2)集体公司:在共同商号下从事商业活动的联合体。合伙人对联合体负有无限连带责任,没有最低注册资本限额,投资者必须是自然人。股东的责任在公司章程中界定。

(3)两合公司:此类公司中,有些合伙人对公司负有仅限于所投资股份的有限责任,其他股东则负有无限责任,没有最低注册资本要求。股东责任在公司章程中界定。

(4)合作社:一种基于互利合作的商业协会,由愿意提供自身职业技能及其他资源的人组成,并按照《合作社法》组建。土耳其《外国直接投资法》将外国自然人和法人均作为外国投资者,对自然人在土耳其投资无特殊规定。外国自然人可以通过设立有限公司、合伙企业等进行投资,享受与本地投资者同等待遇,也可以开展直接投资。外国自然人在本地的经营需要进行商业注册,提供护照、申请书、经营相关证明材料、税号和商业注册声明文件等。

土耳其对外国国有企业投资无专门的审查程序。土耳其关于反垄断和经营者集中的法律为《保护竞争法》。值得一提的是,关于企业间的协同行为,与其他国家或地区普遍采用事实推定的方式不同,土耳其采用法律推定形式。《保护竞争法》第 4 条第 2 款规定:在无法证明存在协议的情况下,若市场上的价格变化、供求平衡状况或企业的经营区域与竞争受到阻碍、扭曲或限制市场上的相似情形,则可推定企业间存在协同行为。这无疑给企业增加了更大的举证责任。目前,土耳其有关部门已经意识到此举的不合理之处,正在酝酿修改有关法律规定。

三、中国与土耳其签署的与投资合作相关的协定

据中国驻土耳其大使馆经商参处资料,中国与土耳其签署的与投资合作相关的协定主要有:1990 年 11 月 13 日,中国与土耳其签署了《相互促进与保

护投资协定》。1995 年 5 月 23 日,中国与土耳其签订了《关于对所得税避免双重征税和防止偷漏税的协定》。

2015 年 11 月,中国与土耳其签订了《关于"一带一路"倡议和"中间走廊"倡议相对接的谅解备忘录》、《关于在铁路领域开展合作的协定》、《关于土耳其樱桃向中国出口检疫议定书》、《关于土耳其乳制品向中国出口检疫议定书》、《关于加强电子商务合作协议》。2016 年 9 月,中国与土耳其签订了《关于土耳其开心果向中国出口检疫议定书》。

第十二章 埃及贸易和投资制度

商务部《对外投资合作国别（地区）指南》[①]（以下简称《指南》）详细介绍了埃及的国家概况、宏观经济、贸易投资、法律法规以及中国企业在当地投资的注意事项与须防范的风险等，是中资企业了解埃及投资环境的权威参考资料。本章主要参考了该《指南》与投资有关的内容，并根据最新的统计资料更新了相关数据。

第一节 埃及国家概况

一、地理环境

（一）地理位置

埃及地跨亚、非两洲，隔地中海与欧洲相望。埃及大部分地区位于非洲东北部，只有苏伊士运河以东的西奈半岛位于亚洲西南部。国土面积100.145万平方千米，94％为沙漠。西与利比亚为邻，南与苏丹交界，东临红海并与巴勒斯坦、以色列接壤，北临地中海。海岸线长约2 900千米。尼罗河纵贯南北，全长6 700千米，在埃及境内长1 530千米。按自然地理，埃及可分为4个区：尼罗河谷和三角洲、西部利比亚沙漠、东部阿拉伯沙漠和西奈半岛。尼罗河谷和三角洲地区地表平坦。西部的利比亚沙漠是撒哈拉沙漠的东北部分，为自南向北倾斜的高原。西奈半岛面积约6万平方千米，大部分为

---

① 中国商务部：《2018年对外投资合作指南——埃及》，https://www.yidaiyilu.gov.cn/info/iList.jsp? cat_id=10148&cur_page=5。

沙漠。南部山地有埃及最高峰圣卡特琳山,海拔 2 629 米。地中海沿岸多沙丘。开罗以南通称上埃及,以北为下埃及。埃及首都开罗属于东 2 区,比北京时间晚 6 小时。

(二) 行政区划

埃及划分为 27 个省、8 个经济区,每个区包括一个或数个省。埃及首都开罗,位于尼罗河三角洲顶点以南 14 千米处,北距地中海 200 千米,是埃及的政治、经济和商业中心。开罗省、吉萨省、盖勒尤比省组成了通称的大开罗,人口超过 2 000 万(2016 年),是阿拉伯和非洲国家人口最多的城市,世界十大城市之一。古埃及人称开罗为"城市之母";阿拉伯人把开罗叫做"卡海勒",意为征服者或胜利者。埃及作为人类文明四大发源地之一,在人类社会发展史上占有重要地位。其他主要城市主要有亚历山大、塞得港、沙姆沙伊赫。

(三) 自然资源

埃及的水资源缺乏,主要水源是尼罗河水。根据尼罗河流域 9 国签订的河水分配协议,目前埃及享有尼罗河水的份额为 550 亿立方米。目前年用水需求为 800 亿立方米,实际可用水量为 600 亿立方米,其中 555 亿立方米来自尼罗河水,另有 25 亿立方米来自深层地下水。埃及人均用水量不足 600 立方米,低于联合国确定的人均用水标准(1 000 立方米),属于"缺水国家"。为弥补供水不足,埃及加大对农业用水的再利用(达 130 亿立方米),并加大对尼罗河谷地及三角洲地区地下水的利用(达 65 亿立方米)。灌溉用水占埃及用水量的 90%。

埃及的主要资源是石油、天然气、磷酸盐、铁等。已探明的储量为:石油 44.5 亿桶(2013 年 1 月),天然气 2.186 万亿立方米(2012 年 1 月),磷酸盐约 70 亿吨,铁矿 6 000 万吨。此外,还有锰、煤、金、锌、铬、银、钼、铜和滑石等。2015 年,埃及近海海域发现迄今地中海范围内最大天然气田,潜在天然气蕴藏量为 8 500 亿立方米。埃及的石油和天然气探明储量分别位居非洲国家第五位和第四位,是非洲最重要的石油和天然气生产国。埃及平均原油日产量达 71.15 万桶,天然气日产量达 1.68 亿立方米,国内消耗的天然气数量占天然气总产量的 70%,其余 30% 供出口。

(四) 人口分布

据埃及中央公共动员与统计局(CAPMAS)公布的数据,2018 年初埃及人口达 9 630 万人,其中开罗省人口为 970 万人、吉萨省为 880 万人。埃及人口增长率为 2.3%。平均人口密度为每平方米 100 人,但约有 96% 的人口密居在尼罗河谷和三角洲地区,其中三角洲的达曼胡尔和曼苏拉市的人口密度达到每平方千米 1 200—1 500 人;首都开罗市的人口密度高达每平方千米 2 万人。尼罗河谷的人口密度约为每平方千米 600 人以上;红海省的人口密度每平方千米不足 1 人。埃及 15 岁以下人口占总人口的 34.2%,65 岁(含)以上人口占总人口 3.9%;城市人口占总人口的 42.6%,农村人口占 57.4%。埃及人口自 2011 年以来快速增长,2006 年埃及人口为 7 280 万人,2009 年为 7 610 万人,2017 年初达 9 480 万人。

目前,在埃及华人总数 1 万多人,主要集中于开罗、亚历山大、塞德港和艾因苏赫纳。

二、政治环境

(一) 政治制度

依据中国外交部关于埃及的政治环境介绍①,埃及最初的宪法于 1971 年 9 月经全民投票通过,后经 1980 年、2005 年和 2007 年三次修订,2011 年穆巴拉克下台后被废止。2012 年 12 月,埃及全民公投以 63.8% 的支持率通过新宪法(以下称 2012 年宪法)。2013 年 7 月 3 日,埃及军方宣布中止 2012 年宪法。2014 年 1 月,新宪法草案以 98.1% 的支持率(投票率 38.6%)通过全民公投。2019 年 4 月,埃及举行全民公投,以 88.83% 的支持率(投票率 44.33%)通过宪法修正案。此次修宪主要内容包括延长总统任期,设立参议院、副总统等。

埃及总统为国家元首。现任总统为阿卜杜勒·法塔赫·塞西(Abdul Fatah Al-Sisi),2014 年 6 月就职,2018 年 6 月连任。

人民议会是埃及最高立法机关,主要职能是提名总统候选人;主持制定和修改宪法;决定国家总政策;批准经济和社会发展计划及国家预算、决算,并对政府工作进行监督。埃及议会实行一院制,设有 596 个席位,任期 5 年。本届议会选举于 2015 年 10 月、11 月分两阶段进行。2015 年 12 月 2 日完成新议会选举,其中独立候选人 189 名,自由埃及人党 44 名,祖国未来党 31 名,华夫脱党 18 名,祖国保卫者党 12 名,人民大众党 11 名,大会党 9 名,光明党 8 名,保守党 6 名,民主埃及党 3 名,和平民主党、现代埃及党和发展与改革党各

---

① https://www.fmprc.gov.cn/web/gjhdq_676201/gj_676203/fz_677316/1206_677342/1206x0_677344/.

2 名,我的祖国埃及党、爱国运动党、纳赛尔党、萨拉赫党和自由党各 1 名。塞西总统任命 28 名议员,包括集团党主席阿卜杜阿勒、华夫脱党秘书长巴哈丁等。2016 年 1 月,埃及新议会第一次全体会议在埃及议会大厦举行,议员宣誓就职,并选举阿里·阿卜杜勒·阿勒(Ali Abdel-Aal)为议长。

近年来,埃及政局发生多次动荡。2013 年 6 月底 7 月初,埃及政局再度发生剧变。7 月 9 日,曼苏尔总统颁布法令,任命哈兹姆·贝卜拉维(Hazem Al-Beblawi)为过渡期临时政府总理。2014 年 2 月 25 日,曼苏尔总统接受贝卜拉维政府内阁辞呈,并任命易卜拉欣·马哈拉卜(Ibrahim Mahlab)为临时政府总理。3 月 1 日,临时政府内阁成员宣誓就职。2014 年 6 月,塞西当选总统后成立新一届政府,马哈拉卜留任总理。2015 年 9 月,埃及政府改组,谢里夫·伊斯梅尔(Sheref Ismail)出任总理。2016 年 3 月,埃政府再次改组,谢里夫·伊斯梅尔留任总理。2018 年 6 月,新一届政府成立,穆斯塔法·马德布利出任总理。

埃及法院包括最高法院、上诉法院、中央法院和初级法院以及行政法院,开罗还设有最高宪法法院。检察机构包括总检察院和地方检察分院。2016 年 6 月,埃新一届最高宪法法院院长哈桑、最高上诉法院院长沙菲克、行政法院院长马斯欧德、行政检察院院长拉奇格宣誓就职。

(二) 外交关系

埃及在阿拉伯、非洲和国际事务中均发挥着重要作用。开罗现为阿拉伯国家联盟总部所在地。2016 年 7 月 1 日,埃及前外长盖特担任新一届阿盟秘书长。

埃及奉行独立自主、不结盟政策,主张在相互尊重和不干涉内政的基础上建立国际政治和经济新秩序,加强南北对话和南南合作;突出阿拉伯和伊斯兰属性,积极开展和平外交,致力于加强阿拉伯国家团结合作,推动中东和平进程,关注叙利亚等地区热点问题;反对国际恐怖主义;倡议在中东和非洲地区建立无核武器和大规模杀伤性武器区;重视大国外交,积极发展同新兴国家关系,在地区和国际组织中较为活跃。目前,埃及已与 165 个国家建立了外交关系。埃及担任联合国安理会 2016 年至 2017 年非常任理事国,2019 年非洲联盟轮值主席国。

中埃自 1956 年 5 月 30 日建交以来,两国关系一直发展顺利。1999 年 4 月,两国建立战略合作关系。2006 年 5 月,两国外交部建立战略对话机制。2006 年 6 月,两国签署关于深化战略合作关系的实施纲要。2007 年 5 月,中国全国人大和埃及人民议会建立定期交流机制。自 2007 年 1 月 27 日起,中埃两国互免持中国外交和公务护照、埃及外交和特别护照人员签证。2014 年 12 月,中埃两国建立全面战略伙伴关系。2016 年 1 月,国家主席习近平应邀对埃及进行国事访问,两国签署关于加强全面战略伙伴关系的 5 年实施纲要。2016 年 9 月,塞西总统来华出席 G20 杭州峰会。2017 年 9 月,塞西总统应邀出席金砖国家领导人会晤及新兴市场国家与发展中国家对话会。2018 年 9 月,塞西总统来华参加中非合作论坛北京峰会。2019 年 4 月 25 日,国家主席习近平在北京人民大会堂会见埃及总统塞西。

(三) 政府机构

根据宪法规定,埃及政府是埃及最高执行及管理组织,由总理和部长组成。负责经济的部门主要有财政部、贸工部、投资与国际合作部、通信与信息部、电力和能源部、石油矿产部、交通部和旅游部等。现任总理为穆斯塔法·马德布利。

三、社会文化环境

(一) 民族

埃及主要的民族是东方哈姆族(埃及阿拉伯人、科普特人、贝都因人、柏柏尔人),占总人口的 99%,努比亚人、希腊人、亚美尼亚人、意大利人后裔和法国人后裔占 1%。

(二) 语言

埃及官方语言为阿拉伯语,也是通用语;埃及的努比亚人使用只有语言但无文字的努比亚语;科普特语(由古埃及语演变而来)仅作为宗教语言在科普特基督教教堂中尚有遗存。另外,社会上层人士可用较为流利的英语或法语进行交流。

(三) 宗教

伊斯兰教为主要信仰,信徒以逊尼派为主,占总人口的 84%。同时存在科普特基督正教、天主教、希腊基督正教、亚美尼亚基督教以及基督新教等多个基督教教派(约占 16%)。科普特基督正教为埃及传统基督教派,属东方基督正教中的一个独立教派,埃及科普特人多属于此教派。

(四) 工会及其他非政府组织

2011 年以前埃及只有一个工会组织即埃及工会联合会(ETUF)。2011 年 3 月,劳工部又注册了之前未被承认的大量独立工会组织,但独立工会运动并未形成。2017年11月埃及议会通过《工会法》,禁止成立独立工会。埃及的工会组织架构中,最基层是工会委员会,最顶端是埃及工会联合会。工会组织的三级分别是:工厂的工会委员会、全国性的产业工会、埃及工会联合会(埃及工联)。2018年5月埃及工会联合会举行了12年以来的首次选举。

埃及现有非政府组织(NGO)5万多个,埃及非政府组织每年接受外来资助金额达10亿埃镑,约有400家非政府组织接受外来资助。非政府组织在埃及较为活跃。2017年5月,塞西总统签署《非政府组织法》,对非政府组织的管理作出详细规定。

迄今为止,在埃及的中资企业未受罢工影响。

第二节 埃及经济发展

一、宏观经济状况

埃及经济属开放型市场经济,拥有相对完整的工业、农业和服务业体系。服务业约占国内生产总值的50%。工业以纺织、食品加工等轻工业为主。农村人口占总人口的55%,农业占国内生产总值的14%。石油天然气、旅游、侨汇和苏伊士运河是四大外汇收入来源。

2011年初以来的埃及动荡局势对国民经济造成严重冲击。埃及政府采取措施恢复生产,增收节支,吸引外资,改善民生,多方寻求国际支持与援助,以渡过经济困难,但收效有限。2013年7月临时政府上台后,埃及经济面临较大困难,在海湾阿拉伯国家的大量财政支持下,经济情况较前有所好转。2014年6月新政府成立后,大力发展经济,改善民生。

2018年3月,塞西总统成功连任,有助于埃及政局长期稳定,政府制定的各项改革政策和国家经济发展战略以及国家重大项目得以继续推进,对经济发展发挥强大引领作用。埃及基础设施建设成效显著,经济结构性改革初显成效,投资与营商环境得到较大改善,经济复苏迹象明显。埃及外汇储备、吸引外资水平、工业生产能力和出口能力不断增强,旅游业也有所恢复。此外,埃及还采取一些积极举措缓解中小企业发展困境。国际货币基金组织、世界银行、欧盟以及阿拉伯地区各国对埃及慷慨解囊,对埃及经济改革给予积极评价,中国、韩国、俄罗斯、日本等国对埃及发展也鼎力支持。埃及经济依然面临人力资源质量低下、科技研发投入不足等所导致的产出较低等问题，亟需通过提升行政治理水平、增加医疗教育开支、提升社会保障水平等手段促进经济潜能发挥。

2018年5月标普(S&P)将埃及主权信用评级由B-提高至B，系2013年来首次，同时对埃经济前景展望由正面转为稳定。2018年5月穆迪公司将埃信用评级定为B3 STA，称埃及仍面临债务风险。标普公司报告称，新的信用等级是埃及汇率竞争力、天然气产量增长以及出口增长导致埃及经常账户赤字改善的反映，此外因实施了有效货币政策，通货膨胀率也在下降。报告认为，继续推进经济和金融改革将会进一步提升投资者对埃及信心以及促进资本的持续流入，塞西再次当选总统将有助于保持政治稳定并可确保各项改革政策得以继续推进。

2017/2018财年埃及国内生产总值为44 374亿埃镑（按官方汇率1美元兑17.3埃及镑计，约合2 564.97亿美元），人均国内生产总值45 699埃镑（约合2 641.56美元）。2017年GDP实际增长率为4.2%[1]。2018年通货膨胀率为20.3%，失业率为9.9%[2]。

如图12-1所示，制造业、批发和零售业以及农业的产值分别占埃及2016/2017财年GDP的16.74%、13.88%和11.69%，在所有产业的产值中排前三位。

埃及工业以纺织和食品加工等轻工业为主。工业约占国内生产总值的16%，工业产品出口约占商品出口总额的60%。工业从业人员274万人，占全国劳动力总数的14%。埃及工业企业过去一直以国营为主体，自20世纪90年代初开始，埃及开始积极推行私有化改革，出售企业上百家。

农业是埃及的传统产业。埃及农村人口占全国总人口的55%，农业从业人员约550万人，占全国劳动力总数的31%。埃及政府重视扩大耕地面积，鼓励青年务农。全国可耕地面积为310万公顷，约占国土总面积的3.7%。近年来，随着埃及经济的发展，农业产值占国内生产总值比重有所下降。主要农作物有小麦、大麦、棉花、水稻、马铃薯、蚕豆、苜蓿、玉米、甘蔗、水果、蔬菜等。主要出口农作物有棉花、大米、马铃薯、柑橘等。棉花是埃及最重要的

---

① "Central Bank of Egypt. Annual Report，2016 - 2017"，https://www. cbe. org. eg/en/EconomicResearch/Publications/Pages/AnnualReport. aspx.

② https://www. fmprc. gov. cn/web/gjhdq＿676201/gj＿676203/fz＿677316/1206＿677342/1206x0＿677344/.

经济作物,主要为中长绒棉(35mm 以下)和超长绒棉(36mm 以上),因其绒长、光洁、韧性好,被称为"国宝"。经过近几年的改革,埃及农业生产实现了稳定增长,是经济开放首当其冲和见效最快的部门。但随着人口增长,埃及仍需进口粮食,是世界上最大的粮食进口国之一。为扩大耕地面积,增加农业产出,2015 年塞西总统提出"百万费丹"土地改良计划。

埃及历史悠久,名胜古迹很多,因此旅游业也是埃及的重要产业。2011年以来的动荡局势对旅游业影响较大,赴埃旅游人数、饭店房间价格、旅游投资均明显下降。近年来,埃及旅游业呈恢复式增长。

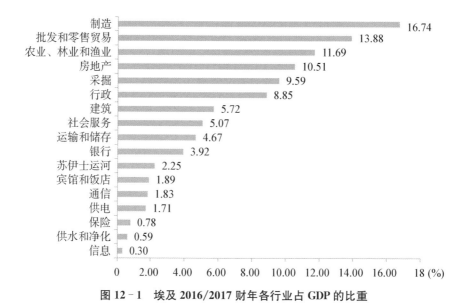

图 12 - 1　埃及 2016/2017 财年各行业占 GDP 的比重

资料来源:"Egypt Statistical Yearbook", http://www. capmas. gov. eg/Pages/StaticPages. aspx? page_id=5034.

二、金融环境

(一) 埃及货币

埃及法定货币为埃及镑,简称埃镑,辅币单位是皮阿斯特,1 埃及镑=100皮阿斯特。2016 年 11 月 4 日,埃及实行浮动汇率,外汇黑市式微,埃镑大幅贬值,经大幅波动后于 2017 年开始企稳,迄今稳定在 1 美元兑换 17.6—18 埃镑之间。人民币与埃镑之间尚不可直接结算,人民币可通过美元形成对埃镑的汇率。

(二) 外汇管理政策

根据埃及 1994 年 38 号《外汇法》的规定,投资公司可在银行开设美元账户并保留美元利润,外汇自由兑换。新《投资法》也保证投资资金和利润可以自由汇出,公司清盘时所有资金可以一次性汇回;其他情况下,可以分 5 次在 5 年内汇完。

1999 年以来,埃及外汇一直紧张。尽管政府为了维护国家形象、吸引外资,强调优先保证投资者利润汇回,但在实际操作中,银行一般都规定了一次性兑换外汇的最高金额。2002 年初,埃政府开始直接参与外汇资源分配,保证重点商品进口和重点企业用汇。2003 年上半年埃及对出口企业实施强制结售汇制度,要求出口商、旅游收汇单位等必须将外汇收入的 75% 卖给银行。埃及中央银行严格外汇管制,曾规定个人境外汇款限额为每年 10 万美元(或与其相等的外汇),个人当天存取外汇限额为 1 万美元,每月外汇存储总额不得超出 5 万美元;对非必要商品进口企业,限制其每月存取不超过 5 万美元,每日存取不超过 3 万美元。为维持社会稳定,中央银行还要求各商业银行将外汇优先分配到战略性商品的购买上,商业银行必须遵行中央银行指示,优先满足战略性商品交易的外汇需求,不受外汇现金存款限制。

2015 年 12 月,埃及中央银行规定,不再提供任何形式的以贸易为目的的针对进口的融资服务,但原材料、生产资料和一些战略性商品(包括药品、疫苗或化学物品,以及儿童奶粉等特定食品)的进口不受其约束。这一规定自 2016 年 1 月 1 日起执行,意味着进口商不能再使用反向保理/贴现、信用证融资、进口押汇、保函,或者以获取资金为目的的定期信贷产品。此后,部分银行要求进口商账户里必须保证足够的可支配资金用于国际结算,即 100% 现金保证。因此,很多埃及进口商只能受限于依靠银行外的自有资金或借款进行贸易,进口需求减少。

2016 年 1 月 26 日,埃及中央银行对一些特定行业和进口产品提高了外汇现金存款限额,由原来的每月最高限额 5 万美元提升到 25 万美元,并且不再受每日 1 万美元限额的约束。提升后的限额只适用于企业,目的是满足进口必需品(包括食品、机械设备、零部件、中间产品、生产资料、日常用品、药品、疫苗和相关化学产品)的需要。

2016 年 11 月,埃镑开始实行浮动汇率。根据国际货币基金组织与埃及达成的贷款协议,埃及将尽快取消相关外汇管制措施。2017 年 6 月 14 日,埃及央行宣布取消个人境外汇款每年 10 万美元的限额;2017 年 11 月 28 日,宣布取消对非必要进口商外汇存取方面的限制,表明埃及银行系统外汇流动性有所好转。

外资企业可在埃及商业银行申请开立外汇账户,绝大多数银行均可开立美元或欧元账户,埃及银行、SAIBANK 和卡塔尔银行等可以开立人民币账户,实现资金划转。埃及允许外汇汇进和汇出,但必须以真实交易为基础,需向开户行提供业务往来证明文件。外资企业的合法利润经审查可以汇出,汇出时需交纳 0.2%—0.3%的手续费。埃及政府允许旅客携带外汇进出埃及海关,自 2012 年起,埃及禁止携带 1 万美元以上现金出入境。

(三) 银行和保险公司

1975 年,埃及颁布了第 120 号《银行法》,对境内所有银行的业务范围、操作模式进行了界定,把银行主要分为商业银行、投资银行和专业银行 3 种类型。商业银行经营一般性的存储业务,并为各种市场交易提供资金。投资银行可以接受存款,为外贸业务提供融资,但主要是投资中长期业务,如扶持新兴产业、对固定资产投资提供融资等。专业银行主要服务于国家的特定行业,为房地产、工业、农业发展提供长期的资金支持。截至 2017 年 11 月,埃及拥有从业牌照的银行共 40 家,包括国有银行 5 家、私有及合资银行 28 家、国外银行分行 7 家。埃及国民银行(National Bank of Egypt)是埃及最大的商业银行,在上海开设有分行。埃及银行为第二大商业银行,在广州设有办事处。

埃及当地最大的外资银行为汇丰银行(埃及),目前,汇丰集团持股比例在 90%以上。2003 年,埃及颁布实施新《银行法》,欢迎外国银行和金融机构参与埃及银行的私有化进程,通过参股、收购等方式进入埃市场。埃及中央银行实际上不再批准外资银行在埃及设立分行,仅可设立代表处。目前,在埃及中央银行注册的外资银行代表处共 20 家,包括纽约梅隆银行、德国商业银行、摩根大通银行、渣打银行等,主要来自美国、日本、欧洲和中东国家。

埃及保险业起步较早。1900 年,埃及第一家保险公司国民保险公司(National Insurance Company)成立。此后,历经国有化和私有化浪潮,保险业发展屡受挫折。截至 2017 年 6 月,埃及共有 36 家保险公司,其中有 14 家寿险公司、22 家非寿险公司、1 家保险合作社和 1 家再保险公司。在这些公司中,3 家为国有,其余 29 家为私有;18 家有外资参与,10 家从事遵从伊斯兰教法的保险业务。主要的保险公司有 Misr 寿险公司、Misr 财险公司、安联寿险公司(埃及)、大都会人寿保险公司、国际商业人寿保险公司等。全行业现在已对外资开放(外国投资者可以持有本地保险公司的多数股权)。2009 年起,埃及金融监管局负责监管埃及保险业。保险业的主要投资集中于银行存款、政府债券和非政府债券。2016 年,保险业在埃及 GDP 中的贡献率为 1.2%。

目前,仅中国国家开发银行在埃及设有代表处。中国国家开发银行与埃及中央银行、埃及国民银行、埃及银行均有良好的合作关系,主要业务包括提供授信等,主要功能是深化中埃金融合作,推动中埃产能合作和服务"一带一路"建设。

中国银联选择埃及银行卡联合组织 Egyptian Banks Co(EBC)作为在埃及的合作伙伴。自 2010 年 1 月起,包括埃及国民银行、埃及银行等各大银行在内的埃及境内 3 000 余台 ATM 受理银联卡,覆盖率几乎为 100%,基本做到持银联卡游览埃及畅通无阻。银联卡在埃及 ATM 开通的服务为取现(埃镑)和余额查询。

(四) 融资服务

根据埃及中央银行网站数据,2018 年 5 月 20 日,埃及埃镑隔夜存贷款基准利率分别为 16.75% 和 17.75%,银行间同业隔夜拆借利率为 16.985%。商业融资成本方面,当地银行提供的埃镑贷款成本一般在 15% 以上,美元贷款利率以 LIBOR 为基准,视企业信用、贷款期限和项目风险加以调整。根据中央银行的政策,中小企业在当地融资可享受优惠税率。对于新设企业,注册资本在 500 万埃镑以下的企业贷款利率为 5%,注册资本在 500 万—1 500 万埃镑的企业为 7%。对于已设立企业,年销售额低于 5 000 万埃镑的企业贷款利率为 5%,年销售额在 5 000 万—2 亿埃镑的企业贷款利率为 7%(仅限农业和工业企业)。

三、交通运输状况

埃及是中东和北非地区现代化进程起步较早的国家,也是工业体系较为完备的国家,基础设施建设有着较长的历史。2014 年塞西当选总统之后,将政府投资主导大规模基础设施建设作为拉动经济增长的重要手段。2018 年 3 月召开的"埃及建设者论坛"上,埃及计划部长哈拉·萨义德表示,过去 3 年埃及各地基础设施建设投资达 8 000 亿埃镑,埃及计划新增 20% 基础设施投资。

(一) 公路

埃及拥有较为完善的公路交通运输体系,沿尼罗河两岸及红海沿岸是其公路网的主干道,连接南至阿斯旺、北至亚历山大的尼罗河沿岸各大城市。

以开罗为中心,向尼罗河三角洲区域辐射的公路网络也较为发达和便利。公路交通是埃及居民最主要的出行方式,埃及约有94%的货物运输是通过公路运输完成。随着埃及人口的快速增长,埃及各大城市,特别是开罗的交通拥堵情况愈发严重。为缓解交通拥堵,提高公路运输效率,埃及政府计划投资49亿美元,实施国家公路建设项目。

据埃及中央公共动员与统计局(CAPMAS)报告,2015/2016财年埃及各部门公路建设总长度为17.46万千米,比上一财年(16.8万千米)增加6 200千米。全国共有桥梁2 972座,1 747座桥梁归属国家公路桥梁局,245座归属市政桥梁,有49座市郊桥梁,另有925座铁路桥梁及6座地铁桥梁。

(二)铁路

埃及是世界上较早进行铁路建设的国家,埃及第一段正式运营的铁路始于1854年。埃及国家铁路局是其铁路建设运营机构,归属埃及交通部管辖。埃及中央公共动员与统计局数据显示,2017年埃及拥有铁路里程9 566千米,实际运营铁路里程共计5 085千米,总车站数量为705个,机车总量约有800台,铁路客车约有4 000辆,货车约有12 000辆。埃及国家铁路局运营的干线线路仅有40%左右为双线,约60%的铁路仍旧为单线客货混合的铁路。

埃及整个铁路系统设备陈旧,运输效率低下,亟待改进提高。埃及85%的铁路信号系统尚未实现自动化,每年发生1 000多起火车交通事故,2016年为1 249起。埃及计划对既有铁路线路进行升级改造,并计划修建高速铁路。埃及政府曾在2009年对修建高铁进行过技术性研究,但囿于政府财政能力,目前高铁建设计划一直被束之高阁。

在公共交通方面,地铁建设主要集中在开罗。埃及国家隧道管理局拟在2032年前新建6条地铁线路,以将大开罗地区与周围郊区相连接。

(三)空运

埃及开罗国际机场是非洲地区第二繁忙的机场,2009年机场第3航站楼投入使用,2017年第2航站楼投入使用,大大增加了机场的旅客运送能力。埃及的主要城市也都有一定规模的机场设施。一些机场的改扩建工作在进行中,如开罗国际机场4号航站楼建设预计在2025年完成,亚历山大的Borg El Arab机场建设项目也获得相应的资金支持。2015年4月非洲开发银行向沙姆沙伊赫国际机场改建项目贷款1.4亿美元。

2007至2016年埃及各机场乘客总人数为3.33亿人次。开罗国际机场占埃及航空总客运量的37.8%,沙姆沙伊赫机场占6.5%,赫尔格达机场占

11％。2016 年国际航班总乘客人数为 2 230 万人次,占埃及总乘客人数的
85％,国内航班人数为 390 万人次。

目前,埃航已开通了开罗至北京和广州的直飞航线。

(四) 水运

埃及境内的尼罗河可以全线通航,加上灌溉用的河渠,可通航水道总长
约 3 000 千米,但利用率不高。卢克索至阿斯旺有观光游轮航行,开罗以北有
少量运货船。埃及政府于 2009 年制订了内河航运发展规划,主要是河道疏通
和内河港口建设,发展目标是实现阿斯旺至尼罗河入海口全线通航。

沟通地中海和红海的苏伊士运河长 190.25 千米,宽 280—345 米,水深
22.5 米,是世界上最重要和最繁忙的运河之一,全世界 10％的海运贸易需经
过苏伊士运河。2015 年,新运河的扩建工作顺利完成,工程耗资约 82 亿美
元,运河的通航能力和通航便利性大大提高。围绕苏伊士运河,埃及提出苏
伊士运河经济区建设这个宏大的国家项目,其中包括诸多领域的基础设施建
设项目,如道路、管道及隧道等。

埃及海岸线总长 2 900 千米,共拥有 15 个商业港口,年货物处理能力为
2.34 亿吨,约 1 000 万标准箱。拥有总泊位 179 个,泊位总长度 32.1 千米,总
仓储面积 401.3 万平方米。另有游客码头、石油码头矿物码头、渔码头等非商
业特殊码头 41 个。埃及主要港口有位于地中海的亚历山大港、塞得港、杜姆
亚特港和位于红海的苏伊士港、艾因苏赫纳港、塞法杰港。亚历山大是埃及
最大港口。塞得港正成为埃及最大的集装箱转运枢纽。

近年来,埃及港口建设不断发展,吞吐能力逐年增加,长期困扰埃及港口
的压港问题已基本得到解决。埃及拟加大港口建设,将港口的货物吞吐能力
由目前的 2.3 亿吨增至 3.7 亿吨(至 2030 年),其中重点建设的港口是塞得港
和亚历山大港。围绕港口建设,还有大量相应的基础设施建设。据埃及媒体
2017 年 4 月报道,埃及政府宣布将斥资 200 亿埃镑(约 11 亿美元)在红海、杜
米亚特、亚历山大等地建设 4 个港口项目。

四、经贸关系

(一) 对外贸易情况

埃及对外贸易连年逆差。政府相关部门长期采取行政、金融、关税、反倾
销和反补贴、设置技术贸易壁垒等手段限制进口,如 2015 年底和 2016 年初埃
及要求部分商品的外国出口商必须在埃及注册后才能向埃出口,再如在埃外

汇紧张的情况下优先保障基本生活品、工业原材料和零部件的进口用汇,又如埃及银行可能会要求部分消费品进口商在开立信用证时提供100%的外币担保。另外,一般消费品通关时间长,海关估价高等情况时有发生。出口方面,政府大力鼓励非资源型产品投资和出口,但埃及的出口额只占国家GDP的8%。实行浮动汇率后,埃镑大幅贬值,对进口抑制作用明显,出口增长,贸易逆差明显缩减。2017年,埃及货物进出口额为833.76亿美元,同比下降0.28%。其中,出口额250.43亿美元,增长14.86%;进口额583.32亿美元,下降5.62%。逆差332.89亿美元,同比下降16.78%。

埃及主要出口商品集中于资源密集型产品,包括石油和天然气、机电产品、塑料及其制品、农产品、服装和纺织品等;主要进口商品以工业制成品、耐用消费品和食品等为主,包括油气产品、机械设备、电器设备、车辆及其配件、谷物、钢铁及其制品、塑料及其制品、药品和肉类等。服务业在埃及国民经济占有举足轻重的地位。近年来,服务业收入占埃及GDP的比重超过50%。2017年埃及货物贸易逆差为333亿美元,服务贸易顺差68亿美元,平衡货物贸易逆差主要依赖旅游、苏伊士运河通行费、侨汇等收入,不足部分通过援助或借债解决。

埃及同120多个国家和地区有贸易关系,2017年前5大贸易伙伴是中国、意大利、沙特、美国、德国。

(二) 经贸协定

埃及是多个阿拉伯区域性组织和非洲地区组织的成员国。埃及加入的阿拉伯区域性组织包括阿拉伯国家联盟、阿拉伯马格里布联盟、伊斯兰合作组织、穆斯林发展中八国集团、大阿拉伯自由贸易区、阿加迪尔自贸协议。埃及加入的非洲地区性组织包括非洲联盟、东南非共同市场、非洲大陆自由贸易区。埃及还与多个国家和地区签订了双边贸易协议,包括埃及-欧盟合作伙伴协议、埃及-欧洲自由贸易联盟、埃及-土耳其自由贸易区协定、埃及与南方共同市场自贸区协议、埃及与以色列合格工业区协议、埃及与美国贸易投资框架协议等。

(三) 中埃经贸关系

2014年塞西访华期间,两国领导人就建立中埃产能合作机制达成一致。2015年9月签署中埃产能合作协议,确定了交通、电力和工业等领域的十多个产能合作优先项目清单。三年多来,双方召开两届部长级会议和三次工作组会议,探讨优先项目近20个,已落实国家电网500千伏输变电项目、斋月十日城轻轨项目和新首都中央商务区建设等项目。储备项目包括中水电阿塔卡抽蓄电站项目等。

在金融领域,两国中央银行于 2016 年 12 月签署了总金额为 180 亿人民币的货币互换协议,国开行、进出口银行、工商银行、中信保公司累计为埃及提供融资额度超过 50 亿美元。中国金融机构还积极与埃及银行开展合作,创新融资形式,推进人民币合作。国开行正与埃及中央银行探讨 70 亿人民币贷款,埃及商业银行的人民币业务也已开始启动。

在双边贸易领域,目前,中国仍是埃及最大的贸易逆差来源国。据中国海关统计,2018 年 1—12 月,中国与埃及双边货物进出口额为 138.68 亿美元,比上年同期(下同)增长 27.63%。其中,中国对埃及出口 120.34 亿美元,增长 26.2%。中国自埃及进口 18.34 亿美元,增长 37.84%。中国与埃及的贸易顺差 102 亿美元,增长 24.32%。12 月当月,中国与埃及双边货物进出口额为 12.92 亿美元,比上年同期增长 15.89%。其中,中国对埃及出口 11.13 亿美元,增长 11.67%。中国自埃及进口 1.79 亿美元,增长 51.52%。截至 2018 年 12 月,埃及是中国第 49 大贸易伙伴。

在工程承包领域,2013 年以来,埃及政府大力开展基础设施建设,承包工程市场势头火热,中国企业在埃及承包工程业务随之快速增长。据中国商务部统计,2017 年中国企业在埃及新签承包工程合同 33 份,新签合同额 16.05 亿美元,完成营业额 15.42 亿美元;累计派出各类劳务人员 1 744 人,年末在埃及劳务人员 1 850 人。新签大型工程承包项目包括华为技术有限公司承建埃及电信项目、中国建筑工程总公司承建埃及新首都建设项目、中国石油集团西部钻探工程有限公司承建埃及钻井项目等。

在经济贸易合作区领域,中埃苏伊士经贸合作区和中埃曼凯纺织产业园建设进展顺利。中埃苏伊士经贸合作区始建于 2008 年,是由中国商务部指导、天津市政府推动的国家级境外经贸合作区,由中非泰达实施运营。该经济区位于亚非欧三大洲金三角地带的埃及苏伊士省苏伊士湾西北经济区,紧邻苏伊士运河,距离埃及第三大港口艾因苏赫纳港仅 2 千米,通过高速公路与开罗相连。合作区起步区面积 1.34 平方千米,已全部开发完成,土地售罄。吸引企业近 70 家,其中约一半为制造业企业,累计吸引投资约 10 亿美元,年产值 1.4 亿美元,重点企业包括巨石集团、丰尚(牧羊)集团、西电集团等。扩展区面积 6 平方千米,拟分三期开发,开发建设总投资约 2.3 亿美元,建成后将吸引约 150—180 家企业入驻。2016 年 1 月,习近平主席访埃期间,与塞西总统共同为扩展区启动揭牌。目前扩展区已投入 4 500 万美元,一期 2 平方千米道路及市政基础设施工程已完成。大运摩托已经投资,另有意向入驻园区的企业包括:山东如意、江苏国泰、山东泰山石膏、厦门延江、中国一拖、华泰汽车等。合作区建设以来,产值达 7 亿美元,累计吸引协议投资额近 10 亿美元,向埃及政府缴纳税费 5 800 万美元,带动本地就业 3 100 人。2017 年 11 月,埃及苏伊士运河经济区管理总局、中远海运(欧洲)有限公司和中非泰达投资股份有限公司签署投资合作备忘录,将在合作区建设占地 13 万平方米的国际保税物流园区。

中埃曼凯纺织产业园位于萨达特城,面积 2.98 平方千米,计划基础设施和厂房建设总投资 49.6 亿人民币,拟建成上下游产业链完整,关联产业配套齐全的纺织全产业生产及贸易、仓储物流、电子商务以及教育培训、金融会展、酒店办公等融合发展的产业园区。一期于 2018 年 5 月开工建设。

五、外商直接投资情况

据中国商务部统计,2017 年中国对埃及直接投资流量为 9 276 万美元。截至 2017 年末,中国对埃及直接投资存量为 8.35 亿美元,创造本地就业岗位 10 000 多个,中方员工(含临时派驻)约 3 000 人。投资领域集中在油气开采和服务、制造业、建筑业、信息技术产业以及服务业等。

据埃及投资和自由区总局(GAFI)统计,截至 2017 年年底,在埃及投资的中国企业有 1 393 家,较上一年新增 81 家,在所有投资来源国中排第 21 位。2016/2017 财年,中国对埃及直接投资流量 1.5 亿美元,在所有投资来源国中首次进入前 10 名,位列第 9,累计直接投资存量约 8 亿美元。

据中国驻埃及使馆经商参处不完全统计,中国企业通过不同渠道对埃及的直接和间接投资额累计超过了 60 亿美元,包括在石油领域的并购和股权投资等。在中国驻埃及使馆经商参处备案并开展经贸活动的埃及中资企业机构共有 140 多家,其中在埃及正式注册的境外企业有 80 家,其余为办事处、项目部等。中石油、中石化、国家电网、振华石油、中远海运、埃及泰达公司、中埃钻井公司、华晨汽车公司、中国港湾、巨石集团、新希望等公司在埃投资额居前。

苏伊士经济区是"一带一路"建设的聚焦点,是埃及参与"一带一路"建设的重要依托,埃及欢迎更多的中国企业在区内投资实业,进一步巩固中埃经济合作。在中国企业的投资带动下,苏伊士经济区有望成为地区物流和相关增值服务的枢纽。外国投资者青睐苏伊士经济区,说明埃及政府吸引投资的政策是有效的。

2018 年 8 月,中国巨石埃及公司在苏伊士经济区举办二十万吨玻璃纤维生产基地投产典礼。该项目是中国企业在埃制造业领域投资规模最大的项目,也是中国在海外最大的玻纤生产基地。同时,该项目是非洲唯一的玻纤生产基地,不仅填补了非洲玻纤制造业空白,也使埃及一跃成为世界第五大玻纤生产国。

六、营商成本情况

(一) 用水价格

埃及工厂用水价格每吨 5.13 埃镑。有的企业用水可按固量和固价计算的包干制,如在泰达工业区的部分中国企业目前按每月 6.46 埃镑用水 800 吨包干缴纳水费。

埃及居民用水费用 2016 年底上调 25%,2018 年 6 月再次大幅上调。自来水及污水处理公司每月上门收水费,用水量自当月 1 号起计算至月末最后一天。表 12 - 1 显示了具体收费情况。

表 12 - 1　居民用水费率

用水量(立方米)	价格(埃镑/立方米)
0—10	0.65
11—20	1.60
21—30	2.25
31—40	2.75
40 以上	3.15

资料来源:《2018 年对外投资合作指南——埃及》,https://www. yidaiyilu. gov. cn/info/iList. jsp? cat_id=10148&cur_page=5。

在此基础上,按水费的 57% 收取污水处理费,另收取 2.5 埃镑的服务费,水费、污水处理费及服务费三部分相加为每月应缴水费。

(二) 用电价格

埃及居民和商业用电实行阶梯电价,工业用电根据电压不同,费率有所区别。埃及政府自 2016 年开始逐步减少电价补贴,上调电价。最新一次电价上调在 2018 年 7 月 1 日起生效,居民用电涨幅平均为 26%,商业用电涨幅

10%—20%,工业用电涨幅 20%—40%。目前,电力公司每月初收取上月电费,每月应缴纳的电费包括:用电量×区间价格＋该区间的附加税(少量)。居民可以自行前往电力局申请智能电表,通过向电卡充值缴纳电费,较老式的电表更方便安全。此外,企业用电往往还被征收少量金额不等的接入费。各类用电具体费率如表 12－2 所示。

表 12－2 各类用电费率

居民用电价格(2018 年 7 月 1 日起)	
用电量(度)	价格(埃镑/度)
0—50	0.22
51—100	0.30
101—200	0.36
201—350	0.70
351—650	0.90
651—1 000	1.35
1 000 以上	1.45
商业用电价格(2018 年 7 月 1 日起)	
用电量(度)	价格(埃镑/度)
0—100	0.55
101—250	1.00
251—600	1.15
601—1 000	1.45
1 001 以上	1.50
工业用电价格(2018 年 7 月 1 日起)	
电压(kV)	价格(埃镑/度)
132、220	0.964
33、66	1.015
11、22	1.050
380	1.100
农业灌溉用低压电	0.500

（三）劳动力供求及工薪

埃及是中东地区的人口大国，也是劳动力资源十分充裕的国家。目前，埃及国内总人口逾 9 600 万，劳动力人口超过 2 900 万。在海外工作的埃及人逾 355 万，其中在沙特阿拉伯工作的埃及人达 98.5 万。在中东和地中海沿岸地区，埃及的劳动力工资水平有一定竞争力，平均月工资在 150 美元到 250 美元之间。男性农业工人日工资 3 美元，合资银行的雇员月工资约为 600 美元，普通技工月工资约为 100 美元，纺织工人月工资约为 150 美元，管理人员月工资约为 300 美元。加班费白天为正常工资的 125%，夜间为 150%，假期为 200%。

2017 年 1 月，埃及政府最新颁布的最低工资标准为 1 500 埃镑/月（约合 84 美元）。政府职员的基本工资上调 35%，埃及议员普遍要求将最低工资标准增至 2 000—2 500 埃镑。2016 年，以制造业企业为例，普通劳动力月薪酬为 2 000—3 000 埃镑（含社保和税收），技术工人为 3 000—5 000 埃镑（有一定技术含量的技术工人），水平较高的中文翻译月薪酬为 6 000—12 000 埃镑，普通管理人员（会计、人资、物流清关等岗位）月薪酬为 2 000—4 000 埃镑，效益较好的部分企业管理人员月薪酬可达 4 000—6 000 埃镑。埃镑大幅贬值后，薪资均在此基础上增长 20%—30%。

（四）外籍劳务需求

埃及是劳动力大国和劳务输出大国，对外籍劳务需求不大，只有部分技术和管理岗位对外籍劳务有一定的需求。根据埃及中央公众动员与统计局（CAPMAS）2017 年的报告，2016 年在埃及私营部门和投资领域工作的外国人总数为 14 045 名，其中 4 095 人来自欧洲国家，3 454 人来自阿拉伯国家（大多来自巴勒斯坦、叙利亚），1 482 人来自印度，1 247 人来自孟加拉国，1 131 人来自美洲和澳大利亚，792 人来自英国。

由于 2011 年以来埃及和西亚北非地区持续动荡，数十万埃及劳工回国，其国内就业形势愈加严峻，埃及劳动部不断收紧外籍公民在埃及就业政策，严格限制外籍劳工来埃及工作。

（五）土地及房屋价格

埃及工业区土地可以出售，根据地理位置、交通条件和基础设施完备情况，土地每平方米售价一般为 700—1 000 埃镑，厂房为每平方米 1 000—2 000 埃镑，厂房租价为每平方米每月 20—50 埃镑。土地购买 5 年内须动工建设。上埃及东岸部分土地可免费提供，条件是 3 年内必须开工建设。

泰达经贸合作区起步区 1.34 平方千米已完全建成,所有土地已售罄,现有部分厂房不出售,仅出租,租金为每平方米每月 22—25 埃镑。扩展区 6 平方千米位于经济特区,不能获得土地所有权,只能获得 47 年的土地使用权,目前土地价格为:工业用地每平方米 900 埃镑;物流用地每平方米 1 170 埃镑;商业用地每平方米 1 800 埃镑,尚未建厂房。

埃及自由区的土地只能租用,工业项目每平方米每年 3.5 美元,仓储服务项目每平方米每年 7 美元。伊斯梅利亚自由区工业项目每平方米每年 1.75 美元,仓储服务项目每平方米每年 3.5 美元。

第三节　埃及贸易投资相关法律制度

一、贸易主管部门

埃及贸易与工业部(简称贸工部)为埃及对外贸易的主管部门。该部下辖进出口控制总局、工业发展局、展览和会议总局、标准和质量总局、商务服务署(ECS)、出口发展局(EDA)、贸易协定局、出口促进银行、外贸培训中心等机构。其中,进出口控制总局负责进出口商品的检验及控制,贸易协定局负责 WTO 事务以及反倾销、反补贴和保障措施事务,商务服务署负责向各国派遣贸易代表,展览和会议总局管理埃及境内举办的展览,出口发展局负责代表埃及在国外办展。

埃及参与经贸政策法规的研究咨询和贸易投资促进的民间机构主要有埃及商会联合会、埃及工业联合会和埃及企业家协会等。埃及还设立了埃及出口信贷担保公司、出口发展银行等官方机构。

二、贸易法规体系

目前,埃及对外贸易管理方面的主要法律有 1975 年颁布的《进出口法》、1963 年颁布的《海关法》以及 1999 年的《贸易法》。2005 年埃及修订了《进出口法》《海关法》,颁布了《进出口法实施条例》。2002 年制定《出口促进法》。埃及于 1995 年成为 WTO 成员。

三、投资主管部门

埃及的投资主管部门主要包括埃及投资最高委员会、投资与自由区管理总局（GAFI）、工业发展局（IDA）、苏伊士运河经济区管理局（SCZone）等。

与投资直接相关的法律主要有：1981 年颁布的《公司法》及其实施细则、修订案，2002 年颁布的《经济特区法》及其实施细则，2017 年颁布的新《投资法》及其实施细则。2005 年颁布的《关于外国商品复出口时退还海关税和销售税的决定》、2007 年颁布的《对抵离埃及者实行海关申报措施的决定》等。2016 年 8 月新颁布的《苏伊士运河特别经济区法律框架》。2017 年颁布的《工业许可法》、《破产法》等。

四、投资方式的规定

外国投资者可以根据《公司法》或新《投资法》对埃及投资。设立公司的形式包括有限责任公司、股份公司、一人公司等。目前选择有限责任公司的外国投资者占 95％，是最主要的公司注册形式。投资机制分为国内投资和自由区投资，国内投资机制受《公司法》、新《投资法》和《经济特区法》等法律管辖；自由区投资机制在公司治理上受《公司法》管辖，运营方面主要受新《投资法》管辖，与新《投资法》发生冲突的，以新《投资法》为准。

外资并购的主要法律依据包括 1992 年 95 号《资本市场法》及其实施细则，1981 年 159 号《公司法》及其实施细则和修订案。主要监管机构有埃及投资与自由区管理总局（GAFI）、埃及金融监管局（EFSA）、埃及证券交易所（EGX）、埃及保护竞争和防止垄断行为局（ECA）。如果并购是通过投标竞购方式，EFSA 批准之前需要进行国家安全审查。在某些产业领域，外国公司收购公司股权需要获得相关行业监管部门的书面同意。资本市场法规定，对埃及上市公司或已向公众发售股份的未上市公司进行收购的，如果所占股份或投票权超过 1/3，将触发强制性全面邀约收购。埃及金融监管局有权根据有关规定豁免要约人的全面收购义务。目前，中国企业以并购方式进入埃及市场的案例并不多。2010 年，中国公司在家用电器领域进行了 1 起并购；2013 年，在油气领域进行了 2 起并购，总金额近 40 亿美元。新设合资公司或独资公司是中国公司的主要进入方式。

五、中国与埃及签署的与投资合作相关的协定

1994 年 4 月,中埃两国政府签署了《投资保护协定》。1997 年 8 月,两国政府签署了《中华人民共和国政府和阿拉伯埃及共和国政府关于对所得避免双重征税和防止偷漏税的协定》。

1997 年 10 月,两国政府签订了《经济技术互利合作意向书》,鼓励和推动中方企业来埃及举办合资合作项目。1999 年,中国农业部与埃及农业农垦部签订了《农业合作议定书》。2001 年 5 月,两国政府签署了《中埃植物检疫协议》。2002 年 1 月 23 日,两国政府签署了《关于在石油领域开展合作的框架协议》。2002 年 1 月 23 日,两国政府签署了《和平利用核能协议》,以加强放射技术在医疗及其他民用技术方面的合作。2002 年 4 月,两国政府签署了《动物检疫及动物卫生合作协议》。2004 年 1 月 29 日,两国政府签署《关于中埃双方加强在埃及苏伊士湾西北经济区投资合作的谅解备忘录》。2009 年 11 月,两国政府签订《海关行政互助协定》。

2014 年 12 月,两国签署《中华人民共和国和阿拉伯埃及共和国关于建立全面战略伙伴关系的联合声明》。2015 年 9 月,两国签署《中埃产能合作框架协议》。2016 年 1 月,两国签署《关于加强两国全面战略伙伴关系的五年实施纲要》《关于共同推进丝绸之路经济带和 21 世纪海上丝绸之路建设的谅解备忘录》《关于苏伊士经贸合作区的协定》《中国商务部与埃及航空部关于开展区域航空合作的谅解备忘录》;11 月,两国签署《中华人民共和国国家质量监督检验检疫总局与阿拉伯埃及共和国农业和土地开垦部关于埃及鲜食葡萄输华植物检疫要求的议定书》;12 月,两国央行签署为期 3 年的总额 180 亿元人民币的货币互换协议。

附录："一带一路"沿线国家贸易发展指数（分国别）

一、阿尔巴尼亚

指标		排名	值
总指标	"一带一路"沿线国家贸易发展指数	24	0.46
子指数 1	贸易发展	34	0.39
子指数 2	贸易结构	39	0.23
子指数 3	贸易自由化	4	0.92
子指数 4	贸易制度成本与效率	22	0.50
子指数 5	新兴贸易业态	40	0.27
支柱 1.1	货物贸易发展	31	0.38
支柱 1.2	服务贸易发展	34	0.39
支柱 2.1	货物贸易结构	30	0.34
支柱 2.2	服务贸易结构	40	0.11
支柱 3.1	货物贸易自由化	3	0.95
支柱 3.2	服务贸易自由化	6	0.89
支柱 4.1	跨境贸易指数	13	0.70
支柱 4.2	物流便利化指数	36	0.22
支柱 5.1	跨境电子商务规模	37	0.19
支柱 5.2	电子商务发展环境	40	0.27

续表

指标名称	排名	值	指标名称	排名	值
支柱1.1: 货物贸易发展	31	0.38	支柱3.2: 服务贸易自由化	6	0.89
1.1.1 进口(百万美元)	38	5 270.62	3.2.1 服务贸易占全部贸易比重(%)	6	47.00
1.1.2 进口增长率(五年复合增长,%)	16	1.54	支柱4.1: 跨境贸易指数	13	0.70
1.1.3 出口(百万美元)	40	2 292.47	4.1.1 进口通关时间(小时)	18	18
1.1.4 出口增长率(五年复合增长,%)	17	3.10	4.1.2 出口通关时间(小时)	17	15
1.1.5 人均货物贸易额(美元/人)	30	2 622.28	4.1.3 进口通关费用(小时)	12	87
支柱1.2: 服务贸易发展	34	0.39	4.1.4 出口通关费用(美元)	8	65
1.2.1 进口(百万美元)	34	3 834.69	支柱4.2: 物流便利化指数	36	0.22
1.2.2 进口增长率(五年复合增长,%)	34	0	4.2.1 物流基础设施分数(1—5分)	42	1.98
1.2.3 出口(百万美元)	35	2 957.33	4.2.2 物流质量和竞争力分数(1—5分)	31	2.48
1.2.4 出口增长率(五年复合增长,%)	17	6.00	4.2.3 物流时间分数(1—5分)	33	3.05
1.2.5 人均服务贸易额(美元/人)	19	2 354.93	支柱5.1: 跨境电子商务规模	37	0.19
支柱2.1: 货物贸易结构	30	0.34	5.1.1 EMS包裹发送数量(件)	33	15 769
2.1.1 中高技术产品出口占比(%)	30	1.74	5.1.2 EMS包裹接收数量(件)	40	8 198
支柱2.2: 服务贸易结构	40	0.11	支柱5.2: 电子商务发展环境	40	0.27
2.2.1 新兴服务贸易占比(%)	40	50.00	5.2.1 ICT基础设施(互联网渗透率,%)	20	71.85
支柱3.1: 货物贸易自由化	3	0.95	5.2.2 电子支付环境(借记卡和信用卡拥有率占比均值,%)	31	17.00
3.1.1 进口关税水平(%)	3	3.60	5.2.3 电子商务技术应用(B2B互联网应用,1—7分)	42	3.85

二、阿拉伯联合酋长国

指标		排名	值
总指标	"一带一路"沿线国家贸易发展指数	8	0.67
子指数 1	贸易发展	1	0.80
子指数 2	贸易结构	25	0.47
子指数 3	贸易自由化	15	0.61
子指数 4	贸易制度成本与效率	16	0.58
子指数 5	新兴贸易业态	2	0.90
支柱 1.1	货物贸易发展	4	0.73
支柱 1.2	服务贸易发展	1	0.86
支柱 2.1	货物贸易结构	20	0.57
支柱 2.2	服务贸易结构	29	0.36
支柱 3.1	货物贸易自由化	6	0.89
支柱 3.2	服务贸易自由化	30	0.34
支柱 4.1	跨境贸易指数	31	0.29
支柱 4.2	物流便利化指数	2	0.96
支柱 5.1	跨境电子商务规模	11	0.80
支柱 5.2	电子商务发展环境	1	0.96

续表

指标名称	排名	值	指标名称	排名	值
支柱1.1: 货物贸易发展	4	0.73	支柱3.2: 服务贸易自由化	30	0.34
1.1.1 进口(百万美元)	3	273 710.01	3.2.1 服务贸易占全部贸易比重(%)	30	28.00
1.1.2 进口增长率(五年复合增长,%)	18	1.31	支柱4.1: 跨境贸易便易指数	31	0.29
1.1.3 出口(百万美元)	3	313 546.63	4.1.1 进口通关时间(小时)	24	66
1.1.4 出口增长率(五年复合增长,%)	38	-2.71	4.1.2 出口通关时间(小时)	20	33
1.1.5 人均货物贸易额(美元/人)	2	61 899.85	4.1.3 进口通关费用(美元)	43	961
支柱1.2: 服务贸易发展	1	0.86	4.1.4 出口通关费用(美元)	42	602
1.2.1 进口(百万美元)	5	122 796.21	支柱4.2: 物流便利化指数	2	0.96
1.2.2 进口增长率(五年复合增长,%)	22	2.00	4.2.1 物流基础设施分数(1—5分)	2	4.07
1.2.3 出口(百万美元)	5	102 211.77	4.2.2 物流质量和竞争力分数(1—5分)	2	3.82
1.2.4 出口增长率(五年复合增长,%)	1	27.00	4.2.3 物流时间分数(1—5分)	4	4.13
1.2.5 人均服务贸易额(美元/人)	2	23 716.99	支柱5.1: 跨境电子商务规模	11	0.80
支柱2.1: 货物贸易结构	20	0.57	5.1.1 EMS包裹发送数量(件)	10	189 406
2.1.1 中高技产品出口占比(%)	20	22.60	5.1.2 EMS包裹接收数量(件)	10	271 656
支柱2.2: 服务贸易结构	29	0.36	支柱5.2: 电子商务发展环境	1	0.96
2.2.1 新兴服务贸易占比(%)	29	62.00	5.2.1 ICT基础设施(互联网渗透率,%)	2	94.82
支柱3.1: 货物贸易自由化	6	0.89	5.2.2 电子支付环境(借记卡和信用卡拥有率占比均值,%)	3	64.00
3.1.1 进口关税水平(%)	6	4.80	5.2.3 电子商务技术应用(B2B互联网应用,1—7分)	3	5.99

三、阿塞拜疆

指标	排名	值
总指标 "一带一路"沿线国家贸易发展指数	37	0.36
子指数 1 贸易发展	43	0.24
子指数 2 贸易结构	35	0.30
子指数 3 贸易自由化	22	0.50
子指数 4 贸易制度成本与效率	35	0.30
子指数 5 新兴贸易业态	23	0.49
支柱 1.1 货物贸易发展	43	0.23
支柱 1.2 服务贸易发展	42	0.25
支柱 2.1 货物贸易结构	31	0.32
支柱 2.2 服务贸易结构	33	0.27
支柱 3.1 货物贸易自由化	35	0.23
支柱 3.2 服务贸易自由化	11	0.77
支柱 4.1 跨境贸易指数	29	0.37
支柱 4.2 物流便利化指数	38	0.21
支柱 5.1 跨境电子商务规模	26	0.38
支柱 5.2 电子商务发展环境	15	0.56

续表

指标名称	排名	值
支柱1.1: 货物贸易发展	43	0.23
1.1.1 进口(百万美元)	34	8 782.00
1.1.2 进口增长率(五年复合增长,%)	39	-3.36
1.1.3 出口(百万美元)	25	15 475.60
1.1.4 出口增长率(五年复合增长,%)	45	-13.86
1.1.5 人均货物贸易额(美元/人)	31	2 463.87
支柱1.2: 服务贸易发展	42	0.25
1.2.1 进口(百万美元)	29	10 257.08
1.2.2 进口增长率(五年复合增长,%)	41	-2.18
1.2.3 出口(百万美元)	31	4 840.81
1.2.4 出口增长率(五年复合增长,%)	41	-3.85
1.2.5 人均服务贸易额(美元/人)	29	1 533.51
支柱2.1: 货物贸易结构	31	0.32
2.1.1 中高技术产品出口占比(%)	31	1.57
支柱2.2: 服务贸易结构	33	0.27
2.2.1 新兴服务贸易占比(%)	33	58.83
支柱3.1: 货物贸易自由化	35	0.23
3.1.1 进口关税水平(%)	35	9.00
支柱3.2: 服务贸易自由化	11	0.77
3.2.1 服务贸易占全部贸易比重(%)	11	38.36
支柱4.1: 跨境贸易指数	29	0.37
4.1.1 进口通关时间(小时)	25	68
4.1.2 出口通关时间(小时)	26	62
4.1.3 进口通关费用(美元)	31	500
4.1.4 出口通关费用(美元)	33	464
支柱4.2: 物流便利化指数	38	0.21
4.2.1 物流基础设施分数(1—5分)	22	2.71
4.2.2 物流质量和竞争力分数(1—5分)	41	2.14
4.2.3 物流时间分数(1—5分)	44	2.57
支柱5.1: 跨境电子商务规模	26	0.38
5.1.1 EMS包裹发送数量(件)	34	11 989
5.1.2 EMS包裹接收数量(件)	23	52 588
支柱5.2: 电子商务发展环境	15	0.56
5.2.1 ICT基础设施(互联网渗透率,%)	10	79.00
5.2.2 电子支付环境(借记卡和信用卡拥有率占比均值,%)	36	14.96
5.2.3 电子商务技术应用(B2B互联网应用,1—7分)	15	5.23

四、埃及

总指标		排名	值
	"一带一路"沿线国家贸易发展指数	36	0.37
子指数 1	贸易发展	39	0.33
子指数 2	贸易结构	30	0.34
子指数 3	贸易自由化	31	0.35
子指数 4	贸易制度成本与效率	29	0.39
子指数 5	新兴贸易业态	25	0.46
支柱 1.1	货物贸易发展	37	0.33
支柱 1.2	服务贸易发展	39	0.33
支柱 2.1	货物贸易结构	21	0.55
支柱 2.2	服务贸易结构	39	0.14
支柱 3.1	货物贸易自由化	44	0.02
支柱 3.2	服务贸易自由化	15	0.68
支柱 4.1	跨境贸易指数	41	0.15
支柱 4.2	物流便利化指数	14	0.70
支柱 5.1	跨境电子商务规模	13	0.73
支柱 5.2	电子商务发展环境	37	0.28

续表

指标名称	排名	值	指标名称	排名	值
支柱1.1: 货物贸易发展	37	0.33	支柱3.2: 服务贸易自由化	15	0.68
1.1.1 进口(百万美元)	17	61 627.00	3.2.1 服务贸易占全部贸易比重(%)	15	36
1.1.2 进口增长率(五年复合增长,%)	34	-2.29	支柱4.1: 跨境贸易指数	41	0.15
1.1.3 出口(百万美元)	21	25 604.00	4.1.1 进口通关时间(小时)	45	505
1.1.4 出口增长率(五年复合增长,%)	39	-2.73	4.1.2 出口通关时间(小时)	37	136
1.1.5 人均货物贸易额(美元/人)	41	904.49	4.1.3 进口通关费用(美元)	45	1 554
支柱1.2: 服务贸易发展	39	0.33	4.1.4 出口通关费用(美元)	26	358
1.2.1 进口(百万美元)	17	29 490.45	支柱4.2: 物流便利化指数	14	0.70
1.2.2 进口增长率(五年复合增长,%)	40	-0.02	4.2.1 物流基础设施分数(1—5分)	17	3.07
1.2.3 出口(百万美元)	16	19 325.00	4.2.2 物流质量和竞争力分数(1—5分)	13	3.20
1.2.4 出口增长率(五年复合增长,%)	42	-0.04	4.2.3 物流时间分数(1—5分)	12	3.63
1.2.5 人均服务贸易额(美元/人)	38	506.16	支柱5.1: 跨境电子商务规模	13	0.73
支柱2.1: 货物贸易结构	21	0.55	5.1.1 EMS包裹发送数量(件)	12	176 044
2.1.1 中高技术产品出口占比(%)	21	20.44	5.1.2 EMS包裹接收数量(件)	14	151 140
支柱2.2: 服务贸易结构	39	0.14	支柱5.2: 电子商务发展环境	37	0.28
2.2.1 新兴服务贸易占比(%)	39	52	5.2.1 ICT基础设施(互联网渗透率,%)	35	44.95
支柱3.1: 货物贸易自由化	44	0.02	5.2.2 电子支付环境(借记卡和信用卡拥有率占比均值,%)	37	0.14
3.1.1 进口关税水平(%)	44	19.10	5.2.3 电子商务技术应用(B2B互联网应用,1—7分)	26	4.92

五、爱沙尼亚

		排名	值
总指标	"一带一路"沿线国家贸易发展指数	7	0.69
子指数 1	贸易发展	25	0.46
子指数 2	贸易结构	10	0.64
子指数 3	贸易自由化	9	0.73
子指数 4	贸易制度成本与效率	5	0.88
子指数 5	新兴贸易业态	9	0.71
支柱 1.1	货物贸易发展	28	0.45
支柱 1.2	服务贸易发展	27	0.48
支柱 2.1	货物贸易结构	10	0.80
支柱 2.2	服务贸易结构	24	0.48
支柱 3.1	货物贸易自由化	12	0.65
支柱 3.2	服务贸易自由化	9	0.82
支柱 4.1	跨境贸易指数	7	0.97
支柱 4.2	物流便利化指数	10	0.77
支柱 5.1	跨境电子商务规模	29	0.34
支柱 5.2	电子商务发展环境	2	0.95

续表

指标名称	排名	值
支柱 1.1: 货物贸易发展	28	0.45
1.1.1 进口（百万美元）	30	16 673.2
1.1.2 进口增长率（五年复合增长，%）	31	−1.61
1.1.3 出口（百万美元）	27	14 554.0
1.1.4 出口增长率（五年复合增长，%）	33	−1.98
1.1.5 人均货物贸易额（美元/人）	5	23 667.9
支柱 1.2: 服务贸易发展	27	0.48
1.2.1 进口（百万美元）	31	9 621.13
1.2.2 进口增长率（五年复合增长，%）	31	1
1.2.3 出口（百万美元）	20	12 115.0
1.2.4 出口增长率（五年复合增长，%）	33	5
1.2.5 人均服务贸易额（美元/人）	5	16 474.4
支柱 2.1: 货物贸易结构	10	0.80
2.1.1 中高技术产品出口占比（%）	10	38.82
支柱 2.2: 服务贸易结构	24	0.48
2.2.1 新兴服务贸易占比（%）	24	66
支柱 3.1: 货物贸易自由化	12	0.65
3.1.1 进口关税水平（%）	12	5.62
支柱 3.2: 服务贸易自由化	9	0.82
3.2.1 服务贸易占全部贸易比重（%）	9	41.04
支柱 4.1: 跨境贸易指数	7	0.97
4.1.1 进口通关时间（小时）	1	1
4.1.2 出口通关时间（小时）	7	3
4.1.3 进口通关费用（小时）	1	0
4.1.4 出口通关费用（小时）	1	0
支柱 4.2: 物流便利化指数	10	0.77
4.2.1 物流基础设施分数（1—5分）	13	3.18
4.2.2 物流质量和竞争力分数（1—5分）	15	3.18
4.2.3 物流时间分数（1—5分）	5	4.08
支柱 5.1: 跨境电子商务规模	29	0.34
5.1.1 EMS包裹发送数量（件）	25	29 369
5.1.2 EMS包裹接收数量（件）	35	12 541
支柱 5.2: 电子商务发展环境	2	0.95
5.2.1 ICT基础设施（互联网渗透率，%）	3	88.10
5.2.2 电子支付环境（借记卡和信用卡拥有率占比，%）	4	61
5.2.3 电子商务技术应用（B2B互联网应用，1—7分）	2	6.14

六、巴基斯坦

指标	排名	值
总指标 "一带一路"沿线国家贸易发展指数	39	0.36
子指数 1 贸易发展	29	0.43
子指数 2 贸易结构	17	0.56
子指数 3 贸易自由化	42	0.16
子指数 4 贸易制度成本与效率	33	0.36
子指数 5 新兴贸易业态	39	0.27
支柱 1.1 货物贸易发展	29	0.45
支柱 1.2 服务贸易发展	32	0.42
支柱 2.1 货物贸易结构	28	0.39
支柱 2.2 服务贸易结构	13	0.73
支柱 3.1 货物贸易自由化	42	0.07
支柱 3.2 服务贸易自由化	34	0.25
支柱 4.1 跨境贸易指数	36	0.23
支柱 4.2 物流便利化指数	21	0.53
支柱 5.1 跨境电子商务规模	21	0.56
支柱 5.2 电子商务发展环境	44	0.08

续表

指标名称	排名	值	指标名称	排名	值
支柱1.1: 货物贸易发展	29	0.45	支柱3.2: 服务贸易自由化	34	0.25
1.1.1 进口（百万美元）	18	57 746.0	3.2.1 服务贸易占全部贸易比重（%）	34	25.33
1.1.2 进口增长率（五年复合增长,%）	6	5.54	支柱4.1: 跨境贸易便利化	36	0.23
1.1.3 出口（百万美元）	22	21 724.7	4.1.1 进口通关时间（小时）	38	220
1.1.4 出口增长率（五年复合增长,%）	36	−2.43	4.1.2 出口通关时间（小时）	36	134
1.1.5 人均货物贸易额（美元/人）	45	382.24	4.1.3 进口通关费用（美元）	30	489
支柱1.2: 服务贸易发展	32	0.42	4.1.4 出口通关费用（美元）	36	476
1.2.1 进口（百万美元）	19	21 347.7	支柱4.2: 物流便利化指数	21	0.53
1.2.2 进口增长率（五年复合增长,%）	12	5	4.2.1 物流基础设施分数（1—5分）	23	2.70
1.2.3 出口（百万美元）	30	5 615.00	4.2.2 物流质量和竞争力分数（1—5分）	24	2.82
1.2.4 出口增长率（五年复合增长,%）	27	3	4.2.3 物流时间分数（1—5分）	18	3.48
1.2.5 人均服务贸易额（美元/人）	44	129.69	支柱5.1: 跨境电子商务规模	21	0.56
支柱2.1: 货物贸易结构	28	0.39	5.1.1 EMS包裹发送数量（件）	22	38 515
2.1.1 中高技术产品出口占比（%）	28	9.22	5.1.2 EMS包裹接收数量（件）	19	70 057
支柱2.2: 服务贸易结构	42	0.07	支柱5.2: 电子商务发展环境	44	0.08
2.2.1 新兴服务贸易占比（%）	13	70	5.2.1 ICT基础设施（互联网渗透率,%）	45	15.51
支柱3.1: 货物贸易自由化	45	0.00	5.2.2 电子支付环境（借记卡和信用卡拥有率占比均值,%）	43	5
3.1.1 进口关税水平（%）	42	12.1	5.2.3 电子商务技术应用（B2B互联网应用,1—7分）	37	4.35

七、巴林

指标	排名	值
总指标 "一带一路"沿线国家贸易发展指数	14	0.61
子指数 1 贸易发展	27	0.46
子指数 2 贸易结构	22	0.50
子指数 3 贸易自由化	5	0.89
子指数 4 贸易制度成本与效率	19	0.54
子指数 5 新兴贸易业态	13	0.67
支柱 1.1 货物贸易发展	33	0.37
支柱 1.2 服务贸易发展	17	0.55
支柱 2.1 货物贸易结构	33	0.00
支柱 2.2 服务贸易结构	1	1.00
支柱 3.1 货物贸易自由化	8	0.83
支柱 3.2 服务贸易自由化	3	0.95
支柱 4.1 跨境贸易指数	28	0.38
支柱 4.2 物流便利化指数	13	0.74
支柱 5.1 跨境电子商务规模	26	0.38
支柱 5.2 电子商务发展环境	4	0.87

续表

指标名称	排名	值	指标名称	排名	值
支柱 1.1: 货物贸易发展	33	0.37	支柱 3.2: 服务贸易自由化	3	0.95
1.1.1 进口(百万美元)	32	10 850.0	3.2.1 服务贸易占全部贸易比重(%)	3	54.59
1.1.2 进口增长率(五年复合增长,%)	38	-3.30	支柱 4.1: 跨境贸易指数	28	0.38
1.1.3 出口(百万美元)	26	15 376.1	4.1.1 进口通关时间(小时)	32	138
1.1.4 出口增长率(五年复合增长,%)	40	-4.90	4.1.2 出口通关时间(小时)	31	95
1.1.5 人均货物贸易额(美元/人)	8	17 553.4	4.1.3 进口通关费用(美元)	32	527
支柱 1.2: 服务贸易发展	17	0.55	4.1.4 出口通关费用(美元)	17	147
1.2.1 进口(百万美元)	22	16 704.7	支柱 4.2: 物流便利化指数	13	0.74
1.2.2 进口增长率(五年复合增长,%)	28	2	4.2.1 物流基础设施分数(1—5分)	16	3.10
1.2.3 出口(百万美元)	17	14 826.1	4.2.2 物流质量和竞争力分数(1—5分)	7	3.38
1.2.4 出口增长率(五年复合增长,%)	34	2	4.2.3 物流时间分数(1—5分)	14	3.58
1.2.5 人均服务贸易额(美元/人)	4	21 103.9	支柱 5.1: 跨境电子商务规模	26	0.38
支柱 2.1: 货物贸易结构	33	0.00	5.1.1 EMS包裹发送数量(件)	28	22 341
2.1.1 中高技术产品出口占比(%)	33	0.00	5.1.2 EMS包裹接收数量(件)	29	33 646
支柱 2.2: 服务贸易结构	1	1.00	支柱 5.2: 电子商务发展环境	4	0.87
2.2.1 新兴服务贸易占比(%)	1	88	5.2.1 ICT基础设施(互联网渗透率,%)	1	95.88
支柱 3.1: 货物贸易自由化	8	0.83	5.2.2 电子支付环境(借记卡和信用卡拥有率占比均值,%)	5	55
3.1.1 进口关税水平(%)	8	5.30	5.2.3 电子商务技术应用(B2B 互联网应用,1—7分)	14	5.25

八、保加利亚

子指标		排名	值
总指标	"一带一路"沿线国家贸易发展指数	17	0.57
子指数 1	贸易发展	17	0.57
子指数 2	贸易结构	16	0.57
子指数 3	贸易自由化	18	0.56
子指数 4	贸易制度成本与效率	12	0.67
子指数 5	新兴贸易业态	24	0.46
支柱 1.1	货物贸易发展	15	0.61
支柱 1.2	服务贸易发展	20	0.53
支柱 2.1	货物贸易结构	17	0.64
支柱 2.2	服务贸易结构	23	0.50
支柱 3.1	货物贸易自由化	18	0.65
支柱 3.2	服务贸易自由化	24	0.48
支柱 4.1	跨境贸易指数	9	0.84
支柱 4.2	物流便利化指数	24	0.43
支柱 5.1	跨境电子商务规模	28	0.35
支柱 5.2	电子商务发展环境	18	0.54

续表

指标名称	排名	值	指标名称	排名	值
支柱1.1: 货物贸易发展	15	0.61	支柱3.2: 服务贸易自由化	24	0.48
1.1.1 进口(百万美元)	20	34 183.92	3.2.1 服务贸易占全部贸易比重(%)	24	30
1.1.2 进口增长率(五年复合增长,%)	20	0.89	支柱4.1: 跨境贸易便利化	9	0.84
1.1.3 出口(百万美元)	19	31 437.62	4.1.1 进口通关时间(小时)	10	2
1.1.4 出口增长率(五年复合增长,%)	16	3.33	4.1.2 出口通关时间(小时)	8	6
1.1.5 人均货物贸易额(美元/人)	15	9 239.28	4.1.3 进口通关费用(美元)	8	0
支柱1.2: 服务贸易发展	20	0.53	4.1.4 出口通关费用(美元)	12	107
1.2.1 进口(百万美元)	20	18 752.07	支柱4.2: 物流便利化指数	24	0.43
1.2.2 进口增长率(五年复合增长,%)	25	0.02	4.2.1 物流基础设施分数(1—5分)	35	2.35
1.2.3 出口(百万美元)	23	9 997.04	4.2.2 物流质量和竞争力分数(1—5分)	18	3.06
1.2.4 出口增长率(五年复合增长,%)	23	0.05	4.2.3 物流时间分数(1—5分)	25	3.31
1.2.5 人均服务贸易额(美元/人)	23	4 047.77	支柱5.1: 跨境电子商务规模	24	0.43
支柱2.1: 货物贸易结构	17	0.64	5.1.1 EMS包裹发送数量(件)	31	16 661
2.1.1 中高技术产品出口占比(%)	17	29.49	5.1.2 EMS包裹接收数量(件)	28	34 335
支柱2.2: 服务贸易结构	23	0.50	支柱5.2: 电子商务发展环境	18	0.54
2.2.1 新兴服务贸易占比(%)	23	66	5.2.1 ICT基础设施(互联网渗透率,%)	29	63.41
支柱3.1: 货物贸易自由化	18	0.65	5.2.2 电子支付环境(借记卡和信用卡拥有率占比均值)	14	0.41
3.1.1 进口关税水平(%)	18	5.62	5.2.3 电子商务技术应用(B2B互联网应用,1—7分)	21	5.06

九、波兰

指标	排名	值
总指标 "一带一路"沿线国家贸易发展指数	4	0.73
子指数 1 贸易发展	2	0.78
子指数 2 贸易结构	5	0.88
子指数 3 贸易自由化	21	0.51
子指数 4 贸易制度成本与效率	2	0.92
子指数 5 新兴贸易业态	17	0.58
支柱 1.1 货物贸易发展	2	0.82
支柱 1.2 服务贸易发展	5	0.75
支柱 2.1 货物贸易结构	8	0.84
支柱 2.2 服务贸易结构	5	0.91
支柱 3.1 货物贸易自由化	12	0.65
支柱 3.2 服务贸易自由化	29	0.36
支柱 4.1 跨境贸易指数	1	1.00
支柱 4.2 物流便利化指数	8	0.82
支柱 5.1 跨境电子商务规模	14	0.68
支柱 5.2 电子商务发展环境	20	0.52

续表

指标名称	排名	值	指标名称	排名	值
支柱1.1: 货物贸易发展	2	0.82	支柱3.2: 服务贸易自由化	29	0.36
1.1.1 进口(百万美元)	5	233 812	3.2.1 服务贸易占全部贸易比重(%)	29	28.66
1.1.2 进口增长率(五年复合增长,%)	10	3.27	支柱4.1: 跨境贸易指数	1	1.00
1.1.3 出口(百万美元)	6	234 364	4.1.1 进口通关时间(小时)	1	1
1.1.4 出口增长率(五年复合增长,%)	11	4.80	4.1.2 出口通关时间(小时)	1	1
1.1.5 人均货物贸易额(美元/人)	12	12 335.6	4.1.3 进口通关费用(美元)	1	0
支柱1.2: 服务贸易发展	5	0.75	4.1.4 出口通关费用(美元)	1	0
1.2.1 进口(百万美元)	4	129 349	支柱4.2: 物流便利化指数	8	0.82
1.2.2 进口增长率(五年复合增长,%)	24	2	4.2.1 物流基础设施分数(1—5分)	14	3.17
1.2.3 出口(百万美元)	8	58 778.0	4.2.2 物流质量和竞争力分数(1—5分)	5	3.39
1.2.4 出口增长率(五年复合增长,%)	12	7	4.2.3 物流时间分数(1—5分)	8	3.80
1.2.5 人均服务贸易额(美元/人)	13	4 956.81	支柱5.1: 跨境电子商务规模	14	0.68
支柱2.1: 货物贸易结构	8	0.84	5.1.1 EMS包裹发送数量(件)	13	146 411
2.1.1 中高技术产品出口占比(%)	8	43.94	5.1.2 EMS包裹接收数量(件)	17	93 705
支柱2.2: 服务贸易结构	5	0.91	支柱5.2: 电子商务发展环境	20	0.52
2.2.1 新兴服务贸易占比(%)	5	77	5.2.1 ICT基础设施(互联网渗透率,%)	18	75.99
支柱3.1: 货物贸易自由化	12	0.65	5.2.2 电子支付环境(借记卡和信用卡拥有率占比均值,%)	11	48
3.1.1 进口关税水平(%)	12	5.62	5.2.3 电子商务技术应用(B2B互联网应用,1—7分)	38	4.33

十、波斯尼亚和黑塞哥维那

	排名	值
总指标 "一带一路"沿线国家贸易发展指数	38	0.36
子指数 1 贸易发展	34	0.39
子指数 2 贸易结构	34	0.31
子指数 3 贸易自由化	36	0.27
子指数 4 贸易制度成本与效率	18	0.56
子指数 5 新兴贸易业态	38	0.28
支柱 1.1 货物贸易发展	25	0.50
支柱 1.2 服务贸易发展	41	0.28
支柱 2.1 货物贸易结构	33	0.00
支柱 2.2 服务贸易结构	18	0.61
支柱 3.1 货物贸易自由化	24	0.48
支柱 3.2 服务贸易自由化	42	0.07
支柱 4.1 跨境贸易指数	12	0.72
支柱 4.2 物流便利化指数	30	0.33
支柱 5.1 跨境电子商务规模	38	0.15
支柱 5.2 电子商务发展环境	32	0.37

续表

指标名称	排名	值	指标名称	排名	值
支柱1.1: 货物贸易发展	25	0.50	支柱3.2: 服务贸易自由化	42	0.07
1.1.1 进口(百万美元)	33	10 503.8	3.2.1 服务贸易占全部贸易比重(%)	42	21.70
1.1.2 进口增长率(五年复合增长,%)	19	0.95	支柱4.1: 跨境贸易指数	12	0.72
1.1.3 出口(百万美元)	33	6 401.8	4.1.1 进口通关时间(小时)	16	14
1.1.4 出口增长率(五年复合增长,%)	12	4.40	4.1.2 出口通关时间(小时)	11	9
1.1.5 人均货物贸易额(美元/人)	19	5 044.12	4.1.3 进口通关费用(美元)	15	136
支柱1.2: 服务贸易发展	41	0.28	4.1.4 出口通关费用(美元)	11	92
1.2.1 进口(百万美元)	39	2 541.3	支柱4.2: 物流便利化指数	30	0.33
1.2.2 进口增长率(五年复合增长,%)	29	1	4.2.1 物流基础设施分数(1—5分)	27	2.61
1.2.3 出口(百万美元)	36	2 142.55	4.2.2 物流质量和竞争力分数(1—5分)	30	2.52
1.2.4 出口增长率(五年复合增长,%)	29	3	4.2.3 物流时间分数(1—5分)	34	2.94
1.2.5 人均服务贸易额(美元/人)	31	1 397.52	支柱5.1: 跨境电子商务规模	38	0.15
支柱2.1: 货物贸易结构	33	0.00	5.1.1 EMS包裹发送数量(件)	41	2 940
2.1.1 中高技术产品出口占比(%)	33	0.00	5.1.2 EMS包裹接收数量(件)	36	12 526
支柱2.2: 服务贸易结构	18	0.61	支柱5.2: 电子商务发展环境	32	0.37
2.2.1 新兴服务贸易占比(%)	18	69	5.2.1 ICT基础设施(互联网渗透率,%)	25	64.89
支柱3.1: 货物贸易自由化	24	0.48	5.2.2 电子支付环境(借记卡和信用卡拥有率占比均值,%)	26	25
3.1.1 进口关税水平(%)	24	6.30	5.2.3 电子商务技术应用(B2B互联网应用,1—7分)	35	4.47

十一、不丹

总指标	"一带一路"沿线国家贸易发展指数	排名	值
		41	0.30
子指数 1	贸易发展	40	0.32
子指数 2	贸易结构	30	0.34
子指数 3	贸易自由化	37	0.26
子指数 4	贸易制度成本与效率	25	0.43
子指数 5	新兴贸易业态	42	0.13
支柱 1.1	货物贸易发展	42	0.28
支柱 1.2	服务贸易发展	35	0.37
支柱 2.1	货物贸易结构	33	0.00
支柱 2.2	服务贸易结构	15	0.68
支柱 3.1	货物贸易自由化	45	0.00
支柱 3.2	服务贸易自由化	22	0.52
支柱 4.1	跨境贸易指数	14	0.68
支柱 4.2	物流便利化指数	42	0.09
支柱 5.1	跨境电子商务规模	39	0.14
支柱 5.2	电子商务发展环境	42	0.13

续表

指标名称	排名	值	指标名称	排名	值
支柱 1.1: 货物贸易发展	42	0.28	支柱 3.2: 服务贸易自由化	22	0.52
1.1.1 进口(百万美元)	45	1 028.78	3.2.1 服务贸易占全部贸易比重(%)	22	31.12
1.1.2 进口增长率(五年复合增长,%)	21	0.74	支柱 4.1: 跨境贸易指数	14	0.68
1.1.3 出口(百万美元)	44	572.73	4.1.1 进口通关时间(小时)	31	13
1.1.4 出口增长率(五年复合增长,%)	21	1.36	4.1.2 出口通关时间(小时)	31	14
1.1.5 人均货物贸易额(美元/人)	33	2 148.06	4.1.3 进口通关费用(美元)	30	160
支柱 1.2: 服务贸易发展	35	0.37	4.1.4 出口通关费用(美元)	33	109
1.2.1 进口(百万美元)	45	556.68	支柱 4.2: 物流便利化指数	42	0.09
1.2.2 进口增长率(五年复合增长,%)	11	5	4.2.1 物流基础设施分数(1—5分)	44	1.96
1.2.3 出口(百万美元)	45	166.92	4.2.2 物流质量和竞争力分数(1—5分)	39	2.30
1.2.4 出口增长率(五年复合增长,%)	11	8	4.2.3 物流时间分数(1—5分)	40	2.70
1.2.5 人均服务贸易额(美元/人)	32	970.54	支柱 5.1: 跨境电子商务规模	39	0.14
支柱 2.1: 货物贸易结构	33	0.00	5.1.1 EMS包裹发送数量(件)	37	7 205
2.1.1 中高技术产品出口占比	33	0.00	5.1.2 EMS包裹接收数量(件)	41	7 278
支柱 2.2: 服务贸易结构	15	0.68	支柱 5.2: 电子商务发展环境	42	0.13
2.2.1 新兴服务贸易占比(%)	-15	69	5.2.1 ICT基础设施(互联网渗透率,%)	34	48.11
支柱 3.1: 货物贸易自由化	45	0.00	5.2.2 电子支付环境(借记卡和信用卡拥有率占比均值,%)	41	9
3.1.1 进口关税水平(%)	45	22.3	5.2.3 电子商务技术应用(B2B互联网应用,1—7分)	43	3.83

十二、俄罗斯

指标	排名	值
总指标 "一带一路"沿线国家贸易发展指数	19	0.51
子指数 1 贸易发展	24	0.50
子指数 2 贸易结构	12	0.63
子指数 3 贸易自由化	24	0.45
子指数 4 贸易制度成本与效率	39	0.27
子指数 5 新兴贸易业态	10	0.71
支柱 1.1 货物贸易发展	24	0.50
支柱 1.2 服务贸易发展	25	0.50
支柱 2.1 货物贸易结构	26	0.43
支柱 2.2 服务贸易结构	9	0.82
支柱 3.1 货物贸易自由化	30	0.34
支柱 3.2 服务贸易自由化	20	0.57
支柱 4.1 跨境贸易指数	37	0.21
支柱 4.2 物流便利化指数	29	0.36
支柱 5.1 跨境电子商务规模	3	0.95
支柱 5.2 电子商务发展环境	17	0.55

续表

指标名称	排名	值	指标名称	排名	值
支柱1.1: 货物贸易发展	24	0.50	支柱3.2: 服务贸易自由化	20	0.57
1.1.1 进口(百万美元)	4	238 384.00	3.2.1 服务贸易占全部贸易比重(%)	20	32
1.1.2 进口增长率(五年复合增长,%)	43	−6.60	支柱4.1: 跨境贸易自由化指数	37	0.21
1.1.3 出口(百万美元)	2	353 104.00	4.1.1 进口通关时间(小时)	27	82
1.1.4 出口增长率(五年复合增长,%)	42	−7.78	4.1.2 出口通关时间(小时)	32	97
1.1.5 人均货物贸易额(美元/人)	25	4 064.37	4.1.3 进口通关费用(美元)	38	703
支柱1.2: 服务贸易发展	25	0.50	4.1.4 出口通关费用(美元)	45	772
1.2.1 进口(百万美元)	3	160 146.23	支柱4.2: 物流便利化指数	29	0.36
1.2.2 进口增长率(五年复合增长,%)	43	−0.06	4.2.1 物流基础设施分数(1—5分)	32	2.43
1.2.3 出口(百万美元)	3	121 686.00	4.2.2 物流质量和竞争力分数(1—5分)	26	2.76
1.2.4 出口增长率(五年复合增长,%)	44	−0.08	4.2.3 物流时间分数(1—5分)	30	3.15
1.2.5 人均服务贸易额(美元/人)	23	1 936.59	支柱5.1: 跨境电子商务规模	3	0.95
支柱2.1: 货物贸易结构	26	0.43	5.1.1 EMS包裹发送数量(件)	5	436 622
2.1.1 中高技术产品出口占比(%)	26	11.14	5.1.2 EMS包裹接收数量(件)	1	1 854 819
支柱2.2: 服务贸易结构	9	0.82	支柱5.2: 电子商务发展环境	17	0.55
2.2.1 新兴服务贸易占比(%)	9	73	5.2.1 ICT基础设施(互联网渗透率,%)	17	76.01
支柱3.1: 货物贸易自由化	30	0.34	5.2.2 电子支付环境(借记卡和信用卡拥有率占比,%)	18	0.38
3.1.1 进口关税水平(%)	30	6.80	5.2.3 电子商务技术应用(B2B互联网应用,1—7分)	28	4.82

十三、菲律宾

指标	排名	值
总指标 "一带一路"沿线国家贸易发展指数	16	0.58
子指数 1 贸易发展	8	0.69
子指数 2 贸易结构	6	0.80
子指数 3 贸易自由化	20	0.55
子指数 4 贸易制度成本与效率	37	0.30
子指数 5 新兴贸易业态	18	0.58
支柱 1.1 货物贸易发展	9	0.67
支柱 1.2 服务贸易发展	6	0.71
支柱 2.1 货物贸易结构	3	0.95
支柱 2.2 服务贸易结构	17	0.64
支柱 3.1 货物贸易自由化	23	0.50
支柱 3.2 服务贸易自由化	19	0.59
支柱 4.1 跨境贸易便利化指数	38	0.20
支柱 4.2 物流便利化指数	25	0.42
支柱 5.1 跨境电子商务规模	5	0.90
支柱 5.2 电子商务发展环境	33	0.36

续表

指标名称		排名	值	指标名称		排名	值
支柱1.1:	货物贸易发展	9	0.67	支柱3.2:	服务贸易自由化	19	0.59
1.1.1	进口(百万美元)	13	101 900.58	3.2.1	服务贸易占全部贸易比重(%)	19	33.83
1.1.2	进口增长率(五年复合增长,%)	4	9.29	支柱4.1:	跨境贸易便利化	38	0.20
1.1.3	出口(百万美元)	15	68 712.90	4.1.1	进口通关时间(小时)	37	168
1.1.4	出口增长率(五年复合增长,%)	9	5.69	4.1.2	出口通关时间(小时)	29	79
1.1.5	人均货物贸易额(美元/人)	36	1 622.22	4.1.3	进口通关费用(美元)	41	758
支柱1.2:	服务贸易发展	6	0.71	4.1.4	出口通关费用(美元)	38	509
1.2.1	进口(百万美元)	14	46 407.31	支柱4.2:	物流便利化	25	0.42
1.2.2	进口增长率(五年复合增长,%)	4	8.77	4.2.1	物流基础设施分数(1—5分)	29	2.55
1.2.3	出口(百万美元)	11	40 825.00	4.2.2	物流质量和竞争力分数(1—5分)	27	2.70
1.2.4	出口增长率(五年复合增长,%)	5	10.10	4.2.3	物流时间分数(1—5分)	23	3.35
1.2.5	人均服务贸易额(美元/人)	35	829.42	支柱5.1:	跨境电子商务规模	5	0.90
支柱2.1:	货物贸易结构	3	0.95	5.1.1	EMS包裹发送数量(件)	7	350 717
2.1.1	中高技术产品出口占比(%)	3	57.84	5.1.2	EMS包裹接收数量(件)	4	719 194
支柱2.2:	服务贸易结构	17	0.64	支柱5.2:	电子商务发展环境	33	0.36
2.2.1	新兴服务贸易占比(%)	17	69.01	5.2.1	ICT基础设施(互联网渗透率,%)	30	60.05
支柱3.1:	货物贸易自由化	23	0.50	5.2.2	电子支付环境(借记卡和信用卡拥有率占比均值,%)	38	11.48
3.1.1	进口关税水平(%)	23	6.20	5.2.3	电子商务技术应用(B2B互联网应用,1—7分)	19	5.08

十四、格鲁吉亚

指标	排名	值
总指标 "一带一路"沿线国家贸易发展指数	23	0.47
子指数 1 贸易发展	33	0.40
子指数 2 贸易结构	29	0.36
子指数 3 贸易自由化	6	0.89
子指数 4 贸易制度成本与效率	30	0.38
子指数 5 新兴贸易业态	35	0.33
支柱 1.1 货物贸易发展	34	0.36
支柱 1.2 服务贸易发展	29	0.45
支柱 2.1 货物贸易结构	14	0.70
支柱 2.2 服务贸易结构	44	0.02
支柱 3.1 货物贸易自由化	2	0.98
支柱 3.2 服务贸易自由化	10	0.80
支柱 4.1 跨境贸易指数	18	0.58
支柱 4.2 物流便利化指数	40	0.12
支柱 5.1 跨境电子商务规模	35	0.25
支柱 5.2 电子商务发展环境	31	0.38

续表

指标名称	排名	值	指标名称	排名	值
支柱1.1: 货物贸易发展	34	0.36	支柱3.2: 服务贸易自由化	10	0.80
1.1.1 进口(百万美元)	35	7 943.3	3.2.1 服务贸易占全部贸易比重(%)	10	40.81
1.1.2 进口增长率(五年复合增长,%)	26	-0.23	支柱4.1: 跨境贸易指数	18	0.58
1.1.3 出口(百万美元)	38	2 735.5	4.1.1 进口通关时间(小时)	17	17
1.1.4 出口增长率(五年复合增长,%)	18	2.86	4.1.2 出口通关时间(小时)	10	8
1.1.5 人均货物贸易额(美元/人)	29	2 663.89	4.1.3 进口通关费用(美元)	36	585
支柱1.2: 服务贸易发展	29	0.45	4.1.4 出口通关费用(美元)	15	112
1.2.1 进口(百万美元)	35	3 824.30	支柱4.2: 物流便利化指数	40	0.12
1.2.2 进口增长率(五年复合增长,%)	23	2	4.2.1 物流基础设施分数(1—5分)	38	2.17
1.2.3 出口(百万美元)	34	3 539.00	4.2.2 物流质量和完整竞争力分数(1—5分)	44	2.08
1.2.4 出口增长率(五年复合增长,%)	10	8	4.2.3 物流时间分数(1—5分)	37	2.80
1.2.5 人均服务贸易额(美元/人)	25	1 836.82	支柱5.1: 跨境电子商务规模	35	0.25
支柱2.1: 货物贸易结构	14	0.70	5.1.1 EMS包裹发送数量(件)	36	10 220
2.1.1 中高技术产品出口占比(%)	14	33.96	5.1.2 EMS包裹接收数量(件)	32	16 442
支柱2.2: 服务贸易结构	44	0.02	支柱5.2: 电子商务发展环境	31	0.38
2.2.1 新兴服务贸易占比(%)	44	38	5.2.1 ICT基础设施(互联网渗透率,%)	31	59.71
支柱3.1: 货物贸易自由化	2	0.98	5.2.2 电子支付环境(借记卡和信用卡拥有率占比均值,%)	24	27
3.1.1 进口关税水平(%)	2	1.50	5.2.3 电子商务技术应用(B2B互联网应用,1—7分)	30	4.69

十五、哈萨克斯坦

1：贸易发展
2：贸易结构（贸易质量）
3：贸易自由化
4：贸易制度成本与效率
5：新兴贸易业态

指标		排名	值
总指标	"一带一路"沿线国家贸易发展指数	31	0.41
子指数 1	贸易发展	38	0.34
子指数 2	贸易结构	37	0.26
子指数 3	贸易自由化	26	0.43
子指数 4	贸易制度成本与效率	26	0.43
子指数 5	新兴贸易业态	16	0.59
支柱 1.1	货物贸易发展	36	0.33
支柱 1.2	服务贸易发展	38	0.34
支柱 2.1	货物贸易结构	39	0.00
支柱 2.2	服务贸易结构	22	0.52
支柱 3.1	货物贸易自由化	25	0.45
支柱 3.2	服务贸易自由化	27	0.41
支柱 4.1	跨境贸易便利化指数	25	0.45
支柱 4.2	物流绩效指数	27	0.40
支柱 5.1	跨境电子商务规模	15	0.67
支柱 5.2	电子商务发展环境	19	0.53

续表

指标名称	排名	值
支柱1.1: 货物贸易发展	36	0.33
1.1.1 进口(百万美元)	22	29 266.09
1.1.2 进口增长率(五年复合增长,%)	45	-8.79
1.1.3 出口(百万美元)	17	48 303.71
1.1.4 出口增长率(五年复合增长,%)	44	-10.99
1.1.5 人均货物贸易额(美元/人)	24	4 290.36
支柱1.2: 服务贸易发展	38	0.34
1.2.1 进口(百万美元)	18	23 354.78
1.2.2 进口增长率(五年复合增长,%)	44	-0.07
1.2.3 出口(百万美元)	24	9 989.00
1.2.4 出口增长率(五年复合增长,%)	40	-0.03
1.2.5 人均服务贸易额(美元/人)	24	1 844.23
支柱2.1: 货物贸易结构	39	0.00
2.1.1 中高技术产品出口占比	39	0.00
支柱2.2: 服务贸易结构	22	0.52
2.2.1 新兴服务贸易占比(%)	22	66
支柱3.1: 货物贸易自由化	25	0.45
3.1.1 进口关税水平(%)	25	6.40

指标名称	排名	值
支柱3.2: 服务贸易自由化	27	0.41
3.2.1 服务贸易额占全部贸易比重(%)	27	30
支柱4.1: 跨境贸易指数	25	0.45
4.1.1 进口通关时间(小时)	13	8
4.1.2 出口通关时间(小时)	43	261
4.1.3 进口通关费用(美元)	11	0
4.1.4 出口通关费用(美元)	44	694
支柱4.2: 物流便利化指数	27	0.40
4.2.1 物流基础设施分数(1—5分)	21	2.76
4.2.2 物流质量和竞争力分数(1—5分)	29	2.57
4.2.3 物流时间分数(1—5分)	32	3.06
支柱5.1: 跨境电子商务规模	15	0.67
5.1.1 EMS包裹发送数量(件)	18	62 711
5.1.2 EMS包裹接收数量(件)	13	177 364
支柱5.2: 电子商务发展环境	19	0.53
5.2.1 ICT基础设施(互联网渗透率,%)	16	76.43
5.2.2 电子支付环境(借记卡和信用卡拥有率占比均值,%)	24	0.30
5.2.3 电子商务技术应用(B2B互联网应用,1—7分)	27	4.85

十六、黑山

		排名	值
总指标	"一带一路"沿线国家贸易发展指数	28	0.42
子指数1	贸易发展	36	0.38
子指数2	贸易结构	42	0.10
子指数3	贸易自由化	3	0.93
子指数4	贸易制度成本与效率	27	0.40
子指数5	新兴贸易业态	37	0.29
支柱1.1	货物贸易发展	39	0.31
支柱1.2	服务贸易发展	29	0.45
支柱2.1	货物贸易结构	33	0.00
支柱2.2	服务贸易结构	36	0.20
支柱3.1	货物贸易自由化	4	0.93
支柱3.2	服务贸易自由化	4	0.93
支柱4.1	跨境贸易便利化指数	17	0.61
支柱4.2	物流便利化指数	39	0.13
支柱5.1	跨境电子商务规模	44	0.03
支柱5.2	电子商务发展环境	23	0.45

续表

指标名称	排名	值	指标名称	排名	值
支柱1.1: 货物贸易发展	39	0.31	支柱3.2: 服务贸易自由化	4	0.93
1.1.1 进口(百万美元)	44	2 613.20	3.2.1 服务贸易占全部贸易比重(%)	4	51.01
1.1.2 进口增长率(五年复合增长,%)	14	2.26	支柱4.1: 跨境贸易指数	17	0.61
1.1.3 出口(百万美元)	45	421.00	4.1.1 进口通关时间(小时)	19	29
1.1.4 出口增长率(五年复合增长,%)	34	-2.13	4.1.2 出口通关时间(小时)	14	13
1.1.5 人均货物贸易额(美元/人)	20	4 834.89	4.1.3 进口通关费用(小时)	26	366
支柱1.2: 服务贸易发展	29	0.45	4.1.4 出口通关费用(美元)	14	111
1.2.1 进口(百万美元)	42	1 696.00	支柱4.2: 物流便利化指数	39	0.13
1.2.2 进口增长率(五年复合增长,%)	16	3.68	4.2.1 物流基础设施分数(1—5分)	40	2.07
1.2.3 出口(百万美元)	39	1 463.00	4.2.2 物流质量和竞争力分数(1—5分)	37	2.31
1.2.4 出口增长率(五年复合增长,%)	18	6.22	4.2.3 物流时间分数(1—5分)	41	2.69
1.2.5 人均服务贸易额(美元/人)	12	5 033.76	支柱5.1: 跨境电子商务规模	44	0.03
支柱2.1: 货物贸易结构	33	0.00	5.1.1 EMS包裹发送数量(件)	44	1 747
2.1.1 中高技术产品出口占比(%)	33	0.00	5.1.2 EMS包裹接收数量(件)	43	6 502
支柱2.2: 服务贸易结构	36	0.20	支柱5.2: 电子商务发展环境	23	0.45
2.2.1 新兴服务贸易占比(%)	36	54.38	5.2.1 ICT基础设施(互联网渗透率,%)	21	71.27
支柱3.1: 货物贸易自由化	4	0.93	5.2.2 电子支付环境(借记卡和信用卡拥有率占比均值,%)	25	26.54
3.1.1 进口关税水平(%)	4	3.70	5.2.3 电子商务技术应用(B2B互联网应用,1—7分)	29	4.71

十七、吉尔吉斯斯坦

		排名	值
总指标	"一带一路"沿线国家贸易发展指数	44	0.20
子指数 1	贸易发展	44	0.10
子指数 2	贸易结构	36	0.28
子指数 3	贸易自由化	30	0.36
子指数 4	贸易制度成本与效率	44	0.14
子指数 5	新兴贸易业态	43	0.12
支柱 1.1	货物贸易发展	44	0.15
支柱 1.2	服务贸易发展	44	0.15
支柱 2.1	货物贸易结构	23	0.50
支柱 2.2	服务贸易结构	42	0.07
支柱 3.1	货物贸易自由化	27	0.41
支柱 3.2	服务贸易自由化	31	0.32
支柱 4.1	跨境贸易指数	39	0.19
支柱 4.2	物流便利化指数	44	0.06
支柱 5.1	跨境电子商务规模	43	0.06
支柱 5.2	电子商务发展环境	40	0.16

续表

指标名称	排名	值	指标名称	排名	值
支柱1.1: 货物贸易发展	44	0.15	支柱3.2: 服务贸易自由化	31	0.32
1.1.1 进口(百万美元)	40	4 494.70	3.2.1 服务贸易进口占全部贸易比重(%)	31	27
1.1.2 进口增长率(五年复合增长,%)	40	-3.51	支柱4.1: 跨境贸易指数	39	0.19
1.1.3 出口(百万美元)	42	1 764.30	4.1.1 进口通关时间(小时)	35	156
1.1.4 出口增长率(五年复合增长,%)	31	-1.41	4.1.2 出口通关时间(小时)	30	92
1.1.5 人均货物贸易额(美元/人)	40	1 011.19	4.1.3 进口通关费用(小时)	40	712
支柱1.2: 服务贸易发展	44	0.15	4.1.4 出口通关费用(美元)	41	590
1.2.1 进口(百万美元)	43	1 535.58	支柱4.2: 物流便利化指数	44	0.06
1.2.2 进口增长率(五年复合增长,%)	42	-0.05	4.2.1 物流基础设施分数(1—5分)	43	1.96
1.2.3 出口(百万美元)	43	790.00	4.2.2 物流质量和竞争力分数(1—5分)	45	1.96
1.2.4 出口增长率(五年复合增长,%)	43	-0.04	4.2.3 物流时间分数(1—5分)	39	2.72
1.2.5 人均服务贸易额(美元/人)	41	375.72	支柱5.1: 跨境电子商务规模	43	0.06
支柱2.1: 货物贸易结构	23	0.50	5.1.1 EMS包裹发送数量(件)	43	2 283
2.1.1 中高技术产品出口占比(%)	23	13.66	5.1.2 EMS包裹接收数量(件)	42	7 276
支柱2.2: 服务贸易结构	42	0.07	支柱5.2: 电子商务发展环境	40	0.16
2.2.1 新兴服务贸易占比(%)	42	48	5.2.1 ICT基础设施(互联网渗透率,%)	36	38.00
支柱3.1: 货物贸易自由化	27	0.41	5.2.2 电子支付环境(借记卡和信用卡拥有率占比均值,%)	39	0.11
3.1.1 进口关税水平(%)	27	6.50	5.2.3 电子商务技术应用(B2B互联网应用,1—7分)	39	4.08

十八、柬埔寨

总指标		排名	值
	"一带一路"沿线国家贸易发展指数	42	0.25
子指数 1	贸易发展	20	0.53
子指数 2	贸易结构	45	0.00
子指数 3	贸易自由化	44	0.11
子指数 4	贸易制度成本与效率	36	0.30
子指数 5	新兴贸易业态	34	0.33
支柱 1.1	服务贸易发展	19	0.54
支柱 1.2	服务贸易发展	24	0.51
支柱 2.1	货物贸易结构	33	0.00
支柱 2.2	服务贸易结构	45	0.00
支柱 3.1	货物贸易自由化	41	0.09
支柱 3.2	服务贸易自由化	39	0.14
支柱 4.1	跨境贸易指数	34	0.25
支柱 4.2	物流便利化指数	28	0.36
支柱 5.1	跨境电子商务规模	19	0.59
支柱 5.2	电子商务发展环境	39	0.16

续表

指标名称	排名	值	指标名称	排名	值
支柱1.1: 货物贸易发展	19	0.54	支柱3.2: 服务贸易自由化	39	0.14
1.1.1 进口(百万美元)	31	15 495.0	3.2.1 服务贸易占全部贸易比重(%)	39	23.05
1.1.2 进口增长率(五年复合增长,%)	5	6.42	支柱4.1: 跨境贸易便利化	34	0.25
1.1.3 出口(百万美元)	30	12 089.0	4.1.1 进口通关时间(小时)	34	140
1.1.4 出口增长率(五年复合增长,%)	5	9.05	4.1.2 出口通关时间(小时)	42	180
1.1.5 人均货物贸易额(美元/人)	35	1 722.99	4.1.3 进口通关费用(美元)	25	360
支柱1.2: 服务贸易发展	24	0.51	4.1.4 出口通关费用(美元)	35	475
1.2.1 进口(百万美元)	33	4 308.91	支柱4.2: 物流便利化指数	28	0.36
1.2.2 进口增长率(五年复合增长,%)	1	11	4.2.1 物流基础设施分数(1—5分)	33	2.36
1.2.3 出口(百万美元)	32	3 954.00	4.2.2 物流质量和竞争力分数(1—5分)	28	2.60
1.2.4 出口增长率(五年复合增长,%)	9	8	4.2.3 物流时间分数(1—5分)	26	3.30
1.2.5 人均服务贸易额(美元/人)	37	516.13	支柱5.1: 跨境电子商务规模	19	0.59
支柱2.1: 货物贸易结构	33	0.00	5.1.1 EMS包裹发送数量(件)	17	68 847
2.1.1 中高技术产品出口占比(%)	33	0.00	5.1.2 EMS包裹接受收数量(件)	21	61 978
支柱2.2: 服务贸易结构	45	0.00	支柱5.2: 电子商务发展环境	39	0.16
2.2.1 新兴服务贸易占比(%)	45	35	5.2.1 ICT基础设施(互联网渗透率,%)	39	32.45
支柱3.1: 货物贸易自由化	41	0.09	5.2.2 电子支付环境(借记卡和信用卡拥有率占比,%)	44	4
3.1.1 进口关税水平(%)	41	11.10	5.2.3 电子商务技术应用(B2B 互联网应用,1—7分)	31	4.62

十九、克罗地亚

总指标		排名	值
子指数1	"一带一路"沿线国家贸易发展指数	9	0.67
子指数2	贸易发展	13	0.60
子指数3	贸易结构	13	0.61
子指数4	贸易自由化	8	0.76
子指数5	贸易制度成本与效率	7	0.84
支柱1.1	新兴贸易业态	21	0.51
支柱1.2	货物贸易发展	10	0.66
支柱2.1	服务贸易发展	17	0.55
支柱2.2	货物贸易结构	11	0.77
支柱3.1	服务贸易结构	25	0.45
支柱3.2	货物贸易自由化	20	0.65
支柱4.1	服务贸易自由化	7	0.86
支柱4.2	跨境贸易指数	1	1.00
支柱5.1	物流便利化指数	18	0.63
支柱5.2	跨境电子商务规模	31	0.33
	电子商务发展环境	14	0.64

续表

指标名称	排名	值	指标名称	排名	值
支柱1.1: 货物贸易发展	10	0.66	支柱3.2: 服务贸易自由化	7	0.86
1.1.1 进口（百万美元）	23	24 828.84	3.2.1 服务贸易占全部贸易比重（%）	7	42
1.1.2 进口增长率（五年复合增长，%）	8	3.57	支柱4.1: 跨境贸易指数	1	1
1.1.3 出口（百万美元）	24	16 069.02	4.1.1 进口通关时间（小时）	1	1
1.1.4 出口增长率（五年复合增长，%）	10	5.37	4.1.2 出口通关时间（小时）	1	1
1.1.5 人均货物贸易额（美元/人）	14	9 777.52	4.1.3 进口通关费用（小时）	1	0
支柱1.2: 服务贸易发展	17	0.55	4.1.4 出口通关费用（美元）	1	0
1.2.1 进口（百万美元）	23	16 006.18	支柱4.2: 物流便利化指数	18	0.63
1.2.2 进口增长率（五年复合增长，%）	30	0.01	4.2.1 物流基础设施分数（1—5分）	18	2.99
1.2.3 出口（百万美元）	19	13 396.00	4.2.2 物流质量和竞争力分数（1—5分）	12	3.21
1.2.4 出口增长率（五年复合增长，%）	22	0.05	4.2.3 物流时间分数（1—5分）	22	3.39
1.2.5 人均服务贸易额（美元/人）	11	7 029.23	支柱5.1: 跨境电子商务规模	31	0.33
支柱2.1: 货物贸易结构	11	0.77	5.1.1 EMS包裹发送数量（件）	30	18 144
2.1.1 中高技术产品出口占比（%）	11	36.87	5.1.2 EMS包裹接收数量（件）	31	18 107
支柱2.2: 服务贸易结构	25	0.45	支柱5.2: 电子商务发展环境	14	0.64
2.2.1 新兴服务贸易占比（%）	25	64	5.2.1 ICT基础设施（互联网渗透率，%）	23	67.10
支柱3.1: 货物贸易自由化	20	0.65	5.2.2 电子支付环境（借记卡和信用卡拥有率占比，%）	8	0.52
3.1.1 进口关税水平（%）	20	5.62	5.2.3 电子商务技术应用（B2B互联网应用，1—7分）	20	5.07

二十、拉脱维亚

指标	排名	值
总指数 "一带一路"沿线国家贸易发展指数	10	0.66
子指数 1 贸易发展	23	0.50
子指数 2 贸易结构	15	0.60
子指数 3 贸易自由化	10	0.70
子指数 4 贸易制度成本与效率	9	0.78
子指数 5 新兴贸易业态	8	0.72
支柱 1.1 货物贸易发展	26	0.49
支柱 1.2 服务贸易发展	21	0.52
支柱 2.1 货物贸易结构	18	0.61
支柱 2.2 服务贸易结构	19	0.59
支柱 3.1 货物贸易自由化	12	0.65
支柱 3.2 服务贸易自由化	12	0.75
支柱 4.1 跨境贸易指数	10	0.80
支柱 4.2 物流便利化指数	12	0.76
支柱 5.1 跨境电子商务规模	18	0.61
支柱 5.2 电子商务发展环境	10	0.80

续表

指标名称	排名	值	指标名称	排名	值
支柱1.1: 货物贸易发展	26	0.49	支柱3.2: 服务贸易自由化	12	0.75
1.1.1 进口(百万美元)	29	17 032.8	3.2.1 服务贸易占全部贸易比重(%)	12	37.83
1.1.2 进口增长率(五年复合增长,%)	24	-0.23	支柱4.1: 跨境贸易指数	10	0.80
1.1.3 出口(百万美元)	28	14 126.2	4.1.1 进口通关时间(小时)	1	1
1.1.4 出口增长率(五年复合增长,%)	27	0.02	4.1.2 出口通关时间(小时)	19	26
1.1.5 人均货物贸易额(美元/人)	10	15 970.0	4.1.3 进口通关费用(美元)	1	0
支柱1.2: 服务贸易发展	21	0.52	4.1.4 出口通关费用(美元)	19	185
1.2.1 进口(百万美元)	27	11 606.7	支柱4.2: 物流便利化指数	12	0.76
1.2.2 进口增长率(五年复合增长,%)	20	3	4.2.1 物流基础设施分数(1—5分)	11	3.24
1.2.3 出口(百万美元)	27	7 353.00	4.2.2 物流质量和竞争力分数(1—5分)	11	3.29
1.2.4 出口增长率(五年复合增长,%)	28	3	4.2.3 物流时间均值分数(1—5分)	13	3.62
1.2.5 人均服务贸易额(美元/人)	8	9 717.47	支柱5.1: 跨境电子商务规模	18	0.61
支柱2.1: 货物贸易结构	18	0.61	5.1.1 EMS包裹发送数量(件)	16	71 009
2.1.1 中高技术产品出口占比(%)	18	29.37	5.1.2 EMS包裹接收数量(件)	20	62 178
支柱2.2: 服务贸易结构	19	0.59	支柱5.2: 电子商务发展环境	10	0.80
2.2.1 新兴服务贸易占比(%)	19	68	5.2.1 ICT基础设施(互联网渗透率,%)	9	80.11
支柱3.1: 货物贸易自由化	12	0.65	5.2.2 电子支付环境(借记卡和信用卡拥有率占比值,%)	9	51
3.1.1 进口关税水平(%)	12	5.62	5.2.3 电子商务技术应用(B2B 互联网应用,1—7分)	12	5.28

二十一、老挝

指标	排名	值
总指标 "一带一路"沿线国家贸易发展指数	43	0.20
子指数 1 贸易发展	25	0.46
子指数 2 贸易结构	44	0.05
子指数 3 贸易自由化	43	0.14
子指数 4 贸易制度成本与效率	41	0.26
子指数 5 新兴贸易业态	44	0.11
支柱 1.1 货物贸易发展	23	0.50
支柱 1.2 服务贸易发展	31	0.43
支柱 2.1 货物贸易结构	33	0.00
支柱 2.2 服务贸易结构	41	0.09
支柱 3.1 货物贸易自由化	34	0.25
支柱 3.2 服务贸易自由化	44	0.02
支柱 4.1 跨境贸易指数	27	0.42
支柱 4.2 物流便利化指数	45	0.04
支柱 5.1 跨境电子商务规模	41	0.08
支柱 5.2 电子商务发展环境	41	0.14

续表

指标名称	排名	值
支柱1.1: 货物贸易发展	23	0.50
1.1.1 进口(百万美元)	37	5 667.32
1.1.2 进口增长率(五年复合增长,%)	3	13.15
1.1.3 出口(百万美元)	36	4 873.16
1.1.4 出口增长率(五年复合增长,%)	1	16.50
1.1.5 人均货物贸易额(美元/人)	38	1 515.95
支柱1.2: 服务贸易发展	31	0.43
1.2.1 进口(百万美元)	41	1 832.16
1.2.2 进口增长率(五年复合增长,%)	3	10.38
1.2.3 出口(百万美元)	42	906.00
1.2.4 出口增长率(五年复合增长,%)	6	9.44
1.2.5 人均服务贸易额(美元/人)	39	393.81
支柱2.1: 货物贸易结构	33	0.00
2.1.1 中高技术产品出口占比(%)	33	0.00
支柱2.2: 服务贸易结构	41	0.09
2.2.1 新兴服务贸易占比(%)	41	48.26
支柱3.1: 货物贸易自由化	34	0.25
3.1.1 进口关税水平(%)	34	8.50
支柱3.2: 服务贸易自由化	44	0.02
3.2.1 服务贸易占全部贸易比重(%)	44	20.62
支柱4.1: 跨境贸易指数	27	0.42
4.1.1 进口通关时间(小时)	26	74
4.1.2 出口通关时间(小时)	28	73
4.1.3 进口通关费用(美元)	24	339
4.1.4 出口通关费用(美元)	28	375
支柱4.2: 物流便利化指数	45	0.04
4.2.1 物流基础设施分数(1—5分)	45	1.76
4.2.2 物流质量和竞争力分数(1—5分)	43	2.10
4.2.3 物流时间分数(1—5分)	42	2.68
支柱5.1: 跨境电子商务规模	41	0.08
5.1.1 EMS包裹发送数量(件)	39	5 516
5.1.2 EMS包裹接收数量(件)	44	5 553
支柱5.2: 电子商务发展环境	41	0.14
5.2.1 ICT基础设施(互联网渗透率,%)	42	25.51
5.2.2 电子支付环境(借记卡和信用卡拥有率占比均值,%)	42	6.60
5.2.3 电子商务技术应用(B2B 互联网应用,1—7分)	33	4.59

二十二、黎巴嫩

指标		排名	值
总指标	"一带一路"沿线国家贸易发展指数	26	0.44
子指数 1	贸易发展	31	0.42
子指数 2	贸易结构	25	0.47
子指数 3	贸易自由化	7	0.76
子指数 4	贸易制度成本与效率	42	0.19
子指数 5	新兴贸易业态	32	0.35
支柱 1.1	货物贸易发展	41	0.28
支柱 1.2	服务贸易发展	15	0.56
支柱 2.1	货物贸易结构	19	0.59
支柱 2.2	服务贸易结构	30	0.34
支柱 3.1	货物贸易自由化	22	0.52
支柱 3.2	服务贸易自由化	1	1.00
支柱 4.1	跨境贸易指数	44	0.10
支柱 4.2	物流便利化指数	31	0.31
支柱 5.1	跨境电子商务规模	34	0.27
支柱 5.2	电子商务发展环境	29	0.39

续表

指标名称	排名	值
支柱1.1: 货物贸易发展	41	0.28
1.1.1 进口(百万美元)	27	19 911.18
1.1.2 进口增长率(五年复合增长,%)	33	−1.93
1.1.3 出口(百万美元)	37	4 025.74
1.1.4 出口增长率(五年复合增长,%)	41	−6.44
1.1.5 人均货物贸易额(美元/人)	26	3 510.13
支柱1.2: 服务贸易发展	15	0.56
1.2.1 进口(百万美元)	21	18 015.80
1.2.2 进口增长率(五年复合增长,%)	14	4.29
1.2.3 出口(百万美元)	18	14 370.00
1.2.4 出口增长率(五年复合增长,%)	35	1.00
1.2.5 人均服务贸易额(美元/人)	14	4 749.09
支柱2.1: 货物贸易结构	19	0.59
2.1.1 中高技术产品出口占比(%)	19	25.20
支柱2.2: 服务贸易结构	30	0.34
2.2.1 新兴服务贸易占比(%)	30	5.99
支柱3.1: 货物贸易自由化	22	0.52
3.1.1 进口关税水平(%)	22	5.97
支柱3.2: 服务贸易自由化	1	1.00
3.2.1 服务贸易占全部贸易比重(%)	1	57.50
支柱4.1: 跨境贸易指数	44	0.10
4.1.1 进口通关时间(小时)	41	252
4.1.2 出口通关时间(小时)	39	144
4.1.3 进口通关费用(美元)	42	925
4.1.4 出口通关费用(美元)	40	580
支柱4.2: 物流便利化指数	31	0.31
4.2.1 物流基础设施分数(1—5分)	26	2.64
4.2.2 物流质量和竞争力分数(1—5分)	33	2.45
4.2.3 物流时间分数(1—5分)	35	2.86
支柱5.1: 跨境电子商务规模	34	0.27
5.1.1 EMS包裹发送数量(件)	29	19 500
5.1.2 EMS包裹接收数量(件)	37	10 900
支柱5.2: 电子商务发展环境	29	0.39
5.2.1 ICT基础设施(互联网渗透率,%)	12	78.18
5.2.2 电子支付环境(借记卡和信用卡拥有率占比均值,%)	27	24.87
5.2.3 电子商务技术应用(B2B互联网应用,1—7分)	44	3.67

二十三、立陶宛

指标	排名	值
总指标 "一带一路"沿线国家贸易发展指数	11	0.66
子指数 1 贸易发展	10	0.65
子指数 2 贸易结构	19	0.52
子指数 3 贸易自由化	19	0.55
子指数 4 贸易制度成本与效率	3	0.91
子指数 5 新兴贸易业态	13	0.66
支柱 1.1 货物贸易发展	16	0.59
支柱 1.2 服务贸易发展	7	0.70
支柱 2.1 货物贸易结构	13	0.73
支柱 2.2 服务贸易结构	31	0.32
支柱 3.1 货物贸易自由化	12	0.65
支柱 3.2 服务贸易自由化	25	0.45
支柱 4.1 跨境贸易指数	8	0.88
支柱 4.2 物流便利化指数	4	0.95
支柱 5.1 跨境电子商务规模	24	0.50
支柱 5.2 电子商务发展环境	11	0.77

续表

指标名称	排名	值
支柱1.1: 货物贸易发展	16	0.59
1.1.1 进口(百万美元)	21	32 258.43
1.1.2 进口增长率(五年复合增长,%)	22	0.18
1.1.3 出口(百万美元)	20	29 900.72
1.1.4 出口增长率(五年复合增长,%)	25	0.19
1.1.5 人均货物贸易额(美元/人)	7	21 845.34
支柱1.2: 服务贸易发展	7	0.70
1.2.1 进口(百万美元)	24	15 386.59
1.2.2 进口增长率(五年复合增长,%)	9	5.33
1.2.3 出口(百万美元)	21	11 741.00
1.2.4 出口增长率(五年复合增长,%)	8	8.76
1.2.5 人均服务贸易额(美元/人)	9	9 533.78
支柱2.1: 货物贸易结构	13	0.73
2.1.1 中高技术产品出口占比(%)	13	34.73
支柱2.2: 服务贸易结构	31	0.32
2.2.1 新兴服务贸易占比(%)	31	59.47
支柱3.1: 货物贸易自由化	12	0.65
3.1.1 进口关税水平(%)	12	5.62
支柱3.2: 服务贸易自由化	25	0.45
3.2.1 服务贸易占全部贸易比重(%)	25	30.38
支柱4.1: 跨境贸易指数	8	0.88
4.1.1 进口通关时间(小时)	1	1
4.1.2 出口通关时间(小时)	13	12
4.1.3 进口通关费用(小时)	1	0
4.1.4 出口通关费用(美元)	10	86
支柱4.2: 物流便利化指数	4	0.95
4.2.1 物流基础设施分数(1—5分)	3	3.57
4.2.2 物流质量和竞争力分数(1—5分)	4	3.49
4.2.3 物流时间分数(1—5分)	3	4.14
支柱5.1: 跨境电子商务规模	24	0.50
5.1.1 EMS包裹发送数量(件)	24	29 508
5.1.2 EMS包裹接收数量(件)	22	58 505
支柱5.2: 电子商务发展环境	11	0.77
5.2.1 ICT基础设施(互联网渗透率,%)	13	77.62
5.2.2 电子支付环境(借记卡和信用卡拥有率占比均值,%)	19	35.99
5.2.3 电子商务技术应用(B2B互联网应用,1—7分)	1	6.36

二十四、罗马尼亚

指标		排名	值
总指标	"一带一路"沿线国家贸易发展指数	13	0.63
子指数 1	贸易发展	3	0.76
子指数 2	贸易结构	24	0.48
子指数 3	贸易自由化	12	0.68
子指数 4	贸易制度成本与效率	8	0.78
子指数 5	新兴贸易业态	27	0.45
支柱 1.1	货物贸易发展	4	0.73
支柱 1.2	服务贸易发展	4	0.78
支柱 2.1	货物贸易结构	33	0.00
支柱 2.2	服务贸易结构	3	0.95
支柱 3.1	货物贸易自由化	12	0.65
支柱 3.2	服务贸易自由化	14	0.70
支柱 4.1	跨境贸易指数	1	1.00
支柱 4.2	物流便利化指数	23	0.49
支柱 5.1	跨境电子商务规模	23	0.51
支柱 5.2	电子商务发展环境	27	0.40

续表

指标名称	排名	值	指标名称	排名	值
支柱1.1: 货物贸易发展	4	0.73	支柱3.2: 服务贸易自由化	14	0.70
1.1.1 进口(百万美元)	14	85 485.51	3.2.1 服务贸易占全部贸易比重(%)	14	36.64
1.1.2 进口增长率(五年复合增长,%)	7	4.02	支柱4.1: 跨境贸易指数	1	1.00
1.1.3 出口(百万美元)	14	70 761.13	4.1.1 进口通关时间(小时)	1	1
1.1.4 出口增长率(五年复合增长,%)	13	4.11	4.1.2 出口通关时间(小时)	1	1
1.1.5 人均货物贸易额(美元/人)	16	7 949.88	4.1.3 进口通关费用(美元)	1	0
支柱1.2: 服务贸易发展	4	0.78	4.1.4 出口通关费用(美元)	1	0
1.2.1 进口(百万美元)	10	65 739.35	支柱4.2: 物流便利化指数	23	0.49
1.2.2 进口增长率(五年复合增长,%)	10	5.00	4.2.1 物流基础设施分数(1—5分)	19	2.88
1.2.3 出口(百万美元)	14	24 604.00	4.2.2 物流质量和完全竞争力分数(1—5分)	23	2.82
1.2.4 出口增长率(五年复合增长,%)	3	12.73	4.2.3 物流时间分数(1—5分)	28	3.22
1.2.5 人均服务贸易额(美元/人)	16	4 596.70	支柱5.1: 跨境电子商务规模	23	0.51
支柱2.1: 货物贸易结构	33	0.00	5.1.1 EMS包裹发送数量(件)	20	50 805
2.1.1 中高技术产品出口占比(%)	33	0.00	5.1.2 EMS包裹接收数量(件)	25	42 768
支柱2.2: 服务贸易结构	3	0.95	支柱5.2: 电子商务发展环境	27	0.40
2.2.1 新兴服务贸易占比(%)	3	79.37	5.2.1 ICT基础设施(互联网渗透率,%)	28	63.75
支柱3.1: 货物贸易自由化	12	0.65	5.2.2 电子支付环境(借记卡和信用卡拥有率占比均值,%)	22	30.54
3.1.1 进口关税水平(%)	12	5.62	5.2.3 电子商务技术应用(B2B 互联网应用,1—7分)	32	4.62

二十五、马来西亚

	排名	值
总指标 "一带一路"沿线国家贸易发展指数	12	0.64
子指数 1 贸易发展	14	0.59
子指数 2 贸易结构	9	0.69
子指数 3 贸易自由化	25	0.44
子指数 4 贸易制度成本与效率	15	0.62
子指数 5 新兴贸易业态	4	0.85
支柱 1.1 货物贸易发展	11	0.66
支柱 1.2 服务贸易发展	22	0.52
支柱 2.1 货物贸易结构	15	0.68
支柱 2.2 服务贸易结构	14	0.70
支柱 3.1 货物贸易自由化	11	0.77
支柱 3.2 服务贸易自由化	40	0.11
支柱 4.1 跨境贸易指数	23	0.46
支柱 4.2 物流便利化指数	8	0.82
支柱 5.1 跨境电子商务规模	6	0.86
支柱 5.2 电子商务发展环境	8	0.83

续表

指标名称	排名	值
支柱1.1: 货物贸易发展	11	0.66
1.1.1 进口(百万美元)	9	195 416.6
1.1.2 进口增长率(五年复合增长,%)	23	−0.10
1.1.3 出口(百万美元)	8	218 129.9
1.1.4 出口增长率(五年复合增长,%)	29	−0.84
1.1.5 人均货物贸易额(美元/人)	11	13 295.32
支柱1.2: 服务贸易发展	22	0.52
1.2.1 进口(百万美元)	8	71 256.10
1.2.2 进口增长率(五年复合增长,%)	36	0.48
1.2.3 出口(百万美元)	10	50 253.00
1.2.4 出口增长率(五年复合增长,%)	39	−3.00
1.2.5 人均服务贸易额(美元/人)	18	3 906.46
支柱2.1: 货物贸易结构	15	0.68
2.1.1 中高技术产品出口占比(%)	15	32.04
支柱2.2: 服务贸易结构	14	0.70
2.2.1 新兴服务贸易占比(%)	14	69.38
支柱3.1: 货物贸易自由化	11	0.77
3.1.1 进口关税水平(%)	11	5.60
支柱3.2: 服务贸易自由化	40	0.11
3.2.1 服务贸易占全部贸易比重(%)	40	22.71
支柱4.1: 跨境贸易指数	23	0.46
4.1.1 进口通关时间(小时)	27	82
4.1.2 出口通关时间(小时)	24	58
4.1.3 进口通关费用(美元)	23	334
4.1.4 出口通关费用(美元)	24	309
支柱4.2: 物流便利化指数	8	0.82
4.2.1 物流基础设施分数(1-5分)	7	3.45
4.2.2 物流质量和竞争力分数(1-5分)	9	3.34
4.2.3 物流时间分数(1-5分)	11	3.65
支柱5.1: 跨境电子商务规模	6	0.86
5.1.1 EMS包裹发送数量(件)	9	263 262
5.1.2 EMS包裹接收数量(件)	5	481 095
支柱5.2: 电子商务发展环境	8	0.83
5.2.1 ICT基础设施(互联网渗透率,%)	8	80.14
5.2.2 电子支付环境(借记卡和信用卡拥有率占比值,%)	12	47.54
5.2.3 电子商务技术应用(B2B互联网应用,1-7分)	5	5.59

二十六、北马其顿

指标	排名	值
总指标 "一带一路"沿线国家贸易发展指数	30	0.41
子指数 1 贸易发展	28	0.45
子指数 2 贸易结构	27	0.40
子指数 3 贸易自由化	34	0.33
子指数 4 贸易制度成本与效率	20	0.51
子指数 5 新兴贸易业态	31	0.37
支柱 1.1 货物贸易发展	20	0.54
支柱 1.2 服务贸易发展	36	0.36
支柱 2.1 货物贸易结构	33	0.00
支柱 2.2 服务贸易结构	10	0.80
支柱 3.1 货物贸易自由化	29	0.36
支柱 3.2 服务贸易自由化	32	0.30
支柱 4.1 跨境贸易指数	15	0.67
支柱 4.2 物流便利化指数	32	0.30
支柱 5.1 跨境电子商务规模	41	0.08
支柱 5.2 电子商务发展环境	15	0.56

续表

指标名称	排名	值	指标名称	排名	值
支柱1.1: 货物贸易发展	20	0.54	支柱3.2: 服务贸易自由化	32	0.30
1.1.1 进口(百万美元)	36	7 722.91	3.2.1 服务贸易占全部贸易比重(%)	32	26.14
1.1.2 进口增长率(五年复合增长,%)	9	3.44	支柱4.1: 跨境贸易便利化指数	15	0.67
1.1.3 出口(百万美元)	35	5 668.15	4.1.1 进口通关时间(小时)	14	11
1.1.4 出口增长率(五年复合增长,%)	8	7.14	4.1.2 出口通关时间(小时)	12	11
1.1.5 人均货物贸易额(美元/人)	18	6 431.84	4.1.3 进口通关费用(美元)	17	200
支柱1.2: 服务贸易发展	36	0.36	4.1.4 出口通关费用(美元)	18	148
1.2.1 进口(百万美元)	37	2 955.11	支柱4.2: 物流便利化指数	32	0.30
1.2.2 进口增长率(五年复合增长,%)	18	3.03	4.2.1 物流基础设施分数(1—5分)	28	2.58
1.2.3 出口(百万美元)	37	1 783.00	4.2.2 物流质量和竞争力分数(1—5分)	36	2.36
1.2.4 出口增长率(五年复合增长,%)	32	2.59	4.2.3 物流时间分数(1—5分)	31	3.13
1.2.5 人均服务贸易额(美元/人)	22	2 275.75	支柱5.1: 跨境电子商务规模	41	0.08
支柱2.1: 货物贸易结构	33	0.00	5.1.1 EMS包裹发送数量(件)	45	1 436
2.1.1 中高技术产品出口占比(%)	33	0.00	5.1.2 EMS包裹接收数量(件)	38	9 467
支柱2.2: 服务贸易结构	10	0.80	支柱5.2: 电子商务发展环境	15	0.56
2.2.1 新兴服务贸易占比(%)	10	73.42	5.2.1 ICT基础设施(互联网渗透率,%)	19	74.52
支柱3.1: 货物贸易自由化	29	0.36	5.2.2 电子支付环境(借记卡和信用卡拥有率占比均值,%)	20	35.34
3.1.1 进口关税水平(%)	29	6.70	5.2.3 电子商务技术应用(B2B互联网应用,1—7分)	22	5.04

二十七、蒙古

指标		排名	值
总指标	"一带一路"沿线国家贸易发展指数	34	0.39
子指数 1	贸易发展	41	0.31
子指数 2	贸易结构	30	0.34
子指数 3	贸易自由化	13	0.63
子指数 4	贸易制度成本与效率	38	0.29
子指数 5	新兴贸易业态	30	0.40
支柱 1.1	货物贸易发展	38	0.33
支柱 1.2	服务贸易发展	40	0.29
支柱 2.1	货物贸易结构	32	0.30
支柱 2.2	服务贸易结构	28	0.39
支柱 3.1	货物贸易自由化	7	0.86
支柱 3.2	服务贸易自由化	28	0.39
支柱 4.1	跨境贸易指数	30	0.31
支柱 4.2	物流便利化指数	34	0.27
支柱 5.1	跨境电子商务规模	32	0.32
支柱 5.2	电子商务发展环境	24	0.45

续表

指标名称	排名	值	指标名称	排名	值
支柱1.1: 货物贸易发展	38	0.33	支柱3.2: 服务贸易自由化	28	0.39
1.1.1 进口(百万美元)	41	4 337.30	3.2.1 服务贸易占全部贸易比重(%)	28	29.92
1.1.2 进口增长率(五年复合增长,%)	44	-8.43	支柱4.1: 跨境贸易便利化指数	30	0.31
1.1.3 出口(百万美元)	34	6 200.60	4.1.1 进口通关时间(小时)	36	163
1.1.4 出口增长率(五年复合增长,%)	7	7.18	4.1.2 出口通关时间(小时)	45	302
1.1.5 人均货物贸易额(美元/人)	27	3 384.27	4.1.3 进口通关费用(小时)	21	293
支柱1.2: 服务贸易发展	40	0.29	4.1.4 出口通关费用(美元)	23	289
1.2.1 进口(百万美元)	36	3 341.14	支柱4.2: 物流便利化指数	34	0.27
1.2.2 进口增长率(五年复合增长,%)	38	-1.44	4.2.1 物流基础设施分数(1—5分)	41	2.05
1.2.3 出口(百万美元)	41	1 157.00	4.2.2 物流质量和竞争力分数(1—5分)	38	2.31
1.2.4 出口增长率(五年复合增长,%)	16	6.36	4.2.3 物流时间分数(1—5分)	21	3.40
1.2.5 人均服务贸易额(美元/人)	30	1 444.59	支柱5.1: 跨境电子商务规模	32	0.32
支柱2.1: 货物贸易结构	32	0.30	5.1.1 EMS包裹发送数量(件)	35	10 330
2.1.1 中高技术产品出口占比(%)	32	0.57	5.1.2 EMS包裹接收数量(件)	27	35 000
支柱2.2: 服务贸易结构	28	0.39	支柱5.2: 电子商务发展环境	24	0.45
2.2.1 新兴服务贸易占比(%)	28	62.90	5.2.1 ICT基础设施(互联网渗透率,%)	43	23.71
支柱3.1: 货物贸易自由化	7	0.86	5.2.2 电子支付环境(借记卡和信用卡拥有率占比,%)	16	39.46
3.1.1 进口关税水平(%)	7	5.20	5.2.3 电子商务技术应用(B2B互联网应用,1—7分)	16	5.14

二十八、缅甸

	排名	值
总指标 "一带一路"沿线国家贸易发展指数	40	0.33
子指数1 贸易发展	22	0.52
子指数2 贸易结构	21	0.51
子指数3 贸易自由化	35	0.30
子指数4 贸易制度成本与效率	43	0.15
子指数5 新兴贸易业态	41	0.19
支柱1.1 货物贸易发展	18	0.55
支柱1.2 服务贸易发展	26	0.49
支柱2.1 货物贸易结构	29	0.36
支柱2.2 服务贸易结构	16	0.66
支柱3.1 货物贸易自由化	26	0.41
支柱3.2 服务贸易自由化	37	0.18
支柱4.1 跨境贸易指数	43	0.10
支柱4.2 物流便利化指数	37	0.21
支柱5.1 跨境电子商务规模	25	0.43
支柱5.2 电子商务发展环境	45	0.03

续表

指标名称	排名	值	指标名称	排名	值
支柱1.1: 货物贸易发展	18	0.55	支柱3.2: 服务贸易自由化	37	0.18
1.1.1 进口（百万美元）	28	19 253.40	3.2.1 服务贸易占全部贸易比重（%）	37	23.94
1.1.2 进口增长率（五年复合增长，%）	1	15.91	支柱4.1: 跨境贸易指数	43	0.10
1.1.3 出口（百万美元）	29	13 878.80	4.1.1 进口通关时间（小时）	42	280
1.1.4 出口增长率（五年复合增长，%）	4	9.35	4.1.2 出口通关时间（小时）	44	288
1.1.5 人均货物贸易额（美元/人）	42	620.66	4.1.3 进口通关费用（美元）	37	667
支柱1.2: 服务贸易发展	26	0.49	4.1.4 出口通关费用（美元）	39	572
1.2.1 进口（百万美元）	32	6 823.22	支柱4.2: 物流便利化指数	37	0.21
1.2.2 进口增长率（五年复合增长，%）	8	5.53	4.2.1 物流基础设施分数（1—5分）	36	2.33
1.2.3 出口（百万美元）	33	3 608.00	4.2.2 物流质量和竞争力分数（1—5分）	35	2.36
1.2.4 出口增长率（五年复合增长，%）	2	18.64	4.2.3 物流时间分数（1—5分）	36	2.85
1.2.5 人均服务贸易额（美元/人）	43	195.41	支柱5.1: 跨境电子商务规模	25	0.43
支柱2.1: 货物贸易结构	29	0.36	5.1.1 EMS包裹发送数量（件）	26	26 148
2.1.1 中高技术产品出口占比（%）	29	8.73	5.1.2 EMS包裹接收数量（件）	26	42 698
支柱2.2: 服务贸易结构	16	0.66	支柱5.2: 电子商务发展环境	45	0.03
2.2.1 新兴服务贸易占比（%）	16	69.25	5.2.1 ICT基础设施（互联网渗透率，%）	41	30.68
支柱3.1: 货物贸易自由化	26	0.41	5.2.2 电子支付环境（借记卡和信用卡拥有率占比均值，%）	45	2.47
3.1.1 进口关税水平（%）	26	6.50	5.2.3 电子商务技术应用（B2B互联网应用，1—7分）	45	3.40

二十九、摩尔多瓦

总指标		排名	值
总指标	"一带一路"沿线国家贸易发展指数	32	0.40
子指数 1	贸易发展	42	0.27
子指数 2	贸易结构	40	0.22
子指数 3	贸易自由化	11	0.69
子指数 4	贸易制度成本与效率	21	0.51
子指数 5	新兴贸易业态	33	0.34
支柱 1.1	货物贸易发展	40	0.29
支柱 1.2	服务贸易发展	42	0.25
支柱 2.1	货物贸易结构	33	0.00
支柱 2.2	服务贸易结构	26	0.43
支柱 3.1	货物贸易自由化	8	0.83
支柱 3.2	服务贸易自由化	21	0.55
支柱 4.1	跨境贸易指数	16	0.66
支柱 4.2	物流便利化指数	32	0.30
支柱 5.1	跨境电子商务规模	36	0.22
支柱 5.2	电子商务发展环境	26	0.42

续表

指标名称	排名	值	指标名称	排名	值
支柱1.1: 货物贸易发展	40	0.29	支柱3.2: 服务贸易自由化	21	0.55
1.1.1 进口(百万美元)	39	4 831.4	3.2.1 服务贸易占全部贸易比重(%)	21	31.92
1.1.2 进口增长率(五年复合增长,%)	30	-1.51	支柱4.1: 跨境贸易指数	16	0.66
1.1.3 出口(百万美元)	39	2 425.0	4.1.1 进口通关时间(小时)	11	6
1.1.4 出口增长率(五年复合增长,%)	19	2.32	4.1.2 出口通关时间(小时)	23	51
1.1.5 人均货物贸易额(美元/人)	34	1 787.43	4.1.3 进口通关费用(美元)	14	124
支柱1.2: 服务贸易发展	42	0.25	4.1.4 出口通关费用(美元)	16	120
1.2.1 进口(百万美元)	40	2 031.71	支柱4.2: 物流便利化指数	32	0.30
1.2.2 进口增长率(五年复合增长,%)	32	1	4.2.1 物流基础设施分数(1—5分)	34	2.35
1.2.3 出口(百万美元)	40	1 370.00	4.2.2 物流质量和竞争力分数(1—5分)	32	2.48
1.2.4 出口增长率(五年复合增长,%)	25	4	4.2.3 物流时间分数(1—5分)	29	3.16
1.2.5 人均服务贸易额(美元/人)	34	837.92	支柱5.1: 跨境电子商务规模	36	0.22
支柱2.1: 货物贸易结构	33	0.00	5.1.1 EMS包裹发送数量(件)	38	6 739
2.1.1 中高技术产品出口占比(%)	33	0.00	5.1.2 EMS包裹接收数量(件)	33	16 334
支柱2.2: 服务贸易结构	26	0.43	支柱5.2: 电子商务发展环境	26	0.42
2.2.1 新兴服务贸易占比(%)	26	64	5.2.1 ICT基础设施(互联网渗透率,%)	16	76.12
支柱3.1: 货物贸易自由化	8	0.83	5.2.2 电子支付环境(借记卡和信用卡拥有率占比均值,%)	28	21
3.1.1 进口关税水平(%)	8	5.30	5.2.3 电子商务技术应用(B2B互联网应用,1—7分)	36	4.42

三十、塞尔维亚

总指标		排名	值
总指标	"一带一路"沿线国家贸易发展指数	21	0.49
子指数 1	贸易发展	16	0.58
子指数 2	贸易结构	28	0.39
子指数 3	贸易自由化	23	0.47
子指数 4	贸易制度成本与效率	14	0.62
子指数 5	新兴贸易业态	29	0.41
支柱 1.1	货物贸易发展	14	0.63
支柱 1.2	服务贸易发展	19	0.53
支柱 2.1	货物贸易结构	36	0.00
支柱 2.2	服务贸易结构	11	0.77
支柱 3.1	货物贸易自由化	31	0.32
支柱 3.2	服务贸易自由化	18	0.61
支柱 4.1	跨境贸易指数	11	0.78
支柱 4.2	物流便利化指数	26	0.40
支柱 5.1	跨境电子商务规模	30	0.33
支柱 5.2	电子商务发展环境	22	0.47

续表

指标名称	排名	值	指标名称	排名	值
支柱1.1: 货物贸易发展	14	0.63	支柱3.2: 服务贸易自由化	18	0.61
1.1.1 进口(百万美元)	24	21 947.20	3.2.1 服务贸易占全部贸易比重(%)	18	34
1.1.2 进口增长率(五年复合增长,%)	11	3.01	支柱4.1: 跨境贸易便利指数	11	0.78
1.1.3 出口(百万美元)	23	16 995.70	4.1.1 进口通关时间(小时)	12	7
1.1.4 出口增长率(五年复合增长,%)	6	8.64	4.1.2 出口通关时间(小时)	9	6
1.1.5 人均货物贸易额(美元/人)	23	4 410.48	4.1.3 进口通关费用(美元)	12	87
支柱1.2: 服务贸易发展	19	0.53	4.1.4 出口通关费用(美元)	9	82
1.2.1 进口(百万美元)	26	12 903.30	支柱4.2: 物流便利化指数	26	0.40
1.2.2 进口增长率(五年复合增长,%)	19	0.03	4.2.1 物流基础设施分数(1—5分)	30	2.49
1.2.3 出口(百万美元)	28	7 333.00	4.2.2 物流质量和竞争力分数(1—5分)	25	2.79
1.2.4 出口增长率(五年复合增长,%)	14	0.07	4.2.3 物流时间分数(1—5分)	27	3.23
1.2.5 人均服务贸易额(美元/人)	21	2 291.86	支柱5.1: 跨境电子商务规模	30	0.33
支柱2.1: 货物贸易结构	36	0.00	5.1.1 EMS包裹发送数量(件)	27	23 509
2.1.1 中高技术产品出口占比(%)	36	0.00	5.1.2 EMS包裹接收数量(件)	34	12 781
支柱2.2: 服务贸易结构	11	0.77	支柱5.2: 电子商务发展环境	22	0.47
2.2.1 新兴服务贸易占比(%)	11	73	5.2.1 ICT基础设施(互联网渗透率,%)	22	70.33
支柱3.1: 货物贸易自由化	31	0.32	5.2.2 电子支付环境(借记卡和信用卡拥有率占比均值,%)	17	0.39
3.1.1 进口关税水平(%)	31	7.40	5.2.3 电子商务技术应用(B2B互联网应用,1—7分)	34	4.50

三十一、沙特阿拉伯

	排名	值
总指标 "一带一路"沿线国家贸易发展指数	15	0.59
子指数1 贸易发展	19	0.54
子指数2 贸易结构	13	0.61
子指数3 贸易自由化	15	0.61
子指数4 贸易制度成本与效率	34	0.35
子指数5 新兴贸易业态	6	0.81
支柱1.1 货物贸易发展	22	0.52
支柱1.2 服务贸易发展	16	0.55
支柱2.1 货物贸易结构	24	0.48
支柱2.2 服务贸易结构	12	0.75
支柱3.1 货物贸易自由化	10	0.80
支柱3.2 服务贸易自由化	26	0.43
支柱4.1 跨境贸易指数	45	0.10
支柱4.2 物流便利化指数	15	0.68
支柱5.1 跨境电子商务规模	10	0.81
支柱5.2 电子商务发展环境	9	0.82

续表

指标名称	排名	值
支柱1.1: 货物贸易发展	22	0.52
1.1.1 进口(百万美元)	11	134 519
1.1.2 进口增长率(五年复合增长,%)	36	-2.87
1.1.3 出口(百万美元)	7	221 834
1.1.4 出口增长率(五年复合增长,%)	43	-10.60
1.1.5 人均货物贸易额(美元/人)	13	10 765.6
支柱1.2: 服务贸易发展	16	0.55
1.2.1 进口(百万美元)	6	102 078
1.2.2 进口增长率(五年复合增长,%)	35	0
1.2.3 出口(百万美元)	9	52 123.0
1.2.4 出口增长率(五年复合增长,%)	38	-2
1.2.5 人均服务贸易额(美元/人)	15	4 658.50
支柱2.1: 货物贸易结构	24	0.48
2.1.1 中高技术产品出口占比(%)	24	12.75
支柱2.2: 服务贸易结构	12	0.75
2.2.1 新兴服务贸易占比(%)	12	71
支柱3.1: 货物贸易自由化	10	0.80
3.1.1 进口关税水平(%)	10	5.40
支柱3.2: 服务贸易自由化	26	0.43
3.2.1 服务贸易占全部贸易比重(%)	26	30.20
支柱4.1: 跨境贸易指数	45	0.10
4.1.1 进口通关时间(小时)	44	359
4.1.2 出口通关时间(小时)	41	159
4.1.3 进口通关费用(美元)	44	1 169
4.1.4 出口通关费用(美元)	34	468
支柱4.2: 物流(便利化)指数	15	0.68
4.2.1 物流基础设施分数(1-5分)	10	3.24
4.2.2 物流质量和竞争力分数(1-5分)	19	3.00
4.2.3 物流时间分数(1-5分)	16	3.53
支柱5.1: 跨境电子商务规模	10	0.81
5.1.1 EMS包裹发送数量(件)	8	276 288
5.1.2 EMS包裹接收数量(件)	11	244 024
支柱5.2: 电子商务发展环境	9	0.82
5.2.1 ICT基础设施(互联网渗透率,%)	5	82.12
5.2.2 电子支付环境(借记卡和信用卡拥有率占比均值,%)	13	42
5.2.3 电子商务技术应用(B2B互联网应用,1-7分)	9	5.47

三十二、斯里兰卡

指标	排名	值
总指标 "一带一路"沿线国家贸易发展指数	35	0.38
子指数 1 贸易发展	21	0.52
子指数 2 贸易结构	38	0.25
子指数 3 贸易自由化	27	0.43
子指数 4 贸易制度成本与效率	40	0.27
子指数 5 新兴贸易业态	26	0.45
支柱 1.1 货物贸易发展	27	0.47
支柱 1.2 服务贸易发展	13	0.57
支柱 2.1 货物贸易结构	25	0.45
支柱 2.2 服务贸易结构	43	0.05
支柱 3.1 货物贸易自由化	36	0.20
支柱 3.2 服务贸易自由化	16	0.66
支柱 4.1 跨境贸易指数	32	0.28
支柱 4.2 物流便利化指数	35	0.24
支柱 5.1 跨境电子商务规模	16	0.63
支柱 5.2 电子商务发展环境	34	0.34

续表

指标名称	排名	值	指标名称	排名	值
支柱1.1: 货物贸易发展	27	0.47	支柱3.2: 服务贸易自由化	16	0.66
1.1.1 进口(百万美元)	25	20 979.8	3.2.1 服务贸易占全部贸易比重(%)	16	35.59
1.1.2 进口增长率(五年复合增长,%)	15	1.80	支柱4.1: 跨境贸易指数	32	0.28
1.1.3 出口(百万美元)	31	11 360.4	4.1.1 进口通关时间(小时)	30	130
1.1.4 出口增长率(五年复合增长,%)	14	3.91	4.1.2 出口通关时间(小时)	34	119
1.1.5 人均货物贸易额(美元/人)	37	1 530.68	4.1.3 进口通关费用(小时)	35	583
支柱1.2: 服务贸易发展	13	0.57	4.1.4 出口通关费用(美元)	31	424
1.2.1 进口(百万美元)	30	10 153.6	支柱4.2: 物流便利化指数	35	0.24
1.2.2 进口增长率(五年复合增长,%)	6	6	4.2.1 物流基础设施分数(1—5分)	31	2.49
1.2.3 出口(百万美元)	26	7 716.00	4.2.2 物流质量和竞争力分数(1—5分)	34	2.42
1.2.4 出口增长率(五年复合增长,%)	4	12	4.2.3 物流时间分数(1—5分)	38	2.79
1.2.5 人均服务贸易额(美元/人)	33	845.78	支柱5.1: 跨境电子商务规模	16	0.63
支柱2.1: 货物贸易结构	25	0.45	5.1.1 EMS包裹发送数量(件)	19	58 398
2.1.1 中高技术产品出口占比(%)	25	14.42	5.1.2 EMS包裹接收数量(件)	16	96 050
支柱2.2: 服务贸易结构	43	0.05	支柱5.2: 电子商务发展环境	34	0.34
2.2.1 新兴服务贸易占比(%)	43	40	5.2.1 ICT基础设施(互联网渗透率,%)	38	34.11
支柱3.1: 货物贸易自由化	36	0.20	5.2.2 电子支付环境(借记卡和信用卡拥有率占比均值,%)	29	19
3.1.1 进口关税水平(%)	36	9.30	5.2.3 电子商务技术应用(B2B互联网应用,1—7分)	23	4.99

三十三、斯洛伐克

指标		排名	值
总指数	"一带一路"沿线国家贸易发展指数	5	0.72
子指数 1	贸易发展	9	0.68
子指数 2	贸易结构	3	0.92
子指数 3	贸易自由化	32	0.35
子指数 4	贸易制度成本与效率	4	0.90
子指数 5	新兴贸易业态	7	0.76
支柱 1.1	货物贸易发展	7	0.70
支柱 1.2	服务贸易发展	9	0.65
支柱 2.1	货物贸易结构	2	0.98
支柱 2.2	服务贸易结构	7	0.86
支柱 3.1	货物贸易自由化	12	0.65
支柱 3.2	服务贸易自由化	43	0.05
支柱 4.1	跨境贸易便利指数	1	1.00
支柱 4.2	物流便利化指数	10	0.77
支柱 5.1	跨境电子商务规模	17	0.61
支柱 5.2	电子商务发展环境	6	0.86

续表

指标名称		排名	值	指标名称		排名	值
支柱1.1:	货物贸易发展	7	0.70	支柱3.2:	服务贸易自由化	43	0.05
1.1.1	进口（百万美元）	15	83 304.5	3.2.1	服务贸易占全部贸易比重（%）	43	20.98
1.1.2	进口增长率（五年复合增长，%）	17	1.48	支柱4.1:	跨境贸易指数	1	1.00
1.1.3	出口（百万美元）	13	84 468.9	4.1.1	进口通关时间（小时）	1	1
1.1.4	出口增长率（五年复合增长，%）	22	0.94	4.1.2	出口通关时间（小时）	1	1
1.1.5	人均货物贸易额（美元/人）	4	30 796.0	4.1.3	进口通关费用（美元）	1	0
支柱1.2:	服务贸易发展	9	0.65	4.1.4	出口通关费用（美元）	1	0
1.2.1	进口（百万美元）	16	33 226.9	支柱4.2:	物流便利化指数	10	0.77
1.2.2	进口增长率（五年复合增长，%）	13	4	4.2.1	物流基础设施分数（1—5分）	9	3.24
1.2.3	出口（百万美元）	22	11 323.0	4.2.2	物流质量和竞争力分数（1—5分）	17	3.12
1.2.4	出口增长率（五年复合增长，%）	20	6	4.2.3	物流时间分数（1—5分）	7	3.81
1.2.5	人均服务贸易额（美元/人）	10	8 177.4	支柱5.1:	跨境电子商务规模	17	0.61
支柱2.1:	货物贸易结构	2	0.98	5.1.1	EMS包裹发送数量（件）	21	43 012
2.1.1	中高技术产品出口占比（%）	2	59.12	5.1.2	EMS包裹接收数量（件）	15	112 782
支柱2.2:	服务贸易结构	7	0.86	支柱5.2:	电子商务发展环境	6	0.86
2.2.1	新兴服务贸易占比（%）	7	74	5.2.1	ICT基础设施（互联网渗透率，%）	6	81.63
支柱3.1:	货物贸易自由化	12	0.65	5.2.2	电子支付环境（借记卡和信用卡拥有率占比均值，%）	10	49
3.1.1	进口关税水平（%）	12	5.62	5.2.3	电子商务技术应用（B2B互联网应用，1—7分）	6	5.56

三十四、斯洛文尼亚

指标	排名	值
总指标 "一带一路"沿线国家贸易发展指数	6	0.69
子指数 1 贸易发展	11	0.64
子指数 2 贸易结构	8	0.74
子指数 3 贸易自由化	29	0.40
子指数 4 贸易制度成本与效率	6	0.86
子指数 5 新兴贸易业态	5	0.81
支柱 1.1 货物贸易发展	6	0.71
支柱 1.2 服务贸易发展	14	0.56
支柱 2.1 货物贸易结构	4	0.93
支柱 2.2 服务贸易结构	21	0.55
支柱 3.1 货物贸易自由化	12	0.65
支柱 3.2 服务贸易自由化	38	0.16
支柱 4.1 跨境贸易指数	1	1.00
支柱 4.2 物流便利化指数	15	0.68
支柱 5.1 跨境电子商务规模	12	0.76
支柱 5.2 电子商务发展环境	7	0.85

续表

指标名称	排名	值	指标名称	排名	值
支柱1.1: 货物贸易发展	6	0.71	支柱3.2: 服务贸易自由化	38	0.16
1.1.1 进口(百万美元)	19	36 077.8	3.2.1 服务贸易占全部贸易比重(%)	38	23.35
1.1.2 进口增长率(五年复合增长,%)	13	2.41	支柱4.1: 跨境贸易指数	1	1.00
1.1.3 出口(百万美元)	18	38 442.8	4.1.1 进口通关时间(小时)	1	1
1.1.4 出口增长率(五年复合增长,%)	15	3.63	4.1.2 出口通关时间(小时)	1	1
1.1.5 人均货物贸易额(美元/人)	3	35 889.4	4.1.3 进口通关费用(美元)	1	0
支柱1.2: 服务贸易发展	14	0.56	4.1.4 出口通关费用(美元)	1	0
1.2.1 进口(百万美元)	25	12 905.5	支柱4.2: 物流便利化指数	15	0.68
1.2.2 进口增长率(五年复合增长,%)	15	4	4.2.1 物流基础设施分数(1—5分)	12	3.19
1.2.3 出口(百万美元)	25	9 800.00	4.2.2 物流质量和竞争力分数(1—5分)	14	3.20
1.2.4 出口增长率(五年复合增长,%)	30	3	4.2.3 物流时间分数(1—5分)	19	3.47
1.2.5 人均服务贸易额(美元/人)	6	10 935.1	支柱5.1: 跨境电子商务规模	12	0.76
支柱2.1: 货物贸易结构	4	0.93	5.1.1 EMS包裹发送数量(件)	14	95 361
2.1.1 中高技术产品出口占比(%)	4	55.72	5.1.2 EMS包裹接收数量(件)	9	29 443
支柱2.2: 服务贸易结构	21	0.55	支柱5.2: 电子商务发展环境	7	0.85
2.2.1 新兴服务贸易占比(%)	21	67	5.2.1 ICT基础设施(互联网渗透率,%)	11	78.89
支柱3.1: 货物贸易自由化	12	0.65	5.2.2 电子支付环境(借记卡和信用卡拥有率占比值,%)	2	68
3.1.1 进口关税水平(%)	12	5.62	5.2.3 电子商务技术应用(B2B互联网应用,1—7分)	10	5.32

三十五、塔吉克斯坦

指标		排名	值
总指标	"一带一路"沿线国家贸易发展指数	45	0.11
子指数 1	贸易发展	45	0.04
子指数 2	贸易结构	41	0.11
子指数 3	贸易自由化	40	0.19
子指数 4	贸易制度成本与效率	45	0.13
子指数 5	新兴贸易业态	45	0.06
支柱 1.1	货物贸易发展	45	0.07
支柱 1.2	服务贸易发展	45	0.01
支柱 2.1	货物贸易结构	45	0.00
支柱 2.2	服务贸易结构	35	0.23
支柱 3.1	货物贸易自由化	32	0.30
支柱 3.2	服务贸易自由化	41	0.09
支柱 4.1	跨境贸易指数	40	0.17
支柱 4.2	物流便利化指数	43	0.07
支柱 5.1	跨境电子商务规模	45	0.03
支柱 5.2	电子商务发展环境	43	0.08

续表

指标名称	排名	值	指标名称	排名	值
支柱1.1: 货物贸易发展	45	0.07	支柱3.2: 服务贸易自由化	41	0.09
1.1.1 进口(百万美元)	43	2 774.90	3.2.1 服务贸易占全部贸易比重(%)	41	22
1.1.2 进口增长率(五年复合增长,%)	42	−5.99	支柱4.1: 跨境贸易指数	40	0.17
1.1.3 出口(百万美元)	43	1 198.00	4.1.1 进口通关时间(小时)	40	234
1.1.4 出口增长率(五年复合增长,%)	37	−2.50	4.1.2 出口通关时间(小时)	38	141
1.1.5 人均货物贸易额(美元/人)	44	447.39	4.1.3 进口通关费用(美元)	29	483
支柱1.2: 服务贸易发展	45	0.01	4.1.4 出口通关费用(美元)	43	643
1.2.1 进口(百万美元)	44	836.73	支柱4.2: 物流便利化指数	43	0.07
1.2.2 进口增长率(五年复合增长,%)	45	−0.07	4.2.1 物流基础设施分数(1—5分)	39	2.13
1.2.3 出口(百万美元)	44	285.10	4.2.2 物质质量和竞争力分数(1—5分)	42	2.12
1.2.4 出口增长率(五年复合增长,%)	45	−0.12	4.2.3 物流时间分数(1—5分)	45	2.04
1.2.5 人均服务贸易额(美元/人)	45	126.33	支柱5.1: 跨境电子商务规模	45	0.03
支柱2.1: 货物贸易结构	45	0.00	5.1.1 EMS包裹发送数量(件)	42	2 363
2.1.1 中高技术产品出口占比(%)	45	0.00	5.1.2 EMS包裹接收数量(件)	45	3 022
支柱2.2: 服务贸易结构	35	0.23	支柱5.2: 电子商务发展环境	43	0.08
2.2.1 新兴服务贸易占比(%)	35	54	5.2.1 ICT基础设施(互联网渗透率,%)	44	21.96
支柱3.1: 货物贸易自由化	32	0.30	5.2.2 电子支付环境(借记卡和信用卡拥有率占比均值,%)	40	0.11
3.1.1 进口关税水平(%)	32	7.70	5.2.3 电子商务技术应用(B2B互联网应用,1—7分)	40	4.02

三十六、泰国

指标	排名	值
总指标 “一带一路”沿线国家贸易发展指数	27	0.43
子指数 1 贸易发展	12	0.63
子指数 2 贸易结构	43	0.08
子指数 3 贸易自由化	39	0.22
子指数 4 贸易制度成本与效率	17	0.57
子指数 5 新兴贸易业态	14	0.64
支柱 1.1 货物贸易发展	12	0.63
支柱 1.2 服务贸易发展	11	0.63
支柱 2.1 货物贸易结构	33	0.00
支柱 2.2 服务贸易结构	38	0.16
支柱 3.1 货物贸易自由化	38	0.16
支柱 3.2 服务贸易自由化	33	0.27
支柱 4.1 跨境贸易指数	22	0.49
支柱 4.2 物流便利化指数	17	0.67
支柱 5.1 跨境电子商务规模	2	0.95
支柱 5.2 电子商务发展环境	25	0.42

续表

指标名称	排名	值	指标名称	排名	值
支柱1.1:货物贸易发展	12	0.63	支柱3.2:服务贸易自由化	33	0.27
1.1.1 进口(百万美元)	7	221 518	3.2.1 服务贸易占全部贸易比重(%)	33	25.87
1.1.2 进口增长率(五年复合增长,%)	35	-2.32	支柱4.1:跨境贸易指数	22	0.49
1.1.3 出口(百万美元)	5	236 635	4.1.1 进口通关时间(小时)	23	54
1.1.4 出口增长率(五年复合增长,%)	23	0.65	4.1.2 出口通关时间(小时)	25	62
1.1.5 人均货物贸易额(美元/人)	17	6 619.78	4.1.3 进口通关费用(美元)	29	277
支柱1.2:服务贸易发展	11	0.63	4.1.4 出口通关费用(美元)	25	320
1.2.1 进口(百万美元)	7	80 893.0	支柱4.2:物流便利化指数	17	0.67
1.2.2 进口增长率(五年复合增长,%)	39	-2	4.2.1 物流基础设施分数(1-5分)	15	3.12
1.2.3 出口(百万美元)	6	78 990.0	4.2.2 物流质量和竞争力分数(1-5分)	16	3.14
1.2.4 出口增长率(五年复合增长,%)	15	7	4.2.3 物流时间分数(1-5分)	15	3.56
1.2.5 人均服务贸易额(美元/人)	20	2 310.12	支柱5.1:跨境电子商务规模	2	0.95
支柱2.1:货物贸易结构	33	0.00	5.1.1 EMS包裹发送数量(件)	3	521 959
2.1.1 中高技术产品出口占比(%)	33	0.00	5.1.2 EMS包裹接收数量(件)	3	851 861
支柱2.2:服务贸易结构	38	0.16	支柱5.2:电子商务发展环境	25	0.42
2.2.1 新兴服务贸易占比(%)	38	53	5.2.1 ICT基础设施(互联网渗透率,%)	33	52.89
支柱3.1:货物贸易自由化	38	0.16	5.2.2 电子支付环境(借记卡和信用卡拥有率占比均值,%)	21	35
3.1.1 进口关税水平(%)	38	9.60	5.2.3 电子商务技术应用(B2B互联网应用,1—7分)	25	4.94

三十七、土耳其

子指标		排名	值
总指标	"一带一路"沿线国家贸易发展指数	20	0.51
子指数 1	贸易发展	18	0.57
子指数 2	贸易结构	20	0.52
子指数 3	贸易自由化	41	0.17
子指数 4	贸易制度成本与效率	13	0.65
子指数 5	新兴贸易业态	16	0.62
支柱 1.1	货物贸易发展	13	0.63
支柱 1.2	服务贸易发展	23	0.51
支柱 2.1	货物贸易结构	12	0.75
支柱 2.2	服务贸易结构	32	0.30
支柱 3.1	货物贸易自由化	40	0.11
支柱 3.2	服务贸易自由化	35	0.23
支柱 4.1	跨境贸易指数	21	0.51
支柱 4.2	物流便利化指数	6	0.84
支柱 5.1	跨境电子商务规模	21	0.56
支柱 5.2	电子商务发展环境	13	0.67

续表

指标名称	排名	值	指标名称	排名	值
支柱1.1: 货物贸易发展	13	0.63	支柱3.2: 服务贸易自由化	35	0.23
1.1.1 进口(百万美元)	6	233 799.65	3.2.1 服务贸易占全部贸易比重(%)	35	25
1.1.2 进口增长率(五年复合增长,%)	25	−0.23	支柱4.1: 跨境贸易指数	21	0.51
1.1.3 出口(百万美元)	11	156 992.94	4.1.1 进口通关时间(小时)	20	34
1.1.4 出口增长率(五年复合增长,%)	24	0.59	4.1.2 出口通关时间(小时)	18	15
1.1.5 人均货物贸易额(美元/人)	21	4 817.67	4.1.3 进口通关费用(美元)	22	322
支柱1.2: 服务贸易发展	23	0.51	4.1.4 出口通关费用(美元)	30	411
1.2.1 进口(百万美元)	9	70 262.92	支柱4.2: 物流便利化指数	6	0.84
1.2.2 进口增长率(五年复合增长,%)	33	0.00	4.2.1 物流基础设施分数(1—5分)	5	3.49
1.2.3 出口(百万美元)	7	61 029.00	4.2.2 物流质量和竞争力分数(1—5分)	10	3.31
1.2.4 出口增长率(五年复合增长,%)	36	0.00	4.2.3 物流时间分数(1—5分)	9	3.75
1.2.5 人均服务贸易额(美元/人)	27	1 618.56	支柱5.1: 跨境电子商务规模	21	0.56
支柱2.1: 货物贸易结构	12	0.75	5.1.1 EMS包裹发送数量(件)	23	38 196
2.1.1 中高技术产品出口占比(%)	12	36.78	5.1.2 EMS包裹接收数量(件)	18	81 595
支柱2.2: 服务贸易结构	32	0.30	支柱5.2: 电子商务发展环境	13	0.67
2.2.1 新兴服务贸易占比(%)	32	59	5.2.1 ICT基础设施(互联网渗透率,%)	28	64.68
支柱3.1: 货物贸易自由化	40	0.11	5.2.2 电子支付环境(借记卡和信用卡拥有率占比,%)	7	0.52
3.1.1 进口关税水平(%)	40	10.70	5.2.3 电子商务技术应用(B2B互联网应用,1—7分)	13	5.28

三十八、新加坡

指标		排名	值
总指标	"一带一路"沿线国家贸易发展指数	1	0.86
子指数 1	贸易发展	5	0.75
子指数 2	贸易结构	4	0.90
子指数 3	贸易自由化	1	0.95
子指数 4	贸易制度成本与效率	10	0.74
子指数 5	新兴贸易业态	1	0.96
支柱 1.1	货物贸易发展	8	0.69
支柱 1.2	服务贸易发展	3	0.81
支柱 2.1	货物贸易结构	5	0.91
支柱 2.2	服务贸易结构	6	0.89
支柱 3.1	货物贸易自由化	1	1.00
支柱 3.2	服务贸易自由化	5	0.91
支柱 4.1	跨境贸易指数	20	0.55
支柱 4.2	物流便利化指数	1	1.00
支柱 5.1	跨境电子商务规模	1	0.98
支柱 5.2	电子商务发展环境	2	0.95

续表

指标名称	排名	值	指标名称	排名	值
支柱 1.1: 货物贸易发展	8	0.69	支柱 3.2: 服务贸易自由化	5	0.91
1.1.1 进口（百万美元）	2	327 923	3.2.1 服务贸易占全部贸易比重（%）	5	48.48
1.1.2 进口增长率（五年复合增长，%）	37	-2.89	支柱 4.1: 跨境贸易指数	20	0.55
1.1.3 出口（百万美元）	1	373 446	4.1.1 进口通关时间（小时）	21	38
1.1.4 出口增长率（五年复合增长，%）	32	-1.77	4.1.2 出口通关时间（小时）	15	14
1.1.5 人均货物贸易额（美元/人）	1	122 874	4.1.3 进口通关费用（美元）	19	260
支柱 1.2: 服务贸易发展	3	0.81	4.1.4 出口通关费用（美元）	27	372
1.2.1 进口（百万美元）	1	317 022	支柱 4.2: 物流便利化指数	1	1.00
1.2.2 进口增长率（五年复合增长，%）	17	3	4.2.1 物流基础设施分数（1—5分）	1	4.20
1.2.3 出口（百万美元）	1	342 855	4.2.2 物流质量和竞争力分数（1—5分）	1	4.09
1.2.4 出口增长率（五年复合增长，%）	26	3	4.2.3 物流时间分数（1—5分）	1	4.40
1.2.5 人均服务贸易额（美元/人）	1	115 605	支柱 5.1: 跨境电子商务规模	1	0.98
支柱 2.1: 货物贸易结构	5	0.91	5.1.1 EMS包裹发送数量（件）	2	600 000
2.1.1 中高技术产品出口占比（%）	5	51.88	5.1.2 EMS包裹接收数量（件）	2	860 000
支柱 2.2: 服务贸易结构	6	0.89	支柱 5.2: 电子商务发展环境	2	0.95
2.2.1 新兴服务贸易占比（%）	6	75	5.2.1 ICT基础设施（互联网渗透率，%）	4	84.45
支柱 3.1: 货物贸易自由化	1	1.00	5.2.2 电子支付环境（借记卡和信用卡拥有率占比均值，%）	1	70
3.1.1 进口关税水平（%）	1	0.00	5.2.3 电子商务技术应用（B2B互联网应用，1—7分）	4	5.73

三十九、匈牙利

指标	名称	排名	值
总指标	"一带一路"沿线国家贸易发展指数	3	0.77
子指数1	贸易发展	7	0.69
子指数2	贸易结构	1	0.97
子指数3	贸易自由化	17	0.57
子指数4	贸易制度成本与效率	1	0.94
子指数5	新兴贸易业态	11	0.68
支柱1.1	货物贸易发展	3	0.74
支柱1.2	服务贸易发展	10	0.65
支柱2.1	货物贸易结构	1	1.00
支柱2.2	服务贸易结构	4	0.93
支柱3.1	货物贸易自由化	13	0.65
支柱3.2	服务贸易自由化	23	0.50
支柱4.1	跨境贸易指数	3	1.00
支柱4.2	物流便利化指数	5	0.87
支柱5.1	跨境电子商务规模	20	0.58
支柱5.2	电子商务发展环境	12	0.75

续表

指标名称	排名	值	指标名称	排名	值
支柱 1.1: 货物贸易发展	3	0.74	支柱 3.2: 服务贸易自由化	23	0.50
1.1.1 进口(百万美元)	12	107 518.72	3.2.1 服务贸易占全部贸易比重(%)	23	31
1.1.2 进口增长率(五年复合增长,%)	12	2.47	支柱 4.1: 跨境贸易指数	3	1.00
1.1.3 出口(百万美元)	12	113 805.92	4.1.1 进口通关时间(小时)	6	1
1.1.4 出口增长率(五年复合增长,%)	20	1.90	4.1.2 出口通关时间(小时)	3	1
1.1.5 人均货物贸易额(美元/人)	6	22 747.04	4.1.3 进口通关费用(美元)	3	0
支柱 1.2: 服务贸易发展	10	0.65	4.1.4 出口通关费用(美元)	3	0
1.2.1 进口(百万美元)	12	64 220.15	支柱 4.2: 物流便利化指数	5	0.87
1.2.2 进口增长率(五年复合增长,%)	27	0.02	4.2.1 物流基础设施分数(1—5分)	6	3.48
1.2.3 出口(百万美元)	13	33 032.00	4.2.2 物流质量和竞争力分数(1—5分)	8	3.35
1.2.4 出口增长率(五年复合增长,%)	24	0.04	4.2.3 物流时间分数(1—5分)	6	3.88
1.2.5 人均服务贸易额(美元/人)	7	9 995.27	支柱 5.1: 跨境电子商务规模	20	0.58
支柱 2.1: 货物贸易结构	1	1.00	5.1.1 EMS 包裹发送数量(件)	15	73 000
2.1.1 中高技术产品出口占比(%)	1	63.81	5.1.2 EMS 包裹接收数量(件)	24	45 000
支柱 2.2: 服务贸易结构	4	0.93	支柱 5.2: 电子商务发展环境	12	0.75
2.2.1 新兴服务贸易占比(%)	4	77	5.2.1 ICT 基础设施(互联网渗透率,%)	14	76.75
支柱 3.1: 货物贸易自由化	21	0.65	5.2.2 电子支付环境(借记卡和信用卡拥有率占比均值,%)	16	0.41
3.1.1 进口关税水平(%)	21	5.62	5.2.3 电子商务技术应用(B2B 互联网应用,1—7分)	7	5.50

四十、亚美尼亚

总指标/子指标		排名	值
总指标	"一带一路"沿线国家贸易发展指数	33	0.39
子指数 1	贸易发展	37	0.35
子指数 2	贸易结构	33	0.33
子指数 3	贸易自由化	14	0.63
子指数 4	贸易制度成本与效率	31	0.37
子指数 5	新兴贸易业态	36	0.29
支柱 1.1	货物贸易发展	35	0.36
支柱 1.2	服务贸易发展	37	0.35
支柱 2.1	货物贸易结构	27	0.41
支柱 2.2	服务贸易结构	34	0.25
支柱 3.1	货物贸易自由化	28	0.41
支柱 3.2	服务贸易自由化	8	0.84
支柱 4.1	跨境贸易指数	19	0.57
支柱 4.2	物流贸易便利化指数	41	0.11
支柱 5.1	跨境电子商务规模	40	0.13
支柱 5.2	电子商务发展环境	28	0.40

续表

指标名称	排名	值	指标名称	排名	值
支柱1.1: 货物贸易发展	35	0.36	支柱3.2: 服务贸易自由化	8	0.84
1.1.1 进口(百万美元)	42	4 189.26	3.2.1 服务贸易占全部贸易比重(%)	8	42
1.1.2 进口增长率(五年复合增长,%)	28	-0.33	支柱4.1: 跨境贸易指数	19	0.57
1.1.3 出口(百万美元)	41	2 245.38	4.1.1 进口通关时间(小时)	22	43
1.1.4 出口增长率(五年复合增长,%)	3	10.2	4.1.2 出口通关时间(小时)	21	41
1.1.5 人均货物贸易额(美元/人)	32	2 185.09	4.1.3 进口通关费用(美元)	18	200
支柱1.2: 服务贸易发展	37	0.35	4.1.4 出口通关费用(美元)	20	200
1.2.1 进口(百万美元)	38	2 855.27	支柱4.2: 物流便利化指数	41	0.11
1.2.2 进口增长率(五年复合增长,%)	26	0.02	4.2.1 物流基础设施分数(1—5分)	37	2.22
1.2.3 出口(百万美元)	38	1 770.36	4.2.2 物流质量和竞争力分数(1—5分)	40	2.21
1.2.4 出口增长率(五年复合增长,%)	19	0.06	4.2.3 物流时间分数(1—5分)	43	2.60
1.2.5 人均服务贸易额(美元/人)	28	1 570.78	支柱5.1: 跨境电子商务规模	40	0.13
支柱2.1: 货物贸易结构	27	0.41	5.1.1 EMS包裹发送数量(件)	40	3 604
2.1.1 中高技术产品出口占比(%)	27	11.12	5.1.2 EMS包裹接收数量(件)	39	8 300
支柱2.2: 服务贸易结构	34	0.25	支柱5.2: 电子商务发展环境	28	0.40
2.2.1 新兴服务贸易占比(%)	34	55	5.2.1 ICT基础设施(互联网渗透率,%)	26	64.74
支柱3.1: 货物贸易自由化	27	0.41	5.2.2 电子支付环境(借记卡和信用卡拥有率占比均值,%)	32	0.17
3.1.1 进口关税水平(%)	27	6.50	5.2.3 电子商务技术应用(B2B互联网应用,1—7分)	24	4.99

四十一、以色列

总指标	"一带一路"沿线国家贸易发展指数	排名	值
子指数 1	贸易发展	2	0.82
子指数 2	贸易结构	6	0.71
子指数 3	贸易自由化	2	0.93
子指数 4	贸易制度成本与效率	2	0.94
子指数 5	新兴贸易业态	5	0.67
支柱 1.1	货物贸易发展	3	0.85
支柱 1.2	服务贸易发展	17	0.58
支柱 2.1	货物贸易结构	2	0.85
支柱 2.2	服务贸易结构	6	0.89
支柱 3.1	货物贸易自由化	2	0.98
支柱 3.2	服务贸易自由化	5	0.91
支柱 4.1	跨境贸易指数	2	0.98
支柱 4.2	物流便利化指数	24	0.46
支柱 5.1	跨境电子商务规模	3	0.95
支柱 5.2	电子商务发展环境	5	0.84
		5	0.86

续表

指标名称	排名	值	指标名称	排名	值
支柱1.1: 货物贸易发展	17	0.58	支柱3.2: 服务贸易自由化	2	0.98
1.1.1 进口(百万美元)	16	71 907.50	3.2.1 服务贸易占全部贸易比重(%)	2	57
1.1.2 进口增长率(五年复合增长,%)	29	-0.94	支柱4.1: 跨境贸易自由化	24	0.46
1.1.3 出口(百万美元)	16	61 149.92	4.1.1 进口通关时间(小时)	29	108
1.1.4 出口增长率(五年复合增长,%)	28	-0.64	4.1.2 出口通关时间(小时)	22	49
1.1.5 人均货物贸易额(美元/人)	9	16 140.21	4.1.3 进口通关费用(美元)	27	377
支柱1.2: 服务贸易发展	2	0.85	4.1.4 出口通关费用(美元)	21	223
1.2.1 进口(百万美元)	13	59 529.59	支柱4.2: 物流便利化指数	3	0.95
1.2.2 进口增长率(五年复合增长,%)	5	0.08	4.2.1 物流基础设施分数(1-5分)	4	3.49
1.2.3 出口(百万美元)	4	119 391.00	4.2.2 物流质量和竞争力分数(1-5分)	3	3.60
1.2.4 出口增长率(五年复合增长,%)	13	0.07	4.2.3 物流时间分数(1-5分)	2	4.27
1.2.5 人均服务贸易额美元/人)	3	21 703.53	支柱5.1: 跨境电子商务规模	5	0.84
支柱2.1: 货物贸易结构	6	0.89	5.1.1 EMS包裹发送数量(件)	4	500 000
2.1.1 中高技术产品出口占比(%)	6	51.16	5.1.2 EMS包裹接收数量(件)	12	200 000
支柱2.2: 服务贸易结构	2	0.98	支柱5.2: 电子商务发展环境	5	0.86
2.2.1 新兴服务贸易占比(%)	2	86	5.2.1 ICT基础设施(互联网渗透率,%)	7	81.58
支柱3.1: 货物贸易自由化	5	0.91	5.2.2 电子支付环境(借记卡和信用卡拥有率占比均值,%)	6	0.53
3.1.1 进口关税水平(%)	5	3.90	5.2.3 电子商务技术应用(B2B互联网应用,1-7分)	8	5.50

四十二、印度

指标	排名	值
总指标 "一带一路"沿线国家贸易发展指数	18	0.52
子指数1 贸易发展	15	0.58
子指数2 贸易结构	7	0.75
子指数3 贸易自由化	33	0.34
子指数4 贸易制度成本与效率	24	0.43
子指数5 新兴贸易业态	22	0.50
支柱1.1 货物贸易发展	20	0.54
支柱1.2 服务贸易发展	12	0.62
支柱2.1 货物贸易结构	16	0.66
支柱2.2 服务贸易结构	8	0.84
支柱3.1 货物贸易自由化	43	0.05
支柱3.2 服务贸易自由化	17	0.64
支柱4.1 跨境贸易指数	42	0.12
支柱4.2 物流便利化指数	7	0.84
支柱5.1 跨境电子商务规模	4	0.93
支柱5.2 电子商务发展环境	38	0.20

续表

指标名称	排名	值	指标名称	排名	值
支柱1.1: 货物贸易发展	20	0.54	支柱3.2: 服务贸易自由化	17	0.64
1.1.1 进口(百万美元)	1	449 924.95	3.2.1 服务贸易占全部贸易比重(%)	17	35
1.1.2 进口增长率(五年复合增长,%)	32	-1.68	支柱4.1: 跨境贸易指数	42	0.12
1.1.3 出口(百万美元)	4	299 241.42	4.1.1 进口通关时间(小时)	43	344
1.1.4 出口增长率(五年复合增长,%)	26	0.16	4.1.2 出口通关时间(小时)	40	144
1.1.5 人均货物贸易额(美元/人)	43	559.63	4.1.3 进口通关费用(小时)	39	709
支柱1.2: 服务贸易发展	12	0.62	4.1.4 出口通关费用(美元)	37	505
1.2.1 进口(百万美元)	2	186 846.45	支柱4.2: 物流便利化指数	7	0.84
1.2.2 进口增长率(五年复合增长,%)	32	0.03	4.2.1 物流基础设施分数(1-5分)	8	3.34
1.2.3 出口(百万美元)	2	218 576.00	4.2.2 物流质量和竞争力分数(1-5分)	6	3.39
1.2.4 出口增长率(五年复合增长,%)	21	0.05	4.2.3 物流时间分数(1-5分)	10	3.74
1.2.5 人均服务贸易额(美元/人)	42	302.85	支柱5.1: 跨境电子商务规模	4	0.93
支柱2.1: 货物贸易结构	16	0.66	5.1.1 EMS包裹发送数量(件)	1	2 405 360
2.1.1 中高技术产品出口占比(%)	16	30.71	5.1.2 EMS包裹接收数量(件)	7	381 314
支柱2.2: 服务贸易结构	8	0.84	支柱5.2: 电子商务发展环境	38	0.20
2.2.1 新兴服务贸易占比(%)	8	74	5.2.1 ICT基础设施(互联网渗透率,%)	37	34.45
支柱3.1: 货物贸易自由化	43	0.05	5.2.2 电子支付环境(借记卡和信用卡拥有率占比均值,%)	30	0.18
3.1.1 进口关税水平(%)	43	17.10	5.2.3 电子商务技术应用(B2B互联网应用,1-7分)	41	4.01

四十三、印度尼西亚

总指标		排名	值
总指标	"一带一路"沿线国家贸易发展指数	29	0.42
子指数1	贸易发展	32	0.40
子指数2	贸易结构	18	0.55
子指数3	贸易自由化	38	0.24
子指数4	贸易制度成本与效率	32	0.37
子指数5	新兴贸易业态	20	0.54
支柱1.1	货物贸易发展	30	0.41
支柱1.2	服务贸易发展	33	0.40
支柱2.1	货物贸易结构	22	0.52
支柱2.2	服务贸易结构	20	0.57
支柱3.1	货物贸易自由化	33	0.27
支柱3.2	服务贸易自由化	36	0.20
支柱4.1	跨境贸易指数	34	0.25
支柱4.2	物流便利化指数	20	0.53
支柱5.1	跨境电子商务规模	7	0.86
支柱5.2	电子商务发展环境	35	0.33

续表

指标名称	排名	值	指标名称	排名	值
支柱1.1: 货物贸易发展	30	0.41	支柱3.2: 服务贸易自由化	36	0.20
1.1.1 进口(百万美元)	10	156 925.15	3.2.1 服务贸易占全部贸易比重(%)	36	24
1.1.2 进口增长率(五年复合增长,%)	41	-3.92	支柱4.1: 跨境贸易指数	34	0.25
1.1.3 出口(百万美元)	10	168 810.64	4.1.1 进口通关时间(小时)	39	232
1.1.4 出口增长率(五年复合增长,%)	35	-2.34	4.1.2 出口通关时间(小时)	35	124
1.1.5 人均货物贸易额(美元/人)	39	1 230.81	4.1.3 进口通关费用(美元)	33	547
支柱1.2: 服务贸易发展	33	0.40	4.1.4 出口通关费用(美元)	29	393
1.2.1 进口(百万美元)	11	64 772.29	支柱4.2: 物流便利化指数	20	0.53
1.2.2 进口增长率(五年复合增长,%)	37	-0.01	4.2.1 物流基础设施分数(1-5分)	25	2.65
1.2.3 出口(百万美元)	12	38 500.00	4.2.2 物流质量和竞争力分数(1-5分)	20	3.00
1.2.4 出口增长率(五年复合增长,%)	37	-0.003 7	4.2.3 物流时间分数(1-5分)	20	3.46
1.2.5 人均服务贸易额(美元/人)	40	390.22	支柱5.1: 跨境电子商务规模	7	0.86
支柱2.1: 货物贸易结构	22	0.52	5.1.1 EMS包裹发送数量(件)	6	385 142
2.1.1 中高技术产品出口占比(%)	22	19.45	5.1.2 EMS包裹接收数量(件)	8	333 923
支柱2.2: 服务贸易结构	20	0.57	支柱5.2: 电子商务发展环境	35	0.33
2.2.1 新兴服务贸易占比(%)	20	68	5.2.1 ICT基础设施(互联网渗透率,%)	40	32.29
支柱3.1: 货物贸易自由化	33	0.27	5.2.2 电子支付环境(借记卡和信用卡拥有率占比值,%)	34	0.17
3.1.1 进口关税水平(%)	33	8.10	5.2.3 电子商务技术应用(B2B互联网应用,1-7分)	18	5.08

四十四、约旦

	排名	值
总指标 "一带一路"沿线国家贸易发展指数	25	0.45
子指数 1 贸易发展	30	0.42
子指数 2 贸易结构	22	0.50
子指数 3 贸易自由化	27	0.43
子指数 4 贸易制度成本与效率	23	0.47
子指数 5 新兴贸易业态	28	0.43
支柱 1.1 货物贸易发展	32	0.37
支柱 1.2 服务贸易发展	28	0.47
支柱 2.1 货物贸易结构	9	0.82
支柱 2.2 服务贸易结构	37	0.18
支柱 3.1 货物贸易自由化	39	0.14
支柱 3.2 服务贸易自由化	13	0.73
支柱 4.1 跨境贸易指数	26	0.42
支柱 4.2 物流便利化指数	22	0.53
支柱 5.1 跨境电子商务规模	33	0.32
支柱 5.2 电子商务发展环境	21	0.51

续表

指标名称	排名	值	指标名称	排名	值
支柱1.1: 货物贸易发展	32	0.37	支柱3.2: 服务贸易自由化	13	0.73
1.1.1 进口(百万美元)	26	20 498.20	3.2.1 服务贸易占全部贸易比重(%)	13	37.40
1.1.2 进口增长率(五年复合增长,%)	27	-0.25	支柱4.1: 跨境贸易指数	26	0.42
1.1.3 出口(百万美元)	32	7 511.48	4.1.1 进口通关时间(小时)	31	134
1.1.4 出口增长率(五年复合增长,%)	30	-0.97	4.1.2 出口通关时间(小时)	25	59
1.1.5 人均货物贸易额(美元/人)	28	2 862.27	4.1.3 进口通关费用(小时)	28	396
支柱1.2: 服务贸易发展	28	0.47	4.1.4 出口通关费用(美元)	22	231
1.2.1 进口(百万美元)	28	10 549.30	支柱4.2: 物流便利化指数	22	0.53
1.2.2 进口增长率(五年复合增长,%)	7	5.65	4.2.1 物流基础设施分数(1—5分)	20	2.77
1.2.3 出口(百万美元)	29	6 187.00	4.2.2 物流质量和竞争力分数(1—5分)	21	2.89
1.2.4 出口增长率(五年复合增长,%)	31	2.69	4.2.3 物流时间分数(1—5分)	24	3.34
1.2.5 人均服务贸易额(美元/人)	26	1 710.26	支柱5.1: 跨境电子商务规模	33	0.32
支柱2.1: 货物贸易结构	9	0.82	5.1.1 EMS包裹发送数量(件)	32	16 187
2.1.1 中高技术产品出口占比(%)	9	43.78	5.1.2 EMS包裹接收数量(件)	30	20 320
支柱2.2: 服务贸易结构	37	0.18	支柱5.2: 电子商务发展环境	21	0.51
2.2.1 新兴服务贸易占比(%)	37	53.30	5.2.1 ICT基础设施(互联网渗透率,%)	24	66.79
支柱3.1: 货物贸易自由化	39	0.14	5.2.2 电子支付环境(借记卡和信用卡拥有率占比值,%)	33	16.64
3.1.1 进口关税水平(%)	39	10.10	5.2.3 电子商务技术应用(B2B互联网应用,1—7分)	11	5.30

四十五、越南

指标	排名	值
总指标 "一带一路"沿线国家贸易发展指数	22	0.49
子指数 1 贸易发展	4	0.75
子指数 2 贸易结构	11	0.64
子指数 3 贸易自由化	45	0.09
子指数 4 贸易制度成本与效率	28	0.39
子指数 5 新兴贸易业态	19	0.56
支柱 1.1 货物贸易发展	1	0.83
支柱 1.2 服务贸易发展	8	0.68
支柱 2.1 货物贸易结构	7	0.86
支柱 2.2 服务贸易结构	27	0.41
支柱 3.1 货物贸易自由化	37	0.18
支柱 3.2 服务贸易自由化	45	0.00
支柱 4.1 跨境贸易指数	33	0.28
支柱 4.2 物流便利化指数	19	0.55
支柱 5.1 跨境电子商务规模	9	0.83
支柱 5.2 电子商务发展环境	30	0.39

续表

指标名称	排名	值	指标名称	排名	值
支柱1.1：货物贸易发展	1	0.83	支柱3.2：服务贸易自由化	45	0.00
1.1.1 进口（百万美元）	8	211 518.4	3.2.1 服务贸易占全部贸易比重（%）	45	12.60
1.1.2 进口增长率（五年复合增长，%）	2	13.20	支柱4.1：跨境贸易指数	33	0.28
1.1.3 出口（百万美元）	9	214 322.9	4.1.1 进口通关时间（小时）	32	138
1.1.4 出口增长率（五年复合增长，%）	2	13.35	4.1.2 出口通关时间（小时）	33	108
1.1.5 人均货物贸易额（美元/人）	22	4 501.46	4.1.3 进口通关费用（美元）	34	575
支柱1.2：服务贸易发展	8	0.68	4.1.4 出口通关费用（美元）	32	448
1.2.1 进口（百万美元）	15	41 381.16	支柱4.2：物流便利化指数	19	0.55
1.2.2 进口增长率（五年复合增长，%）	2	10.69	4.2.1 物流基础设施分数（1—5分）	24	2.70
1.2.3 出口（百万美元）	15	20 021.00	4.2.2 物流质量和竞争力分数（1—5分）	22	2.88
1.2.4 出口增长率（五年复合增长，%）	7	9.31	4.2.3 物流时间分数（1—5分）	17	3.50
1.2.5 人均服务贸易额（美元/人）	36	649.07	支柱5.1：跨境电子商务规模	9	0.83
支柱2.1：货物贸易结构	7	0.86	5.1.1 EMS包裹发送数量（件）	11	178 700
2.1.1 中高技术产品出口占比（%）	7	46.38	5.1.2 EMS包裹接收数量（件）	6	465 000
支柱2.2：服务贸易结构	27	0.41	支柱5.2：电子商务发展环境	30	0.39
2.2.1 新兴服务贸易占比（%）	27	63.40	5.2.1 ICT基础设施（互联网渗透率，%）	32	58.14
支柱3.1：货物贸易自由化	37	0.18	5.2.2 电子支付环境（借记卡和信用卡拥有率占比均值，%）	35	15.43
3.1.1 进口关税水平（%）	37	9.50	5.2.3 电子商务技术应用（B2B互联网应用，1—7分）	17	5.12

参 考 文 献

［1］ADB. Asian economic integration report 2015：how can special economic zones catalyze economic development？［EB/OL］. https：//www. adb. org/sites/. . . /asian-economic-integration-report-2015. pdf，2015.

［2］Ahn J B，Khandelwal A K，Wei S J. The role of intermediaries in facilitating trade ［J］. Journal of International Economics，2011，84(1)：73 - 85.

［3］Akerman A. A theory on the role of wholesalers in international trade based on economies of scope［J］. Research Papers in Economics，2010(1).

［4］CAITEC Research Team，杨剑，祁欣，等. 新时期中埃经贸合作的重点领域与挑战 ［J］. 国际经济合作，2018(5)：78 - 82.

［5］Central Bank of Egypt. Annual report，2016 - 2017［EB/OL］. https：//www. cbe. org. eg/en/EconomicResearch/Publications/Pages/AnnualReport. aspx.

［6］Dahlan M R. Dimensions of the New Belt & Road International Order：An Analysis of the Emerging Legal Norms and a Conceptionalisation of the Regulation of Disputes ［J］. Beijing Law Review，2018，9：92.

［7］Elms D K，Low P. Global value chains in a changing world［EB/OL］. https：// www. wto. org/english/res_e/booksp_e/aid4tradeglobalvalue13_e. pdf，2013.

［8］Felbermayr G，Jung B. Trade intermediation and the organization of exporters ［J］. Review of International Economics. 2011，19(4)：634 - 648.

［9］Grimm A. Trends in U. S. Trade in information and communications technology (ICT) services and ict-enabled services［J］. Bureau of Economic Analysis，2016.

［10］Group W B，IDE-JETRO，OECD，et al. Global value chain development report 2017 ［R］. World Bank Publications，2018.

［11］Koopman R，Powers W M，Wang Z，et al. Give credit where credit is due：tracing value added in global production chains［J］. Working paper series，National Bureau of Economic Research，2010.

［12］Lall S. The technological structure and performance of developing country manufactured exports, 1985 – 1998[J]. Oxford Development Studies, 2000,28,337 – 369.

[13] Park A, Nayyar G, Low P. Supply chain perspectives and issues a literature review [EB/OL]. https://www. wto. org/english/res_e/booksp_e/aid4tradeglobalvalue13_ e. pdf, 2013.

[14] UNCTAD. Key Statistics and Trends in international trade 2015[EB/OL]. http://unctad. org/en/PublicationsLibrary/ditctab2015d1_en. pdf, 2015.

[15] World Bank. Doing business 2020: comparing business regulation in 190 economies [R]. World Bank, 2019.

[16] World Bank. Doing business report 2017 [EB/OL]. http://www. doingbusiness. org/~/media/WBG/DoingBusiness/Documents/Annual-Reports/English/DB17-Report. pdf.

[17] World Economic Forum(WEF). The global enabling trade report [EB/OL]. http://www3. weforum. org/docs/WEF_GETR_2016_report. pdf, 2016.

[18] World Economic Forum. The global competitiveness report 2019[R]. 2019.

[19] WTO. World trade report 2016, levelling the trading field for SMEs [EB/OL]. https://www. wto. org/english/res_e/publications_e/wtr16_e. htm, 2016.

[20] WTO. World trade report 2018, world trade report 2018: the future of world trade: how digital technologies are transforming global commerce [EB/OL]. https://www. wto. org/english/res_e/publications_e/world_trade_report18_e. pdf, 2018.

[21] WTO. World trade report 2019: the future of services [EB/OL]. https://www. wto. org/english/res_e/booksp_e/00_wtr19_e. pdf, 2019.

[22] WTO. World trade report Factors shaping the future of world trade [EB/OL]. https://www. wto. org/english/res_e/booksp_e/world_trade_report13_e. pdf, 2013.

[23] Zeng L L. Conceptual analysis of china's belt and road initiative: a road towards a regional community of common destiny [J]. Chinese Journal of International Law, 2016,13,540 – 541.

[24] 姜明新. 土耳其的产业结构和"一带一路"框架下的中土经济合作[J]. 当代世界, 2018(3).

[25] 李艳枝. 土耳其政治发展道路的反思与启示[J]. 西亚非洲,2018,261(04): 63 – 87.

[26] 马凯硕,孙合记. 东盟奇迹[M]. 翟崑,王丽娜,译. 北京: 北京大学出版社,2017.

[27] 马霞,宋彩岑. 中国埃及苏伊士经贸合作区:"一带一路"上的新绿洲[J]. 西亚非洲, 2016(2): 108 – 126.

[28] 彭羽,沈玉良,等. "一带一路"建设与沿线自由贸易区发展[M]. 上海:上海社会科学院出版社,2019.

［29］ 商务部国际贸易经济合作研究院,中国驻马来西亚大使馆经济商务参赞处,商务部对外投资和经济合作司. 对外投资合作国别(地区)指南——马来西亚(2018 年版)[EB/OL]. [2019 - 8 - 15]. https∶//www. yidaiyilu. gov. cn/zchj/zcfg/6715. htm.

［30］ 商务部国际贸易经济合作研究院,中国驻新加坡大使馆经济商务参赞处,商务部对外投资和经济合作司. 对外投资合作国别(地区)指南——新加坡(2018 年版)[EB/OL]. [2019 - 8 - 15]. https∶//www. yidaiyilu. gov. cn/zchj/zcfg/14458. htm.

［31］ 商务部国际贸易经济合作研究院,中国驻土耳其大使馆经济商务参赞处,商务部对外投资和经济合作司. 对外投资合作国别(地区)指南埃及(2018 年版)[EB/OL]. [2019 - 8 - 15]. https∶//www. yidaiyilu. gov. cn/zchj/zcfg/6648. htm.

［32］ 商务部国际贸易经济合作研究院,中国驻土耳其大使馆经济商务参赞处,商务部对外投资和经济合作司. 对外投资合作国别(地区)指南土耳其(2018 年版)[EB/OL]. [2019 - 8 - 15]. https∶//www. yidaiyilu. gov. cn/zchj/zcfg/6844. htm.

［33］ 沈玉良,孙立行,等. 中国与"一带一路"沿线国家贸易投资报告[M].上海∶上海社会科学院出版社,2019.

［34］ 世界贸易组织. 世界贸易组织报告 2018[M].上海∶上海人民出版社,2018.

［35］ 世界贸易组织. 世界贸易组织报告 2019[M].上海∶上海人民出版社,2019.

［36］ 魏浩,巫俊. 中国从"一带一路"沿线国家进口贸易发展的现状与对策[J]. 人民论坛·学术前沿,2017(09)∶67 - 73.

［37］ 武芳.埃及新《投资法》对中国的影响分析及对策建议[J]. 海外投资与出口信贷,2018(1)∶40 - 45.

［38］ 幸瑜,武芳,褚晓,等. 中土经贸合作主要产业的机遇及风险防范[J]. 国际经济合作,2017(02)∶54 - 59.

［39］ 杨建伟.新加坡的经济转型与产业升级回顾[J]. 城市观察,2011(1).

［40］ 昝涛. 延续与变迁∶当代土耳其的政教关系[J]. 西亚非洲,2018(2)∶31 - 65.

［41］ 张亚斌."一带一路"经贸合作促进全球价值链升级研究[D].西安∶西北大学,2017.

图书在版编目(CIP)数据

中国与"一带一路"沿线国家贸易投资报告. 2019 /
孙立行等著 .— 上海 ：上海社会科学院出版社，2020
    ISBN 978 - 7 - 5520 - 3204 - 8

    Ⅰ. ①中… Ⅱ. ①孙… Ⅲ. ①"一带一路"—国际贸
易—国际投资—研究报告—2019 Ⅳ. ①F74

    中国版本图书馆 CIP 数据核字(2020)第 101604 号

中国与"一带一路"沿线国家贸易投资报告(2019)

著　　者：孙立行　沈玉良等
责任编辑：应韶荃
封面设计：周清华
出版发行：上海社会科学院出版社
　　　　　上海顺昌路 622 号　邮编 200025
　　　　　电话总机 021 - 63315947　销售热线 021 - 53063735
　　　　　http：//www. sassp. cn　E-mail：sassp@sassp. cn
照　　排：南京前锦排版服务有限公司
印　　刷：上海颛辉印刷厂
开　　本：710 毫米×1010 毫米　1/16
印　　张：23. 75
插　　页：4
字　　数：396 千字
版　　次：2020 年 9 月第 1 版　　2020 年 9 月第 1 次印刷

ISBN 978 - 7 - 5520 - 3204 - 8/F · 620　　定价：128. 00 元